国家自然科学基金项目（编号：71203140）

世界一流大学永续型基金发展与管理研究

喻恺 徐扬 著

中国海洋大学出版社
·青岛·

图书在版编目(CIP)数据

世界一流大学永续型基金发展与管理研究/喻恺,徐扬著. —青岛:中国海洋大学出版社,2016.7
ISBN 978-7-5670-1196-0

Ⅰ.①世… Ⅱ.①喻… ②徐… Ⅲ.①高等教育—基金会—教育经费—资金管理—研究—世界 Ⅳ.① G647.5

中国版本图书馆 CIP 数据核字(2016)第 176700 号

出版发行	中国海洋大学出版社
社　　址	青岛市香港东路 23 号　　　　邮政编码 266071
出 版 人	杨立敏
网　　址	http://www.ouc-press.com
电子信箱	appletjp@163.com
订购电话	0532-82032573(传真)
责任编辑	滕俊平　　　　　　　　　　　电　话 0532-85902342
装帧设计	汇英文化传媒
印　　制	青岛新华印刷有限公司
版　　次	2016 年 8 月第 1 版
印　　次	2016 年 8 月第 1 次印刷
成品尺寸	170 mm × 230 mm
印　　张	22.5
字　　数	386 千
定　　价	47.00 元

目 录

第一章　绪　论 ··· 1
　　第一节　研究背景与问题 ··· 2
　　第二节　研究目的及意义 ··· 4
　　第三节　研究内容和方法 ··· 4
　　第四节　概念界定 ··· 6
　　第五节　研究现状及述评 ·· 14

第二章　世界一流大学永续型基金的发展环境 ······························ 16
　　第一节　法规政策环境 ·· 17
　　第二节　高等教育环境 ·· 22
　　第三节　宏观经济环境 ·· 24
　　第四节　捐赠文化环境 ·· 27
　　小　结 ··· 32

第三章　世界一流大学永续型基金的贡献 ···································· 33
　　第一节　总体财务 ·· 34
　　第二节　科研投入 ·· 40
　　第三节　师资队伍 ·· 46

第四节　学生奖助 ·· 52
　　第五节　建设世界一流大学 ······································ 61
　　小　　结 ··· 66

第四章　世界一流大学永续型基金的治理模式 ················ 67
　　第一节　组织结构 ·· 68
　　第二节　业务外包 ·· 76
　　第三节　投资人员 ·· 82
　　第四节　薪酬制度——以哈佛大学为例 ······················ 84
　　小　　结 ··· 86

第五章　世界一流大学永续型基金的筹资机制 ················ 87
　　第一节　资金来源 ·· 88
　　第二节　筹集方法 ·· 91
　　第三节　筹资工作 ·· 104
　　第四节　案例：剑桥大学800周年校庆筹款 ············· 115
　　第五节　澳大利亚政府的尝试 ································ 119
　　小　　结 ··· 121

第六章　世界一流大学永续型基金的投资管理 ·············· 122
　　第一节　投资目标 ·· 123
　　第二节　资产类别 ·· 124
　　第三节　资产配置 ·· 137
　　第四节　投资业绩 ·· 149
　　第五节　案例：耶鲁大学和牛津大学 ······················ 152
　　第六节　永续型基金与基金会 ································ 158
　　小　　结 ··· 160

第七章　世界一流大学永续型基金的风险管理 ·············· 161
　　第一节　风险种类 ·· 162
　　第二节　风险控制 ·· 167

第三节　金融危机的影响及应对 ……………………………………173
　　第四节　案例：国外大学捐赠基金受金融危机影响研究 …………174
　　小　结 ………………………………………………………………………183

第八章　世界一流大学永续型基金的支出机制 …………………………184
　　第一节　支出政策 …………………………………………………………185
　　第二节　支出额 ……………………………………………………………187
　　第三节　支出率 ……………………………………………………………191
　　第四节　政策调整 …………………………………………………………194
　　小　结 ………………………………………………………………………195

第九章　中国大学教育基金会的发展环境 …………………………………196
　　第一节　法规政策环境 ……………………………………………………197
　　第二节　高等教育环境 ……………………………………………………209
　　第三节　宏观经济环境 ……………………………………………………217
　　第四节　捐赠文化环境 ……………………………………………………227
　　小　结 ………………………………………………………………………234

第十章　中国大学教育基金会的运行现状 …………………………………235
　　第一节　治理结构 …………………………………………………………237
　　第二节　资金筹集 …………………………………………………………240
　　第三节　投资管理 …………………………………………………………251
　　第四节　风险管理 …………………………………………………………266
　　第五节　公益支出 …………………………………………………………272
　　小　结 ………………………………………………………………………277

第十一章　中国大学基金会发展中存在的问题与挑战 ……………………278
　　第一节　内部因素 …………………………………………………………279
　　第二节　外部因素 …………………………………………………………288
　　小　结 ………………………………………………………………………293

第十二章 中国大学基金会发展的政策建议……294

第一节 政府层面……295
第二节 高校层面……297
第三节 市场层面……301
第四节 公众层面……305
小　结……306

结　语……307

参考文献……309

附　录……334

基金会管理条例……334

基金会年度检查办法……343

基金会信息公布办法……345

教育部　财政部　民政部关于加强中央部门所属高校教育基金会
　财务管理的若干意见……347

第一章 绪 论

第一节　研究背景与问题
第二节　研究目的及意义
第三节　研究内容和方法
第四节　概念界定
第五节　研究现状及述评

第一节 研究背景与问题

公元前387年,古希腊的伟大哲学家柏拉图在雅典创办了一所著名的学院。他以希腊的传奇人物Academus命名这所学院,这也就是Academy一词的由来。柏拉图立遗嘱说,待他去世后用他地产上的收入资助该学院,这是人类有史以来第一笔对教育事业的捐赠、第一份遗赠及第一个永续型基金。耶鲁大学的建立也是源于永续型基金,1718年,人们为感谢英国商人伊莱休·耶鲁(Elihu Yale)对学校的慷慨捐赠,决定以他的名字作为学校的校名。哈佛大学的建立同样与永续型基金密不可分。1777年,哈佛大学在约翰·哈佛(John Harvard)所捐赠的300卷文献资料和800英镑的基础上成立。

永续型基金,也称捐赠基金,在英文中均可称为endowment,其接受的捐款并不直接花费,而是投入资本市场,之后仅投资增值部分被花费,本金则可永久保留。如今,国外大学永续型基金已成为金融市场中颇为重要的机构投资者,基金会的投资收益也成为诸多大学(尤其是私立名校)最重要的收入来源。以哈佛大学为例,2014年该校拥有约合3.09万亩土地,多为科研、教学、办公、住宿、运动的场馆用地,图书馆、博物馆以及各类设备的用地,固定资产总计约60亿美元。然而,这些固定资产的总价值仅占哈佛大学资产总额的8.6%,其余超过90%的资产用于在全球范围内进行股票、债券、对冲基金、房地产和私募股权等的投资。2014年,哈佛大学永续型基金市值高达364亿美元,同年基金会返给大学的投资收益达15亿美元,占哈佛大学运营收入的35%,是哈佛大学最大的收入来源,与此同时学费和科研收入分别占总收入的20%和19%。[1]

尽管永续型基金对以哈佛大学为代表的世界一流大学(World-Classs University,WCU)的资金积累起到了重要的推动作用,但这类基金的作用在我国高校的发展进程中却还未得到相应的重视。自1999年高校扩招以来,我国高校明显加大了对固定资产的投入力度,通过购买土地、新建楼宇、新增设备等多种方式进行扩张。毫无疑问,固定资产的扩张在建设初期是必要的,但值得注意的是,国内高校的固定资产基本上是教学科研所需,并无投资运作功能。相比之下,国外一流大学的资金运作并不依赖此类固定资产,而是转向金融性投资,永续型基金则为其投资提供了有力的保障,进而为学校在人力资源和科研设备方面的投入提供了稳定的资金来源。因此,除了扩张固定资产以外,我国建设世界一流大学的进程中也应当充分考虑永续型基金所能够发挥的重要作用,逐步建立起多层次、多元化的大学融资结构。

现代大学已深刻融入经济活动当中,不可避免地受到经济环境的影响,当经济环境发生突变时,多层次、多元化的资金结构可以最大化地降低损失。从近期来看,肇始于2008年的金融危机,对全球范围内的大学都造成了巨大的影响。然而,本课题的研究显示,有赖于多元化的资金结构,尤其是充足稳定的永续型资金,世界一流大学都平稳地度过了这次危机,保持了健康的财务状态。依旧以哈佛大学为例,其运营收入的38%都来自于永续型基金[2],而金融危机导致其永续型基金损失超过百亿美元。在如此严峻的考验下,哈佛大学依靠永续型基金抵御风险的支出设计有效地应对了经济危机造成的影响。因此,研究永续型基金的运行模式和投资管理方式具有重大的现实意义,它可以为我国高校资金结构的完善和发展提供借鉴,并提供切实有效的资金管理模式以应对潜在的危机。

1999年,我国启动了以"建设世界一流大学"为目标的"985工程",10多年来,这项工程在国家政策的扶持和推动下稳步前进,一批高水平大学在硬件设施、师资力量和科研水平等方面都取得了长足的发展。但在大学资产管理以及资金结构构建方面,尤其是捐赠的募集和管理领域,我国高校与国外一流大学还存在着较大的差距。我国高等教育的财政主要依赖国家财政性教育投入以及学费收入,资金来源结构单一。近年来我国爆发的高校贷款危机从侧面反映了高校岌岌可危的财务状况以及令人担忧的危机应对能力,单一的资金结构致使高校只能依靠行政干预来化解危机。然而,行政干预并非万能解药,我国高校必须建立起完善的财务机制,拓宽融资渠道,确保稳定可靠的资金来源,才能保证高校的持续发展。

《国家中长期教育改革和发展规划纲要(2010—2020年)》明确指出:"社会投入是教育投入的重要组成部分。充分调动全社会办教育积极性,扩大社会资源进入教育途径,多渠道增加教育投入。"同时鼓励"高等教育实行以举办者投入为主、受教育者合理分担培养成本、学校设立基金接受社会捐赠等筹措经费的机制"。永续型基金作为世界一流大学不可或缺的持续性资金供给的制度设计,有利于推动高水平大学持续、稳定和健康地发展。目前国内对永续型基金的研究尚处于初级阶段,往往局限于现状描述和局部探索,鲜有针对永续型基金的全面系统的管理科学理论研究。世界一流大学通常拥有规模庞大的永续型基金,且在长时间的运作中积累了丰富的经验。本书便是针对世界一流大学这一特定实体,研究永续型基金的运行模式和机制、投资方向和选择依据,以期为我国大学发展永续型基金提供良好的理论及实践支持。

第二节 研究目的及意义

本书深入探究世界一流大学永续型基金的发展模式,以期从大学金融和管理工具创新这一全新的角度出发,摸索出一条适应崭新的经济环境并能有效推动世界一流大学建设的新路径,帮助实现我国建设世界一流大学的目标。

为给我国一流大学的建设提供源源不断的动力,满足其对提升教育质量和可持续发展的需求,对大学投资管理和金融制度的创新势在必行。通过考察世界一流大学永续型基金运作的实际情况并结合我国高校的发展现状,本书认为在中国一流大学建立永续型投资基金是切实可行的长久之计,有利于完善高校的资金结构,也有利于推进高校的资金管理机制。但就具体操作而言,如何着手运作、需要哪些条件、应依据什么原则、遵循什么机制、防范哪些风险等问题都需要通过深入的实证分析和客观的比较研究做出决定。

本书依照世界一流大学永续型基金的运作程序,展开对其客观规律及应用的深入研究,综合教育学、管理学、经济学等学科背景,系统地研究永续型基金的发展环境、贡献、治理模式、筹资机制、投资管理、风险管理、支出机制,并考察世界一流大学永续型基金受全球金融危机的影响以及应对策略,完善和发展管理科学理论来解释这一新兴管理现象,丰富这一新兴领域的科学知识体系,并使之有助于指导我国大学永续型基金的管理实践。

第三节 研究内容和方法

一、研究内容

如图 1-1 所示,本书主要包含两大部分。第一部分,国外一流大学永续型基金研究。首先,从发展环境和贡献两个角度分别介绍永续型基金的发展背景和作用。然后,从治理模式、筹集机制、投资管理、风险管理和支出机制这五个方面逐一探究,勾勒出永续型基金的完整运营模式。第二部分,中国大学教育基金会研究。首先,对中国大学教育基金会的发展进行背景分析。其次,按照前一部分的分析框架,从治理结构、资金筹集、投资管理、风险管理和公益支出这五个方面介绍中国大学教育基金会的运行现状。最后,根据以上对国内外大学基金管理的研究,总结出中国大学教育基金会发展中存在的诸多问题与挑战,并从政府、高校、市场以及公众这四个层面给出相应的建议。

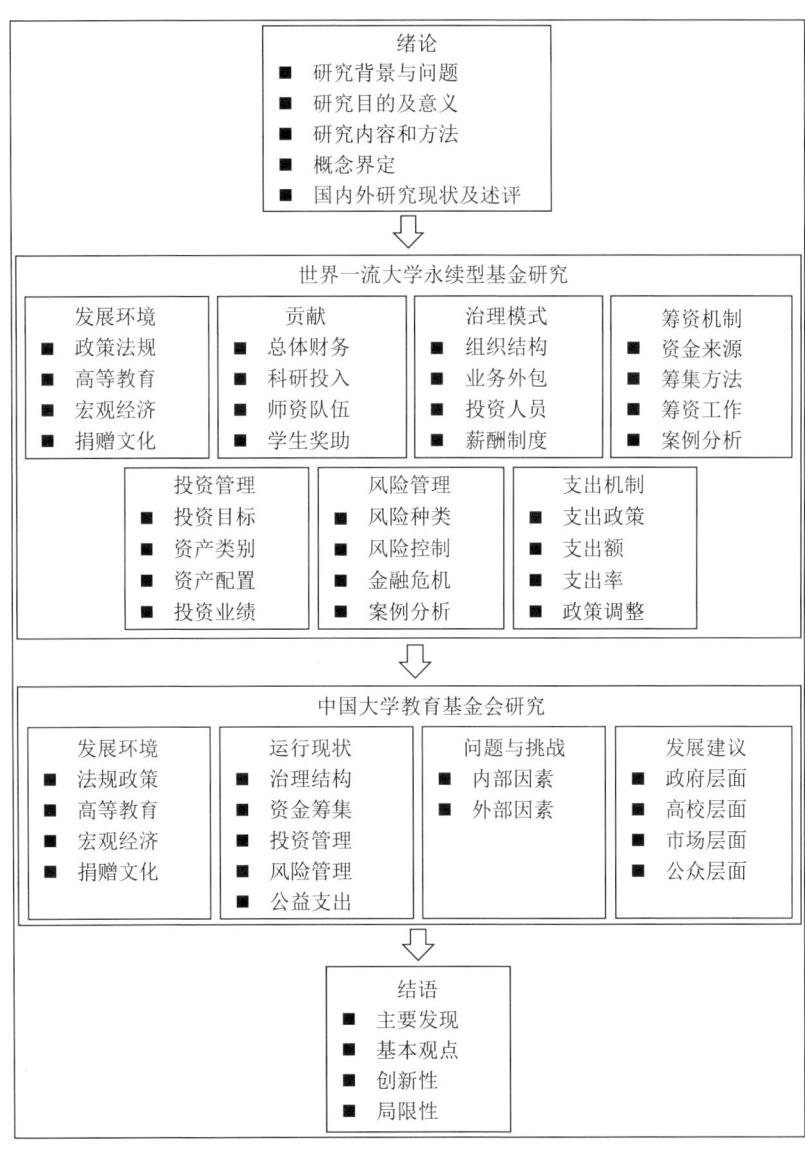

图 1-1　本书的内容架构

二、研究方法

本书主要运用两种研究方法：实证分析法与比较分析法。

（1）实证分析法。实证分析是通过所观察到的或者实验得到的数据来进行分析，是本项目的基本研究方法。本书从国外大学的年度报告、财务报表以及专业研究机构的报告中收集整理样本大学的基金规模、投资配置比例、投资回报、投资人员薪酬、支出率等关键数据，以期更为直观和真实地展示国外名校永续型基金管理的状况，尤其是在金融市场中的表现。例如，书中多处引用了美国全国大专院校行政事务官员理事会（National Association of College University Business Officers，NACUBO）与凯门资本研究所（Commonfund Institute）每年合作发布的针对北美大学永续型基金的调研报告——*NACUBO-Commonfund Study of Endowments*[①]。国内有关中国大学教育基金会投资的研究甚少，本书首次根据中国大学教育基金会的公开资料收集整理出其投资业务的数据，从实际情况出发客观地分析我国大学基金会的运作现状。

（2）比较分析法。世界一流大学由于自身属性以及外部环境的不同，在许多方面都存在明显差异，这为我们多角度比较研究永续型基金的运作和受金融危机的影响提供了条件。尽管各高校的情况不尽相同，但世界一流大学作为高等学府的共同属性，决定了它们在发展上具有许多共同特征，因此可以在比较中寻找共性，总结出永续型基金在高校财政管理和资产投资方面的共同规律，为我国世界一流大学的建设提供有益启示。

第四节 概念界定

一、世界一流大学

美国比较高等教育研究领域开创人菲利普·阿特巴赫（Philip Altbach）曾指出："每个国家都希望拥有世界一流大学，却没有人知道它究竟是什么，也没有人知道如何建成世界一流大学。"[3] 大多数情况下，判定是否是世界一流大学的依据是一种主观的资格评定即通常说的名誉。例如，美国的常青藤大学、英国的牛

---

① 如无特殊说明，书中援引 NACUBO 调研报告均为这两个机构的合作成果。

津大学和剑桥大学、日本的东京大学等历来都被认为是精英大学中的精英。[4] 目前,界定世界一流大学的标准尚未统一,但已有不少学者对世界一流大学的定义、特征和排名进行了研究。

就世界一流大学的定义而言,约翰·冯(John Vaugh)认为,世界一流大学应有足够广泛的学科领域,应当涵盖所有主要的学术和人文领域;被归为世界一流大学说明该大学的教育质量具备世界顶级水平,其地位受到了全世界大多数国家的关注和认可。[5] 丁学良认为世界一流大学首先必须是研究型大学,是对人类社会做出了重大贡献并得到国际公认的高水平大学。[6]

就世界一流大学的特征而言,世界银行高等教育主管、教育经济学家贾米尔·萨尔米(Jamil Salmi)曾提出世界一流大学的三个要素——精英集中、资源充足、治理得当。[7] 约翰·莱能(John Niland)认为世界一流大学大多具有开放的人才流动机制,聚集了世界上最优秀的研究人员和教师,吸引了世界上优秀的学生,有着良好的研究声誉,具有广阔的国际视野,它们的课程能够容纳各种文化,师生来自世界各地,毕业生也在世界各地工作;而且,世界一流大学还是优秀管理艺术的实践者,拥有众多的学科和充足的资源。[8]

就世界一流大学的排名而言,不同的研究专家、媒体和评估机构设置了不同的指标来评定世界一流大学,本书主要采用上海交通大学高等教育研究院推出的"世界大学学术排名"(Academic Ranking of World Universities,ARWU)和《泰晤士高等教育》(Times Higher Education,THE)推出的"世界大学排名"(World University Rankings)作为筛选样本学校的依据。"世界大学学术排名"旨在评价大学科研水平,其指标包括获诺贝尔奖和菲尔兹奖校友数、获诺贝尔奖和菲尔兹奖教师数、高引用科学家数、在《自然》(Nature)和《科学》(Science)上发表的文章数、在科学引文索引扩展版(Social Citation Index Expanded,SCIE)和社会科学引文索引(Social Science Citation Index,SSCI)期刊上的发文数,以及人均加权指标。[9] 该排名主要以客观的定量数据为基础,是国际研究者对大学学术水平进行划分的依据之一。"世界大学排名"是一项综合性排名,其指标包括教学、科研、引用、国际化、企业经费等,较为全面地评价了大学的各个方面,也是目前世界一流大学研究中经常使用的分析工具之一。[10]

本书将着重考察美英两国的世界一流大学,涉及的主要学校如表1-1所示。选择这些高校作为研究对象有三个原因。第一,它们涵盖了美国公立、美国私立和英国公立三种大学类型,为多角度、全方位比较分析不同类型的大学提供了可能性。第二,作为公认的世界一流大学,这些学校的数据来源丰富且可靠,为本书的开展提供了坚实的基础。第三,这些大学的永续型基金运作较为成熟,有助于考察永续型基金的运行管理模式。此外,鉴于文本资料及数据的有限性和可比性,在不同章节中会调整样本大学,适当佐以表1-1之外的大学的相关信息来丰富研究内容。

表1-1 本书中英、美两国的主要样本大学

国别	学校名称	学校性质	THE 排名(2014)	ARWU 排名(2014)
美国	哈佛大学	私立	2	1
	斯坦福大学	私立	4	2
	普林斯顿大学	私立	7	6
	耶鲁大学	私立	9	11
	密歇根大学	公立	17	22
	华盛顿大学	公立	26	15
	北卡罗来纳大学教堂山分校	公立	46	36
	南加州大学	私立	75	51
英国	剑桥大学	公立	5	5
	牛津大学	公立	3	9

资料来源:Academic Ranking of World Universities 2014;World University Rankings 2014~2015.

二、永续型基金

永续型基金没有统一的定义,学者们通常从各自的研究角度来描述永续型基金。杰西卡·贝拉弗勒(Jessica Bellfleur)指出,永续型基金是机构基金(institutional funds),在捐赠条款的约束下,不能被所属机构于当期全部花费。捐赠者设立永续型基金,通过投资本金为机构创造稳定的收入来源,并将盈利用于支持机构运作。[11] 戴安娜·纽曼(Diana Newman)指出,永续型基金是个宽泛的概念,通常用来描述一个或多个捐赠基金(endowed fund)的总体。捐赠基金是一种永久设立的慈善馈赠,其本金被用于投资以获取总报酬(包括收益和增值),其余额的一小部分(基本为4%~6%)通常按年支出。[12] 例如,哈佛大学永续型基金包含了上万个小型捐赠基金。由于永续型基金和捐赠基金并无本质区别,因而本书对二者不加以区分。

美国财务会计准则委员会(Financial Accounting Standard Board,FASB)将永续型基金分成了三类。[12] ① 实永续型基金(true endowment/permanent endowment):指本金永久不得动用,只有投资收益可花费在相关事项上。捐赠者可以捐资单独设立基金,也可以向已有的永续型资金池捐赠。② 期限永续型基金(term endowment):这类基金的本金在某段时间内不得使用,或是直到某个事件发生后本金才可以使用。③ 类永续型基金(quasi-endowment):通常由学校而非捐赠者本人设立,这些资金通常是内部融资,如基金的投资收益、出售资产所得资金。

永续型基金非常强调本金不被动用,只要被划分为永续型基金,则该部分资金的本金是一定不能花费的。国外的捐赠文化兴起早,捐赠模式较成熟,富裕阶层贡献出的众多大额甚至巨额的捐款均是按照这种永续模式设立的。也就是说,不使用本金是捐赠者在协议中的明文规定,是受法律保护的,基金管理者不能违背这一原则。董事会协商决定拿出来按照永续模式运作的资金,严格来说是类永续型基金,董事会仍有权在某些情况下重新使用本金。

国外大学永续型基金和国内大学基金会对永续型基金资金池中的基金分类存在混淆的情况。根据捐赠者的意志(通常参照协议条款),基金的分类有两种方式(图 1-2)。① 按照本金能否使用:本金不能使用的是限定性基金(restricted fund),本金能够使用的是非限定性基金(unrestricted fund)。② 按照用途是否指明:指明用途的是定向型基金(fund with specific purpose),未指明用途的是非定向型基金(fund without specific purpose)。

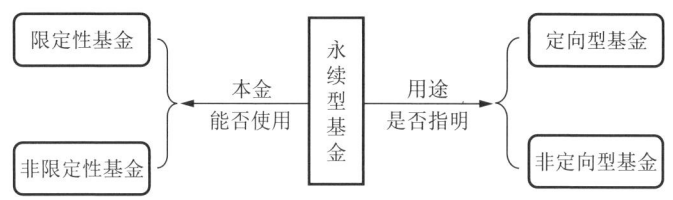

图 1-2　永续型基金的分类

对捐赠基金进行分类是有必要的,因为不同类型基金的管理方式是不同的,在财务报表中的处理也是有差别的。在国外,限定性/非限定性资产是就资金本身而言,即对捐赠资金本身是否能动用做出规定,而不是针对用途。国外大学捐赠基金的报表对资金本身的性质有明确划分,实永续基金中所包含的基金全部都是限定性的,即捐赠者要求不动用本金,类永续基金则包含了一些由基金会自行决定按照永续模式来操作的非限定性基金。至于用途,如果捐赠者做出了明确规定,限定性基金只能支取本金投资所得的收益来资助指定事项;非限定性基金则既可以支取本金也可以支取本金投资所得的收益,甚至可以二者结合。如果没有规定用途,限定性基金的本金不能使用,投资收益可由学校自行安排使用;非限定性基金的本金既可以花费也可以用于投资。捐赠者没有规定用途的限定性基金是存在的,比如一些美国高校已经拥有成熟运作的某捐赠基金,捐赠者可以向该基金捐资,本金同样不被动用,收益的使用方式则按照校方对该捐赠基金的既定规则操作。

国内的一些大学沿用了国外大学限定性/非限定性的说法来划分基金会的资产,但实际上是区分捐赠者是否对资金用途提出规定(restrictions on purpose)。也就是说,名义上是限定性/非限定性资产,但实为定向型/非定向型资产。国内大学基金会所说的无用途限制的基金,通常是捐赠者对本金和用途都没有做特别要求的资金,捐赠的使用完全由学校基金会决策。例如,北京大学在2004年创建的"北京大学发展基金"项目,其特点就是无用途限制,该项目自成立以来汇集了北大校友和海内外社会各界友人给予学校的无指定用途的捐赠。[13] 这笔基金及其收益用于学校发展最为重要和急需的项目,满足学校发展最急迫的需求。例如,聘请世界知名学者任教、讲学、合作研究;向因突发事件等急需经济支持的学生提供资助;学生学习生活中必需的校园基础设施建设和维护;弥补学科建设重点项目的经费急需等。对于这类捐赠,学校可以将其作为永续型基金来管理。

笔者对我国众多大学基金会的年度工作报告进行比较后发现,对于基金金额较大的学校来说,一般情况下限定性资产要多于非限定性资产,此处的"限定性/非限定性"多是针对用途而言。然而,即便有所分类,这些名称在使用中仍是比较混乱的,甚至并不加以区分。例如,清华大学教育基金会的业务活动表显示其非限定性资产存于银行,获取利息;限定性资产用以投资,获得投资收益。而在北京大学教育基金会的业务活动表中,投资收益和存款利息均来自非限定性资产,限定性资产条目下均为零,其资产负债表中净资产却又包含了大量限定性资产。也有一些国内大学基金会采用了留本基金和非留本基金的概念,但这多由基金会管理层自行划分,其实对应的是国外的类永续基金,是基金会自身从其非定向型基金中提取出来并按照留本投资模式运作的资金。

在同属亚洲的新加坡,一些高校也建立起永续型基金,并对基金的划分做出较详细的说明。例如,新加坡国立大学(National University of Singapore, NUS)的财报区分永续型捐赠(endowed donations)和非永续型捐赠(non-endowed donations)。前者在签收时直接汇入捐赠基金账户,后者有专门目的,不用于一般性运营开支。[14] 该校对限制性基金也有明确规定,包括:永续型基金的收益;从非永续型捐赠中划分出来的为专门目的而设的基金;由资助人(grantor)为专门目的捐赠的外部补助金。这里的"限制性"是针对资金是否要受到法律或捐赠者的条款限制,同样是针对目的而言。

对比之下,笔者认为美国大学的分类方法更合理。在讨论具体的用途之前,应当首先对捐赠的本金做出定位,是直接用来花费,还是用来投资从而将收益用于花费。由于美国大学收到很多来自个人和组织的大额捐赠都是有留本要求的,因而这一区分很重要。国内目前对永续型捐赠形式并不十分了解,对永续的理念、永续基金的运作模式等都还比较陌生,单笔捐赠的额度通常也较小,暂时还难以上升到广泛应用永续模式的高度,因此,现阶段国内的划分方式仍存在一定的适用性和合理性。然而,随着捐赠规模的增长以及社会各方对教育事业长远利益的重视,永续模式是必经之道。

三、基金会和永续型基金

在我国,大学基金会和中国儿童少年基金会、宋庆龄基金会、壹基金等其他基金会一样,是利用自然人、法人或者其他组织捐赠的财产,以从事公益事业为目的,按照《基金会管理条例》规定成立的非营利性法人。基金会的设立和运营(包括原始资金额度、机构设置、投资活动、支出额度以及信息披露等)需符合与基金会相关的法规政策,如《基金会管理条例》《基金会年度检查办法》和《基金会信息公布办法》,免税细则目前是依据《企业所得税》《个人所得税》以及非营利组织税法的相关条款确定的。基金会收到的捐赠大多具有特定用途,通常会在一定时间内被消耗掉。而有些捐赠没有规定具体用途,大学基金会可以不断积累这些未限定用途的资金,以作为投资的本金。

永续型基金特指本金不能动用,而只将本金的投资收益用于花费的一类捐赠。这种留本的要求,既可以是捐赠者本人限定的,也可以是基金管理者如董事会协商规定的,上文提到的中国大学基金会划定投资本金的做法就类似于后者。在术语的使用中,永续型基金一般被用来指代运作永续型基金的机构,但国外的永续型基金与基金会是不一样的组织,二者都运作资金池,但大学永续型基金的本金是不能被支取的,而基金会由于其特殊的使命本金是可以被消耗的,例如支持某种急性传染病项目,基金受托人可以动用所有资金以便尽快实现目标。[15]

基金会是法人概念;基金是一个资金集合,是基金会所有或管理的资产;永续型基金则是基金的一种,可在资本市场投资运作。可以看出,目前国内的分类还不够科学和准确,市场有混用概念的情况,对事物和研究都造成了阻碍。我国的基金会分为公募基金会和非公募基金会,这在第九章中有详细阐述。

四、投资基金

对美国大学而言,实永续基金、期限永续基金、类永续基金都是在资本市场进行留本投资运作的资金。新加坡国立大学在财务报表中指明,该校永续型基金不仅包含个人和组织的捐赠,也包括政府的配比捐赠,只要这些资金是保留本金的就都直接纳入永续型基金当中。[14]国内大学对"投资基金"并没有统一的界定。某些大学基金会在其文书中会做出说明,如《清华大学教育基金会财务管理制度》第五章(投资管理)第2点写道:"基金会可用于保值增值的资产限于非限定性资产、在保值增值期间暂不需要拨付的限定性资产。"《上海交通大学教育发展基金会资金运作管理规定》第一部分(资金运作的法律依据)第2点:"上海交通大学教育发展基金会用于运作的资金由基金会留本基金和沉淀捐赠基金组成。"但至于沉淀捐赠基金是什么并未具体说明。

在学术研究中,学者们也没有严格区分这一概念。杨周复等人(2004)在《高等院校资金运作与风险防范研究》一书中,并没有使用"大学基金会"这个名称,而是使用了"高校资金运作机构",这在多数学校也被称为"资金结算中心"。他们对大学的资金运作进行了统计,69所样本学校中,有61所大学进行了不同程度的资金运作,运作资金的规模及比例如表1-2所示。书中称,这61所高校的资金运作总量达到120亿元,但实际上,根据基金会中心网的统计数据,截至2013年底,我国高校基金会的净资产总规模才接近160亿元。[16]该书的统计结果中包含了很多资金来源(表1-3),除了留本捐赠基金、教育基金会基金等与本书研究对象相关的资金外,还包括预算结余资金、科研及附属单位沉淀基金等。资金运作机构也呈现多样化(表1-4),该书中所研究的资金运作,只有两个样本学校是通过基金会这一渠道,其他多是学校层面的机构,如财务处、结算中心。

表1-2 我国部分高校资金运作的规模(2013年1月)

资金运作量(亿元)	院校数量	比重
小于1	26	42.6%
1~3	27	44.2%
3~6	5	8.2%
大于6	3	5%
合计	61	100%

资料来源:杨周复,施建军,蒋绍忠,等. 高等院校资金运作与风险防范研究[M].浙江:浙江大学出版社,2004:45.

表 1-3 我国部分高校资金的分类(2013 年 1 月)

资金的类型	拥有相应资金的院校数量	资金合计占高校资金总额中的比重
预算结余资金	35	23%
科研等沉淀资金	28	18%
留本捐赠基金	21	13.5%
教育基金会基金	12	7.7%
附属单位沉淀资金	26	16.7%
其他	33	21.1%
合计	—	100%

资料来源：杨周复，施建军，蒋绍忠，等．高等院校资金运作与风险防范研究［M］．浙江：浙江大学出版社，2004：45.

表 1-4 我国部分高校的资金运作机构(2013 年 1 月)

运作机构	院校数量*	比重
财务处	28	45.2%
结算中心	20	32.2%
基金会	1＋1	3%
财务处与结算中心共同	11＋1	18%
学校资金运作组	1	1.6%
合计	63	100%

*因为有两所大学分别有两个运作机构，所以该统计条目中有两处"＋1"项。

资料来源：杨周复，施建军，蒋绍忠，等．高等院校资金运作与风险防范研究［M］．浙江：浙江大学出版社，2004：46.

该书还总结了这些样本学校的投资运作状况：

（1）已经进行资金运作的 61 所院校中，全部都有银行存款，除此之外无其他运作渠道的有 24 所，占 40% 左右。

（2）11 所院校进行了产业投资，包括投资房地产、宾馆和学生公寓等。

（3）19 所院校涉足国债、企业债、可转债等领域。其中，RM 大学的资金全部用于购买国债。

（4）10 所院校拥有各类证券投资基金。

（5）三所院校投资股票市场，但资金数额很少。

（6）10 所院校进行委托理财、信托存款、保险保底分红、校内贷款等投资。

上述几点描述了我国高校资金投资配置的客观事实，但要注意的是，这些总结所针对的运作资金是汇聚了表 1-3 所示的多种资产类别,与本书所要讨论的通过大学基金会来管理的留本资金并不完全一致。

第五节 研究现状及述评

根据研究对象和方法的不同,对大学投资和捐赠基金的现有研究主要集中在四个方面。

(1) 介绍国外尤其是美国的捐赠现状,并对我国提出建议。例如,高晓清和龙佩(2009)考察了美国常春藤联盟大学的社会捐赠,认为其对常春藤联盟保持经久不衰的生命力发挥了极大的作用;蔡克勇(2006)以"社会捐赠:一座亟待开发的金矿"为题,指出社会捐赠是国际上的一条惯例,我国要建立、健全政策、法规,促进社会捐赠,高等学校也要重视争取捐赠的工作;谷贤林和王铄(2011)对英国高等教育捐赠主体的分类、英国政府鼓励捐赠的政策以及英国高校回报捐赠者的方式进行了分析,并考察了近期英国政府和高校推动捐赠的措施。

(2) 从经济学的角度切入,对捐赠的激励措施,包括对现行政策的诠释、比较、建议及影响捐赠的行为进行研究。例如,朱为群(2002)对我国现行税法中有关捐赠的规定做了比较详细的归纳,讨论了税收捐赠扣除方法的激励效应和分配效应;罗公利和刘惠明(2005)研究了影响我国高校捐赠者捐赠决策的各项因素;Brown、Dimmock、Weisbenner(2012)从供给和需求两个方面考察了高等教育领域的慈善捐赠。

(3) 针对基金管理过程中的具体问题进行分析。例如,张敏(2007)指出美国大学在对捐赠基金进行投资和运作时使用了谨慎投资者规则,并且这一规则启示我们应规范我国大学捐赠基金在资本市场的投资活动,应该启动相关立法工作、完善相关法律;Merton(1993),Dale、Gwinnell(1995)和 Dimmock(2007)对高校的社会捐赠投资策略进行了研究;Brown 和 Tiu(2013)讨论分析了大学永续型基金的支出政策、资产配置以及投资业绩的相互影响。

(4) 对于校友捐赠的研究,包括校友的特点、高等院校本身的特点、捐赠办公室的作为、各种活动对校友捐赠的相关性的研究等。如 Hodson(2010)分析强调了大学校长和院长在学校获取捐赠中的重要作用;邓娅(2012)比较分析了校友在大学筹款中的作用,并从组织结构的角度考察校友会的定位,指出我国高校应当重视校友会和基金会的建设。

总而言之,国内的相关研究主要是针对个别问题进行讨论,政策建议相对较多,切实可行的措施较少;表层研究较多,理论深入较少,尤其缺乏对我国高水平大学建设永续型基金的具体设计方案。国外的研究则主要集中在学校吸引社会资金的具体行为的研究,并没有对捐赠基金的投资与运作体系、制度和实践进行深入分析。然而,永续型基金作为一种新型的大学财务管理手段,操作过程涉及面广,若要指导实践必须进行系统性研究,且越全面深入、越具体越好。但由于大多数研究并未进行实地调查和采用准确的数据,故既往的研究对高校制定相应的基金管理规划和措施的实质性帮助有限,这在很大程度上影响了研究成果在操作层面的实际推广和应用。

此外,现有文献中针对金融危机对世界一流大学投资造成的影响以及世界一流大学采取的应对措施的研究还相对薄弱,对金融危机可能对高等教育产生的影响的分析则主要是建立在经验和推理之上。例如,侯定凯和李明(2009)认为由于大学资产在金融危机中大大缩减以及政府投资和私人捐款骤减,大学将面临经费明显短缺的困境;喻恺(2009)从金融危机对国内外高校的财务、招生、教学、学生就业以及学生流入和流出等方面产生的影响作了分析;王洪才和邹海燕(2010)分析了金融危机对美国高等教育在捐赠基金、学费标准、学生贷款等方面的消极影响。但不论是英文还是中文文献,均缺少系统性的实证研究作为调查金融危机造成影响的基础,存在着以简单观察取代全面研究和深入分析的倾向。虽然文献中也有少量关于经济和高等教育关系的实证研究,例如,海德堡大学的 Windolf(1992)对 1870～1985 年五个国家的经济周期和高等教育扩张的关系进行了研究,但这些研究缺乏时效性和针对性。因此,现有文献并未对金融危机和经济衰退对世界一流大学在哪些方面造成了何种程度的影响给予实质性的回答。更为关键的是,现有文献忽略了对世界一流大学应对金融危机和经济衰退的策略的研究。回答这些问题不仅需要进行基础性的数据采集工作以及对相关政策的分析工作,还需要开展具有教育学、经济学、管理学等多学科背景的交叉性研究。

综上所述,开展一项体系独特、视野广阔,能多层次、多角度反映全貌,客观科学评价后金融危机时代世界一流大学教育捐赠管理的研究,具有重要的学术意义和现实意义。在当前我国高校接受社会捐赠的规模日益扩大且急需相关管理理论和经验的背景下,本书将为大学永续性基金的建立起到推动和支持作用。

第二章

世界一流大学永续型基金的发展环境

第一节　法规政策环境
第二节　高等教育环境
第三节　宏观经济环境
第四节　捐赠文化环境
小　　结

第二章 世界一流大学永续型基金的发展环境

世界上最古老的大学多半位于欧洲,包括牛津大学和剑桥大学。其中,建校于1167年的牛津大学是英国的第一所大学,美国的第一所大学哈佛大学则成立于1636年。虽然成立时间相差甚久,国别不一,文化差异明显,但经过较长时间的发展,这些学校都跻身当今世界一流大学的最前列。根据2014年ARWU的排名,哈佛大学位列世界第一,剑桥大学位列第五,牛津大学和芝加哥大学并列第九。[17]这些顶尖大学发展的丰硕成果与其雄厚的资金基础密不可分。事实上,它们都拥有自己的永续型基金,且颇具规模。

那么,这些一流大学的永续型基金是在什么样的环境中发展的呢?本章将从四个方面进行详细分析:法规政策环境,考察英美两国政府的立法以及规章制度,既包括国家层面的法规政策,也包括州政府和地方性的相关规定,主要涉及捐赠、税收、基金管理等方面;高等教育环境,分析高等教育的市场化和教育成本分担等对永续型基金发展的影响;宏观经济环境,包括经济增长和金融市场所起的作用;捐赠文化环境,分别阐述美、英两个国家的慈善捐赠及在高校层面的具体体现。

第一节 法规政策环境

一、美国

永续型基金具有捐赠性,其本金全部来自于企业或个人的捐赠。这些捐赠基金对大学、企业、社会等的影响深远,自然引发了法律层面对捐赠基金的讨论和规范。在公司捐赠是否合法这个问题上,美国曾有过很长一段时间的争论,法律随之不断修正。该过程大致可分为如下四个阶段。[18]

第一阶段,20世纪20年代之前,由于传统公司法规定公司必须遵守利润最大化原则,公司捐赠被认为是违法行为。在著名的1919年道齐诉福特汽车公司案(Dodge v. Ford Motor Co.)中,法院指出,公司不是一个慈善机构。自此案起,商业公司就只能为股东赚取利润,不得为人道主义、教育、慈善或其他公共活动,以捐赠或其他方式使用公司资源。

第二阶段,20世纪20年代至50年代初,公司的社会责任得到重视,州和联邦政府的法律开始认可公司的捐赠行为。1935年,国会通过立法批准对公司捐款不超过5%的税前收入部分予以免税。这一阶段,尽管判例法允许公司有捐赠行为,但要求该行为必须符合公司的近期利益。

第三阶段,20世纪50年代中期至20世纪末,法律放宽了对公司捐赠行为须有短期直接利益的限定,转而注重公司捐赠与其长远利益的契合。新泽西州最高法院在受理史密斯制造公司诉巴洛案(*A. P. Smith Mfg. Co. v. Barlow*)中,支持了被告(一家生产灭火消防栓和消防阀的公司)对普林斯顿大学1500美元的捐赠行为,认同这一行为有利于被告公司的长远发展。

第四阶段,21世纪以来,公司的捐赠行为得到普遍认可。1994年,美国法律协会(American Law Institute, ALI)在《公司治理原则:分析与建议》(*Principles of Corporate Governance: Analysis and Recommendations*)第2.01条b项中规定:"公司在经营事业中,即使不会因此而增进公司的利润及股东的利益,也可为公共福利、人道、教育、慈善的目的贡献适当的财力。"[19]如表2-1,政府还通过立法鼓励企业、慈善机构和个人资助高等教育,在所得税(income tax)、遗产税(estate tax)等诸多方面提供优惠措施。

表2-1 美国与大学永续型基金发展相关的政策

相关法律	颁布时间	相关政策
国内税收法	—	向非营利组织或完全的公共组织捐赠者,可享受税收优惠
联邦所得税法	—	个人捐赠不仅可以从所得中扣除,还可以实行一定的免税
遗产税法	—	慈善性质的遗产捐赠可以从遗产税中扣除
美国非营利法人示范法	1952	非营利组织必须在各州检察长办公室进行登记注册,取得非营利公司的法人资格
莫里尔法案	1862	出售赠地所得资金用于设立永续型基金
莫里尔法案	1890	联邦政府向赠地学院提供年度拨款
统一机构基金管理法案	1972	谨慎人规则
统一机构基金谨慎管理法案	2006	对永续型基金保值增值的建议

(1)在所得税方面。美国于1913年开始征收个人所得税,1917年在税法加入了教育捐赠免税的规定,捐款或实物捐赠的抵税部分最高达15%。[20]美国《国内税收法》第501(C)条款规定:向非营利组织或完全的公共组织捐赠者,可享受税收优惠。联邦政府和州政府的有关税法规定:凡是向非营利机构(主要是教会

和高等院校)捐赠资金、款项、设备和不动产等的机构和个人都可享受一定比例的所得税优惠。公司向国税局认可的非营利机构捐赠财产,免税额可以达到年应纳税额的5%,个人捐赠减免税比率限制为应纳税额的50%。[21]美国大学永续型基金自身也可以申请免税资格。申请时需填写美国国税局提供的1023表,连同机构章程和有关文件一并提交,经美国国税局审核确认后发给裁定书,承认该机构为符合《国内税收法》第501(C)(3)条款规定的免税单位。获取免税资格后,永续型基金的捐赠收入和投资收益就无须向国税局纳税。[22]来自外界的捐赠收入与大学通过永续型基金运作获得的收益都是世界一流大学永续型基金的重要资金来源,这些税收优惠政策无疑促进了永续型基金的资金积累。

(2)在遗产税方面。美国于1916年开始征收遗产税。其遗产税采用超额累进税率,遗产的数额越大,相应的税率越高。2001年遗产税的起征数是67.5万美元,联邦政府对67.5万~300万美元之间的遗产征税税率为37.5%,对300万美元以上的遗产征税税率更是高达55%。不过,美国法律规定,捐赠的财富不在遗产税的征收范围之内,对教育慈善机构捐赠遗产可以冲抵税额。比如捐赠100美元,将享受30美元的税收优惠,实际捐赠额为70美元,这30美元用来冲抵遗产税额。[23]遗产税在刺激富有阶层进行慈善捐赠方面功不可没,有统计显示,征税遗产的捐赠超出非征税遗产捐赠的一倍,1997年来自遗产的慈善捐赠为143亿美元,其中60%是2000万美元以上的巨额遗产。[24]

(3)在高校经费方面。1862年由林肯总统签署的《莫里尔法案》(*Morrill Act*)又称《赠地法案》,通过将联邦政府拥有的土地捐赠给各州来兴办、资助教育机构,凡是州政府利用该法案创办或资助的院校都被称为"赠地学院"(Land-grant Colleges)。[25]该法案规定:各州需将联邦政府所赠拨土地出售,用所得经费建立永续型基金,以资助、供给和维持至少一所专门学院;各州可将出售所赠拨土地所得资金用来购买联邦政府发行的债券或其他可靠的证券,通过赢利来扩大永续型基金,且永续型基金的10%可用来购买土地建立学院或实验基地。[26]1890年美国政府再次颁布《赠地法案》,规定联邦政府向赠地学院提供年度拨款以资助各州赠地学院的发展,每年对每所赠地学院拨款最低限度为15000美元,以后逐年递增,最高限额为25000美元。《赠地法案》是美国政府对公立大学最大手笔的捐赠,由此建立的捐赠基金也对公立大学的发展起到了非常重要的作用。19世纪末,赠地学院增加到69所,这些学院后来多半发展为州立大学,成为美国高等教育的重要力量,有些已成为世界一流大学,如得克萨斯大学。[27]

(4)在投资运作方面。政府对基金运作的规范也深刻影响着大学永续型基金的发展。1830年,马萨诸塞州最高法院在哈佛学院诉艾默利案(*Harvard College v. Amory*)的裁决中确立了"谨慎人规则"(prudent man rule),美国大学永续型基金在该规则的指引下只能花费投资获得的分红(dividends)和利息(interest),资本利得(capital gains)要归入本金[28],因此投资人员仅选择债券、优先股(preferred stock)等能够为大学带来现金收入的证券。[29] 然而,这种低效的资金运作不能充分发挥出捐赠基金对大学的资助效力。大学一直在探索更好的捐赠基金管理模式,最重要的转折点出现在20世纪60年代末。[30] 1969年,引领教育捐赠事业的福特基金会(Ford Foundation)发布了两份在高等教育融资和财务管理领域具有广泛影响的调研报告——《捐赠基金的法律与秩序》(*The Law and Lore of Endowment Funds*)和《教育捐赠基金管理》(*Managing Educational Endowments*),前者探讨了捐赠基金投资的法律原则,后者针对投资管理建言献策。[30] 福特基金会还在1971年拨款280万美元成立了凯门资本(Commonfund),通过该投资公司将教育类捐赠基金汇聚在一起进行专业化投资。关于投资、法律、政策等多方面的深入探讨表明大学捐赠基金的管理方式面临着重要转变。

福特基金会的这两份报告也促成美国统一州法律委员会议(National Conference of Commissioners on Uniform State Laws, NCCUSL)在1972年通过了《统一机构基金管理法案》(*Uniform Management of Institutional Funds Act, UMIFA*),该法案随后被47个州的立法机构颁布实施。UMIFA提出了一套合理使用大学捐赠基金的谨慎投资规则,主要内容包括四个方面:投资基金增值的谨慎投资标准;特定投资权限;代理做出投资管理决定的授权;董事会依据该法其他条款履行义务的商业注意事项和谨慎标准。[31] 其所带来的重要改革是,政府允许捐赠基金投资任何资产类别,将基金汇成资金池来统一投资,在董事会谨慎决策的前提下也可以将投资管理委托给外部顾问。[32] 2006年,UMIFA的修订版《统一机构基金谨慎管理法案》(*Uniform Prudent Management of Institutional Funds Act, UPMIFA*)明确建议各州在制定相关法律时考虑机构基金购买力保值问题。[15] UPMIFA现已被美国49个州和华盛顿哥伦比亚特区采用。

(5)在信息公开方面。美国所有的公立大学都会公布年度财务报表,且通常可在互联网上获取;绝大多数私立大学也在其官网上提供相关信息。而无论是私立大学还是公立大学的捐赠基金机构,都被要求填报美国国税局(Internal Revenue Service, IRS)编制的990表(Form 990)。[33] 为提高非营利组织的透明度,2009年经过重新设计的990表新增了捐赠基金机构所要披露的信息内容,包括期初和期末余额、捐赠收入、投资损益、所发放的奖助学金、设备和项目的其他费用以及行政费用。[①]990 表还要求机构告知实永续型基金、期限永续型基金和类永续型基金的比例,并描述永续型基金的用途。此外,美国高校对政府信息公开的要求均予以积极配合,例如,2008 年 1 月美国参议院财政委员会(Senate Finance Committee)向拥有超过五亿美元捐赠基金的高校发函询问基金事项,所有机构都对此进行了回复,且许多机构还同时将其回复的详细内容公布在学校网站和媒体上。

二、英国

英国政府对个人捐赠的税收优惠包含如下四种情况。[34]

(1)"资助捐赠"(Gift Aid)计划。这是英国政府于 1990 年引入到财政法案中的一项税收激励政策。[35]在英国的纳税个人通过该计划每捐赠一英镑会获得 25 便士的资助,这不需要本人额外支付,而且承担较高所得税税率的纳税人还可以申请返还高于基本税率(20%)部分的捐赠价值。例如,某英国纳税人的适用税率为 40%,其向慈善机构捐赠了 100 英镑,"资助捐赠"计划会将实际捐赠额增至 125 英镑,该个人也可以向税务局要回 25 英镑[125×(40%-20%)]。

(2)通过工资或养老金直接捐赠。如果雇员所在公司或其私人养老金提供者设立了"工资单捐赠"(Payroll Giving)计划,则雇员可在纳税前通过工资或养老金向慈善机构捐赠,具体减免额度由相应的税率决定。例如,捐赠一英镑,对应低税率的纳税人需支付 80 便士,即减免了 20 便士;对应高税率的纳税人减免 40 便士;对应额外税率的纳税人减免 45 便士。

(3)土地、房产或股权捐赠。这在所得税和资本利得税(capital gains tax)方面均可享受优惠。捐赠者可将等同于其捐赠价值的额度从应纳税所得额中扣除,以减少税收。个人向慈善机构捐赠土地、房产或股权也无须缴纳资本利得税,但如果个人以高出成本价(同时低于市场价)出售相应资产则可能需要缴纳资本利得税。如果慈善机构授权捐赠者出售所获赠的土地、房产或股权,只要保留相关证明,捐赠者同样可以申请免缴资本利得税。

(4)遗产捐赠。英国遗产税(inheritance tax)的个人起征点在 1986 年为 7.1 万英镑,随后起征点水平逐年调高,自 2009 年调至 32.5 万英镑后,截至 2015 年起征点仍维持在该水平。[36]超过起征点的部分按照 40%的税率征收遗产税。

---

① 原文:Beginning- and end-of-year balances; contributions to endowment; investment earnings or losses; grants or scholarships from endowment; other expenditures for facilities and programs; and administrative expenses.

而从 2012 年 4 月 6 日起，个人将不低于其遗产净值（net value） 10％ 的部分捐赠给慈善机构，则遗产税将从 40％ 降至 36％。[37] 这些税收减免措施有效地激发了英国的社会捐赠。

在高等教育事业扶持方面，英国政府所采取的方式也发生了一些变化。1992 年颁布的《继续教育与高等教育法案》（Further and Higher Education Act 1992）将大学与学院的财政拨款进行了整合，并在 1993 年成立了高等教育基金委员会（Higher Education Funding Council for England, HEFCE）作为统一的拨款机构，以提高政府对高等教育机构的拨款效率，并让更多的高等教育机构受益。[38] 在 2003 年发布的高等教育白皮书《高等教育的未来》（The Future of Higher Education）以及随后一年颁布的《高等教育法案》（Higher Education Act）中，英国政府都将大学筹款与社会捐赠作为重要内容，鼓励高等教育机构自身进行筹款，比如建立永续型基金来吸引和管理捐赠。[39]

配比融资（matched funding）便是政府帮助高校完善筹集机构、吸引社会捐赠的有效手段。例如，2004 年英国大学的中央协调机构 Universities UK 设立了 700 万英镑的三年期配比基金计划，旨在帮助英国高校建立和强化筹资能力。[40] 共有 27 所筹资能力较为薄弱的大学中标，针对这些学校每年用于建设和完善学校的发展办公室（即筹资部门）费用，UUK 按照 1∶1 的比例提供赞助款，上限为 12.5 万英镑。该资助计划对于建校历史悠久的学校的筹资能力的提升效果尤为明显。[41] 又如，英国政府在 2008～2011 年实施的两亿英镑配比融资计划是一个旨在鼓励社会捐赠的三年期项目，参与项目的 130 多所学校的筹资收入和捐赠人数平均水平都较之前显著增多。虽不能说这完全是配比政策的功劳，但在经济衰退的大背景下，配比政策的确起到了不小的保护作用。[40]

第二节　高等教育环境

一、美国

第二次世界大战结束后，退伍军人对高等教育的需求旺盛，苏联发射了人类历史上首颗人造卫星也刺激美国人将教育作为加强国防和促进科技进步的有力工具。这一时期，美国高等教育规模不断扩大，1958～1968 年，美国高校的在校生人数由 322 万增加到 692 万，平均每年增长率达到 7.9％，高校数量由 2111 所增加到2483所[42],研究型大学的地位也不断上升[15]。政府和社会各界对高等教育的重视使得高校获得了来自各种渠道的资助,1960～1970年,高等教育的财政收入由57.9亿美元增至215.2亿美元,高等教育财政收入占GNP的比例也由1.4%上升到了2.6%。[42]

高等教育成本分担(Cost Sharing)理论是由美国著名教育经济学家、原纽约州立大学校长布鲁斯·约翰斯通(Bruce Johnstone)于1986年最早提出的,他主张打破高等教育由国家财政拨款主导的局面,建议高校采用多渠道的筹款方式。[43] 高等教育成本通常由四类主体承担,即纳税人、学生家长、学生个人、个人或机构捐赠者。而个人或机构捐赠者正是通过对大学捐赠的途径为高等教育分担了成本。20世纪90年代以来,随着美国政府对高等教育资助比例的不断下降,深入挖掘社会捐赠、拓宽经费渠道成为大学的一项重要任务。

代际平等(Intergenerational Equity)原则是经济学家詹姆斯·托宾(James Tobin)于1974年最早提出的。他认为:"捐赠机构的受托人是资金未来的守护者,他们要力求避免当前需求过度膨胀,他们的使命是实现'代际平等',保证每一代人平等地享有捐赠基金的支持……用术语表示就是说,受托人的时间偏好为零,也就是说他们对当前支出和未来支出并无偏好。"[15] 大学的永续型基金管理机构是非营利组织,受相应条款的约束,其收入必须用于与之相关的领域,即科研、教育等。管理者还需要考虑,这些收入是用于本届学生的开支,还是纳入永续型基金以支持未来学生的开支。对代际平等原则的考虑会直接影响大学捐赠基金的支出策略。捐赠基金的积累其实是应对未来开支的一种储蓄形式。[44] 每向捐赠基金注资一美元就意味着当前的研究或提供给本届学生的教育服务少用一美元,或者说,本届学生需多付一美元学费才能获得同等水平的教育服务。与此对应,被储存的资金将在未来提供更多的研究、教育服务或实现低学费。

二、英国

1963年,英国发表著名的《罗宾斯报告》(*Robbins Report*),这是英国现代高等教育制度出现转折的标志,英国高等教育从此进入大众化发展阶段,并获得20余年的快速发展良机。[45] 第二次世界大战后,英国政府承担的经常性费用和基本建设经费超过大学预算的90%。1979年5月撒切尔执政后,开始了大规模的私有化尝试,政府对高校的拨款大幅度减少。1981年至1983年间政府拨款比原计划大约减少了8.5%,大学收入总损失估计为11%～15%。[46] 高等教育市场化改革拉开序幕。高等教育市场化的理论基础是新公共管理和新自由主义,主要观点有:① 通过限制公共资金投入,创造稀缺的要素环境,刺激大学之间竞争,提高高等教育效率;② 为大学提供更多自主权,提高大学自主决策能力,使它们真正成为具有民事权力和责任的法人团体;③ 建立严格的问责制度,通过评价和绩效拨款建立市场运行规则。[46]希拉·斯劳特(Sheila Slaughter)和拉里·莱斯利(Larry Leslie)认为:"具有市场特点的行为指的是院校和教学科研人员为获得资金而进行的竞争,这些资金来自于外部资金和合同、捐赠基金、产学合作企业、教授的衍生公司中的学校投资,以及学生的学杂费。"[47]

高等教育成本分担也是英国政府削减公共开支、实施高等教育市场化政策的重要举措。英国公立院校除了通过政府拨款和学生学费获取资金外,还通过其他途径如社会筹资、校友捐款等方式筹集资金,形成了以政府为主、个人为辅、社会参与的高等教育成本补偿模式。用非政府收入弥补政府投入不足的做法,意味着高等教育成本负担由普通纳税人向学生及其父母、慈善家和大学服务的购买者等群体转移。例如,20世纪90年代初,英国政府开始实施大学生贷款制,强制大学生及其家长支付部分上学费用,同时,政府还采取各种措施鼓励或迫使高等学校在与工商企业的联姻中获取经费。[48]又如,2005~2006年度英国高等教育机构的经费来源比例:高等教育基金委员会拨款约占38.7%,学费、教学补助及合同约占23.8%,研究补助及合同约占16%,捐赠及投资收入约占1.8%,其他服务性收入约占19.8%。[46]

英国是世界上最早实行高等教育拨款基金制的国家。高等教育基金委员会的主要职责是为教学和科研分配资金,对于很多高校而言,高等教育基金委员会是它们经费的最大提供者,约占高等教育全部资金的40%。[46]20世纪80年代初,英国政府面临财政危机,为了削减科研拨款,英国政府在全面评估大学的院系和研究活动后,终止了对那些评估表现不佳的院系进行拨款。后来,英国政府又开发了一套更为系统的"研究实力评估"(Research Assessment Exercises),从此,直接通过评估结果来分配政府对大学的科研拨款。[49]

第三节　宏观经济环境

一、经济因素

20世纪70年代后,发达国家的经济相继进入滞涨或低速增长的时期,财政拮据和赤字猛增迫使政府逐步削减教育经费,特别是削减高等教育拨款的相对额甚至绝对额。[48] 杰弗里·布朗(Jeffrey Brown)等人指出,当美国大学面临诸如金融危机和大萧条之类的广泛经济下行压力时,它们的多种收入来源同时受到冲击。[50] 影响大学其他收入来源的经济因素可能对捐赠收入也有一定作用。对此,至少有两种猜测。从供给的角度讲,经济形势不好时,诸如校友和公司等潜在捐赠者的捐赠能力可能被削弱。这不难想象,当他们的资产缩水时,能够捐出来的部分自然就少了。而从需求的角度看,经济走下坡路时,高校从学费、政府拨款等其他途径获得的资金收紧,为了维持正常运行,其对捐赠资金的需求会更加迫切,相应地,捐赠的边际价值(即每增加一美元捐赠所带来的价值)也更大。

单用横截面数据或时间序列数据很难全面考量这些关系,因此,布朗等人选择使用面板数据分别对上述关系进行线性回归分析。研究结果表明,宏观经济因素通过供给与需求两种渠道对高等教育的捐赠产生显著影响。在供给方面,对高等教育机构的捐赠总量与人均收入、股票回报率及房产价值呈显著正相关关系。简单来说,捐赠者的财务状况越好,其对高等教育的捐赠就越多。在需求方面,当高校的永续型基金受到冲击时,捐赠者会增加捐款。根据克拉费得的调查,较低收入阶层的捐赠中,50%以上的捐赠流向宗教组织,随着收入的增加,捐赠逐渐流向高等教育、文化和医疗等领域。[51]

然而,上述针对美国高等教育捐赠的分析结果并不完全适用于英国高校。英国人口稀少,2008年总人口基数只有6140万人,这使得英国人均收入高于世界平均水平。这样的经济实力为英国高等教育社会捐赠的发展提供了很好的经济环境。[52] 但一项针对英国某著名大学校友的调查显示,该校校友的捐赠意愿与其收入之间不存在相关性,收入超过10万英镑的校友很少有向母校捐赠的意愿。有研究者总结出英国个人捐赠表现出的两个特点,一是以自发捐赠或小额现金捐赠为主,二是一般都捐给与自己没有直接关系的组织或团体。[39] 也有研究者发现,英国教育慈善事业的最大捐赠者是商人阶层,特别是伦敦富裕的企业家和批发商。[53] 很明显,这些富人是英国经济强劲发展的直接和主要受益者,他们获取了更多的资金,自然成为大学捐赠不容忽略的资金来源。

二、金融市场

永续型基金的投资收入是维系大学运营和发展的重要资金来源,在部分大学占到每年经费的1/3以上。例如,2008年哈佛大学的总收入中有32.5%由捐赠基金提供,耶鲁大学为30%,普林斯顿大学为40%。而这些大学永续型基金的丰厚收入离不开金融市场的发展。随着经济全球化的深入,各国的合作逐渐加强,市场进一步开放,投资机会也不断增多。互联网的高速发展与科技的飞速进步更是推动了投资理念的创新和管理方式的变革。突破了时间和空间限制的金融市场开始成熟起来,投资产品越发丰富,各类衍生品层出不穷。

NACUBO 研究与政策分析部门负责人曾表示:"改善市场是增进永续型基金的关键,资金项目的运作比几年前好太多了。"[15]世界一流大学的捐赠基金大多投资于股票、固定收益类产品、绝对收益类产品、私募股权和以房地产为主的实物类资产。其中,对新兴投资领域的重视为这些大学带来了不菲的回报。表 2-2 显示了 2009~2013 年耶鲁大学永续型基金的资产分配情况,可以看出,其在私募股权、房地产和绝对收益领域的投资比重一直颇高。对比 2009 年和 2013 年的数据,私募股权和现金的投资比例上升,绝对收益、本国股票和自然资源的投资比例则出现了明显的下降,而这些变化背后的一大主因就是金融市场的行情变化。

表 2-2 耶鲁大学永续型基金的资产配置(2009~2013 年)

	2009	2010	2011	2012	2013
绝对收益	24.3%	21.0%	17.5%	14.5%	17.8%
本国股票	7.5%	7.0%	6.7%	5.8%	5.9%
固定收益	4.0%	4.0%	3.9%	3.9%	4.9%
外国股票	9.8%	9.9%	9.0%	7.8%	9.8%
自然资源	11.5%	8.8%	8.7%	8.3%	7.9%
私募股权	24.3%	30.3%	35.1%	35.3%	32.0%
房地产	20.6%	18.7%	20.2%	21.7%	20.2%
现金	−1.9%	0.4%	−1.1%	2.7%	1.6%

数据来源:根据耶鲁大学永续型基金年报整理而成。
注:由于四舍五入,比例加总可能不等于 100%,以下遇到类似情况不再赘述。

英国的大学曾一度依赖政府拨款,从未对外举债,然而这种格局已被突破。2012 年,剑桥大学发行 3.5 亿英镑 40 年期债券,为新成立的干细胞研究实验室和研究生宿舍提供资金,承销商为摩根士丹利、汇丰银行和苏格兰皇家银行。[54]该债券的定价比英国国债高出 60 个基点,其穆迪(Moody's)评级一直为 AAA 级。尽管牛津大学和剑桥大学都是公立大学,牛津大学校长安德鲁·汉密尔顿(Andrew Hamilton)仍表示,"提高来自永续型基金和捐款的收入比例很有必要。"[55]剑桥大学财务总监安德鲁·里德(Andrew Reid)称,剑桥大学本可以直接资助这些开发项目,但"鉴于长期利率处于低位,现在似乎是借款的大好时机"[54]。可以说,债券市场的良好发展鼓励了这所已有800年历史的英国老校迈出债券融资的步伐。

金融市场固然对大学永续型基金的发展起到了积极作用,但是其波动性也将永续型基金置于风险之中。金融危机一旦发生便会严重挫伤金融市场,所产生的影响又会进一步波及广泛参与金融市场投资的大学永续型基金。以哈佛大学为例,在金融危机发生前的2008年,股票类产品的投资回报率为12.7%,固定收益类为16%,绝对收益为20.3%,私募股权为9.3%,实物资产为3.2%。而在金融危机发生的2009年,该校股票类产品的投资回报率为-28.3%,固定收益为-4.1%,绝对收益为-18.6%,私募股权为-31.6%,而实物类资产的投资回报率更低至-37.7%。[56]

第四节 捐赠文化环境

一、美国

法国历史学家、社会学家亚历西斯·托克维尔(Alexis Tocqueville)在《论美国的民主》一书中认为,宗教慈善与私人慈善共同孕育了美国的高等教育。[57] 1641年,马萨诸塞湾区殖民地派了3名神职人员前往英国为学校募集资金,开创了美国大学募捐的历史。20世纪60年代前,美国大学以个人募捐和有组织的大额募捐为主,60年代以后则进入全面筹款运动时期。[7] 美国社会宣扬济危救困、乐善好施的精神,谴责贪婪的行为。一组调查数据显示:2007年,美国的慈善捐款总额占GDP总量的2%,其中75%来自普通民众,10%来自富人捐款,还有15%来自各种基金组织,而同年我国慈善捐款总额仅占GDP总量的0.09%,且主要来自企业。[58] 2006年美国的慈善捐款总额为2950亿美元,参加捐款的家庭达89%,全国人均捐款1620美元。截至2008年,美国注册的慈善组织和基金会总量达到120万家;2008年增加了58548家慈善机构,比2007年增长了5.2%。从慈善机构和慈善捐赠的规模来看,美国无疑是世界上独一无二的慈善国度。[52]

世界捐赠指数(World Giving Index, WGI)由总部设在英国的国际非营利组织慈善援助基金会(Charities Aid Foundation)编制,涵盖130多个国家,用以反映世界范围内的捐赠状况。[59] 尽管美国的经济被后起之秀赶超着,但其公众的捐赠成果仍是全球典范。表 2-3 和表 2-4 分别从捐款的参与人数和参与比例的角度对 2013 年各个国家公众的捐款进行了排名。美国的公众捐款参与度为 68%，排名第九，捐赠人数为 1.75 亿，仅次于印度。英国的公众捐赠参与度为 74%，与爱尔兰并列第四，捐赠人数为 3900 万，位居第七。相比之下，经济强劲发展的中国在捐赠方面的表现却落后英、美一大截。尽管指数有所上升，但 2013 年中国依旧处在捐赠指数排行榜的底部，排名第 128 位。

表 2-3 捐款人数排名前十的国家（2013 年）

排名	国家	参与人数（亿）
1	印度	2.49
2	美国	1.75
3	中国	1.48
4	印度尼西亚	1.17
5	泰国	0.42
6	巴基斯坦	0.39
7	英国	0.39
8	缅甸	0.36
9	巴西	0.33
10	伊朗	0.31

资料来源：CHARITIES AID FOUNDATION. World Giving Index: A Global View of Giving Trends [R]. London: Charities Aid Foundation, 2014.

注：捐赠人数采用了联合国成年人口数量。

表 2-4 公众参与捐款比例排名前十的国家（2013 年）

排名	国家	参与比例
1	缅甸	91%
2	马耳他	78%
3	泰国	77%
4	爱尔兰	74%
	英国	
6	加拿大	71%
7	冰岛	70%
	荷兰	

续表

排名	国家	参与比例
9	美国	68%
10	澳大利亚	66%
	印度尼西亚	

资料来源：CHARITIES AID FOUNDATION. World Giving Index: A Global View of Giving Trends[R]. London: Charities Aid Foundation, 2014.

美国富豪普遍热衷于捐赠，耶鲁大学、斯坦福大学、哈佛大学、康奈尔大学等一流大学都是私人捐赠设立的。除了社会和时代背景，基督教信仰也是促使他们这样做的一个主要原因。美国现代慈善基金会的创始人和高层管理人员几乎都是基督徒。[60]美国钢铁大王安德鲁·卡内基（Andrew Carnegie）认为，在巨富中死去是一种耻辱，穷人和富人要如兄弟般地团结在一起，要建立和谐的关系。[61]美国学者特丽萨·奥登达尔（Teresa Odendahl）指出："美国慈善基金会的捐赠人和管理者无不是社会精英，慈善基金会代表着他们的某种理想，他们将慈善看作传承他们这个阶级的文化与社会生活的载体。"[60]然而，富豪们并不是随意地将财产散发出去，而是期待一种新型的、具有独立法人资格、管理方法科学的慈善信托组织，因此基金会便应运而生。慈善基金会的组织机构及其运行模式采用当时成功的商业公司的组织形式，其决策和管理由董事会负责，而不直接受出资人的控制与干涉。[62,63]可以说，美国的富豪们不仅为慈善事业贡献了巨额资金，也引入了先进的管理理念和组织模式。

以石油大亨约翰·洛克菲勒（John Rockefeller）为例，他聘请了弗雷德里克·盖茨（Frederick Gates）。此人建立了被洛克菲勒称之为"科学的慈善"的理念，旨在使慈善捐赠产生最大的影响，同时给其他人带来许多非常有益的机会，使之等同于社会公益的风险投资。基于此理念，盖茨把洛克菲勒杂乱无章的、零零星星的捐赠变成了批量捐赠，帮助洛克菲勒捐赠建立了芝加哥大学。这所著名高校帮助美国持续不断地产生光荣和梦想，从某种意义上说，洛克菲勒的财富借由这样一种慈善形式而获得了永恒的价值。而洛克菲勒本人将神学和资本主义合并起来的观点则代表了一种耐人寻味的假设：慈善事业和经济繁荣是相互关联的。没有经济繁荣，大规模的慈善捐赠是不可能的；没有持之以恒和负责任的慈善，经济繁荣也不会持续下去。[64]多年来学术界对"社会企业家精神"的研究表明，慈善行为带来的巨大回报远远超过个人和企业的经济回报，社会企业家的捐赠产生出极高的、无法用金钱度量的社会价值。

没有价值百万的梦想,就无法吸引价值百万的捐赠。[12]在美国,教育机构是慈善捐赠的第二大接受者,仅次于宗教机构。据估算,2011年个人和法人团体对教育机构的捐赠达390亿美元,约占所有慈善事业捐赠的13%。[50]在美国富豪成立的慈善基金会中,1907年成立的罗素塞奇基金会、1911年成立的卡内基教学促进基金会、1913年成立的洛克菲勒基金会和1936年成立的福特基金会对高等教育的资助最为突出。大学有着为人类社会做贡献的功能,其使命是伟大而崇高的,人们愿意通过捐款来支持大学的发展。约翰斯通指出,成功的高等教育募捐需要具备四个条件:① 慈善的传统或文化,包括向公立和私立高等学校捐赠的传统与文化;② 不论是校友还是朋友,都有对特定院校的个人认可;③ 有既认同院校又足够富有、可能捐出50万美元或更多资金的人;④ 对慈善捐赠的税收优惠政策,将慈善家的部分负担通过国家税收损失的形式转移到政府身上。[65]欧洲虽然也有较高的收入水平,但人们认为提供高等教育是政府的责任,政府应该提供相应的经费,这导致欧洲高校的捐赠收入远远小于同期的美国。这间接地说明了文化传统对高等教育捐赠收入有着重要影响。[66]

案例:"给予星期二"

随着社交网站的发展以及年轻人个性化的彰显,慈善捐赠的传播也出现了新的方式。"给予星期二"(Giving Tuesday)是美国感恩节之后的周二,从这一日起拉开圣诞季慈善捐赠的大幕。该活动兴起于2012年,发起者包括纽约一家非营利的文化与社区建设机构"Y大街92号"、慈善基金会、微软等大企业以及《金融时报》等媒体。[67]借助社交媒体和互联网营销手段,传统的捐赠地点发展到了网络,而新颖的捐赠方式推动了青年人参加慈善捐活动。"给予星期二"最初是美国首个全国性慈善日,如今已经成为全球性的慈善节日,加拿大、英国等纷纷加入到慈善捐赠的活动中,其规模和影响力非常巨大。

2012年,"给予星期二"共筹集善款1350万美元。2013年底,网络上流行的"unselfie"一词,是由牛津词典2013年年度词汇"自拍"(selfie)演变而来的。与自拍不同,unselfie是带有慈善性质的行为,包括简单的三步:① 在纸上写下你所帮助(贡献时间或捐赠钱款)的慈善组织的名称;② 拿着这张纸拍张照片;③ 将该照片上传到社交网站,如Facebook、Instagram、Twitter、Pinterest等,并标上"Giving Tuesday and UNselfie"。[68]在这一方式的刺激下,2013年"给予星期二"收到的捐款总额将近2800万美元,比2012年上升了63%,人均捐赠154美元。2014年的"感恩星期二",非营利组织在短短24小时内就收到4570万美元的捐款。参与"给予星期二"的组织在过去三年大幅增长,2012年共有约2500个机构参与,2014年则有超过1.5万个不同规模的机构加入。[69]

二、英国

宗教文化对英国捐赠文化的塑造影响久远。英国很早便形成了两种慈善传统:一是开办慈善事业的传统,如由宗教团体兴办和管理慈善基金会;二是互助的传统,例如,穷人通过"友谊社"将其仅有的钱财拼凑成立基金,用于相互之间的救急。[60]16世纪至17世纪上半叶,在人文主义和新教教义的影响下,英国社会各阶层,特别是新兴阶层,为了打破教会对教育的垄断地位,改变人才培养模式,纷纷捐资创办文法学校、大学学院,捐赠图书,设立奖学金,增开公开讲座,掀起了一股教育捐赠的热潮。[53]

英国政府也非常重视引导捐赠文化。1601年英国女王伊丽莎白一世颁布《慈善使用法》(Statute of Charitable Use),确立了政府对慈善基金会的管辖权。[60]这一法案认定慈善机构同时具有公共性质和私人性质,并免除其若干税赋。该法案对慈善基金会发展的推动作用一直延续至今。到18世纪初,英国出现了规模超过10万英镑的大型慈善基金会,其中最大的慈善机构——仁爱公司所拥有的资本金高达60万英镑。[70]而在2011年5月出台的《捐赠白皮书》(Giving White Paper)中,政府提出了众多建议和承诺,期望"通过与慈善组织、商业机构的合作,支持人们以适应现代忙碌生活的新方式进行捐赠,从而重塑英国的慈善文化"[71]。

在英国,只有牛津和剑桥两所大学位列全球最大规模捐赠基金的前20名,其他英国大学捐赠基金的规模都在150名以外。[72]剑桥大学是英国本土最富有的大学,其总资产超过40亿英镑。作为世界名校,剑桥大学有足够的吸金实力。2000年,比尔·盖茨与夫人共同创立的"比尔及梅琳达·盖茨基金会"(Bill & Melinda Gates Foundation)向剑桥大学捐赠了英国大学史上最大一份单笔捐款——1.32亿英镑,旨在促进教育公平。2009年是剑桥大学800周年校庆,而早在10年前该校就为此成立了专门的筹款委员会,到校庆结束时,总共筹款11.7亿英镑,其中大部分来自功成名就的校友。牛津大学的募捐活动也不甘示弱。据英国《金融时报》报道,截至2012年,牛津大学始于2004年的捐赠活动共筹得13亿英镑,捐赠资产总额升至38亿。[73]在为期八年的募资活动中,牛津大学向17.5万有联系的校友发起宣传,最终1/3同意捐赠。牛津大学数据显示,2011年共有16%的毕业生向母校捐赠,而罗素联盟大学的毕业生捐赠比例只有3.8%。

剑桥大学和牛津大学在全世界都拥有杰出的校友,它们积极主动地与校友进行感情联络,通过挖掘和利用校友资源赢得了价值不菲的捐赠。2009～2010学年英国半数大学捐赠资金流向了这两所学校,而其他大学获得的捐赠总计只有20亿英镑。牛津大学校长安德鲁·汉密尔顿表示:"这两所学校分布在世界各地的校友远多于同级别的美国大学,如果能将当前14%的校友捐赠比例提高到耶鲁大学(近50%)或普林斯顿大学(近60%)的水平,其潜在的影响要更大。"[55]然而,英国的名校不愿用招生名额换取慈善捐助,例如,曾有人向剑桥大学副校长艾莉森·理查德(Alison Richard)建议,若给予校友子女优先录取的好处,剑桥大学将更容易筹集到资金,但她的态度很坚决,剑桥大学不会这么做。[55]所以,与美国同行相比,英国高校在捐赠获取中受到一定的限制,这点也反映出英、美两国一流大学在捐赠文化方面的差异。

小 结

世界一流大学普遍拥有丰厚的永续型基金,而纵观那些获得巨额捐赠的大学,又几乎都是世界一流大学。高校一方面以顶尖的教育实力吸引着外界的捐赠,一方面以卓越的投资实力管理着捐赠,这种态势的产生和存在离不开法规政策、高等教育、宏观经济和捐赠文化所形成的环境土壤。

(1)法规政策环境:美国和英国政府都鼓励企业、慈善机构和个人等资助高等教育,并通过减免所得税、遗产税等方式给予捐赠者减免优惠。美国统一州法全国委员会还通过立法设计了一套谨慎投资者规则,以此规范大学捐赠基金的投资。英国政府则出台了匹配资助计划,进一步鼓励社会对高等教育的捐赠。

(2)高等教育环境:高等教育成本分担理论在美国和英国都得到了实践,推动了两国的教育改革,刺激了大学采取多渠道筹款方式。大学承担了重要的科研功能,这意味着政府必须对高校进行科研资助,而频频出现的财政危机使得政府不断改进对科研的资助力度和资助方式。

(3)宏观经济环境:大学永续型基金的运行深受金融市场波动的影响,投资环境向好时,永续型基金收益颇丰,而当投资市场受到冲击时,永续型基金的损失也较为惨重。

(4)捐赠文化环境:西方国家的捐赠文化在早期都受到过宗教因素的深远影响。英、美两国的慈善基金会数量庞大,慈善事业的成熟促进了高等教育社会捐赠的繁荣,美国的校友捐赠风气非常浓厚。

第三章

世界一流大学永续型基金的贡献

第一节　总体财务
第二节　科研投入
第三节　师资队伍
第四节　学生奖助
第五节　建设世界一流大学
小　　结

在19世纪后期曾担任哈佛大学校长40年之久的查尔斯·埃利奥特(Charles Eliot)在回答约翰·洛克菲勒关于"建成一所世界一流大学需要什么"的问题时说:"5000万美金和200年。"然而20世纪初,芝加哥大学只用了20多年及5000多万美金就办成了世界一流大学。这个有趣的故事说明,创建一流大学的时间可以缩减,而钱却不能少。[74]

基于捐赠基金的永久性和增值性,它可以为大学带来源源不断的经济收益,而这些经济收益被广泛地用于大学各项事业的发展,如科学研究的发展、师资队伍的建设、学生奖助的增进等。由于突发原因造成学费收入、政府资助等下降时,捐赠基金支出还能缓冲这些收入缩减给大学财政带来的压力。本章将从上述不同视角具体分析永续型基金为世界一流大学带来的效益。

第一节 总体财务

一、财务独立与稳定

大学的永续型基金并不是单独的一个基金,而是类似于资金池,汇集了成百甚至上千个独立基金。2013年6月,耶鲁大学的永续型基金总计208亿美元,由上千个具有不同目的和限制条件的独立基金组成。其中,约75%为实永续型基金,即按照捐赠者意愿,本金永久保留,将其投资以获得源源不断的收益;其余部分是类永续型基金,这部分资金由学校划定,以永续方式运作,是不受限制的(unrestricted)。大多数情况下,独立基金的捐赠者,尤其是大额资金捐赠者,会对基金的使用提出限制条件(restrictions),如基金只能用来支持某个特定项目,甚至有捐赠者以捐助来换取一定的管理权。同样,政府在给高校拨款时,也会提出各种各样的要求。根据NACUBO的调查结果,2008年私立大学永续型基金中有55%的资金使用是受到限制的。无论个人还是政府,其附加的条件往往偏离了大学寻求财务支持的初衷,且这些约束条件一经签订就很难更改,学校的自主权会大大受损。典型的案例如美国桥港大学(University of Bridgeport)。20世纪90年代初,该校陷入了严重的财务困境,为获取5000多万美元的资助,校理事会将学校的控制权让与一个"自封为救世主的宗教狂",而教会的控制彻底改变了该校的使命。这样的结果由多种因素所致,但如果桥港大学当初建立自己的永续型基金,便可拥有一定的财务基础,也就不至于落到这样的地步。这个反例说明,永续型基金对教育机构的财力支持力度越大,教育机构就越有能力谢绝附加繁杂苛刻条件的外来资金,也更有能力通过谈判改变对自己不利的一些规定。[15]建立和壮大永续型基金,能使大学得以遵循自己的行为方式而不过多受制于外界约束,在长远的发展中保持独立性。

世界一流大学与大型公司一样,拥有复杂的组织结构,开展繁多的发展事项,处在大学管理层之外的人员想从细节上了解一所大学的运营情况是很困难的。然而,正如金融分析师借助不同企业公开的财务报表来判断其各自的发展前景,我们也可以通过大学的财务报表从宏观上把握大学的经济状况。通常来说,财务报表中最基础的是资产负债表(balance sheet)和收支表(income and expenditure account)。在高校这一维度上,大学的资产负债表列示了其资产(assets)和负债(liabilities)的具体科目,总资产与总负债的差额是大学的净资产(net assets),这是衡量学校当前整体财务状况以及未来发展能力的一项重要指标;大学的收支表记录了其收入和支出的情况,总收入与总运营经费的差额为正,则说明大学财政有盈余,反之,则为财政赤字。就本书的研究内容来说,永续型基金是大学资产负债表上的项目,新筹集的捐赠收入会增加大学资产负债表上的资产,而永续型基金的投资收入是被计入收支表的,包括投资组合中已实现和未实现的利得(或损失)。此外,虽然单个基金目的各不相同,但这些基金汇聚在投资池中,被作为一个会计单位来考量,类似于大型的共同基金(mutual fund)。

有研究调查了美国251所四年制研究型私立大学和院校,并将排名在前25%的高校与排名在末25%的高校作为两组样本,对它们每年捐赠收入的平均水平进行对比。① 由图3-1可以看出,在2000～2010年,前25%高校的捐赠收入(gift revenue)均值增长趋势明显,尤其是2003年之后,捐赠收入出现了直线增长,一度高达4500万美元左右,是2000年的1.5倍;由于受到金融危机的冲击,捐赠收入在2007年出现下滑,并在2009年跌至低点;2010年,捐赠收入水平回升到了4000万美元。而末25%高校的捐赠收入在样本期间内没有呈现增长趋势,而是出现了下降趋势,从约2000万美元(2000年)的水平降至了不到500万美元(2010年)。很明显,世界一流大学能够吸引到更多的捐赠,而捐赠收入被计入大学的总资产,这也就增加了一流大学拥有正的净资产的可能性,或者,使其净资产数额更为乐观。

---

① 该研究采用了《美国新闻与世界报道》编制的大学排名,不同于本书所用的ARWU排名和THE排名,但因为该研究的两组样本分别呈现了25所学校的平均水平,且两种排名方式中最优秀的25所大学基本一致,因此其研究成果对本书同样适用。

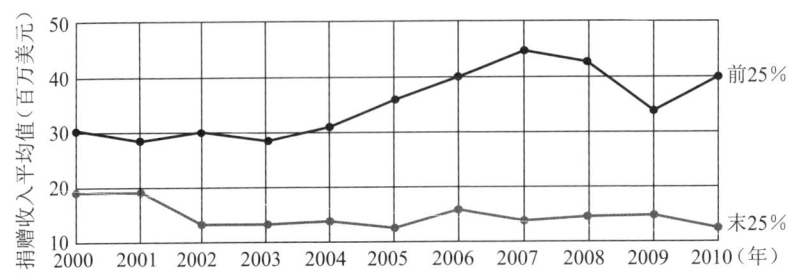

图 3-1 前 25% 和末 25% 高校平均捐赠收入的变化（2000～2010 年）

资料来源：DOTI J L. A Vital Statistic[EB/OL]. [2014-10-10]. http://www.nacubo.org/Business_Officer_Magazine/Magazine_Archives/November_2013/A_Vital_Statistic.html.

从分配上讲，永续型基金投资收入的一部分被用作永续型基金的支出，剩余部分用于再投资。永续型基金的支出通常按照事先设定好的比例进行提取，这部分资金成为学校的财政收入，用来应付学校的开销。随着高校现代化发展需求的扩大和高等教育成本的不断攀升，大学的运营成本也随之增多，而永续型基金的支出无疑缓解了部分资金压力，减少了大学财政出现赤字的可能性。且永续型基金为大学预算提供的现金流是稳定而可靠的，有助于维持大学运营的稳定性。非长期性资金来源有可能随着政府政策的调整、捐赠人意愿的改变与学生偏好的转移而波动、减少甚至消失。永续型基金则有助于降低教育机构收入的波动程度，便于学校实施长期计划，增强其长期发展能力。[15] 永续型基金收入中没有被支出的部分，即再投资的部分，被计入永续型基金的本金，用以维持基金在通货膨胀和市场波动中的长期购买力。这说明，永续型基金的存在不仅资助了学校当前的运作，也在为大学未来的发展提供保障。

英国大学永续型基金没有美国那么普遍，但其顶尖大学的发展同样受益于永续型基金，且英国的绝大多数高等教育捐赠都流向了剑桥大学和牛津大学。捐赠资金支持着学校的财政，极大地促进了大学的发展。英国大学的图书馆利用捐赠购买了大量的图书，捐赠者还设立专门的基金资助新讲座的开设，并为在校本科生和研究生设立奖学金。[53] 捐赠资金对缓解英国大学的财政危机也有着重要作用。剑桥大学校长艾莉森·理查德（Alison Richard）刚上任时，剑桥的财务赤字额一度非常严重，但是她既没有求助政府或银行，也没有大幅提高收费，而是在 2006 年底创立了英国首个大学内部投资办公室，向社会各界大量募集资金，尤其是校友团体，这一举措使得剑桥大学捐赠基金的规模几乎增加了一倍。[75] 次年，艾莉森·理查德更是亲自写信给 18.5 万名校友，此举不仅让她收获了数以千计的回信，也为剑桥大学带来实惠——现在每年平均有 10% 的校友捐款给学校，几年之后这个比例可能达到20%。[76]

二、投资收入与总收入

为提供一流的教育服务,顶尖大学在与之相配套的精英师资队伍、大型基础设施、图书馆、实验室、信息技术服务、休闲设施等方面都需要源源不断的投入,其面临的经费需求是巨大的。大学的财政收入来源包括学费、辅助业务、捐赠、拨款以及投资回报,这些收入能否满足上述资金需求,关乎学校的长远发展利益。而由于经济、政治等因素的影响,大学的某些收入来源会出现波动,例如,在经济遭遇滑坡时,大学获得的拨款会因政府的财政压力而减少,同时学校还可能面临降低学费的公众压力。相比之下,永续型基金则为大学财政提供了有力的支持,一流高校对永续型基金的依赖程度也越发明显。NACUBO 的调查显示,2000～2010 年,捐赠基金的投资回报额很不稳定,但大多数时候前 25 所高校的表现优于末 25 所高校。[77]这段时间内,基金规模排名位于末 25%的高校的投资回报总额(包括已实现和未实现)平均值为 0.933 亿美元,相比之下,位于前 25%的高校的平均值为 1.738 亿美元,是前者的近两倍。这不仅说明了一流大学与普通大学在投资收入方面的差距之大,单从绝对数额来看,顶尖大学的永续型基金投资收入也是相当丰厚的。

从比例上来看,大学永续型基金的投资收入是学校总收入的重要组成部分。图 3-2 显示了斯坦福大学 2014 年不同资金来源占总收入的比例,其中,科研拨款和学费收入占比都较高,分别为 19%和 16%,但永续型基金的投资收入则是该校最大的收入来源,占比为 21%。基于其庞大的总收入规模,该比例所对应的投资收入绝对额实际上是相当可观的,也就能够更好地为大学发展提供资金。

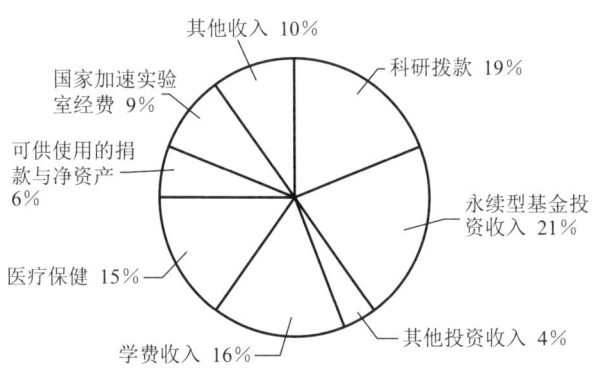

图 3-2　斯坦福大学的资金来源(2014 年)

资料来源:STANFORD UNIVERSITY. Stanford Facts 2014[R]. California: Stanford University, 2014.

耶鲁大学永续型基金的投资收入占其运营收入(operating income)的比重更为明显。根据耶鲁大学2013年报表,运营收入共计29.7亿美元,其中,永续型基金的投资收入为10.2亿美元(34%),另两个主要收入来源分别是:拨款与合约(grants and contracts)为6.8亿美元(23%),医疗服务(medical services)为6.16亿美元(21%)。从图3-3中能够明显看出,耶鲁大学永续型基金的投资收入是运营收入的最大来源,事实上,投资收入一直占据相当重要的比例。笔者整理了2004~2013这十年间该校的相关数据(表3-1),运营收入逐年增加,投资收入总体呈现上涨趋势,尤其在金融危机期间出现了大幅增长,2009年达到峰值11.75亿美元后出现回落,至2011年恢复了正常的上涨趋势。投资收入的占比均在30%及以上,在金融危机出现后,捐赠基金投资收入更是贡献了超过40%的总运营收入,这也体现了永续型基金在动荡时期稳定大学财政的巨大作用。

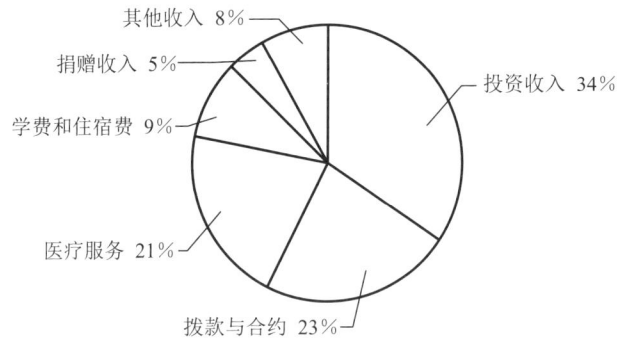

图3-3 耶鲁大学运营收入的来源(2013年)

资料来源:YALE INVESTMENTS OFFICE. The Yale Endowment 2013[R]. New Haven, CT: Yale Investments Office, 2014.

表3-1 耶鲁大学永续型基金的投资收入和运营收入(2004~2013年)

单位:亿美元

	2004年	2005年	2006年	2007年	2008年	2009年	2010年	2011年	2012年	2013年
投资收入	5.02	5.67	6.16	6.84	8.50	11.75	11.08	9.87	9.94	10.20
运营收入	16.31	17.68	19.32	20.75	22.80	25.60	26.81	27.34	28.52	29.70
比例	31%	32%	32%	33%	37%	46%	41%	36%	35%	34%

资料来源:根据耶鲁大学永续型基金年报整理而成。

哈佛大学的运营收入主要来自捐赠基金、学费、拨款和一次性捐赠。2014年的报表显示,就哈佛大学整体而言,捐赠基金为学校的运营收入贡献了35%的份额。年报同时列出了 12 个学院运营收入来源的结构：对大多数学院来说，捐赠基金的收入都是其日常运营的重要资金来源，将近一半的学院，捐赠基金收入占运营收入的 30% 左右，拉德克利夫学院（Radcliffe College）的比例高达 84%。公共卫生学院（Public Health）的这一比例是所有学院中最少的（14%），尽管如此，捐赠基金提供的收入也是该学院仅次于科研收入（63%）的第二大资金来源。

永续型基金投资收入对大学财政的重要性在一流大学中的表现尤为明显。耶鲁大学首席投资官（Chief Investment Officer, CIO）大卫·史文森（David Swensen）曾按照学术地位将美国大型私立大学分为四档进行比较，他发现不同学校永续型基金的投资收入占总收入的比例差异明显，第一档大学（可认同为世界一流大学）的这一比例高达 19.1%，而第四档学校投资收入占总收入的比例是 6.8%，仅为前者的 1/3。[15] 产生这种差异的原因主要有两点：其一，一流大学捐赠基金的规模庞大；其二，一流大学捐赠基金的投资管理更为专业。这两点优势都使得一流大学能够获得比普通高校更丰厚的投资回报。

在财务运作方面，以剑桥大学为例。剑桥大学靠几百年打造的声誉吸引着最优秀的学者和学生，如何维持自身的财力以保留和吸引最好的师资并提供与之配套的一流教学、研究设施是一个持续的挑战。在政府财政支持锐减的背景下，永续型基金的投资收益为战略性资本项目的融资提供了更多的便利。剑桥大学长期致力于建立多渠道的收入来源，尤其专注于捐赠收入的开拓，并通过"剑桥大学永续基金"（Cambridge University Endowment Fund, CUEF）这一主要的联合投资账户来产生永续型基金和投资收益。该账户基于总回报，因此，其预算支出的数额也要根据预期的长期总回报来计算。但 CUEF 中很大一部分当期投资所获得的分红、利息和租金非常少甚至没有，这就会使永续型基金在该期的支出超过该期的基金投资收入。例如，2013 年由此形成资金缺口为 6100 万英镑，2012 年为 5400 万英镑[78]，这些超额部分是利用长期的资本增值①（capital appreciation）实现融资的。也就是说，得益于永续型基金的投资及支出模式对当前和未来教育成本的均等分摊，剑桥大学能够在预期投资回报良好的基础上增加对当前运行的资金投入，支持大学的财政运转。

---

① 资本增值不同于资本利得（capital gain），后者是出售资产后获得的利润，而前者是资产价值随市场变化的自然表现。

第二节 科研投入

在科学研究方面,高校可以通过政府拨款、企业赞助、学校预算等方式获得经费,但这类资金通常具有使用期限,每年获得的金额也不稳定。为科研寻找一种永续而稳定的资金来源似乎是难以理解的。本节首先以学术界最负盛名的诺贝尔奖为例,揭示诺贝尔基金会如何通过永续型基金模式实现对顶尖人才源源不断的高额奖励,帮助读者了解永续型基金的运作。然后,以科维理研究所为例,阐述永续型基金模式在大学科研方面的应用。

一、诺贝尔奖的永续运作

2012年,作家莫言在国际上赢得了中国首个诺贝尔文学奖,这将国内对诺贝尔奖的关注再次推向高潮。美籍华人李政道曾说过:"诺贝尔奖把人类文明提高到一个新的高度。"[79]诚然,从1901年创立以来,诺贝尔奖对世界的发展起了极为重要的推动作用,这不单在文学方面。实际上,最初的诺贝尔奖主要奖励科学领域的重大贡献,涉及物理学、化学、生理学或医学,1968年时增设了诺贝尔经济学奖。有不少国家把诺贝尔科学奖获奖人数的多少作为衡量一个国家、一个学校和一个科研机构科学水平高低的指标,有的国家则把诺贝尔科学奖获奖人数的变化当成验证科技、教育政策成败的标志。[80]截至2013年,哈佛大学已为美国贡献了151位诺贝尔奖得主①,是获奖人数最多的大学。200多年来,除因第二次世界大战中断了一段时间,诺贝尔奖每年颁发一次,截至2014年底,累计颁发出的诺贝尔奖共计567项,累计获奖人数889人。[81]那么,仅靠初始设立的基金,如何能够源源不断地产生这些诺贝尔奖奖金呢?

(一)原始基金

诺贝尔奖的原始资金来自于"炸药之父"阿尔弗雷德·诺贝尔(Alfred Nobel)先生的遗产捐赠。诺贝尔先生遗产的兑现牵涉诸多国家的经济与法律问题,是一项非常烦琐、复杂的工程。[82]经过遗嘱执行人数年的努力,诺贝尔先生在各国的主要遗产得到了相应估值,并统一转换成瑞典克朗计价。如表3-2所示,

---

① 包括获奖的哈佛大学本校毕业生、教研人员,虽未在哈佛大学获得学位但在该大学至少参加过一门课程或某项研究的人员,也包括获奖后加入该校学术组织的人员,如若身份分类重叠的,只统计一次。

除去负债和减值,诺贝尔先生的遗产总净值超过3100万瑞典克朗,这在2014年10月相当于17亿瑞典克朗[7],约合14亿元人民币。无论在当时还是在现今,诺贝尔先生的遗产捐赠都是一笔巨款,为此后诺贝尔机构的运行和奖金的发放奠定了坚实的资金基础。

表3-2 诺贝尔先生的主要遗产估值(1897年)

单位:瑞典克朗

国别	财产估值
瑞典	5796140.00
挪威	94472.28
德国	6152250.95
奥地利	228754.20
法国	7280817.23
苏格兰	3913938.67
英格兰	3904235.32
意大利	630410.10
俄国	5232773.45
总计	33233792.20
负债和减额	1646589.92
总净值	31587202.28

资料来源:舒克,索尔曼.诺贝尔传[M].闵任,译.北京:北京图书馆出版社,2001:185-186.

(二)奖金

诺贝尔奖包括5个奖励类别,虽然涉及的领域不同,但奖金的金额是相等的,且均由诺贝尔基金会提供。自1969年起颁发的经济学奖的金额与其他五种奖项保持一致,但该奖项的奖金单独由瑞典央行提供。表3-3详列了1901～2015年诺贝尔各奖项的奖金额,图3-4显示了历年奖金额与初始奖金额的实际价值比率,即剔除通胀因素后的金额比率。该比率的具体算法为:将表3-3中的奖金金额统一调整为2013年底的瑞典克朗价值,再以调整后的1901年奖金额为基准算得比率。

诺贝尔的初愿是,奖金应保证获奖者20年不拿薪水也能继续其研究,1901年的约15万瑞典克朗的奖金正好相当于当时一位教授20年的工资。在其后百年中,随着投资结果、经济状况和货币价值的变化,奖金金额和价值出现了很大的起伏。1919年的奖金实际价值仅为1901年的28%[83],为历年比率的最低水平,之后,奖金经历了20多年的升降波动,1923年,奖金的名义价值达到历史最低点。1949年后,奖金的名义价值逐年增长,但因通货膨胀的存在,奖金的购买力仍大大低于1901年的水平。1969年第一次颁发诺贝尔经济学奖时,奖金金额为37.5万瑞典克朗,扣除通胀因素后,其价值仅为1901年奖金的37%。直到1991年,诺贝尔奖奖金额达到600万瑞典克朗,这才与90年前首笔奖金的实际价值相当。

表3-3 诺贝尔奖的奖金数额(1901~2015年)

单位:瑞典克朗

年份	金额	年份	金额	年份	金额	年份	金额	年份	金额
1901	150782	1924	116719	1947	146115	1970	400000	1993	6700000
1902	141847	1925	118165	1948	159773	1971	450000	1994	7000000
1903	141358	1926	116960	1949	156290	1972	480000	1995	7200000
1904	140859	1927	126501	1950	164304	1973	510000	1996	7400000
1905	138089	1928	156939	1951	167612	1974	550000	1997	7500000
1906	138536	1929	172760	1952	171135	1975	630000	1998	7600000
1907	138796	1930	172947	1953	175293	1976	681000	1999	7900000
1908	139800	1931	173206	1954	181647	1977	700000	2000	9000000
1909	139800	1932	171753	1955	190214	1978	725000	2001	10000000
1910	140703	1933	170332	1956	200123	1979	800000	2002	10000000
1911	140695	1934	162608	1957	208629	1980	880000	2003	10000000
1912	140476	1935	159917	1958	214559	1981	1000000	2004	10000000
1913	143010	1936	159850	1959	220678	1982	1150000	2005	10000000
1914	146900	1937	158463	1960	225987	1983	1500000	2006	10000000
1915	149223	1938	155077	1961	250233	1984	1650000	2007	10000000
1916	131793	1939	148822	1962	257220	1985	1800000	2008	10000000
1917	133823	1940	138570	1963	265000	1986	2000000	2009	10000000
1918	138198	1941	131496	1964	273000	1987	2175000	2010	10000000
1919	133127	1942	131891	1965	282000	1988	2500000	2011	10000000
1920	134100	1943	123691	1966	300000	1989	3000000	2012	8000000
1921	121573	1944	121841	1967	320000	1990	4000000	2013	8000000
1922	122483	1945	121333	1968	350000	1991	6000000	2014	8000000
1923	114935	1946	121524	1969	375000	1992	6500000	2015	8000000

资料来源:THE NOBEL FOUNDATION. Prize Amount and Market Value of Invested Capital[R]. Stockholm: The Nobel Foundation, 2016.

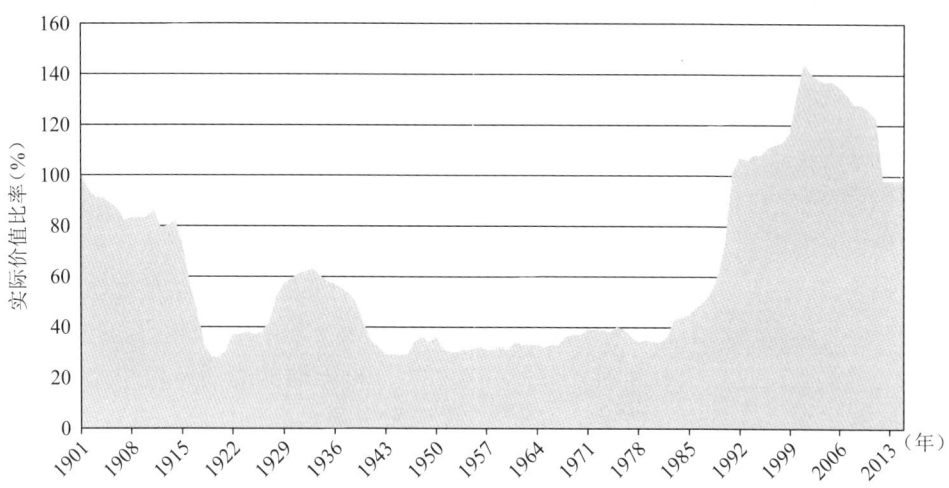

图 3-4　历年奖金额与初始奖金额的实际价值比率（按 **2015** 年底瑞典克朗计价）
资料来源：根据诺贝尔基金会官网数据整理而成。

此后，诺贝尔奖奖金连年上涨，2001 年诺贝尔奖百年华诞时，奖金额首次达到 1000 万瑞典克朗，约为原始奖金实际价值的 1.5 倍（144%），是历年的最高比率。2012 年，诺贝尔奖奖金的名义价值出现了 1949 年来的首次下降，从持续了 11 年的 1000 万瑞典克朗调整到 800 万瑞典克朗，降幅为 20%。2011 年，经通胀因素调整后的 1000 万瑞典克朗奖金相当于 1901 年初始奖金的 123%，而在 2012 年，800 万瑞典克朗奖金的实际价值是 1991 年来首次低于初始奖金（98%）。不论是十几万、几十万、几百万还是 1000 万瑞典克朗，在相应的年代，诺贝尔奖奖金对于获奖者来说都是一笔很可观的经济奖励，而且这样的资金奖励年年都有，哪怕由于战争等原因中断颁奖，诺贝尔奖奖金仍是预留的。

（三）诺贝尔基金会

1900 年，瑞典国王颁布了《诺贝尔基金会章程》，诺贝尔基金会随之成立。该基金会是一家私立机构，受托保护诺贝尔先生遗嘱中指定的授奖机构的利益，并对外代表诺贝尔机构，出版报告、组织宣传活动和颁奖仪式等。然而，诺贝尔基金会不参与诺贝尔奖的评选过程，也不决定最终的获奖者。基金会的职责是以一种能够保护奖项本身及评奖过程财政基础的方式管理其资产[84]，因而，诺贝尔基金会在制定投资政策时把基金的保值增值作为头等重要的因素。

诺贝尔基金会的投资运作有如下特点及启示。第一，采用永续投资的运作模式。诺贝尔先生捐赠的原始资金固然雄厚，但如果直接用来发放奖金，那么资金终有一天会被耗尽，也就不可能支持诺贝尔奖延续至今。事实上，诺贝尔基金会的运作方式是，遗产捐赠并不直接用来发放奖金，而是作为本金进行投资运作，并仅从每年的投资收益中提取奖金，如此才使得诺贝尔先生的捐赠惠及更多后人。

第二，注重投资本金的长期保值。如果不向原始捐赠中注入新的资金，那么受通货膨胀的影响，几十年之后这笔投资本金的价值很可能大大缩水。对于永续型基金来说，通过将投资收益的一部分归入本金进行再投资，可以有效地帮助本金抵御通货膨胀。例如，诺贝尔奖仅2013年一年所发出的奖金（4000万瑞典克朗）在名义价值上就足以消耗所有的原始捐赠（约3100万瑞典克朗），但得益于基金会100多年来对收益留存的循环再投资，投资本金的实际价值不仅得以维持，还翻了一番，足以支付现在的高额奖金。

第三，与时俱进的投资策略。诺贝尔基金会能够根据市场行情及时调整投资策略，挖掘新的投资增长点。从最初的只投资固定收益证券到投资股票和房地产市场，再到对私募股权和对冲基金等另类投资的重视，并由瑞典国内投资转向全球资产配置，诺贝尔基金会不断地开拓能够带来更高回报的投资领域，并结合内外部管理更好地控制风险和实现增值。

第四，实现投资与评奖两大管理职能的分离。诺贝尔基金会专注于基金的投资运作，从而提供资金支持评奖永续进行，而奖项得主遴选的具体流程则由各评奖机构来落实。这两个职能都需要具备专业背景的人士来负责，投资工作由专业投资人员操作，评奖工作则由科学家开展。这样的职能分工和人员配置，保证了评奖的公正性和专业性。

第五，稳定的奖金提取与费用安排。投资和评奖都必然产生管理费用，诺贝尔基金会在分配投资收益时已充分将奖金和各类管理费用考虑在内，并在基金会成立时就形成了较为稳定的财务预算体系。对支出和费用的长期打算也巩固了诺贝尔奖长久运行的资金基础。

（四）诺贝尔奖奖金的用途

有些是获奖者留作私用，如补贴生活、缴纳税金，但不少情况下，奖金被用于学术研究和社会公益。例如，首届诺贝尔生理学或医学奖得主德国科学家埃米尔·冯·贝林（Emil von Behring），将所获得的诺贝尔奖奖金连同自己的积蓄都用来筹建结核病研究所，并亲自主持该所的研究工作，在肺结核病的研究领域做出重大突破。1915年获诺贝尔文学奖的法国作家罗曼·罗兰（Romain Rolland），将丰厚的奖金捐给了法国的福利机构,为其国家的慈善事业出一份力。除了被交由科学团体或社会公益部门使用外,这笔奖金还可以单独成立自己的基金会,这当中不乏一些小型的永续型基金,例如,挪威女作家温塞特在1928年获奖后用奖金的一半设立了一个基金会,基金的利息用来资助智力不健全的儿童和他们的父母。此外,如果任何获奖者拒绝接受诺贝尔奖奖金,或在第二年的10月1日前还没有领取奖金,则奖金将被退还到基金会。

二、科维理研究所

诺贝尔奖引导着科学技术、文学创作、和平事业以及世界经济的发展,获得诺贝尔奖的研究为人类社会带来了巨大的福利,尤其是各种重大的科技成果,让人们的生活水平有了质的飞跃。诺贝尔基金会自身的永续运作模式使其奖金成为长期的激励,而颁出的奖金也大多进一步融入不同的学术和社会团体或自立基金会,在更广阔的领域继续发挥着资助效力。既然一个私立的基金会能够产生如此深远的影响,那么,作为科研重地的世界一流大学是否更有可能孕育出永续型基金的运作模式?答案是肯定的,在一流大学的永续型基金中,有相当比例的资金就是针对科研项目的。在科学的广阔天地里寻找创新与突破需要大量的资金,研究的时间也往往较长,稳定而持续的资金投入能够为科学研究提供有力的保障。一流大学的科维理研究所(Kavli Institutes)就是很好的例子。

科维理基金会(Kavli Foundation)坐落于美国加州,由实业家弗莱德·科维理(Fred Kavli)于2000年12月出资设立,主要关注天体物理学、纳米科学、神经系统科学和理论物理学等领域的基础研究,并努力提高公众对科学家及其工作的认识与支持。[85]该基金会在2008年启动科维理奖(Kavli Prizes),两年一次评选出全球在天体物理学、纳米科学和神经系统科学这三个领域的顶尖科学家,授予每人100万美元的奖金。科维理基金会也是一家独立的基金会,它致力于国际范围内的学术交流,最活跃的是在美国、欧洲以及亚洲的顶尖高校和科研机构建立科维理研究所,包括麻省理工学院、耶鲁大学、哈佛大学、剑桥大学、东京大学、北京大学、中国科学院等,至今共计建有17个研究所,出资达一亿多美元。

2012年2月,在接受科维理基金会的巨额捐赠后,日本东京大学科维理宇宙物理学与数学研究所(the Kavli Institute for the Physics and Mathematics of the Universe, Kavli IPMU)正式建立,成为该基金会在全球捐赠的第16个自然科学领域的研究所。Kavli IPMU在当时是东京大学国际高等研究所(TODIAS)唯一的下属机构,科维理基金会认可了其高水平的科学家团队。此前,东京大学的宇宙物理学与数学研究所也会收到来自政府和学校的资助,但这些资金的使用一般不会超过 10 年,而科维理基金会慷慨的捐赠能够为他们的团队带来永续的收入,由此产生的好处是多方面的。首先,这些收入可以大大降低学校研究所对日本政府拨款的依赖,提高自身的财务独立性。其次,持续的收入不仅能够支持当前的研究工作,也保证了在未来的时间里研究所仍有实力负担最好的科学家和设备等资源。再次,拥有更多自主资金后,研究所就有可能去尝试更具挑战性的课题。总体而言,科维理基金会的助力使得 Kavli IPMU 在长远的财务规划上迈出了重要一步,也使其有信心将自己打造成一个永久的研究中心。

科维理研究所的永续型基金模式对大学的科研工作具有重大意义,然而,科维理基金会在不同的世界一流大学打造研究所,其作用并未局限在每个单独的大学里。科维理研究所具有国际视野,注重国际研讨,吸纳了一批前沿学科的研究精英。永续基金的存在加强了他们各自的研究,同时也支持在各研究所之间长久开展广泛的学术交流,更多的思想碰撞能够为研究的突破带来更大的可能性。换句话说,有赖于永续基金的长期支持,不仅一流大学自身的科研机构得到巩固,从宏观上看,整个科学研究的效率也会得到提高。而且,随着永续型基金模式在大学科研工作中的普及,这种整体效益很可能越发明显。

不仅大学的科研活动受到永续型基金的支持,而且这种效益还间接地渗透到了人们的日常生活中,为社会造福。美国在这方面的建设较为完善,凡设有大学的地方,周边社区发展都显著受益于大学的活动,而活动的一部分赞助就是永续型基金的收入。这些资助让学校的活动得以开展和扩大,包括研究项目的设立和大学图书馆、博物馆对公众的开放,同时还提供了诸多就业机会,催生了一批批有娴熟技艺和受过良好教育的工作人员。此外,由永续型基金部分资助的大学医学中心也为当地民众提供了一流的治疗和护理服务。[33]

第三节　师资队伍

一、捐赠教席的概况

世界一流大学能拥有普通大学所不及的综合实力,与其一流的师资队伍是分不开的。一流的教职员工不仅保障了学校教学和科研工作的开展,还能够吸引全球各地最优秀的学子,这对以人为本的教育来说至关重要。因而,精英大学从来不吝啬对教师这一人力资本的投资。从学校的财务数据可以发现,教职员工的薪酬福利往往是一流大学年度支出中最大的部分。如图3-5显示,在斯坦福大学2014年的支出中,"薪酬福利"占总支出的59%,是占比紧随其后的"运营费用"的近两倍。人员费用也是英国研究型大学最大的一项支出。根据剑桥大学2013年的报表,在学校总运营成本中,员工成本占43%,单就学校的教学和研究活动来说,超过一半的支出(56%)被用来支付职工薪酬。[78]

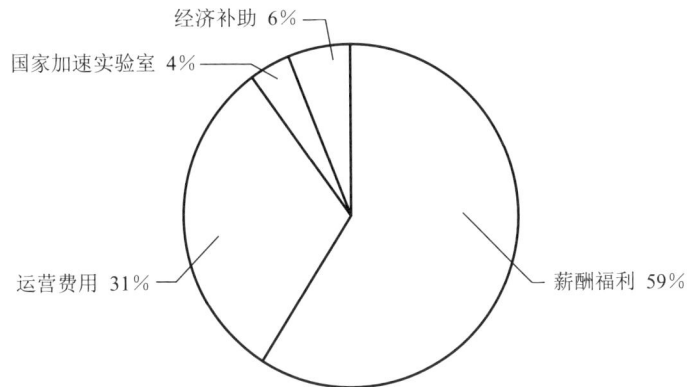

图3-5 斯坦福大学的支出类别(2014年)

资料来源:STANFORD UNIVERSITY. Stanford Facts 2014[R]. California: Stanford University, 2014.

通常来说,由于通货膨胀等因素的存在,教职工的工资是要不断增长的,这就让原本高昂的薪酬成本面临更大的资金压力。20世纪80年代末,英国政府出台了著名的《1988年教育改革法》,对英国不合时宜的教育进行了大刀阔斧的改革。该法对高校教师最大的影响是结束了教师终身教职制,改变了高校和教师之间的关系。[45]但这种削减成本的方式容易导致教师人才的流失,不利于稳固教师队伍。

美国大学教授协会(American Association of University Professors,AAUP)称,自1915年成立以来,协会始终把终身职制度看成是保护学术自由的必要条件。对于研究型大学来说,保留高质量的终身教授和博士生导师至关重要,因为几乎所有的学术成果都与是否是终身教授呈极其显著的正相关关系。终身教授发表的同行评审文章通常是非终身教授的2～3倍,终身教授独著与合著的著作也大大多于非终身教授,这些对于研究型大学的良好声望是不可或缺的。[86]也因此,一流高校的师资争夺战是非常激烈的。加州大学伯克利分校就曾表示,2003～2008年该校至少有30名重要教员流失到了以哈佛大学为首的八家竞争对手学校。[87]2006年,该校全职教授的平均工资为13.5万美元,比私立大学同级别教员低15%,副教授薪酬平均为8.9万美元,低于私立机构同行14%。为改善这一局面,加州大学伯克利分校在2008年募集了11亿美元用来资助新建100个捐赠教席,以此对抗常春藤名校对其师资的"掠夺",该校当时拥有1350名终身教职员工以及由4.58亿美元资产支持的351个捐赠教席。这些席位的设立,为该校挽留了不少本欲跳槽的知名教授。那么,这些席位究竟是怎样一种职位呢?

捐赠教席(Endowed Chairs)的传统可以追溯到16世纪的英格兰,在当时,一个设计完好的座椅(chair)就是对晋升为教授的学者的合理报酬,顾得此名。[88]如今,这一措辞被用来指代由永续基金投资收入资助的学术职位,通常有特定的教研目的。捐赠教授席位(Endowed Professorships)①是大学授予学术成就显著的教员的荣誉,也是大学吸引和留住颇具才华员工的方式。根据加州大学旧金山分校的定义,这两种席位只是最低捐赠额度不同,前者为50万美元,后者为250万美元②,除此之外并无差异。为了阐述的方便,本书中将二者统称为捐赠教席。

美国大学的捐赠教席种类很多,按授予对象性质可分为教职类和管理类,按聘用期限可分为终身性和期限性,具体的分类情况因校各异。加州大学圣迭戈分校的捐赠教席有三类:永久捐赠教席(Permanent Endowed Chair),讲席拥有者必须是已经获得终身教职的教师,聘期直至其退休或中途死亡;期限捐赠教席(Term Endowed Chair),通常以五年为一个聘期,到期后对讲席拥有者进行考核并决定是否延聘或重新聘用新人;管理席位(Administrative Chair),仅授予已经是或有可能成为教学及研究机构带头人和管理者的高级学者或教授。在加州大学河滨分校,一般的捐赠教席为讲席拥有者提供永久性的资金支持,而期限性讲席只提供一定期限内的资金支持,且期限性讲席主要支持中低级学术研究人员,包括院系一级的讲席、年轻的学术新秀和访问学者,因此在捐赠的最低限额和聘用者的条件要求上都要低一些。[89]具体来说,比如加州大学伯克利分校化学学院就拥有29个捐赠教席,最早的设立于1981年,最新的是2014年,表3-4是其中的部分摘录。

---

① 有的学校称此为卓越教授席位(Distinguished Professorships)。
② 当捐赠教席的本金数额超过250万美元时,可被升级为捐赠教授席位。此外,不同的学校对初始资金的要求也不一样。

表 3-4　加州大学伯克利分校化学学院的捐赠教席（部分示例）

捐赠教席名称	设立时间	现任讲席教授
The Joel Hildebrand Distinguished Professorship 乔·希尔德布兰德捐赠教席	1981	David E. Wemmer
The Glenn T. Seaborg Chair in Physical Chemistry 葛兰·席柏格物理化学捐赠教席	1998	Alexander Pines
The Gilbert Newton Lewis Endowed Chair（to be occupied by the Dean of the College of Chemistry） 吉尔伯特·N. 路易斯捐赠教席（仅授予化学学院的院长）	2001	Douglas S. Clark
The Chevron Chair in Chemistry 雪佛龙化学捐赠教席	2004	Ke Xu
The Dow Chair in Sustainable Chemistry 陶氏可持续化学捐赠教席	2008	Alexis T. Bell
The Samsung Distinguished Chair in Nanoscience and Nanotechnology Research（Multidisciplinary Distinguished Chair） 三星纳米科技研究捐赠教席（多学科）	2013	A. Paul Alivisatos
Li Ka Shing Chancellor's Chair in Biomedical and Health Sciences 李嘉诚生物医学和健康科学捐赠教席	2014	Jennifer A. Doudna

资料来源：BERKELEY UNIVERSITY. Endowed Chairs & Professorships[EB/OL]. [2015-05-12]. http://chemistry.berkeley.edu/endowed-chairs-and-professorships.

捐赠教席是大学授予教员的最高学术奖励，一经设立，就与大学共同存在。任何组织和个人都可以成为捐赠教席的捐赠者，包括学生、校友、友人、基金会、公司、政府部门或非政府组织。[89]例如，上节中提到的科维理基金会，它除了在高校设立科维理研究所外，还单独设立了七个科维理教席（Kavli professorships），且都设于一流的研究型大学里，包括哈佛大学、哥伦比亚大学、加州理工学院等。讲席也多以捐赠者命名，如耶鲁大学 1864 年毕业生约翰·斯特林（John Sterling）捐赠 1000 万美元所创立的已成为该校最高学术等级的斯特林教席（Sterling Professorship），2005 年我国香港实业家曹光彪先生出资在美国宾夕法尼亚大学沃顿商学院设立的"曹光彪教授"（K. P. Chao Professor）职位。有的大学还成立了专门的捐赠教席匹配基金，以吸引和鼓励外界捐赠，同时扩大基金初始规模，例如，斯坦福大学的威廉与芙洛拉·休利特基金会（William and Flora Hewlett Foundation）就专门为讲席捐赠者提供等额或一定比例的配比资金。

二、捐赠教席的效用

捐赠教席的本金是大学永续型基金中的一部分,其运作是典型的永续模式:原始的基金只能用于投资,支出全部来自于投资获得的收入。捐赠教席能够为该职位上的学者提供薪金和相关福利(如差旅费等),并用来资助该学者的研究项目,如此独立的财务模式确保了校方及教工的稳定性和持续性。捐赠教席教授是大学职称中的最高级别,是对学校也是对捐赠教席教授本人的学术和教学水平的认可。授予教员终身教育职位意味着这些教授的合同期可能长达数十年,他们的薪酬实质上是大学的一种长期债务。如果以临时性的资金来源来支付这类长期债务,必然会使大学及相关个人面临现金流中断的风险。而捐赠基金的长期性质恰好与终身教授职位的长期性相匹配。[15]这样一来,学校就可以在全球范围内聘用并保留住最杰出的教研人员,而不会受限于政府拨款等资金来源。且由于源源不断的投资收入,讲席可以永久保留,原先用来支付该讲席教授的资金就可以被用于其他事项。

无论对于获得教席的学校和教授来讲,还是对于教席的捐赠者来讲,捐赠教席都是一种莫大的荣耀。其捐赠者的慷慨与大学的发展远景相结合,创造出一种可持续的模式,从而帮助大学留住顶尖的人才,并让他们在追求卓越的道路上最大化自身的学术影响力。而这些讲席的间接效应也是很广泛的。教席教授得到资助后,可以为自己的项目聘用学生助理或研究人员,也可以创造与其他学者合作的机会,集思广益,推动学术研究进展。大学的学生得以领受学术大师的教导,参与实验室的工作,不仅能够学习书本里的知识,也能够在实践中体验创新与发现。对企业而言,它们意识到许多长效的思想理念、基础研究和发现都是在大学里产生的,通过赞助大学的捐赠教席,它们将联合大学里最具创造性的天才,共同在激烈的竞争环境中脱颖而出。以上种种,也都是一流大学发展所不可或缺的生命力之源。

从国际视野来看,捐赠教席不仅能够为某个国家或地区的学校保留本国的学术泰斗,还可以吸引其他国家或地区的优秀学术人才。例如,许多杰出的欧洲学者选择到美国的高校任职,很重要的一部分原因是他们被美国高校捐赠教席的丰厚薪酬和诸多福利所吸引。[90]对于美国高校而言,捐赠教席这一制度为其聚集了世界范围内的顶尖学者,从而保证大学的学术能力始终处于世界领先地位。争创一流大学需要具备自身的核心竞争力,而学界泰斗们是创造竞争力非常关键的人力资本,储备具有精英群体的师资队伍,离不开永续基金的长期支持。

三、国外捐赠教席案例

(一)剑桥大学的捐赠教席

剑桥大学的捐赠教席最初是由英格兰皇家设立的。自17世纪起,私人开始捐赠设立讲席教授。20世纪以来,越来越多的企业通过剑桥大学在其业务领域设立捐赠教席教授。例如,1986年设立的毕马威管理研究教授(KPMG Professor of Management Studies),1996年设立的玛莎百货农业动物健康、食品科学及安全教授(Marks & Spencer Professor of Farm Animal Health, Food Science, and Food Safety)和2008年设立的塔塔钢铁冶金学教授(Tata Steel Professor of Metallurgy)。几个世纪以来,捐赠教席的数量有了大幅增长,如图3-6,16世纪剑桥大学仅设立了六个捐赠教席,20世纪有64个捐赠教席,而21世纪仅前八年就已经设立了22个捐赠教席,超过了20世纪总数的1/3。

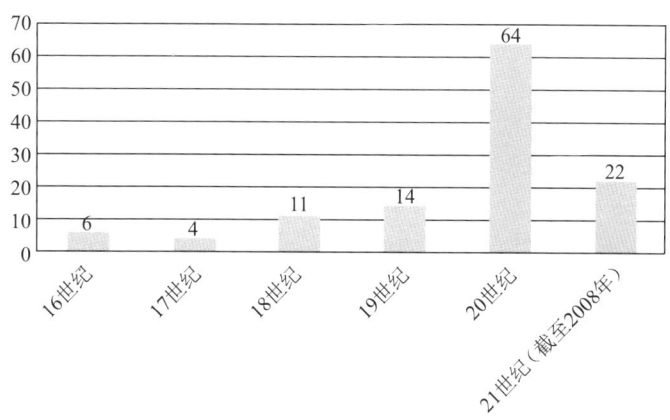

图3-6 剑桥大学捐赠教席的数量

资料来源:UNIVERSITY OF CAMBRIDGE. Professors[EB/OL]. [2015-10-20]. http://venn.lib.cam.ac.uk/acad/lists/P.html.

(二)耶鲁大学的捐赠教席

上文提及的斯特林讲席是耶鲁大学最有名的捐赠教席。1918年约翰·斯特林去世时赠予耶鲁大学1800万美元——价值相当于2003年的1.8亿美元,捐款用于设置斯特林讲席、建设斯特林纪念图书馆和其他基础设施等。[91] 经耶鲁大学董事会批准,斯特林讲席由耶鲁大学校长任命,聘期长达40年。[92] 第一位获得该席位的学者是化学家约翰·约翰斯顿(John Johnston),他在1920年摘得这一头衔。在20世纪20年代中期,该席位最多可以被授予18名学者[93],1958年增至27人，但随着捐赠资金的持续增长，2011年拥有该席位的学者累计已达40人，这还不包括已经退休的斯特林教授。[91]随着捐赠教席的捐赠者越来越多，耶鲁大学在其官网的捐赠页面中列示了最低限额，设立一个有命名权的捐赠教席的最低要求是300万美金。近年来，院长或院系主任等行政职务也可以命名，获得其命名权需要捐赠至少600万美金。

第四节　学生奖助

一、学生奖助的概况

美国政府对高校学生的资助力度一向比较大，如在20世纪70年代初出台的直接面向贫困学生的国家助学金项目——佩尔助学金（Pell Grants）。这是第一个由联邦政府直接资助的、基于学生经济需要的助学金项目，使联邦政府首次成为学生资助的最大来源渠道。然而，随着近些年来政府对高等教育拨款水平的下降，学生得到的政府资助也不断减少。幸运的是，大学可以利用自己的永续型基金创造收入，从而资助更多的学生。高等教育的成本比大学收取的学费要高很多，对拥有一定规模的永续型基金的高校来说，这当中的差额可以通过永续型基金的投资收入来填补。[33]典型的大学永续型基金中会包含许多专为学生提供经济援助的单独基金，这通常由基金的捐赠者或学校指定。以美国加州州立大学富乐顿分校为例，2010年该校的永续型基金总价值接近2500万美元，包含225个独立的基金，其中有一半的基金都是为学生奖助而设立。[94]成立一个永续型奖学金的最低本金额已由早期的一万美元提高到了2.5万美元，校方建议，若要发放1000美元的奖学金，基金账户里应留有3.5万美元。本金的多少直接关系到学生获得奖助的额度，如金伯莉·柏金斯杰出学术贡献奖（Kimberly Perkins Award for Dedication to Academic Excellence）是几年前由校友金伯莉的父母出资成立的，为专攻儿童和青少年研究的学生提供奖学金，起初的筹资目标是一万美元，学生可得到500美元的资助，但实际筹得的资金是预期的四倍多，相应地，学生得到的资助也提高到了1000美元。

在国外，企业、团体和个人通过捐资设立奖学金以支持高等教育的做法非常普遍，且大额捐赠通常设立为永续型奖学金（endowed scholarships），以持续发挥其资助作用。例如，2000年"比尔与梅琳达·盖茨基金会"在剑桥大学设立盖茨剑桥奖学金（Gates Cambridge Scholarship），奖学金总额为2.1亿美元，每年支持

90名国际学生赴剑桥大学学习。英国罗兹奖学金是一项资助全球优秀学生赴牛津大学学习的永续型奖学金,据《纽约时报》报道,截至2013年4月,罗兹奖学金的价值约为2.03亿美元。前牛津大学校长、现任罗兹奖学金托管委员会主席约翰·霍德(John Hood)称,该项目每年向83名学生提供奖学金,资助他们在牛津大学的硕士或博士学习,期限为2~4年不等。罗兹奖学金自设立以来共资助了8000余名学生。校友也是基金捐赠的一大主体,比如2007年,一位不愿透露姓名的校友向位于伊利诺伊州的芝加哥大学捐赠了一亿美元,用以向低收入家庭学生提供奖学金。具体来说,这笔捐款被用于设立"奥德赛奖学金",每学年为约800名低收入家庭学生提供全额奖学金,为约400名学生支付部分费用,并赞助约50名低收入家庭学生参加入学前的夏季强化培训班。

大学收到捐赠资金后将对其进行投资,所获得的回报用来奖励资格相当的学生。若没有找到符合标准的学生候选人,未发放的奖学金则被纳入原始资金池进行再投资,从而为后期奖学金所用。[95] 用来投资的本金自身是不能动用的,因为这样才有基础提供持续的经济援助。学生资格审核的标准通常包括学术表现、艺术和体育能力、文化及宗教背景、特殊技能、专门研究领域、财务需求等方面。这些要求会在捐赠奖学金的协议里列出,根据不同捐赠者的意向,有的只规定常规条款,有的则会提出非常详细的条款。约束条件越少意味着接受奖学金捐赠的部门拥有更大的自主权来管理和使用这笔资金。

近些年来,捐赠者的大力支持和强劲的基金投资表现让高等教育机构得以提高对学生资助的投入。根据美国大学理事会(the College Board)的调查,2007~2008年高等院校为学生提供的非政府资助共计291亿美元,是1997~1998年的2.3倍。[96] 用于奖助目的的基金在整个大学永续型基金中的占比较为突出,如2013年奖学金基金在耶鲁大学永续型基金中的占比为17%。[97] 这些奖助显著地降低了学生实际支付的学费,同时减少了学生贷款。学校对学生的资助面很广,涵盖了学费、书本费以及生活费等,有些永续型基金颇具规模的学校还会将学生贷款(loans)转换成补助(grants),并对数以千计的贫困学生实施免费政策。这对于中低收入家庭①的优秀学生来说无疑是极大的帮助,保证了他们同样能够享受到最好的教育,从而实现自己的梦想。此外,受经济下滑等因素的影响,学生面临着更大的中学后教育成本压力,而永续型奖学金是应对资金挑战的重要财力资源,在危机时刻更能体现其永续的价值。总的来说,资助学生追求学术成就、获得大学学位,对学生和校方来说,可谓双赢。

---

① 年收入不足4万美元,个别情况下为不足6万~7万美元。

二、永续型奖学金——以英国罗兹奖学金为例

(一)罗兹奖学金的历史沿革

罗兹奖学金的创办者是英裔南非钻石大亨赛西尔·约翰·罗兹(Cecil John Rhodes),他认为"教育关系将造就最牢固的纽带"[98],因此在1903年创立了以其名字命名的奖学金。这是目前世界上创立时间最早,也最具声望的国际研究生项目奖学金。[99] 原始的罗兹奖学金并不是一个慈善实体,不仅包括奖学金基金,还包括其他许多不动产遗产。1916年,罗兹奖学金基金脱离其他遗产成为一个单独的慈善实体。罗兹在把他的遗产留给遗嘱执行人和托管人的时候,对奖学金的具体配额和运作做出了明确规定。[100] 罗兹在遗嘱中设定的奖学金额度是每人每年资助300英镑,但可以随着时间而提高,以保证为罗兹学者提供足够的学费和生活费。资金募集和奖学金选拔过程中涉及的行政费用从罗兹遗产及其他捐赠者的捐赠中支出。此外,奖学金设立初期也对一些细节事项做出了规定,如不同国家的奖学金候选人可以在不同的年龄范围内,托管人可以根据奖学金得主的表现而延迟、暂停和终止奖学金的发放等。

托管人在1924年就注意到,由于奖学金支出的不断增加,加之遗产税和资产贬值等原因,罗兹奖学金的规模不断减小。为此,托管人将大量资产转移到符合免税规定的罗兹奖学金中,并成立专门的投资委员会负责监管投资事宜,通过投资使其增值,以达到永久存续的目的。

罗兹奖学金设立初期,每年有57个名额,除32名美国学生和五名德国学生外,其余学生均来自英联邦国家。设立至今,托管人增加了30余名奖学金名额,并拓宽了可申请的国家和地区范围,如新增了印度和中国香港,并且仍在考虑向新的国家和地区的优秀学生提供罗兹奖学金(图3-7)。

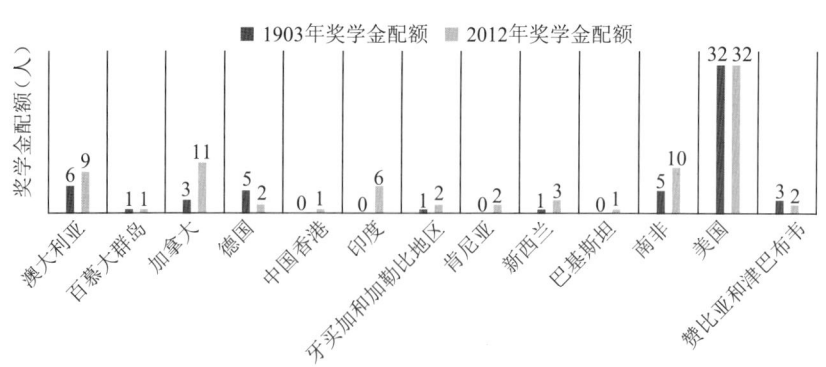

图3-7 罗兹奖学金名额分配的对比(**1903年和2012年**)

资料来源:KENNY A. The History of the Rhodes Trust: 1902—1999[M]. Oxford: Oxford University Press, 2001: 4.

（二）罗兹奖学金的特点

罗兹奖学金在110年间发挥了重要影响，其长期存续并持续发挥影响的原因值得探究。本书认为，灵活的调整制度、广泛的社会影响、完善的治理结构、积极的危机应对、科学的投资管理、严格的选拔标准和密切的学者联系是其永续存在的重要原因。

1. 灵活的调整制度

在罗兹奖学金存续的近110年间，其管理规定并非一成不变，而是在遵循罗兹遗愿并符合有关法规政策的基础上，根据环境的变化，多次进行了有利于奖学金永续发展的调整。罗兹在遗嘱中写道，如果需要根据时间、条件的变化，对奖学金有关规定做出修改，应由托管人提议，并经托管人讨论通过。

随着时间的推移，罗兹奖学金得主的人口特点和牛津大学都发生了变化，托管人需要据此主动或被动地对奖学金进行相应的调整。到目前为止，罗兹的遗嘱和遗愿中有关奖学金的规定有四次主要的修改：第一次世界大战爆发后修订的《罗兹遗产条例1916》废除了德国的奖学金名额，而后托管人又在1929年和1969年两次恢复了德国奖学金的名额；修订的《罗兹信托条例1929》，给予托管人更大的自主权；《罗兹信托条例1946》正式确定了新托管人加入的条件；根据英国国会有关法案反对性别歧视的内容，《罗兹信托条例1976》使得罗兹奖学金首次向女性开放。[100]

2. 广泛的社会影响

罗兹奖学金的得主被称为"罗兹学者"。罗兹学者毕业后在各行各业都有卓越的表现，为社会做出了重要贡献。其中政界有美国前总统克林顿、加拿大前首相特纳、澳大利亚前首相霍克等；学术界中有诺贝尔医学奖得主弗洛里男爵和克尔斯，诺贝尔经济学奖得主斯彭斯，牛津大学校长及18位普利策奖得主，此外还有40多名罗兹学者成为奥运会选手。[99]

罗兹奖学金不仅为罗兹学者提供了宝贵的学习机会，而且为英国的高等教育和公众带来了很多益处。每年有200～240名才华出众、背景不同的国际学生通过罗兹奖学金在英国学习，极大地丰富了学生的体验。罗兹学者在牛津大学的积极体验可以提高英国高等教育的声望并增加他们对英国的认同感，其优秀背景以及毕业后在不同行业的领导地位，可以增强牛津大学和英国在全球的影响力。此外，通过支付罗兹学者的学费和生活费，罗兹奖学金也为牛津大学和英国做出了积极和持续的财务贡献。

3. 完善的治理结构

维持罗兹奖学金持续健康运行的主要工作包括：不断提高奖学金的知名度，选拔、安置和支持学者，保持同罗兹学者的联系及募集资金等。罗兹奖学金在全球范围内由托管人（包括四个专业委员会）、学监、国家秘书长和基金工作人员来实现管理。托管人全面负责罗兹奖学金的声望及财务管理，决定奖学金的发展策略和各项政策，并监督学监的工作；学监是罗兹奖学金的首席执行官（Chief Executive Officer，CEO）和托管人的秘书，负责奖学金运行的日常管理工作；国家秘书长的职责包括选拔本国的罗兹学者候选人，提高罗兹奖学金在本国的影响力、开展学者联谊及筹款等活动；工作人员则全面协助学监执行罗兹奖学金的各项工作。

罗兹奖学金每届有 12～15 名托管人，托管人的任期为四年，通常连任不得超过三届。托管人至少每年召开三次会议，每次须至少一半数量的托管人出席。作为罗兹奖学金的非执行董事，托管人发挥着举足轻重的作用，因此，对托管人的选择有着严格的标准。2010 年通过的《治理条例》对托管人的任职资格和职责范围以及专门委员会的工作都做出了详细的规定和解释，明确规定至少半数的托管人是罗兹学者，至少 1/4 的托管人是非罗兹学者，至少 1/4 的托管人与牛津大学有着密切的联系。[101] 除了要对罗兹关于教育和奖学金的愿景充分认同，且是各自领域的专家以及具有卓越的战略领导力外，每届托管人还要满足以下要求：具有金融审计和基金资产管理的丰富经验；善于和英国政府沟通；在牛津大学有一定影响力；可以提供或招揽到数目可观的慈善捐赠等。对于如何避免托管人的利益冲突，《治理条例》也有明确的规定。

托管人组成四个专门委员会，即奖学金委员会，发展委员会，金融、审计和投资委员会，治理委员会。除治理委员会外，其他三个专门委员会亦可以包括托管人之外的成员。奖学金委员会负责监督罗兹学者的表现，协助托管人和各国秘书长之间的沟通协调以及提出保证奖学金高质量永续存在的相关建议。发展委员会可以包括愿意协助募捐行动的非托管人，负责有关奖学金募捐的相关事宜，不仅保障现有的奖学金有充足的资源，也协助开发在新的国家提供罗兹奖学金。金融、审计和投资委员会由投资委员会于 2010 年更名而来，由托管人和资深专业投资人士组成，负责向托管人提供投资建议，投资建议要符合基金的双重目标，即保障资产的永续购买力和足够支持基金每年的花销；同时，该委员会负责审查奖学金的年度预算和审计报告。治理委员会负责对托管人及其他工作人员进行评估,提出有关治理和管理方面的建议,并不断对《治理条例》及其他管理规定进行完善。

4. 积极的危机应对

2008年金融危机爆发之前,奖学金每年的支出都控制在罗兹奖学金基金价值(以前三年平均值计算)的5%左右。在金融危机的冲击下,罗兹奖学金的投资收益大幅减少,与此同时,牛津大学的学习费用又不断攀升,托管人不得不决定在短期内提高支出比例,同时暂时冻结新增奖学金名额的计划。2010年罗兹永续型基金的价值只有1.15亿英镑(图3-8),与2000年相比下降了42%左右,而有关奖学金的支出每年将近850万英镑,对基金的使用比例超过7.3%,远高于通常认定4%～5%的可持续支出比例。[102]

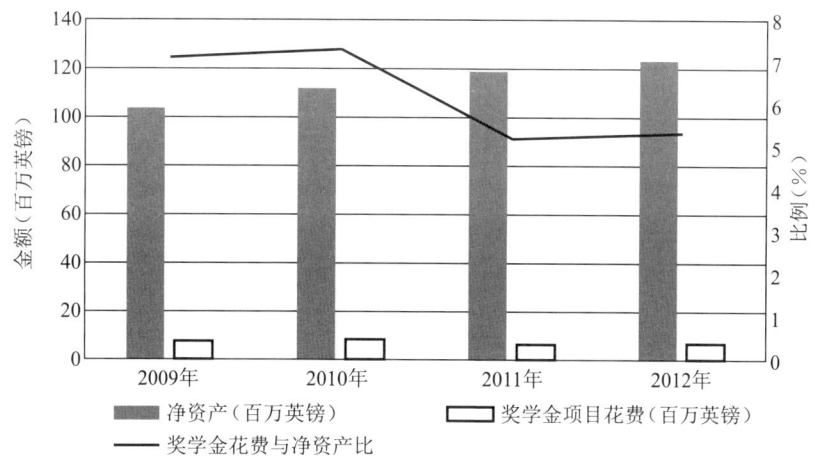

图3-8　罗兹奖学金净资产和奖学金项目花费(2009～2012年)

资料来源:THE RHODES TRUST. The Impact of Philanthropy—the Rhodes Trust Donor Report 2011-2012[R]. Oxford: Rhodes Trust, 2012.

为保证罗兹奖学金的国际地位和学者的学习生活质量,同时又不减少罗兹学者的数量,罗兹奖学金开展了一项全球资金募集计划,使其重新达到足以支持奖学金永续发展的水平。图3-9显示了金融危机爆发前后五年间罗兹奖学金接受的捐赠额。仅2011～2012年罗兹奖学金就收到超过600名罗兹学者、28位罗兹奖学金友人和13家公司及基金会不同数额的捐赠。罗兹学者的捐赠率从2010～2011年的8.9%上升至2011～2012年的16.2%。[103] 通过罗兹学者在世界范围内的广泛影响力,罗兹奖学金积极扩大与其他基金会的合作,从多方面增加收入。2012年8月,罗兹奖学金得到了美国罗伯逊基金会750万英镑的捐赠以支持每年三名新西兰籍罗兹学者。在2013年罗兹奖学金成立110周年之际,基金托管人和各委员会成员充分利用罗兹学者团聚等活动加大募捐力度。除英国外,罗兹奖学金还在澳大利亚和加拿大等国获得了捐款的税收优惠资格,极大地增加了这些国家的意向捐款者的捐款积极性。

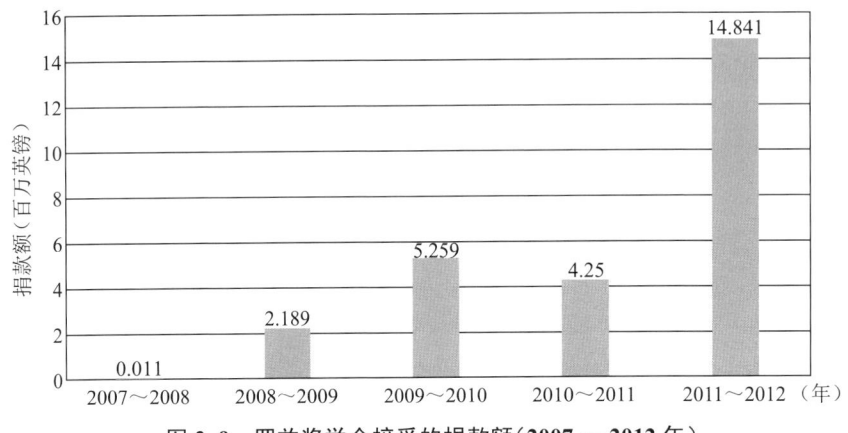

图3-9 罗兹奖学金接受的捐款额(2007～2012年)

资料来源:THE RHODES TRUST. Annual Report and Financial Statements for the Year Ended 30 June 2010, 2011, 2012[R]. Oxford: Rhodes Trust, 2010, 2011, 2012.

严密的捐赠资金管理制度和规范的捐赠资金专项使用也为减少经济危机对奖学金的冲击提供了一定的保障。金融、审计和投资委员会经过计算得出的模型表明,在预期投资收益和慈善捐赠支持下,罗兹奖学金将会重新回到可持续的水平上。

5. 科学的投资管理

罗兹奖学金聘用专业人士和专业机构为其提供资产增值服务,其资产的60%投资在牛津大学基金管理机构,其余40%的资产由金融、审计和投资委员会内部管理,投资于包括不动产遗产、私募股权基金、公司债券、对冲基金及为满足流动性需求的资产等。该委员会采用全面的方法平衡投资的风险与收益并持续关注长期收益。

与此同时,罗兹奖学金严格控制成本,依靠大量志愿者完成罗兹学者选拔及募捐过程中的行政工作,不断提高罗兹奖学金的运营效率,使得行政成本只占其支出的5%。

6. 严格的选拔标准

奖学金的受助者将来可能成为奖学金的宝贵财富,选拔优秀的受助者有助于维护和提高奖学金的声誉并有利于奖学金的长远发展。根据罗兹的遗嘱,罗兹学者的选拔包括四个主要标准:学术成就、品德、领导力以及社会责任感。罗兹奖学金的申请通常在前一年的春季开始。候选人在本国要通过标准化的程序选拔,包括提供个人陈述、简历、学术成就证明和推荐信,当地的选拔委员会据此选出参加面试的人员。面试的内容不仅包括候选人的学术水平,而且要求候选人展示出他们为社会做贡献的潜力。通过面试的候选人将被推荐给托管人,托管人决定录取名单后,这些准罗兹学者将通过特别的罗兹渠道申请牛津大学,但最终能否获得奖学金还要取决于是否被牛津大学录取。在申请过程中,候选人可以联系牛津大学相应的学院或教授,以确保他们的研究计划符合牛津大学的研究方向。严格的选拔标准保障了罗兹学者有潜力成为未来的领导者,同时这也是吸引潜在罗兹学者的重要因素,因为罗兹学者的社会赞誉越高,罗兹奖学金的吸引力也就越大。据盖茨剑桥奖学金的学监介绍,2007学年和2008学年两个学年间,至少6位盖茨剑桥奖学金申请者在获得罗兹奖学金后放弃了盖茨剑桥奖学金的申请。[104]

7. 密切的学者联系

每一届罗兹学者中会指定至少一名年级负责人,这些负责人会与同届同学联系并邀请他们参与到罗兹大家庭的活动中。全世界大约有4400名在世的罗兹学者,主要的罗兹学者生源国家都设有罗兹学者联合会,联合会负责组织多样的学者活动。活动不仅包括晚宴、招待会等,还会举办特定主题的论坛或在世界经济论坛等活动中举办年会,邀请罗兹学者和友人参加;在托管人退休或新的托管人加入时,也会开展多样的纪念或庆祝活动。罗兹学者对罗兹奖学金的支持和回报是多样的,除资金外还有时间和智慧。除了可以通过加入专业委员会或作为托管人参与到罗兹奖学金的管理中,活跃在学术界、工商业界和政界的罗兹学者在人才培养、产业资源和媒体及信息资源方面,都给予罗兹奖学金和其他学者大力支持。

（三）罗兹奖学金永续发展的启示

通过对罗兹奖学金的研究可以发现，永续型大学奖学金的长期发展需要资金和制度两方面的保障。

一方面，资金是维持奖学金永续运行的基础，资金保障又包括投资和募捐两个部分。捐赠基金不仅要保证每年的奖学金支出，还要对抗通货膨胀等，因此，若要永续运行，必须通过投资以获得收益。这需要聘请专业人士组成投资委员会或将资金外包给专业的投资机构，通过资本市场的投资运作，使本金不断增值，为奖学金永续运行提供资金保障。基金管理中的公开、透明原则，有助于提高捐赠基金的社会公信度，获得社会各界友人的更多信赖，从而吸引更广泛、更持续的社会捐赠资源。[105]募捐中，校友是捐赠的主体，要充分意识到已毕业的学者或校友是基金最宝贵的财富，重视校友会等联络和服务校友的机构建设。[106]随着奖学金规模的扩大和知名度的提高，校友的慷慨捐赠也会带动越来越多的社会捐赠。

另一方面，永续型奖学金需要灵活的调节机制，以根据实际情况不断调整完善自身制度。每次做出的改变都必须既符合出资人的原始意愿，又符合现行的法规政策和时代精神。捐赠基金要长期运行，捐资人必须明确授权给托管人，例如，如果原始规定不符合最新的法规政策需要如何修改，如何判断是否需要提高奖学金的金额或增加奖学金的名额等。我国有些还处在探索阶段的捐赠基金，制度不够完善，缺乏经验，工作人员大多是非专业人员，对基金的模式、程序不熟悉，理事对基金的工作支持有限，这些都会对捐赠基金的运行带来不利影响。[107]在这样的条件下，更是对有修改权的托管人提出了很高的要求。托管人需要由有一定地位的工商业或学术界高级管理人员担任，他们通常会对托管人的责任比较熟悉。此外，资深托管人对新托管人的培训也非常重要。

近年来，我国民众对大学的捐赠热情不断升温，《2012中国大学评价研究报告》显示，2011年我国大学校友捐赠共计21.45亿，是2010年的两倍多。捐赠基金在改善教学、科研和环境设施，帮助困难学生，奖励优秀教师，资助学科建设和发展等方面都发挥了重要作用。但与罗兹奖学金相比，我国大学捐赠奖学金的实践还不成熟。罗兹奖学金成立之时，欧洲是世界经济的中心，罗兹创立以其名字命名的奖学金，吸引各国人才前往英国一流大学学习，并以此加强各国与英国的沟通与交流。现在，中国已成为世界第二大经济体，在世界经济增长和贸易互惠中发挥着日益重要的作用。罗兹奖学金的成功范例，为我国发展类似捐赠基金提供了参考,其成功经验,即建设专业化的募捐投资队伍和搭建制度化的治理结构,对提高我国类似捐赠基金的管理水平也具有积极的借鉴意义,有利于扩大我国大学捐赠奖学金的规模并提升奖学金的使用效率,促进高等教育事业的发展。

第五节 建设世界一流大学

本书所阐述的大学永续型基金模式主要应用在北美国家,尤其是在美国。美国的私立和公立大学基本上都拥有可投资的捐赠资金池。这一模式的成功使得其他国家的大学纷纷效仿,特别是各国的顶尖大学,如英国的牛津大学和剑桥大学、新加坡国立大学等。这些大学早先依赖政府的资助,而后逐渐发展了自己的资金池,这对其一流大学建设起到了重要作用。

世界一流大学通常是研究型大学,而研究型大学的建设费用高昂:为了吸引最优秀的员工和学生,学校需要提供具有足够吸引力的教工薪酬和学生奖学金;为开展一流的教研活动,学校需要投入巨额资金配备资料丰富的图书馆、高端的实验室、先进的基础设备等。[108] 此外,研究型大学的财政预算必须充足且持续,资金短缺或大幅的预算波动都会严重制约学校的发展。永续型基金作为一种学校内部的资金来源,可以增强学校的自主性;源源不断的投资收益与平滑的支出政策的结合,可以提高学校财政预算的稳定性。这些对建设世界一流大学都具有重要意义。

世界一流大学具有诸多方面的特征,贾米尔·萨尔米在 2009 年的一篇报告中总结了构成世界一流大学的关键要素(图 3-10)。人才的汇聚、充足的资金和完善的管理是世界一流大学的三大特征。就财务结构来看,世界一流大学都拥有来自永续型基金的收入,而且永续型基金的本金和投资收益都非常丰厚。[108] 各国建设世界一流大学的时期以及所处环境不同,因而永续型基金的出现和效果也有较大差别。总体来说,北美大学的永续型基金模式较为成熟,对学校财务贡献突出;欧洲有少数大学永续型基金运作良好,其余大学存在少量永续型基金或尚未引入该模式;大多数亚洲大学没有永续型基金模式,只有少数大学具有一定规模的基金,但对学校整体财务的贡献普遍较弱,极个别学校卓有成效;非洲也只有少数大学设有永续型基金,就目前来看作用相对较小。

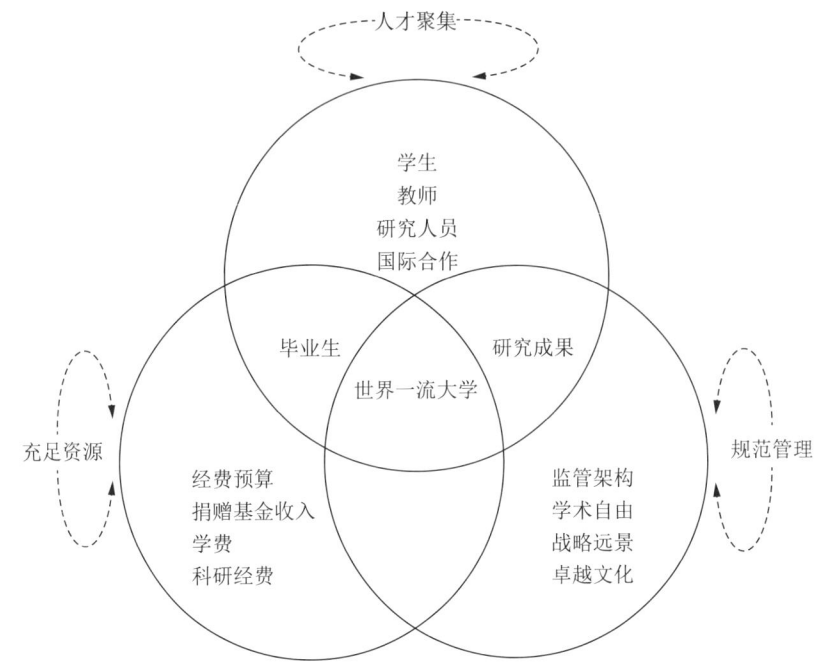

图 3-10　世界一流大学的关键要素及其关系

资料来源：SALMI J. The Challenge of Establishing World-Class Universities[M]. Washington, D. C. : The World Bank 2008：8.

在前面几章中,笔者已结合案例阐述了美国和英国顶尖大学捐赠基金的运作情况,此处不再赘述。在俄罗斯,私人捐赠风气并不浓厚,永续型基金的发展比较困难,俄罗斯政府甚至不允许大学设立永续型基金。[55] 1994年注册成立的圣彼得堡欧洲大学(European University at St. Petersburg, EUSP)是俄罗斯最早的私立大学之一,由于其原始资金主要来自于福特基金会、麦克阿瑟基金会和开放社会研究所(Open Society Institute, OSI),因而当西方的捐赠者停止资助时,该校的财务陷入困境。2004年,密歇根大学教授威廉·罗森博格(William Rosenberg)等人在美国为EUSP设立了基金。当2005年俄罗斯政府通过关于永续型基金的法律后,EUSP随即注册,其基金董事会成员大多为美国大学的教授。该校如今已成为俄罗斯人文科学和社会科学领域的顶尖学府。

就其他欧洲国家的大学而言,贾米尔·萨尔米指出,德国、法国、北欧国家等的大学一直以来依靠政府资助来应付各种开销,但只有北欧国家和瑞士的政府资助水平能够让其大学拥有充足的竞争力,德国和法国的大学虽然有悠久的科研历史,却没有世界最顶尖的大学。[55]经费不足、来源单一、不稳定等都会制约一流大学的建设。然而,近些年有越来越多位于欧洲的大学开始转向美式筹资模式以扩大永续资金池,以求获得经济独立和稳定。部分学校在资金管理上也效仿美国名校,如剑桥大学。[55]

在亚洲,永续型基金模式日渐流行,尤其是新加坡设立永续型基金的组织迅速成长起来[109],这在高等教育领域也有体现。新加坡政府大力支持高校建设永续型基金,税收优惠以及配比捐赠加速了基金的初期积累,新加坡国立大学、南洋理工大学(Nanyang Technological University, NTU)、新加坡管理大学(Singapore Management University, SMU)等都成为该国机构投资者中的佼佼者。政府期待在未来的5~10年里,永续型基金能够负担该国顶尖大学10%的开销。[110]各大学也积极同美国名校合作,推进大学投资基金的建设。例如,新加坡科技与设计大学(Singapore University of Technology and Design, SUTD)从2012年成立时就与美国麻省理工学院密切合作设立永续型基金来支持学校成长与发展。

新加坡国立大学在2014年THE排名中位居全球第25名,亚洲第二名。截至2015年3月31日,该校永续型捐赠的总额约为43.6亿新加坡元(按当时汇率约合30多亿美元),在亚洲高校中颇为罕见。分管捐赠与机构发展的前任副校长Wee Sin Tho充分肯定了永续型基金在激烈的全球竞争中对高校吸引世界一流教研人员的重要作用。[110]该校和耶鲁大学在2011年合办的耶鲁大学—新加坡国立大学学院(Yale-NUS College)也是从成立起就不遗余力地募集资金建设捐赠基金,从而以丰厚的薪酬和奖学金吸引了一批优秀的教工和学生,保证其精英教育水平。[111]该合作学院的董事会共12名成员,原先是新加坡和美国各六人,现只有五人来自美国,中国高领资本CEO、耶鲁大学校友张磊于2014年加入该院董事会,是唯一的中国成员。[112]从这所合办学院的发展可以看出,为了达到一流的教育水准,新加坡国立大学正努力通过财务机制创新来帮助其实现和稳固国际化布局。

浦项科技大学(Pohang University of Science and Technology, POSTECH)成立于1986年,是韩国第一所研究导向型大学。经过短短几十年的发展,该校就进入世界顶尖大学之列,其在THE世界大学排名中最高曾位列第28名(2011年)。POSTECH的永续型基金使其成为韩国最富有的私立大学之一,2009年股票市值已达20亿美元。[108]如图3-11所示,在该校2015年的预算收入中,来自永续型基金的收入将近5400万美元,约占1/5,是仅次于研究拨款与合约(约1.4亿美元,51.1%)的第二大预算收入来源,对财政的重要作用不容忽视。

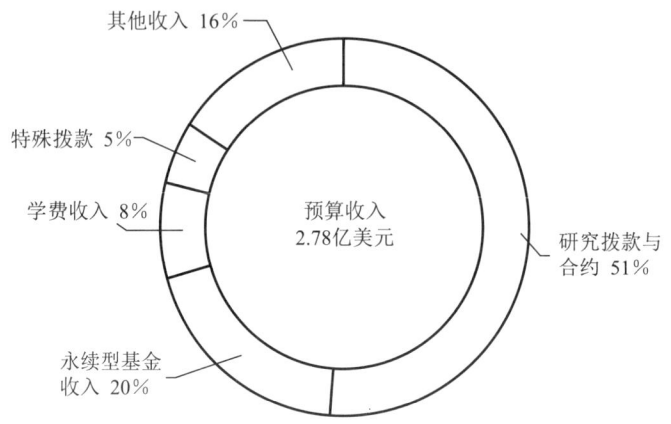

图 3-11　浦项科技大学的财政预算（2015 年）

资料来源：POHANG UNIVERSITY OF SCIENCE AND TECHNOLOGY. POSTECH at A Glance[EB/OL][2015-12-10]. http://wwwhome.postech.ac.kr/html/themes/eng/html/etc/POSTECH_At_A_Glance_eng.pdf.

马来亚大学（University of Malaya，UM）是马来西亚历史最悠久的大学,在 2015 年 QS 世界大学排名中处于第 146 位,亚洲大学排名第 29 位,被评为五星级大学。[113] 作为公立大学,该校的财政一直以来主要由政府支撑,但在全球经济增长不确定和高等教育成本不断攀升的大背景下,这种过度依靠政府补贴的财政模式面临很大挑战。马来亚大学采取了诸多措施以实现收入来源多样化,例如,提高研究咨询合同的收入,增加以市场为导向的项目等。[108] 这些措施中还包括永续型基金的设立,2008 年该基金数额将近 1.24 亿美元。2012 年 1 月,马来西亚高等教育部正式授予马来亚大学及其他四所大学① 行政自主权,这意味着学校在行政管理、财务与创造财富、人力资源、学术管理及招生方面拥有更大的决策权。[114] 如表 3-5 所示,2011～2014 年马来亚大学运营收入中政府拨款所占比例均超过 85%。不过值得注意的是,2013 年、2014 年两年该校对政府拨款的依赖程度降低,别的收入类型比例都有所上升,尤其是投资收入的比例由 1% 左右上升至 5% 左右,贡献程度接近学杂费（6% 左右）。此外,该校 2011～2015 年战略计划中,为实现财务可持续性这一目标,首要措施就是实施创造性的投资战略并在各层面进行有效的基金管理;为了有效积累资金,该校还成立了发展办公室来吸引大额捐赠。[115]

---

① 分别为马来西亚理科大学、马来西亚工艺大学、国民大学及博特拉大学。

表 3-5　马来亚大学运营收入的来源(2011～2014 年)

年度 收入来源	2011	2012	2013	2014
政府拨款	93.76%	94.32%	86.30%	87.90%
学杂费	4.35%	3.70%	5.90%	6.10%
投资收入	1.08%	0.93%	5.33%	4.92%
其他收入	0.80%	1.05%	2.47%	1.07%

资料来源:根据马来亚大学年报整理而成。

印度理工学院(the Indian Institutes of Technology,IIT)是印度最顶尖的工程教育与研究机构,在学术界享有世界声誉。印度理工学院最早由印度政府于1951年组建,现共有7所分校。虽然属于公立性质,但这些分校却有很强的自治性,有一些还吸纳校友和企业的慷慨捐赠成立了永续型基金,由此产生的收益资助了学校众多发展项目。[116] 私人企业对顶尖机构增加永续型基金数额具有重要贡献,这在新加坡和中国也都有所体现。

在非洲,尼日利亚伊巴丹大学(University of Ibadan)从20世纪50年代开始筹集永续型基金[108],校友和企业也是投资基金的主要资金来源,如有校友出资在该校设立了应用化学领域的捐赠教席[117]。南非开普敦大学(University of Cape Town)的年报显示,截至2014年12月31日,该校永续型基金总额为20.2亿兰特(按2014年底汇率约合1.75亿美元)。基金投资收益也在积极地分担教育成本,如2014年该校本科生获得5.38亿兰特的资助,其中,企业等外部资助为2.59亿兰特(48.1%),基金会赞助了1.17亿兰特(21.7%),"全国助学计划"(National Student Financial Aid Scheme,NSFAS)提供的贷款为1.05亿兰特(19.5%),剩余的0.57亿兰特(10.6%)来自永续型基金的收益及其他可用基金。[118]

虽然亚洲和非洲的大多数高校尚没有规模庞大的永续型基金,但相当部分的学校已经在建设世界一流大学的过程中进行了尝试并发现了永续模式的积极作用。随着声望提升,这些大学也将吸引更多的大额捐赠来扩充基金。与此同时,美国的永续型基金也意识到了来自全世界同行的竞争。麻省理工学院前大学司库阿兰·布法德(Allan Bufferd)就曾表示,美国之外的投资者通过新闻媒体和书籍、报告来研究美国投资者的做法,并复制过去二三十年中美国捐赠基金的投资行为。他指出,新加坡国立大学捐赠基金的投资组合与美国本土大学捐赠基金的配置非常相似,他在造访中国大陆时也被问及很多关于校友网络搭建以及捐赠基金管理的问题。[30] 这些国家不仅参照美国的模型,也了解其自身的现实状况,且积极地寻求投资机会。相比之下,大多数美国的基金会着眼于本土的投资机会,并没有投入足够的精力去挖掘美国之外大量存在的投资热点。

小　结

永续型基金既能支持学校现阶段的正常运行,又能通过本金保值增值来确保学校长期的运行能力。在一流大学的主要事业方面,永续型基金的作用主要体现在总体财务、科研投入、师资队伍和学生奖助这四个方面。大学永续型基金能够保持大学财政的独立性,同时增强大学财政的稳定性。诺贝尔基金会的永续运作模式使其奖金成为长期的激励,而颁出的奖金也大多进一步融入不同的学术和社会团体或自立基金会,在更广阔的领域继续发挥着资助效力。一流大学要寻求长远稳定的发展,就必须探寻更好的师资建设机制,而永续型基金的投资收入稳定而长久,可以成为教师薪酬福利的有利资金来源。大学要聘用和留住最优秀的学者,设立捐赠教席是个非常好的方式。国外的企业、团体和个人通过捐资设立奖学金以支持高等教育的做法非常普遍,且大额捐赠通常设立为永续型奖学金,以持续发挥其资助作用。

第四章

世界一流大学永续型基金的治理模式

第一节　组织结构
第二节　业务外包
第三节　投资人员
第四节　薪酬制度——以哈佛大学为例
小　　结

治理（governance）是永续型基金董事会和投资委员会的首要职责，这早于构建投资组合和做出投资决策。良好的治理有利于制定决策，提高责任感，有效地集中精力于预期目标。通常来说，无论捐赠者是否附加一定的条件，当捐赠协议生效后，捐赠财产的所有权就归于受赠学校。当来自众多捐赠者的资金汇集形成统一的基金时，学校就有必要建立相应的机构来打理这些资金，以便于落实捐赠者的目的，从而有效地支持学校的发展。那么，这样的机构该采用怎样的组织结构，如何明晰职责并配置相关人员，施行何种薪酬制度，本章将逐一探讨。

第一节　组织结构

一、典型模式

大学基金与共同基金（mutual funds）的运作模式相似，但也存在很大区别。在共同基金的管理过程中，所有重要的投资决策均出自同一个组合管理团队（portfolio management team），而大学基金的投资决策通常是分散化的（decentralized），由不同的人在不同的方面做出决策，且他们各自所受的激励也不同。[119]

如图4-1所示，投资决策包括三个层次：战略性资产配置、战术性资产配置和证券选择；在管理上则是内部与外部的交互合作。大学基金的全部受托和监管责任（ultimate fiduciary and custodial responsibilities）都属于学校的主管部门（governing body），一般来说，是指托管人委员会或董事会（Board of Trustees or Regents）。该部门的主要任务是制定组织的投资政策，包括目标、方针及相关限制，其中最核心的是确立可纳入投资组合的资产类别，并给出这些资产投资比例的范围。此外，还需制定支出政策，安排人事，监视组合业绩。作为最高的管理层，该部门只在战略高度上提出管理框架，而基金的日常管理则由其下属部门——

投资委员会(Investment Committee)或投资公司(Investment Company)(为区别于一般意义上的投资公司,以下改称资产管理公司)来负责。它们要具体落实投资政策,修正指导性的资产配置,设计出包含不同资产类别的组合,并挑选合适的外部经理人,这些都是在组合配置上的战术性安排,比董事会的职责更加细致。当投资组合的资产类别划分好后,管理组合的副经理们就在所分管的资产类别中进行证券选择,包括传统资产类别(股票、固定收益等)和另类投资类别(对冲基金、私募股权、房地产等)。这一专业化的工作常交由外部经理人执行,在这样的背景下,投资委员会选择证券,实际上是选择经理人。[119] 此外,也有些大学基金的董事会和委员会会聘用外部顾问以获取投资和政策方面的建议。

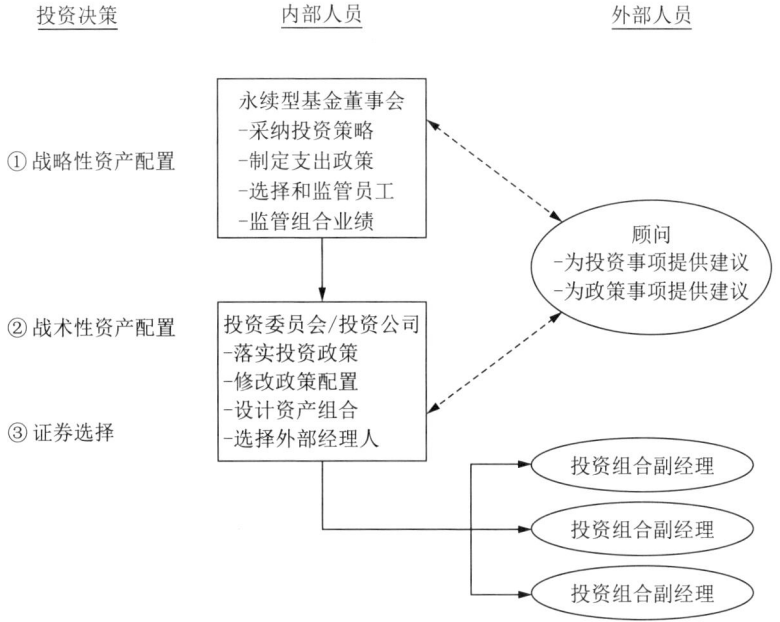

图 4-1 典型的大学永续型基金组织结构

资料来源:BROWN K C, TIU C I, GARLAPPI L. The Troves of Academe: Asset Allocation, Risk Budgeting, and the Investment Performance of University Endowment Funds[J]. McCombs Research Paper Series No. FIN-03-07, 2007: 50.

美世公司(Mercer)认为,好的治理分为两个层面:政策(policy)和执行(implementation)。政策制定者只负责设定目标、进行授权并确定风险容限(set risk tolerance),落实目标的具体方法则由执行者(implementers)来决定。如图 4-2

所示,在永续型基金组合的管理中,从董事会、委员会、职员到基金经理,每一层级都为下一层级设立了职责边界(boundaries)。董事会从大局着眼,确立基金的管理目标与组织结构,关注所投资公司的头条风险[①](headline risk),并对组织自身的风险承受力做出规定。在董事会的框架下,投资委员会详细地制定出投资与风险的政策,对策略的实施做出决定。随着权力逐级下放,职责也更加细化和具体,当上一级将责任委派好后,下一级人员就可以去执行。

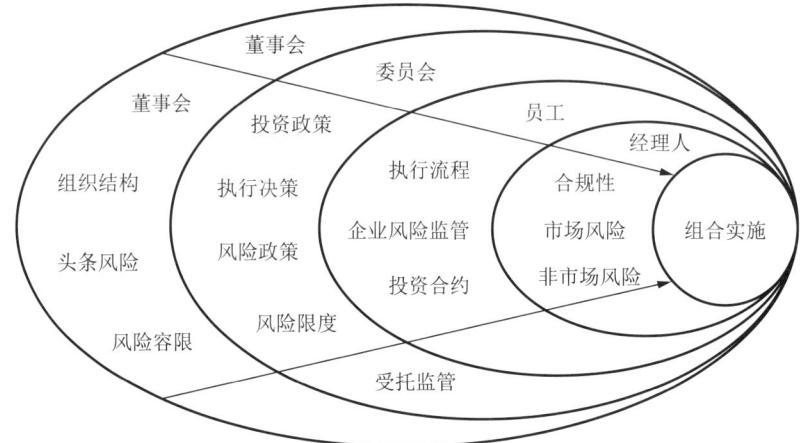

图 4-2　永续型基金的治理结构(层级角度)

资料来源:KUNKEMUELLER L, WOOD F. Endowment & Foundation Governance: Fiduciary Oversight and Implementation[R]. New York: Mercer, 2013.

图 4-3 从投资的角度具体地列出了各层级人员的工作内容。董事会必须考虑组织能够获取的资源,如投资专家的获取,同时要考虑预算以及政治的、社会的事项。投资委员会制定决策流程,协商经理的指导方针,设定投资政策。需要注意的是,治理并非每个层级各自的任务清单,而是一个不断监督和反馈的体系/过程,以确保组织对基金组合的管理始终与目标相符。

---

① 头条风险,指负面新闻会对公司股价产生消极影响。一流大学永续型基金拥有巨额资金,在公司股票上的投资份额也比较大,媒体对其所投资的相关公司的股价影响也会深刻地波及大学基金。因而,与媒体接触较近的高层基金管理人员有必要重视对这一风险的控制。

第四章 世界一流大学永续型基金的治理模式

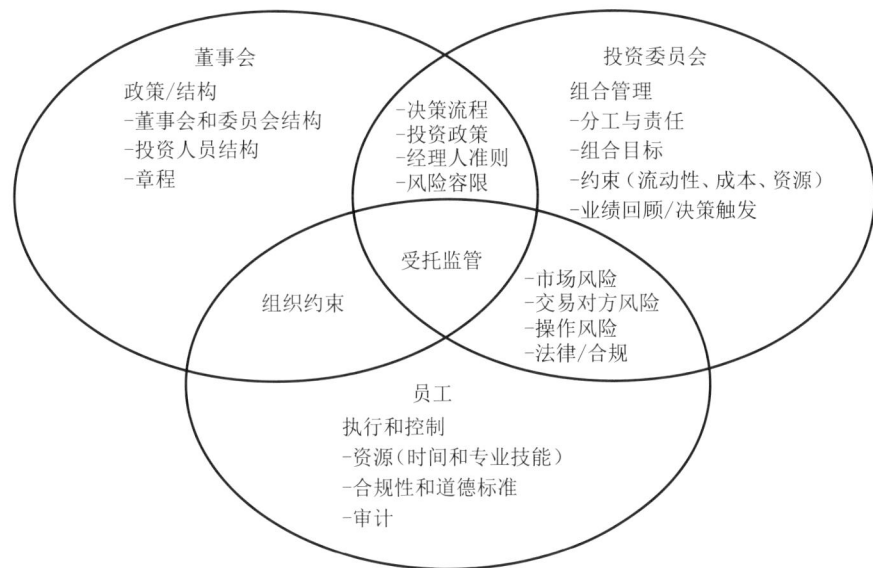

图 4-3　永续型基金的治理结构（投资角度）

资料来源：KUNKEMUELLER L, WOOD F. Endowment & Foundation Governance: Fiduciary Oversight and Implementation[R]. New York: Mercer, 2013.

　　投资委员会和资产管理公司都是主流的永续型基金管理模式，但二者的法律性质不同。前者隶属于学校，是学校的一部分，其基金管理基本上不受学校之外的法规政策限制；后者独立于学校，其资产管理需要成立单独的董事会，且董事会成员必须遵循基本的受托义务。大学结合自身的特点选择合适的管理模式，例如，哈佛大学和斯坦福大学均成立了自身的资产管理公司，耶鲁大学和剑桥大学则分别设立了校内投资管理委员会。2012 年 NACUBO 调查显示，基金规模排名前 10 位的美国大学中仅有耶鲁大学和密歇根大学采用校内办公室的结构管理，其他八所均成立了资产管理公司。

　　美国大学永续型基金的建立普遍较早，管理模式也较为成熟，相比之下，英国高校在永续型基金筹建和管理方面的发展时间较短，但牛津大学和剑桥大学两所顶尖名校也呈现出各自的实力。结合基金管理发展最早的名校和新近发展起来的名校，可以较好地考察组织模式的构建及变化。下面将分别阐述独立资产管理公司和校内投资管理委员会两种管理模式，并分别以哈佛大学和耶鲁大学为例。

二、独立资产管理公司——以哈佛大学为例

随着永续型基金规模的迅速膨胀,资产种类的日益多样化、复杂化,另类资产、风险管理等对专业技术的高要求,以及对获取高额总投资回报的长远期望,设立大学完全控股的投资管理公司,已经成为越来越多美国大学建立现代化、专业化、高效率的永续型基金管理体制的选择。哈佛管理公司(Harvard Management Company,HMC)成立于 1974 年,是美国历史上第一个由大学自己设立的永续型基金管理公司。1996 年 3 月,得克萨斯州立大学系统成立了自己独有的投资管理公司,成为美国第一个拥有永续型基金管理公司的公立大学。[120]

资产管理公司虽然独立于学校,并且采用市场化运作,但公司所管理的资金是学校的捐赠资金,其使命也与大学的教育使命息息相关,因而这样的公司是非营利性质的。大学的资产管理公司在大学的整体管理结构中处于何种地位,其自身的组织结构和职责如何划分,我们将结合哈佛大学的案例进行具体考察。

1974 年 3 月哈佛管理公司成立,这是哈佛大学的一项大胆尝试。哈佛管理公司是哈佛大学的全资子公司,负责管理学校的永续型基金、养老金资产(pension assets)、运营资金(working capital)和递延捐赠(deferred giving),其中,永续型基金是最大的部分。该公司的董事会(Board of Directors)共有 12 名成员,由校长和哈佛的员工任命:四名当然成员为哈佛大学的校长(President)、司库(Treasurer)、首席财务官(Chief Financial Executive)以及哈佛管理公司的董事长(President of HMC);其余八位成员则是在投资、学术和相关产业领域拥有高水平专业知识的佼佼者,如商业银行家、证券经纪人、投资银行家或当地商人。

从整个学校的层面来看(图 4-4),哈佛管理公司的董事长兼 CEO 隶属于哈佛司库,而司库和副校长兼秘书直接对哈佛董事会和监事会负责。可见,哈佛管理公司在哈佛大学全校财务管理方面有着非常重要的地位。并且,公司的日常工作独立自主进行,捐赠基金的投资状况直接向董事会主席汇报,不受来自学校层面上的其他行政干涉,从而保持了决策的独立性和高效性。[121]

就哈佛管理公司本身的结构来看(图 4-5),公司的组织形态已发展为成熟的矩阵型结构。[121]哈佛大学董事会(The Corporation)任命哈佛管理公司董事会,董事长兼 CEO 对上向董事会汇报,对下领导多个职能部门,每个部门均由相应领域的专业人士组成,从不同的方面为基金运作提供支持。

第四章 世界一流大学永续型基金的治理模式

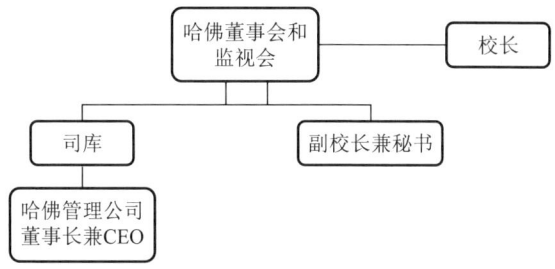

图 4-4 哈佛管理公司的组织结构（学校层面）

资料来源：根据哈佛大学官网资料整理而成。

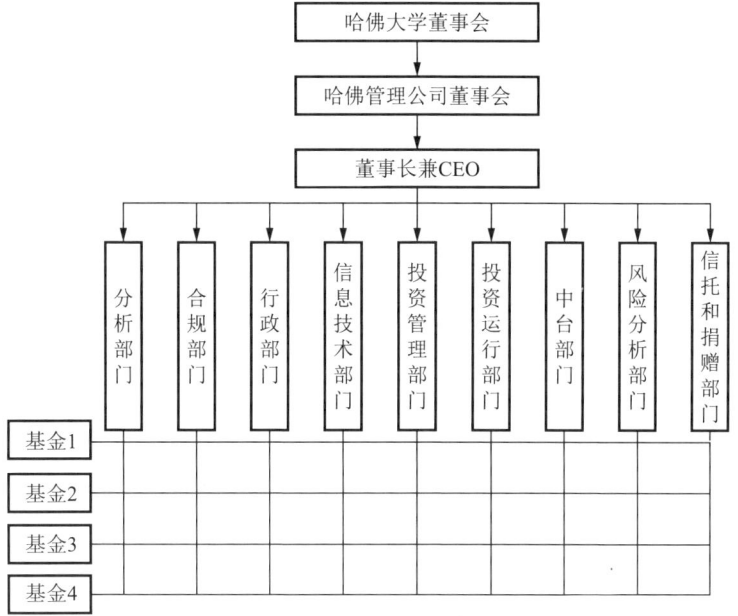

图 4-5 哈佛管理公司的组织结构（公司层面）

资料来源：HARVARD MANAGEMENT COMPANY. A Collaborative and Dynamic Career Environment: Managing Harvard's Endowment[EB/OL]. [2015-03-15]. https://harvardcareers.silkroad.com/hmcext/Home/HMC-Teams.html；张华峰，黄海涛. 捐赠资产的有效增值——哈佛管理公司的管理、投资及其启示[J]. 山东高等教育，2014(7)：81-86.

具体来说，分析部门团队需要为经理分析最新的市场数据并将其整合进入数学模型，然后开发出最有效的投资框架来帮助经理决策。投资管理部门和投资运作部门是核心部门，主要负责制定具体的投资策略和方案，并进行财务核算、绩效测量以及业务调查和清算等。其中，投资管理部门又细分为公开市场和另类投资：公开市场团队直接负责固定收益、股票、信贷、商品等诸多投资类别，另类投资团队不仅负责挑选并任命业绩突出的第三方经理人来打理私募股权、房地产，同时也对自然资源和房地产进行直接投资。行政部门成员负责人力资源管理、财务规划分析以及基础设施管理这三项职能。合规部门、信息技术部门和风险分析部门的成员分别为投资提供法律、技术以及安全方面的支持。中台部门（Middle Office）又称渠道管理和支持部门，负责向下验证持仓的准确性，并将有关情报及时上报给基金经理。信托和捐赠部门则主要负责税务报告和内部审计，并处理好与捐赠方的关系。

哈佛管理公司打理着美国高校中资金规模最大的永续型基金，其员工人数也是最多的——包括后勤人员在内约200人。[122]哈佛大学永续型基金包括一万多项子基金，每个基金经理往往需要负责几项小型基金，并通过与各个职能部门协商，为每一项基金配备齐全的专业人员，组成临时的项目团队进行投资运作。通过这种矩阵型组织结构，公司多个部门协同分工，既充分发挥了专业团队的优势，又使得每一项基金管理具有更强的适应性和灵活性，从而提高管理的专业水平和基金的运作效率。不过，这种相对复杂的组织结构在具体操作中，基金负责人往往在对团队临时成员的领导指挥和有效沟通上出现困难。为此，哈佛管理公司增设了内部投资总监和外部投资总监，加强对自营投资和第三方投资的领导指挥和协调管理，并增设首席运营官，增强各基金团队成员之间的沟通和运营效率，从而弥补矩阵型组织结构的不足。

在具体的投资决策上，哈佛管理公司采用的是同时包含内部投资和外部投资的混合结构（hybrid model）。内部投资是指哈佛管理公司自己的基金经理（Fund Managers）决定投资去向，如股票、债券等公共市场投资，这一般占到所有投资项目数量的1/3；外部投资是指哈佛管理公司选择外面的基金经理来投资其部分的捐款基金，例如，哈佛管理公司将私人股权、房地产和部分国内股票外包给专门的经理人管理。哈佛管理公司既雇佣了内部的组合经理，也雇佣了外部投资管理公司，意在整合内外资源打造世界一流的管理团队。[123]这种混合模式的优势在于：保存扎根于波士顿的内部团队，有利于控制投资团队，增加投资过程的透明度，且内部团队可以快速应对各种市场变化，更快发现"市场失灵"，从而抓住时机获利；与世界各地的投资管理团队合作，能够在内部管理的基础上实现多元化，并获得更为全面的信息。

三、校内投资管理委员会——以耶鲁大学为例

校内办公室（In-house Office）多采用和一般股份有限公司类似的"董事

会—管理层"架构,建立内部办公室,在大学自身内部设立办公室专门负责永续型基金管理。在1996年得克萨斯州立大学投资管理公司(University of Texas Investment Management Company)成立前,其永续型基金管理主要由大学资产管理办公室(Office of Asset Management)负责。密歇根大学在1986年解除了与底特律国家银行的顾问关系后,也建立起自己的投资办公室,自主管理基金的投资和支出。一般地,在这种形式下,都会设立由专业人士组成的投资顾问委员会,以弥补投资办公室人员投资技能的不足。[120]

从学校层面看(图4-6),耶鲁大学校长向上直接对耶鲁集团负责,向下直接领导分管学校不同事务的副校长和院长,以及一名教务长、一名首席法律顾问、一名CIO。也就是说,耶鲁投资办公室(Yale Investments Office)的CIO史文森直接向耶鲁大学校长汇报捐赠基金的运作状况,这也体现出永续型基金管理在耶鲁大学全校管理结构中的重要性。

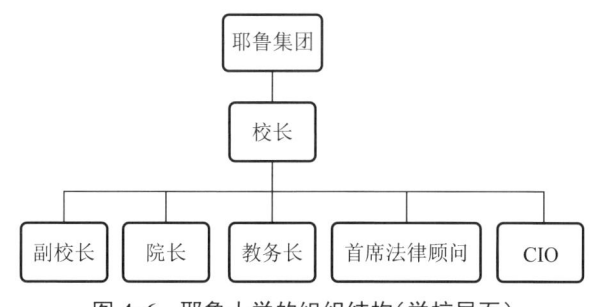

图4-6 耶鲁大学的组织结构(学校层面)

资料来源:根据耶鲁大学官网资料整理而成。

耶鲁大学基金会包含投资委员会(Investment Committee)和投资办公室(Investment Office)两层结构。投资委员会如同公司董事会,负责制定基金会投资政策、使用政策等重大战略事项,主要任务是在一年一次的会议上制定出不同金融资产的目标配置比例,投资办公室依此具体调整相关资产比例。投资委员会负责监督基金的整体情况,以投资委员们多年的专业经验为资产组合提供指导。投资委员会现有11人,其中至少有三人拥有丰富的投资经验,每季度召开一次会议,对投资办公室提供的资产配置政策和基金业绩进行讨论。投资办公室包括22名专业投资人员和四名法律顾问。

第二节　业务外包

一、委托代理理论

近年来,建立在信息经济学基础之上的委托代理理论被引入高等教育领域,用以分析高校治理问题,从而提高高校资源利用率。委托代理关系起源于"专业化"的存在,代理人以其相对优势而代表委托人行动。[124] 不仅高校教育政策执行、科研经费管理中涉及委托代理关系,实际上,在大学捐赠基金的管理中也存在委托代理关系,具体可分为四层(图4-7):

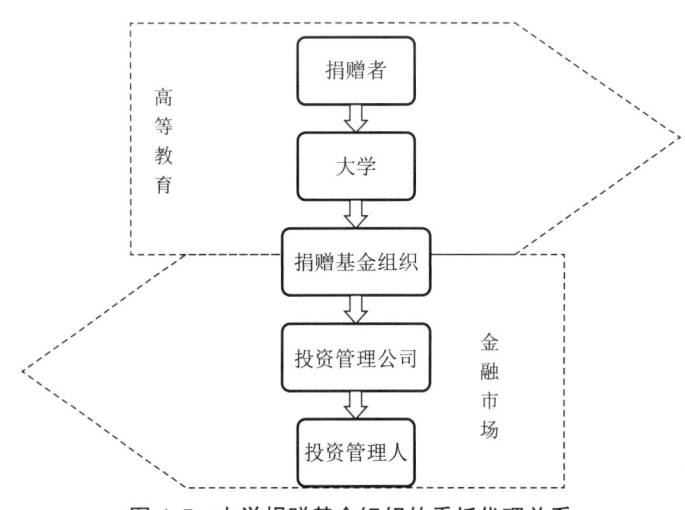

图4-7　大学捐赠基金组织的委托代理关系

资料来源:李洁. 大学社会捐赠运行机制研究[M]. 武汉:华中师范大学出版社,2012:39.

第一层委托代理关系——捐赠者与大学。捐赠者作为捐赠资产的初始所有者,将这部分资产委托给资产接受者即大学进行管理。

第二层委托代理关系——大学与大学捐赠基金组织/基金会。大学获得捐赠后,并不直接对捐赠资金进行运作,而是将资金交由大学捐赠基金组织来管理。在我国,这通常指大学的教育基金会。

第三层委托代理关系——大学捐赠基金组织与投资管理公司。大学捐赠基金组织/基金会将部分或全部资产委托给投资管理公司打理。投资管理公司作为投资领域的专业代理人,对高校捐赠资金的良好运作负有责任,确保委托人利益的实现。这层委托代理关系使得捐赠基金的运作更加专业化、细致化。

第四层委托代理关系——投资管理公司与投资经理人。这是投资公司内部形成的委托代理关系,这间接地使大学捐赠基金的运作更加具体化。

上述四层委托代理关系概况了大学捐赠基金运作的整个过程。随着经济的信息化发展,体量巨大的社会资本也有了更先进的管理模式。在信息不对称、投资风险大的市场环境中,高校捐赠基金/基金会同时扮演着代理人和委托人的角色,要兼顾上游委托人(大学、捐赠者)和下游代理人(投资公司、投资经理人)及其自身的利益,同时连接着高等教育和金融市场两个领域,其存在具有重要意义。

二、投资咨询与投资外包

对于机构投资者来说,投资咨询(investment consulting)与投资外包(investments outsourcing)是与资产管理公司合作的两种不同方式。表4-1从资产管理公司的角度列举了二者的一些不同点,简单来说,投资咨询只是提供建议,而投资外包则对资产进行实质性的配置操作。投资咨询的内容非常多,如投资目标设定、投资政策制定、资产配置、经理人甄选和评估、业绩考量、税务处理、具体资产类别的投资策略等。投资外包的界定有些模糊,通常认为,除了将资产100%委托给第三方,若投资者将资产的大部分或非常重要的部分委托给第三方时,也算作是投资外包。在机构投资者与外部合作中,投资咨询是比较传统的方式,投资外包是现今的主流方式。

外包首席投资官(Outsourced Chief Investment Officer, OCIO)是国外近年来流行的一种投资外包形式,即机构投资者将部分或全部的资产委托给一个有资格、有能力的外部管理人,由其负责资产日常的投资管理。[125]很多专业的资产管理公司都提供OCIO服务,且该业务尤为中小规模机构投资者所青睐。

表4-1 投资咨询与投资外包的比较

投资咨询	投资外包
仅提供建议	对投资决策拥有重要乃至全部的自由裁量权
针对资产配置和经理人甄选提供建议	重大决策通常需要批准
没有投资产品或渠道	通常拥有集成的投资渠道
没有投资记录	可见的投资记录
收取聘用费(retainer fees)和项目费	基于资产和业绩收费

资料来源:CASEY Q A. The New Gatekeepers: Winning Business Models for Investments Outsourcing[R]. Darien, CT: Casey, Quirk & Associates, 2008.

永续型基金的外包业务主要分为以下五种：资产配置／再平衡、经理人选择、政策审查、绩效考量、投资管理。如表4-2所示，总体来看，2013年NACUBO调研的831个受访者中，有82%的机构使用外部顾问。对于所有类型的外包业务，资产规模在10亿美元以上的超级基金中，外包比例都比其他永续型基金低很多。

表4-2 美国大学永续型基金投资咨询和投资外包的比例（2013年）

		合计	大于10亿美元	5亿~10亿美元	1亿~5亿美元	0.5亿~1亿美元	0.25亿~0.5亿美元	小于0.25亿美元
样本量		831	68	71	250	164	128	150
聘用顾问的机构所占比例		82%	72%	90%	93%	87%	77%	61%
将投资业务外包的机构所占比例	资产配置／再平衡	86%	43%	83%	91%	94%	87%	89%
	经理人选择	85%	45%	83%	93%	93%	88%	75%
	政策审查	79%	41%	83%	83%	85%	80%	77%
	绩效考量	87%	51%	84%	94%	92%	85%	85%
	投资管理	39%	6%	19%	31%	49%	59%	57%

资料来源：根据NACUBO（2013年）资料整理而成。

表4-3显示了2012年非营利组织将投资功能大量外包（substantially outsourcing the investment function）的情况。大学捐赠基金中有近四成将投资功能外包，私立基金会的投资外包比例与之相同，样本量较小的慈善组织的投资外包比例略低，但也达到了三成。可见，将投资功能外包的机构在非营利组织这个群体中还是占有相当比重的，尤其是大学捐赠基金，从绝对数量来看有超过300家机构选择了投资外包。另一份对将近580家非营利组织的调查进一步显示，资产规模越小的机构越倾向于将投资功能外包。[126] 如图4-8所示，总样本中共有30%的非营利组织将基金管理完全外包（fully outsourcing the management of endowments）。而在这些将基金管理完全外包的机构中，资产规模超过10亿美元的机构数量仅占一成，资产规模在5亿~10亿美元的占三成，资产规模低于5亿美元的非营利组织所占比重则高达六成。

表 4-3　非营利组织将投资功能外包的比例[①]（2012 年）

非营利组织类别	大学捐赠基金	私人基金会	慈善组织
样本总数	831	140	60
投资功能外包的机构所占比例	38%	38%	30%

资料来源：根据 NACUBO 资料整理而成。

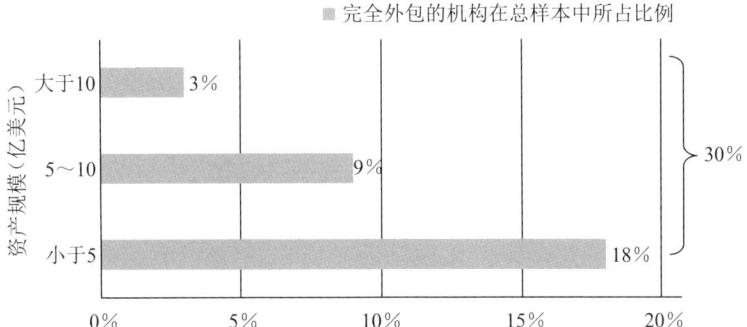

图 4-8　非营利组织将资产管理完全外包的比例（按资产规模分类）

资料来源：CASEY Q A. The New Gatekeepers: Winning Business Models for Investments Outsourcing[R]. Darien, CT: Casey, Quirk & Associates, 2008.

随着过去几十年间投资机会增多、法律和政策引导以及机构投资者和投资管理公司的不断创新，捐赠基金的投资管理演变出了多种模式，主要有表 4-4 中所示的五种类型。丰富资产类别、提高收益、降低管理成本等都是大学机构投资者将资产管理外包的动因。[125] 国外名校的捐赠基金很早就实行外包策略，如哈佛管理公司。不过，顶尖私立大学捐赠基金的资金雄厚，而我国大学基金会的规模与之差距很大。因此，探讨国外公立的、小规模的捐赠基金管理模式可能更有借鉴意义。

表 4-4　投资管理模式的类型和特点

类型	特点
董事会 & 银行信托部门	早期的外包方式，仍被不少微小型机构采用
投资委员会 & 顾问	UMIFA 实施后大多数机构开始寻求外界专家时兴起的方式
投资委员会 & OCIO	捐赠基金对外放权程度更高，所付薪酬加入了业绩提成

---

① 该研究样本中，大学机构的财年截至 2012 年 6 月 30 日，其他非营利组织的财年截至 2012 年 12 月 31 日。

续表

类型	特点
投资委员会 & OCIO & 内部 CIO	加强内外部的联络,有利于减少内外冲突
投资委员会 & 内部职员	基金规模庞大到足以支持机构本身的业务运营和人事管理

资料来源:BAHLMANN D, CAMPANELLA P F, HECK T B. The Outsourced Chief Investment Officer: A Remedy for Your Endowment's Fiduciary Fatigue[EB/OL].[2015-08-20]. http://agb.org/trusteeship/2013/5/outsourced-chief-investment-officer-remedy-your-endowments-fiduciary-fatigue.

值得注意的是,国外的非营利机构资产管理已经发展成为一个成熟的行业。超大型资产管理公司如美国教师退休基金(TIAA-CREF),在其庞大的业务链上衍生出专门针对捐赠基金和基金会的分业务;也有伴随着捐赠基金投资转型而出现的公司如凯门资本,一直从事投资咨询和投资管理服务;还有一些新秀如马克纳资本(Makena Capital),是由大学捐赠基金管理团队转型而成的独立投资公司。这些公司拥有非常专业的投资团队,针对捐赠基金管理提供的产品和服务非常丰富,通常还会针对捐赠基金的投资管理做定期调研,这有助于公司本身以及该行业的发展。

三、中小规模捐赠基金的外包——以北卡罗来纳大学为例

1971年,北卡罗来纳州通过立法,将16所授予学士学位的公立大学全部并入一个系统——北卡罗来纳大学(University of North Carolina,UNC),并均以此命名。其中,教堂山(Chapel Hill)分校是北卡罗来纳大学系统的旗舰机构。而在这一轮合并中,每个校区都被分派了一个校长和一个基金会。

北卡罗来纳大学管理公司(UNC Management Company,UNCMC)是一家成立于2003年的非营利组织,配有专业的投资管理人员,专门为北卡罗来纳大学及其附属机构,以及与它们相关的捐赠基金和基金会提供投资管理服务。[127] 如图4-9所示,UNCMC具体的投资操作是通过北卡罗来纳大学投资基金(UNC Investment Fund, UNCIF)来实现的。UNCIF是一个非营利实体,共有27个机构成员(表4-5),作为大学系统旗舰学校的教堂山分校的投资基金是该基金池中的主导成员。以北卡罗来纳州立大学(NC State University,NCSU)为例,其所对应的 NC State Investment Fund Inc. 本身就包含十多个子基金(表4-5)。[128] 自1999年成立至2004年,该基金一直采用咨询顾问模式,并形成了多样化的资产配置格局,其中包括10%的另类资产。2005年其刚启动一个私募股权项目,然

而到了 2006 年,在重新审视董事会的治理和受托责任后,该基金将大部分资产外包给其他投资管理机构,但保留对资产配置的决策权,此时形成了混合外包的管理模式。2008 年,人事变动致使该基金寻求完全外包之路,而 UNCMC 正是被选中的外包公司。规模经济(economies of scale)、高度分散化的资产(increased diversification of assets)以及一致利益(alignment of interests)等都是该基金选择 UNCMC 时所看重的因素。截至 2012 年 6 月 30 日,该基金 3.97 亿美元的资金中,有 87% 是 UNCMC 受托管理的。由于 UNCMC 是统一管理各成员的资金,因而 NC State Investment Fund Inc. 需要接受其投资政策、资产配置、投资目标等。

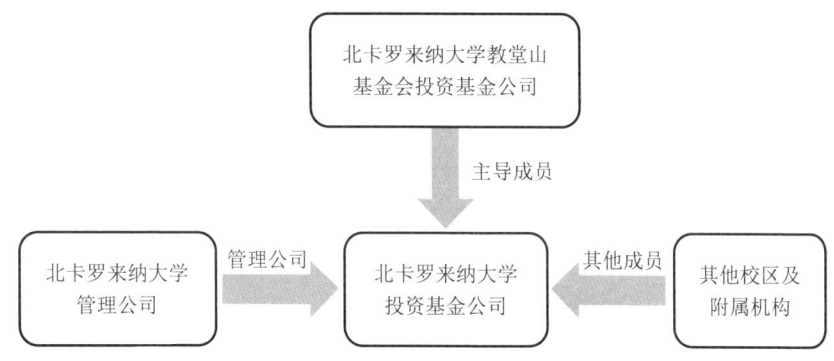

图 4-9 北卡罗来纳大学管理公司的组织结构

资料来源:UNCMC. Organization[EB/OL].[2015-09-22]. http://www.uncmc.unc.edu/Organization.aspx.

表 4-5 北卡罗来纳大学投资基金的成员

序号	成员名称
1	Appalachian State University Endowment
2	Appalachian State University Foundation Inc.
3	East Carolina University Endowment Fund
4	East Carolina University Foundation Inc.
5	East Carolina University Medical & Health Sciences Foundation Inc.
6	Fayetteville State University Foundation Inc.
7	The Foundation of the University of North Carolina at Wilmington Inc.
8	NC State Investment Fund Inc.
9	North Carolina Agricultural and Technical State University Endowment Fund
10	North Carolina Central University Endowment Fund
11	UNC Intermediate Pool LLC

续表

序号	成员名称
12	UNC Management Company Inc.
13	The University of North Carolina School of the Arts Endowment Fund
14	University of North Carolina Asheville Endowment Fund
15	The University of North Carolina Asheville Foundation Inc.
16	The University of North Carolina at Chapel Hill Foundation Investment Fund Inc.
17	University of North Carolina at Charlotte Investment Fund
18	The University of North Carolina at Wilmington Endowment Fund
19	University of North Carolina General Administration
20	The University of North Carolina Hospitals at Chapel Hill
21	The University of North Carolina Press Inc.
22	The North Carolina School of Science and Mathematics Foundation
23	University of North Carolina School of the Arts Foundation Inc.
24	Western Carolina University Endowment Fund
25	Western Carolina University Foundation
26	Winston-Salem State University Endowment Fund
27	Winston-Salem State University Foundation Inc.

资料来源：UNCMC. UNCIF FY2014 Annual Report[R]. Chapel Hill, NC: UNC Management Company, 2014.

第三节 投资人员

投资的复杂化必然会提高捐赠基金对投资专家的需求，包括内部专家和外部专家。就外部人员而言，以机构投资咨询公司康桥汇世（Cambridge Associates）最早的12所一流大学①客户为例，1977年这些学校聘用的外部经理平均只有3人，到2012年则平均拥有117名外部经理。[29] 就内部人员而言，NACUBO调研结果显示，2014年大学捐赠基金配备的全职投资管理人员平均为1.6人，该数据

---

① 这12所大学是：艾姆赫斯特学院、加州理工学院、达特茅斯学院、哈佛大学、约翰·霍普金斯大学、麻省理工学院、圣母大学、普林斯顿大学、南加州大学、斯坦福大学、卫斯理大学和耶鲁大学。

多年未变;资产规模在10亿美元以上的捐赠基金的全职投资人员最多,平均有9.3人,5亿~10亿美元的为2.4人,其余机构平均不足一人。该研究报告还显示,为投资管理配备顾问的学校占总样本总量的82%;有43%的学校表示他们将大部分的投资管理工作外包,较上一年(40%)有所提高,且增长趋势已持续多年。

2012年NACUBO的调查数据显示(表4-6),大约一半的投资委员会委员(或8.1人中的4人)是专业投资人士(investment professionals)。在资产规模最大(10亿美元以上)的基金会中专业投资人士的平均数量更是高达7.8人,而在最小规模(2500万美元以下)的基金会中这一数量只有2.4人。投资委员会中平均有2.5人拥有另类资产投资经验(最大和最小规模的基金会分别有4.6人和1.5人)。规模大的基金会往往拥有的另类资产多,因而会更注重委员是否有相关经验。由校友担任委员的数量为4.1人,只有2.9人有MBA、CPA或CFA资质。

表4-6 美国大学永续型基金不同资产类别的经理人数(2012年)

	所有机构	大于10亿美元	5亿~10亿美元	1亿~5亿美元	0.5亿~1亿美元	0.25亿~0.5亿之间	小于0.25亿美元
样本量	831	68	71	250	164	128	250
国内股票	4.0	6.8	5.3	4.5	3.8	3.2	2.3
固定资产	2.6	3.3	2.9	3.0	2.6	2.2	1.9
国际股票	3.3	8.7	5.1	3.7	2.6	2.2	1.5
另类资产(直接)	13.7	84.5	36.9	10.7	2.8	1.4	0.7
另类资产(基金的基金)	3.1	3.4	5.1	4.5	2.9	1.8	0.7

资料来源:根据NACUBO资料整理而成。

值得注意的是,一流大学永续型基金管理者中有不少都是本校的校友。在20世纪90年代末,捐赠基金规模前20强大学的CIO基本上都是相应学校的校友。2013年NACUBO调研结果显示,美国大学永续型基金投资委员会成员中平均至少有一半是相应学校的校友。[129]耶鲁投资委员会的成员主要是来自各大投行、资产管理公司、基金公司的耶鲁大学校友,他们对市场的动向相当敏感,使耶鲁大学的投资配置紧随市场的变动。圣母大学(University of Notre Dame)的投资委员会和投资办公室共有38人,大多数人都是圣母大学的校友,其中,核心团队的18人全部为该校校友,且这些人中将近一半曾是CIO梅尔帕斯的学生。[130]

第四节 薪酬制度——以哈佛大学为例

哈佛大学的薪酬体系具有诸多特色,包括超越市场基准的绩效奖励、针对持续良好业绩而长期发放的奖励,也有防止基金经理引入过多风险而设置的佣金回收(clawbacks)。具体而言,在哈佛管理公司,业绩奖励只发放一部分,剩余的部分会暂时保留在永续型基金中。后续年份中,业绩优于基准的基金经理可获得这部分奖金,而业绩未达标者则不能取回。这一规则能够激励基金经理着眼于长期的发展,以防他们在短期内承担过度的风险。[123]

哈佛大学在基金高管薪酬方面表现得最为慷慨。如表 4-7 所示,2012 年收入最高的 25 位美国私立大学永续型基金高管中,有 10 位来自哈佛大学,且均排在前 20 名。有趣的是,哈佛向负责另类投资的高管开出的薪酬比其 CIO 还高:2012 年哈佛管理公司另类投资部主管和自然资源部主管的薪酬分别为 790 万美元和 657 万美元,而该公司 CIO 的薪酬仅为 480 万美元。

然而,有研究表明,哈佛大学向基金经理所支付的报酬与其基金的表现并不相符。图 4-10 中,左边是 10 所名校永续型基金在 2008～2012 年的年均投资回报,右边是对应学校的基金经理出现在薪酬排行榜(表 4-7)中的人数。很显然,在 2008～2012 年,哈佛大学的年均投资回报(1.24%)在十所学校中是垫底的,仅为年均回报率最高的哥伦比亚大学(4.86%)的 1/4 左右,但哈佛大学的基金高管在薪酬 25 强榜中的人数却异常的高,与其他名校形成了鲜明对比。麻省理工学院和达特茅斯学院的基金高管薪酬虽无缘 25 强榜单,但两者的年均投资回报都显著高于哈佛大学的业绩。

表 4-7 美国私立大学永续型基金薪酬最高的 25 位高管(2012 年)

人员	头衔	学校	2012 年薪酬(百万美元)
Andrew G. Wiltshire	另类投资部主管	哈佛大学	7.90
Alvaro Aguirre-Simunovic	总经理,自然资源部	哈佛大学	6.57
Nirmal Narvekar	投资管理总裁	哥伦比亚大学	5.60
Stephen Blyth	公开市场部主管	哈佛大学	5.35
Peter Holland	首席投资官	哥伦比亚大学	5.05
Jane L. Mendillo	首席投资官	哈佛大学	4.80
Scott Malpass	首席投资官	圣母大学	4.25
Danicl Cummings	总经理,房地产部	哈佛大学	4.18

第四章　世界一流大学永续型基金的治理模式

续表

人员	头衔	学校	2012年薪酬（百万美元）
Robert A. Ettl	首席运营官	哈佛大学	3.96
Andrew Golden	总裁	普林斯顿大学	3.87
Oliver Grantham	高级副总裁，自然资源部	哈佛大学	3.79
John Powers	首席投资官	斯坦福大学	3.57
David Swensen	首席投资官	耶鲁大学	3.10
Willian H. McLean	首席投资官	西北大学	2.87
Satyajit Parikh	总经理，大宗商品部	哈佛大学	2.87
Jonathan Erickson	总经理	普林斯顿大学	2.82
Mark A. Schmid	首席投资官	芝加哥大学	2.59
Neil Mason*	首席风险官	哈佛大学	2.53
Nesl F. Triplett	首席投资官	杜克大学	2.35
Elise McDonald	总经理，绝对收益部	哈佛大学	2.26
Dean Takahashi	高级投资经理	耶鲁大学	2.21
Cynthia E. Frost*	首席投资官	布朗大学	2.14
Michael Edleson	首席风险官	芝加哥大学	1.97
Michael Donovan	总经理	圣母大学	1.78
Kristin Gilbertson*	首席投资官	宾夕法尼亚大学	1.71

* 已离职。

资料来源：由 Bloomberg 可视化数据平台生成。

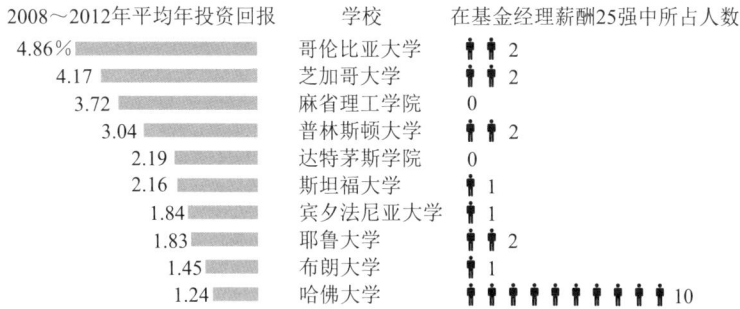

图 4-10　大学永续型基金投资回报率与高薪基金经理人数

资料来源：由 Bloomberg 可视化数据平台生成。

　　独立资产管理公司注重利用高薪留住投资人才。永续型基金为大学的预算提供了教学、科研等诸多方面的支持,也需要向基金管理者们提供与其他机构投资者相当的薪酬水平,以留住这些投资业界的精英。[122] 哈佛管理公司前 CEO 简·曼迪罗(Jane Mendillo)解释了哈佛管理公司的薪酬原则。如果基金经理主动积极(active management)的投资业绩比相应市场指数高(beat market benchmark),他们就符合得到奖金的标准。奖金的一部分会在当年兑现,另一部分会被公司保留,抵消今后比相应市场指数低时的业绩。如果一个基金经理连续几年的业绩都比市场指数高,那么他会拿到全额奖金。这种情况很少见,但是一旦发生,这个经理为哈佛管理公司创造的附加值比他的全额奖金要高很多。

然而,成立单独的资产管理公司未必能够很好地解决留住投资人才这一问题。哈佛管理公司高管薪酬高于学校教职工甚至校长多倍,这很容易引起大学教职工和学生甚至校友的不满。以管理哈佛大学永续型基金长达 15 年之久的杰克·迈耶(Jack Meyer)为例,自 1990 年上任起,他就主张通过高薪吸引一流的捐赠基金管理人。然而,在 2003 年,一些哈佛校友自发成立了小组,公开批评和质疑哈佛管理公司的薪酬政策。由此引起的争议令部分哈佛校友威胁停止向哈佛捐款,时任哈佛管理公司 CEO 的杰克·迈耶也在随后的 2005 年被迫离职。[131] 该小组从未停止其指责和质疑,2014 年,哈佛 1969 级校友、历史学家戴维·凯泽(David Kaiser)率领其他八名同班校友致信哈佛大学校长德鲁·福斯特(Drew Faust),要求校方解释为何哈佛管理公司人员薪资在过去三年翻了一番,且作为一个非营利性机构,薪酬的增长速度竟然快于捐赠基金本身。[131] 耶鲁大学永续型基金 CIO 史文森认为薪酬问题不一定需要通过成立管理公司来解决。与传统投资公司雇员不同的是,投资管理人在大学基金会工作也是为了支持大学在教育和科研方面的任务。正是因为有这样的共识,大学基金会的一些投资管理人宁愿放弃薪酬更高的工作。史文森进一步阐述道,为学术机构工作除了精神报酬外,还可以为经理人提供参与讨论前沿问题的机会及与学术界保持密切联系的条件。

小 结

国外一流大学永续型基金主要有两种模式,一种是成立独立的资产管理公司,一种是在校内设立投资管理委员会。前者偏向于公司化运作,后者与大学的关系更为密切。无论采用哪种模式,在管理极其复杂的投资组合时,都需要与外部顾问或资产管理公司进行合作,这让永续型基金的管理更加高效。

第五章

世界一流大学永续型基金的筹资机制

第一节　资金来源
第二节　筹集方法
第三节　筹资工作
第四节　案例：剑桥大学 800 周年校庆筹款
第五节　澳大利亚政府的尝试
小　结

根据2014年NACUBO对美国和加拿大共计853所样本大学的研究,永续基金资产规模超过10亿美元的机构(91所)约占样本总数的10%,但其资产总和却占样本机构资产总额的近3/4。庞大的资产规模是一流大学永续型基金的鲜明特点,美国高校永续型基金的发展经验也表明,只有投资本金达到一定的规模,才有可能获得更高的收益以支持学校发展。而积累巨额的投资本金,一方面要将留存收益再投资,另一方面,则需要通过筹资来不断增添资本。随着政府支出,特别是州政府和地方政府教育支出的下降成为"新常态",美国高校越来越依靠社会捐赠和投资理财来维持学校的运行。[132] 这就对高校的自主筹资能力提出了很高要求,不仅要充分挖掘捐赠渠道,还要能借助这些渠道源源不断地引入资金,因而有必要建立一套行而有效的筹集机制。

一般而言,大学的经费有多种来源:政府拨款、科研合同、学生学费、社会募捐、基金投资,甚至发行债券,这些都可以看作大学经费的筹资渠道。但本书的研究对象是大学的永续型基金,因而本章所探讨的资金筹集主要涉及上述来源中的社会募捐。

第一节 资金来源

一、美、英高校捐赠收入来源概况

学校的捐赠收入有两大来源:组织和个人。前者包括基金会、企业以及宗教团体等组织,后者包括校友和非校友(如学生家长)。美国教育援助委员会(Council for Aid to Education, CAE)的报告显示,2014年参与调研的近千所美国大学总共获得社会捐赠374.5亿美元,其中经常性业务(current operations)捐赠为218亿美元,较前一年增长7.9%,资本(capital purposes)捐赠为156.5亿美元,增幅为15.1%。捐赠收入主要有五类来源(图5-1),占比最高的是基金会捐赠(约30%),共计112亿美元,其次为校友捐赠,共计90亿美元(26.3%),这两者合计占了过半的捐赠额。非校友、企业及其他组织也是社会捐赠的重要来源。总体来看,来自组织的捐赠(约56%)高于来自个人的捐赠(约44%)。

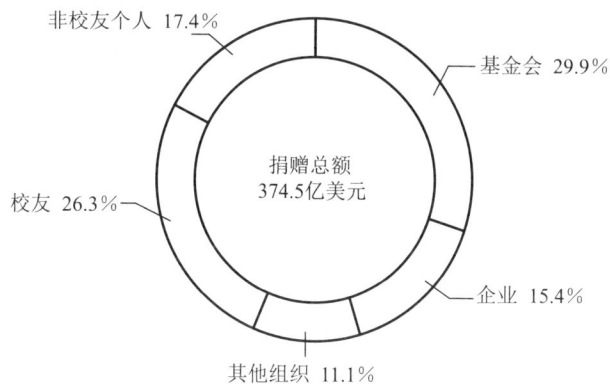

图 5-1 美国高等教育捐赠收入的来源（2014 年）

资料来源：COUNCIL FOR AID TO EDUCATION. Colleges and Universities Raise $37.45 Billion in 2014[R]. New York：Council for Aid to Education，2015.

英国 ROSS-CASE 调查显示，2013 年 128 所样本高校新募集到的资金总规模达到 6.81 亿英镑，超过 1/3 的样本高校（53 所）的筹集额超过 100 万英镑。报告中，ROSS-CASE 首次对捐赠来源做了细分（图 5-2），超过 1/3 的捐赠来自于信托和基金会（38%），其次是校友和公司，分别占 18% 和 17%，学生家长、员工等非校友也捐赠了部分资金。59% 的捐赠来自组织，高于来自个人的捐赠（41%），这点与美国高校相似。而且在个人捐赠中，校友捐赠（59%）要高于非校友捐赠（41%）。

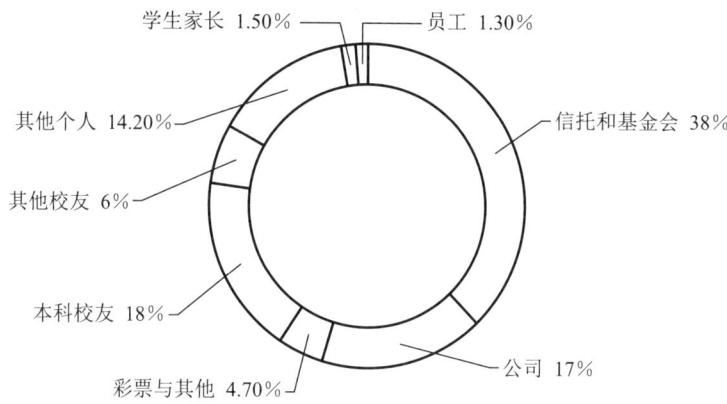

图 5-2 英国高校的捐赠来源（2013 年）

资料来源：IRELAND E，COUTINHO S，ANDERSON T. Giving to Excellence：Generating Philanthropic Support for UK Higher Education 2010-11[R]. London：NatCen Social Research，2012.

二、一流大学吸纳社会捐赠的优势

美国高校捐赠收入并不均衡,顶尖学校获得了大部分的社会捐赠,其捐赠收入的增长率也普遍高于普通高校。2014 年哈佛大学筹得资金 11.6 亿美元,首次超越连续十年蝉联募捐榜首的斯坦福大学(9.29 亿美元),南加州大学排在第三位,筹资额 7.32 亿美元。筹资额排名前 20(约 2%)的大学机构总共获得社会捐赠 107 亿美元(28.6%)。[133] NACUBO 针对 800 多所公立和私立学校的调查结果则表明,捐赠基金规模较大的学校筹资额增长率也普遍高于捐赠基金规模较小的学校。在 2010~2013 年,捐赠基金超过 10 亿美元的学校获得的捐赠平均增长了 41%,而捐赠基金不足 2500 万美元的学校捐赠平均增长只有 33%。这必然使得富裕的学校更加有钱,图 5-3 显示了 2000~2014 年捐赠收入排前十名的大学所获捐赠占学校总捐赠收入的百分比,很明显,15 年间该比例呈现较为平稳的上升趋势。

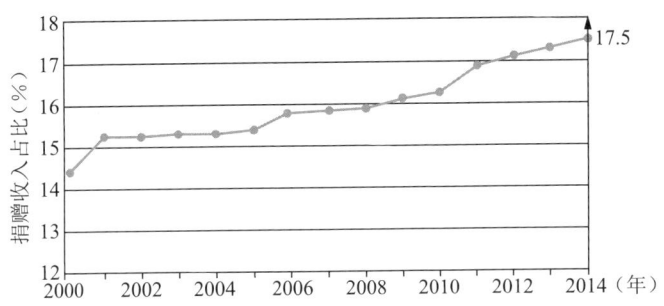

图 5-3 捐赠收入前十强大学所获捐赠占高校总体捐赠收入的比例(2000~2014 年)

资料来源:KORN M. Harvard, Stanford Lead Record Year for College Gifts[EB/OL].[2015-09-20]. http://www.wsj.com/articles/harvard-stanford-lead-record-year-for-college-gifts-1422421261. http://www.wsj.com/articles/harvard-stanford-lead-record-year-for-college-gifts-1422421261

英国高等教育捐赠也存在不平衡性:绝大多数捐赠流向了牛津大学和剑桥大学,远远超过其他高校,而且大额捐赠也几乎都出现在这两所学校。以 2013 年为例,在罗素大学集团①(The Russell Group)中,牛津大学和剑桥大学获得的捐赠均超过一亿英镑,其他罗素大学集团学校获得捐赠最高的还不到 0.4 亿英镑,非罗素大学集团的学校与之差距更大。

由上可以看出,一流大学在吸引社会捐赠方面的成绩很突出:它们不仅吸纳

---

① 罗素大学集团成立于 1994 年,由 19 所英国研究型大学组成,代表着英国的优秀大学。

巨额捐赠,而且捐赠收入在以更快的速度增长。富裕学校具有超强的吸金能力,大部分募集来的资金都用于建立和巩固其永续型基金[134],以持续为其庞大体量和超高水平的发展注入动力。世界一流大学之所以能够做到这样的成绩,其在筹集方法上必有独到之处,下面将结合具体案例进行阐述。

第二节 筹集方法

在美国,筹款活动(fundraising campaign)出现在20世纪初,有专家认为,从筹款(fundraising)到筹款活动是一项有意义的革命。1902年,为在华盛顿成立一个分会,基督青年教会(AYMCA)的管理者皮尔斯发起了一项30万美元的募款活动,并请来芝加哥基督青年教会的同事伍德协助,最终在1905年成功募得80万美元。"伍德模式"成为第一个现代募款活动技巧,并于1914年首次成功运用于高等教育领域:彼兹堡大学雇佣伍德为其筹集了300万美元。该模式的基本原则是:明确筹款目标和资金用途;明确筹款活动开始和结束的时间;对筹款运动进行认真的策划组织,选择有影响力的领导者以激励团队;发动强有力的宣传,定期开报告会;建立完整的档案与记录等。[124]

20世纪上半叶,美国大学的募款通常直接由专业咨询公司完成,但大学已经逐渐意识到全职专业募款人的价值,纷纷设立发展部主任这一职务。70年代后期,私立和公立大学都普遍开展了大规模筹款运动。90年代以来,捐赠主体多元化,美国高校的捐赠收入迅速增长。著名的私立院校占据了较大比重的社会捐赠,公立高校的筹款主动性加强,捐赠比例和范围也有所扩大。如今在美国,大学筹款已是一种相当成熟的事业。一流名校根据自身和外部条件,开发了不同的筹资方式。其中,年度捐赠(Annual Gifts)、大额捐赠(Major Gifts)和计划捐赠(Planned Gifts)是比较普遍的方法。

图5-4是简化的捐赠分类金字塔,伴随着捐赠者更深入地参与和募捐工作者工作力度的加大,捐赠者的出资额会沿着金字塔向上移动,由基础的、常规性的小额捐赠,到单笔大额捐赠,再到经常性甚至定期的大额捐赠。[135]

一、年度捐赠

年度捐赠指大学每年面向校友、学生家长、高年级学生等人群所募集的资金。年度捐赠的重点在于获得大量的、持续的、小额的捐赠,因而筹款所针对的捐赠者广泛,筹款工作是持续进行的日常项目,捐赠金额起点低。也因此,年度捐赠构成了美国大学多层次捐赠体系的基础部分(图5-4)。

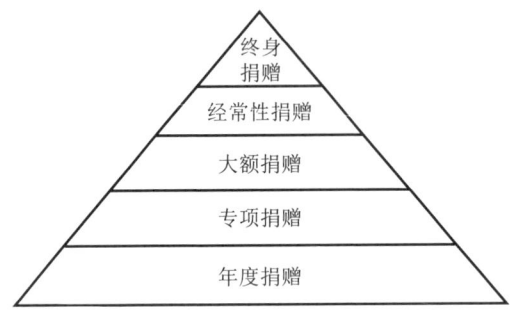

图 5-4 捐款分类金字塔

资料来源:〔美〕勃登斯基.年度捐赠的革新——十项已取得成效的尝试[M].丁力,译.上海:复旦大学出版社,2013:3.

由于年度捐赠工作每年都在进行,而策划信件、电话募款、组织志愿者等庞杂事项耗费了捐赠负责人大量的时间,这会阻碍对捐赠工作进行战略规划和开展前瞻性思考。不少学校为年度捐赠项目制订了操作性计划,但这通常是部署每一年的工作,根据量化指标制定实现目标的具体措施。从年度捐赠的持续发展来考虑,制定一份长期的年度捐赠战略性规划有更重大的意义。战略性规划关注宏观愿景,决定当前的捐赠工作处于何种位置以及未来的捐赠工作走向何方,哪怕筹资人员发生变动,年度捐赠项目依然可以平稳运行。

年度捐赠战略性规划案例:南加州大学(私立,2014年筹款7.32亿美元,全美排名第3)

在推出战略规划之前,南加州大学的捐赠工作遭遇多重挑战:捐赠业绩欠佳、首年捐赠人保有率下降、校内部门间和项目间的募捐竞争、与校友日渐疏离、技术落后等,五年中更换了三位年度捐赠主管,捐赠工作缺乏持续性以及书面形式的未来发展路线图。经过探索,南加州大学创建了如表5-1所示的年度捐赠战略性规划蓝图。针对其面临的问题,南加州大学年度捐赠工作者计划于三年内在以下四个领域开展工作,构建核心竞争力。

(1)市场推广、广告和项目设计。对内:通过校内更大范围的协调合作,构建更强的对于捐赠工作目标和战略的认同感,以学校整体筹资量为大局,巩固校内不同部门和项目的身份认同。对外：通过向校友推广联名信用卡等媒体活动，积极宣传学校的筹款计划，并由年度捐赠工作办公室统一协调发布相关的募捐材料，以保持一致的身份和面貌。

（2）调查、技术和数据库。技术升级在捐赠工作变革中处于优先位置。在线沟通浪潮的兴起要求捐赠工作者必须提高运用互联网、音视频等新型沟通方式的能力，并努力建设数据库来维护捐赠的相关信息。

（3）组织、人员安排和基础设施。在数量和质量上都实现提高，增加筹款员工人数，加强对员工专业筹款能力的培训，并强调工作人员走出办公室与潜在捐赠人开展面对面的个性化交流。

（4）战略合作联盟。战略规划的过程中，学校意识到将校友关系工作与年度捐赠工作有效结合的重要意义，因而提出要在这两项工作领域之间建立新的合作关系，共享发展目标。年度捐赠战略性规划有效推动了南加州大学筹款工作的改进，且使年度捐赠工作保持资金募集的良好势头。

表 5-1　南加州大学的战略性规划蓝图

目标
· 年度捐赠任务：把每年来自校友、学生和朋友的年度捐赠收入最大化 · 目标一：构建具有竞争力的项目，为学校发展提供年度捐赠支持 · 目标二：在三年内使校友捐赠参与率达到 30% · 目标三：帮助引导制订全校范围的年度捐赠市场推广计划 · 目标四：用三年以上的时间建立起有助于未来捐赠收入更强劲增长的工作基础
内部考察发现的关键问题
· 日益增长的募捐成本 · 非持续的校友捐赠模式 · 对南加州大学年度捐赠基金较低的内部身份认同 · 对校友捐赠文化和南加州大学年度捐赠基金较低的认同 · 缺乏数据并且与同仁学校间缺少对话交流
关键的外部发展趋势
· 与其他非营利组织之间的竞争日趋激烈 · 《美国新闻与世界报道》(*U. S. News and World Report*) 等机构发布的高校排名的重要性日益显现 · 生活方式的变化改变了校友的兴趣 · 技术变革改变了校友的沟通和捐赠方式

续表

解决方案	
（1）市场推广、广告和项目设计 　—开展学校间对话 　—加强校级捐赠部门的领导管理 　—校级层面协调开展募款 　—优化、调整捐赠募款管理项目 　—开展新的广告推广运动 　—推出新的年度捐赠标志（logo） 　—加强市场调查 　—开展统计分析 　—用图表展示捐赠发展趋势 　—尝试分类开展募捐 　—把现有成果最大化 　—重新审视并简化邮件安排 　—提升电话募款的作用 　—调查新的项目创意 　—应对捐赠挑战 　—鼓励达成多年捐赠的承诺 　—改进捐赠人管理	（2）调查、技术和数据库 　调查 　　—重新审视同仁学校的捐赠项目 　　—确立比较标杆 　技术 　　—植入捐赠人免税编码 　　—实现在线捐赠 　　—实现电子捐赠转账 　数据库 　　—清理原有的"零捐赠人"记录 　　—改进数据整理进程 　　—在线存储校友调查数据
（3）组织、人员安排和基础设施 　—提供不间断的员工培训 　—整合部门间的职能 　—逐步增加员工数量 　—提出新的校友年度捐赠工作导向 　—创建校内的年度捐赠工作咨询建议机构 　—在不同团队间交流最佳实践创意	（4）战略联盟 　—与校友会合作 　—培育在校学生开展捐赠活动 　—招募并且培养校友志愿者领导人 　—拓展校友会成员 　—与学校其他机构合作 　—协调产生大范围校友重聚的活动筹备日程 　—为其他机构提供符合其特点的募款方案
与年度操作性计划相联系	
• 今年校友参与率提升的目标是什么 • 今年每一项核心竞争力工作计划应当达到怎样的成绩 • 今年的预算和人员方案是什么 • 今年的工作时间安排和日程表是什么 • 何时开展下一次战略性规划的重新审视和效果评估 • 我们是否需要调整战略性规划的内容 • 我们是否仍在按照规划开展工作	

资料来源：〔美〕勃登斯基. 年度捐赠的革新——十项已取得成效的尝试［M］. 丁力，译. 上海：复旦大学出版社，2013：128-129.

二、大额筹款

从需求来讲，顶级名校的发展需要庞大的资金支持，一次性的巨额捐赠具有小额捐赠无法达到的快速和巨大推动作用。比如某些领域的研究非常复杂,资金需求也是巨大的,只有富裕的大学才有实力配备一流的设备和学者,甚至一流的筹资者本身也意味着高昂的成本。这促使许多学校都实行了更有针对性也更为复杂的大额筹款活动。最早开展目标超过10亿美元筹款活动的是斯坦福大学,其于1987年提出了筹资11亿美元的五年筹资运动。波士顿大学和纽约大学在1988年、宾夕法尼亚大学在1989年提出10亿美元的计划,哥伦比亚大学和康奈尔大学在1990年分别提出了目标为11.5亿和12.5亿美元的五年筹资计划,密歇根大学也于1992年提出了10亿美元的计划,哈佛大学于1994年更是提出了一个25亿美元的筹资目标。[136]

从供给来讲,近30年来高等教育领域的大额捐赠频频出现,早在1986年华盛顿大学便获得了1亿美元的捐赠,首次将高校捐赠提升至亿(美)元级别。[133] 2011年9月至2014年9月这三年中,获得高达数亿美元单笔捐赠的学校有:哈佛大学(3.5亿美元),康奈尔大学(3.5亿美元),约翰·霍普金斯大学(3.5亿美元),耶鲁大学(2.5亿美元),宾夕法尼亚大学(2.25亿美元),达特茅斯学院和乔治城大学(各1亿美元)。

大额筹款的募捐对象不同于年度捐赠,而是集中于拥有巨额资产并有意愿捐赠的个人或组织。而且,不仅是美国富豪慷慨出资,许多来自美国境外的大额捐赠也涌向了美国高校。就拿中国来说,北京师范大学中国公益研究院发布的《2014中国捐赠百杰榜》显示,2014年入选该榜单的中国捐赠前100人,捐赠总额(含承诺)达304.16亿元,其中242亿元(80%)流向海外,是中国投向境外的捐赠规模首次超越境内捐赠。从受捐方来看,高校基金会最受青睐,179笔大额捐赠中有61笔(1/3)投向了高校基金会,总资金超过21亿元,其中就包括潘石屹夫妇向哈佛大学和耶鲁大学分别捐赠的1500万美元和1000万美元。[137]

案例:耶鲁大学(私立,2014年筹款4.3亿美元,全美排名15)

2004年7月,耶鲁大学启动了以"耶鲁明天"(Yale Tomorrow)为主题的筹款活动,意欲筹得30亿美元支持其学术发展。在27个月的"缄默期"(silent phase)内,赞助者已经为该筹款活动的核心基金贡献了13.09亿美元。[138] 2006年9月30日,时任耶鲁大学校长理查德·莱文(Richard Levin)在"耶鲁明天"的庆典上表示,为将曾经只是一个小学院的耶鲁打造成真正的全球机构,不仅为美国服务,也为全世界服务,耶鲁大学将在随后的5年里努力实现30亿美元的筹款目标。一些著名的教员和校友也作了相关的演讲,如耶鲁毕业生如何改变世界、耶鲁的科学研究有何突破性进展等。[139]这正式开启了此次大额筹款活动的公开募集阶段。鉴于筹款效果良好,耶鲁大学于2008年6月讨论决定,将筹款运动的目标提高到35亿美元。

"耶鲁明天"是全校性的筹款活动,在发动程度、活动策划上都超越了以往的筹款运动。为了充分动员各个学院的力量,激发学院在筹款运动中的主动性和积极性,"耶鲁明天"这一主题被细分为"耶鲁学院的明天""法学院的明天"等15个分支主题。[136]"耶鲁明天"筹款活动不仅注重宣传耶鲁大学已经取得的辉煌成就,更重要的是,它鼓励人们去设想,教学和研究水平处于世界领先地位的耶鲁在未来几十年里能够创造什么。据此,耶鲁大学根据当时学校的发展状况,将筹资重点放在学院(the College)、文学(the Arts)、科学(the Sciences)和世界(the World)这四个研究领域,在全面推广15个子筹款项目的同时,重点宣传这四个领域的资金需求,达到了点面结合的效果。

"耶鲁明天"筹款活动拥有强有力的执行团队(图5-5)。作为筹款运动的主席,耶鲁大学的校长从宏观层面负责筹款运动的统筹、宣传。另有六名耶鲁大学的校友协助校长推进筹款运动,他们既是筹款运动的代言人,从不同层面宣传筹款运动,也是筹款运动的监管者,负责制作年报,保证筹款使用的透明度。筹款运动的具体执行由副主席负责,下设项目筹款团队和学院筹款团队。耶鲁大学分别以学院和项目为单位构建团队,从两个不同的维度促进了筹款运动的进程。

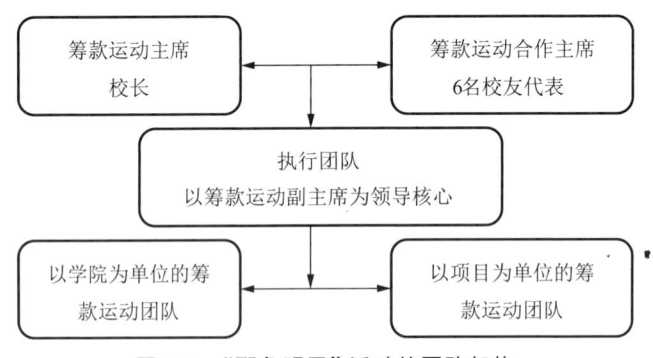

图5-5 "耶鲁明天"活动的团队架构

资料来源:邢博,张伟. 耶鲁大学筹款运动考察研究[J]. 世界教育信息,2008(12):65.

至该项目结束时,总共筹得38.86亿美元,超过原始目标29.5%,比调高后的35亿美元目标仍高出11%。图5-6显示了整个"耶鲁明天"活动过程中每一年的累计筹资额。在此次大额筹款运动开始前,学校每年收到的新捐赠平均为2.85亿美元,而在此次运动开展的七年里,这一平均值激增到5.55亿美元。

第五章 世界一流大学永续型基金的筹资机制

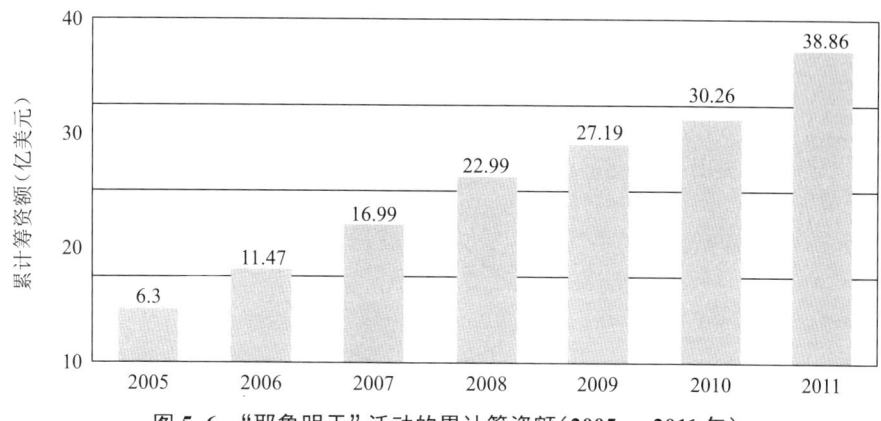

图 5-6 "耶鲁明天"活动的累计筹资额（2005～2011 年）

资料来源：YALE UNIVERSITY OFFICE OF DEVELOPMENT. Yale Tomorrow Campaign Final Report[R]. New Haven, CT: Yale University, 2011.

受金融危机影响，耶鲁大学永续型基金在 2008～2009 年缩水 24.6%，当年的捐赠额也出现了下降，筹资者不得不在随后的时间里做出更大的努力以吸引来自各方的捐赠。在筹款的最后一年里，"耶鲁明天"活动募集了 8.6 亿美元，远超筹款历史中一年内筹得 2.6 亿美元的最高值。这其中所包含的 5.85 亿美元现金捐赠为耶鲁大学财政吃紧时期的发展注入了强劲动力。

超过 11 万的校友、学生家长、友人、公司和基金会等为该项目贡献捐款（图 5-7）。由个人提供的赞助高达 31.5 亿美元，占筹资总额的 81%，其中校友是此次筹资活动最大的资金来源，24.8 亿美元的捐赠约占筹资总额的 63.9%，非学生家长的个人是捐款的第二大来源，捐赠占比 14.1%。在来自组织的捐赠中，基金会资助的钱款占比较高，在筹资总额中的比重为 11.2%，"耶鲁明天"筹款活动开始前，基金会的年平均捐赠为 3990 万美元，而活动进行的七年中，年平均捐赠增长到 6190 万美元，同期，来自公司的捐赠也从 1270 万美元提高到 2300 万美元，显示出机构捐赠者资助额度的稳步上升。

从单笔捐赠额度来看（表 5-2），超过 1 亿美元的捐赠有三笔，共计 5.16 亿美元，5000 万～1 亿美元的捐赠者有六位，1000 万～5000 万美元的捐赠者有 51 位。也就是说，仅占捐赠者总数 0.05% 的 60 位捐赠者共计捐赠了 17.6 亿美元，占项目总筹资额的 45%，单从比例看，相差 900 倍！捐赠额达 2.5 万美元以上的捐赠者共 5882 位（5.2%），捐赠总额达 37.4 亿美元（96%）。可见，"耶鲁明天"不仅吸引了数量庞大的捐赠主体，更是在巨额捐赠和高额捐赠的吸纳上表现极为突出，由此奠定了筹款活动成功的基础。

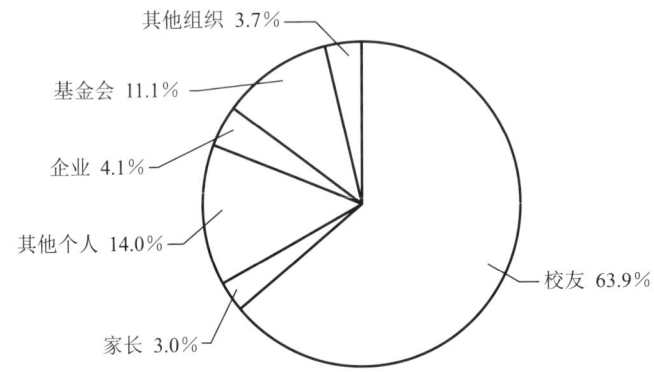

图 5-7 "耶鲁明天"活动的捐赠来源

资料来源：YALE UNIVERSITY OFFICE OF DEVELOPMENT. Yale Tomorrow Campaign Final Report[R]. New Haven, CT: Yale University, 2011.

表 5-2 "耶鲁明天"活动的捐赠额和捐赠人数

捐赠额分类（美元）	捐赠人数	捐赠额合计（亿美元）
1 亿及以上	3	5.16
5000 万～1 亿	6	3.59
1000 万～5000 万	51	8.89
500 万～1000 万	69	4.46
100 万～500 万	430	8.22
10 万～100 万	2062	5.6
2.5 万～10 万	3261	1.52
2.5 万以下	106974	1.42
总计	112856	38.86

资料来源：YALE UNIVERSITY OFFICE OF DEVELOPMENT. Yale Tomorrow Campaign Final Report[R]. New Haven, CT: Yale University, 2011.

从捐赠的分类来看（图 5-8），157 亿美元的捐赠资金流向了耶鲁大学的永续型基金，是各类用途中比例最高的（40.4%）。紧随其后的是经常性资本账户，占比 38.5%，另有 16.2%的捐赠用于设备的建设维护以及小部分用途待定的捐赠。

前面的章节已述，永续型基金对大学整体财务的稳定和独立有着重要作用，尤其是从长远角度来看。在此次筹资活动中，捐赠者在全校的各学科中设立了 69 个捐赠教席，2.77 亿美元划入助学金基金（financial aid endowment），用以永久支持学校的科研和教学发展。新筹集的捐赠资金对永续型基金的长期增长意义非凡。如图 5-9 所示,1950 年,耶鲁大学永续型基金的价值仅 1.32 亿美元,如果没有后续的捐赠,仅靠这笔资金来进行每年的投资和支出活动,那么到 2011 年基金价值将只有 44 亿美元。而事实上,由于 1950 年以来每年都不断地有新增捐赠资金流入永续基金池,截至 2011 年 6 月 30 日基金的价值高达 194 亿美元。

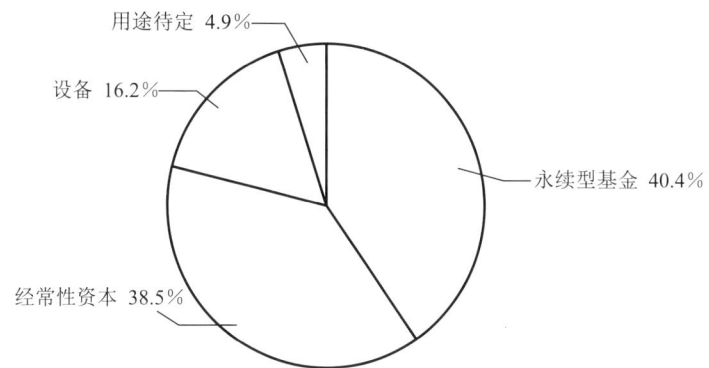

图 5-8 "耶鲁明天"活动的捐赠类别

资料来源:YALE UNIVERSITY OFFICE OF DEVELOPMENT. Yale Tomorrow Campaign Final Report[R]. New Haven, CT: Yale University, 2011.

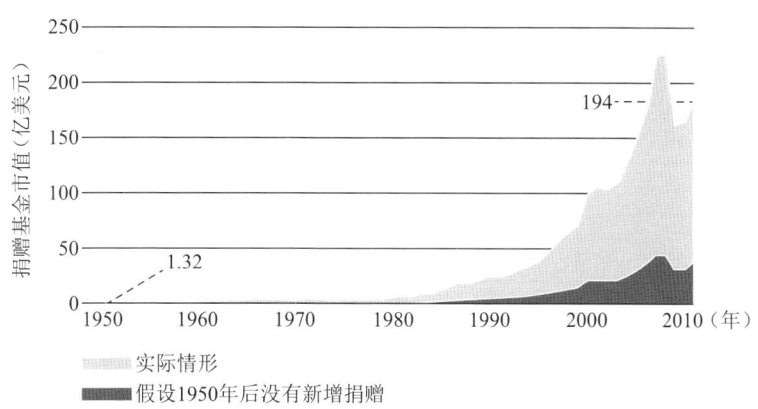

图 5-9 "耶鲁明天"活动对耶鲁大学永续型基金的影响(1950～2011 年)

资料来源:YALE UNIVERSITY OFFICE OF DEVELOPMENT. Yale Tomorrow Campaign Final Report[R]. New Haven, CT: Yale University, 2011.

耶鲁大学的大额筹款计划有明确的主题和愿景,充分利用其一流大学的声望和实力,为其崇高的研究和教学发展铺设资金道路。在其感召下,不仅众多杰出的校友慷慨解囊,其他个人以及基金会和公司等组织也不吝出资。而大额捐赠能够对学校将来的发展产生变革性的重大影响。而且,巨额资金的流入对耶鲁大学永续型基金的增值也是功不可没的。

三、计划捐赠

计划捐赠泛指筹资活动中多种特殊形式的捐赠,可由现金、证券或不动产等作为融资形式。计划捐赠是基于美国税法而产生的捐赠形式,不过加拿大、英国等国家也开始建立类似的法律。在美国,计划捐赠的原则由美国国会和美国国税局(Internal Revenue Service,IRS)来定义。大学提供的计划捐赠途径,大多数可以帮助捐赠者减少税额,有些还能为捐赠者提供收入,因而不乏吸引力,是美国大学筹资的一种重要方式。

案例:华盛顿大学(公立,2014年筹款4.78亿美元,全美排名第9)

根据华盛顿大学官网的介绍,该校计划捐赠的融资形式有多种,不仅包括常见的现金捐赠,也接收不动产、人寿保险(life insurance)、退休金(retirement plan assets)和证券等捐赠。详见表5-3所列。

表5-3 华盛顿大学计划捐赠的融资形式

融资形式	具体内容
不动产	捐赠者可将自己的住所或是农场捐赠给华盛顿大学,捐赠者将避免为此不动产纳税,也不必为此房地产的资本利得纳税
人寿保险	捐赠者可以捐赠保单,或直接将华盛顿大学作为保单受益人
退休金	当退休金资产达到相当数量时,将退休计划和慈善捐赠相结合,可以很好地帮助捐赠者减少所得税和地产税
证券	包括股票、债券、共同基金份额等。将增值的证券用作慈善捐赠是非常好的方式
现金	现金捐赠几乎是最简单的方式,慈善捐赠年金和剩余财产慈善信托都接受现金捐赠

资料来源:根据华盛顿大学官网资料整理而成。

华盛顿大学的计划捐赠主要分为三大类:创收捐赠(Gifts That Pay You Income)、现期捐赠(Gifts the University Can Use Today)和远期捐赠(Gifts for the Future)。

(一)创收捐赠

1. 慈善捐赠年金(Charitable Gift Annuity)

捐赠者将捐献金额放入学校的年金,学校则每年支付给年金受益者固定的资金。捐赠年金的受益者为1~2人,可以是捐赠者本人或其亲属,年金利率(annuity rate)由捐赠额度、受益人数量、受益者年龄以及捐赠目的等因素决定。年金利率随着受益者年龄的增加而有所提高,指定一名受益人比指定两名受益人的年金利率高。华盛顿大学基本上采取美国捐赠年金理事会(American Council on Gift Annuities)所建议的年金利率水平,个别情况下仅依据捐赠者所捐额度大小来定年金利率。

捐赠者及其顾问与学校的计划捐赠办公室协商确认相关条款,包括捐赠目的、捐赠金额、年金受益者和收益额、免税额度等,然后捐赠者和学校签署捐赠年金协议,捐赠者将资金转入学校账户,即可完成捐赠过程,学校需固定给付的额度也随之确定,不会变化。受益者所得的年金收益,有部分是可以免税的,由现金资助的捐赠年金比由增值资产资助的捐赠年金享受更高额度的免税所得(tax-free income),因为后者不仅有基于本金的免税收入,还有资本利得(这是需纳增值税)。华盛顿大学会为捐赠者提供跟进信息,将捐赠情况汇报给国税局,以帮助捐赠者申请税收减免。

捐赠者也可将捐赠年金纳入其个人的养老计划,例如,设立递延捐赠年金(deferred gift annuities),捐赠者不是在捐赠生效后就开始获得收入,而是从其退休的时点开始。由于年金给付被推迟了,因而给付的额度会更大。同一位捐赠者可以设立多个年金捐赠,有些捐赠者甚至每隔几年就设立一个新的年金捐赠,这不仅是对学校的支持,也能帮助捐赠者在年岁渐长时获得更多收入。

2. 剩余财产慈善信托(Charitable Remainder Trust)

剩余财产慈善单一信托指捐赠者先捐献一笔信托基金,而后受托人每年向捐赠者给付固定金额,并在将来向学校支付一笔捐赠。这是设立大学永续型基金的理想方式,不管是奖学金、奖教金或研究基金等,都可以永久地支持学校发展。单一信托的支出率由捐赠者和学校协商,但法律规定不得低于5%。较低的支出率对应较高的所得税减免额、较高的未来捐赠(给学校),甚至信托本身也会增值。

剩余财产慈善年金信托在捐赠者有生之年或不超过20年期限内,每年向捐赠者支付固定金额,并在将来向学校支付一笔捐赠。当年金信托到期后,剩余的信托资产将被分配给学校。这也是很好的设立大学永续型基金的方式。根据现行的美国税法,年金额应为信托额度的5%~50%,学校计划捐赠办的工作人员会帮助捐赠者确定具体数额。

以上两种方式,通常都以华盛顿大学作为受托人。捐赠者及其顾问与学校的计划捐赠办公室协商确认相关条款,双方签署协议,捐赠者将资金转入学校账户,并指定学校作为受托人,捐赠即可完成过程。信托受益人可以是捐赠者本人或亲属。信托收入的纳税等级有四类,学校作为受托人会为每个受益人的所得税申报提供信息。

3. 同享收入基金(Pooled Income Fund)

该资金池所获得的捐赠将被作为一个整体用于投资,每位捐赠者所得的年收入由基金投资业绩和其在基金中的份额决定。若捐赠者去世,华盛顿大学会支取其所拥有的份额来满足捐赠者最初的捐赠意图。

(二)现期捐赠

1. 直接捐赠(Outright Gifts)

捐赠者可以直接向学校捐出房产、公开发行的证券、非公开招股、已付清保费的人寿保单以及其他有价值的资产。

2. 有形个人财产(Tangible Personal Property)

华盛顿大学鼓励人们捐赠其个人的有形财产,如艺术品、藏书、手稿、硬币与邮票收藏、船艇、飞机。

3. 廉价出售(Bargain Sale)

如果捐赠者以低于当前市场水平的价格将房产出售给华盛顿大学,那么售价与市场价的差额就相当于一笔慈善捐赠。

4. 慈善先行信托(Charitable Lead Trust)

该信托会在设定期限内向华盛顿大学支付金额,当信托到期后,剩余的资产将被支付给捐赠者本人或其他受益人。捐赠者设立慈善先行信托,一方面能够资助学校教育事业发展,一方面也可以减少向亲人转移大量财产时面对的高昂税收成本。

(三)远期捐赠

1. 遗赠(Bequests)

遗赠是个人在其遗嘱或信托中承诺向学校捐赠。这是华盛顿大学筹资的一个重要资金来源,在学校每年获得的个人捐赠中占有重要比例。学校尤其重视非限制性捐赠，这些捐赠能够帮助校长和院长解决学校发展的燃眉之急。遗赠通常以捐赠者或指定的其他人的名义来设立永续型基金，为学校提供永久性支持。遗赠也可用于经常项目，也就是说，即刻便可使用。

捐赠者与华盛顿大学谈妥捐赠条款，学校计划捐赠办的员工会帮助捐赠者将条款拟定成文。捐赠者及其法律顾问确认后，捐赠者需向校方提供一份以华盛顿大学为受益方的遗嘱或信托证明。当捐赠者通过遗赠向学校捐款时，其所拥有的不动产将享有与捐赠等额的不动产遗产税收减免。此外，若捐赠者以学校作为其养老金计划（Retirement Plan）或个人退休账户（Individual Retirement Account，IRA）的受益者，那么捐赠者还可享受所得税优惠。

2. 保留生前权益财产转让（Retained Life Estates）

捐赠者可将自己的住所或是农场捐赠给华盛顿大学，这并不影响其居住，也不影响其农场的运作。捐赠者仍然是财产所有者并负责财产的维修、纳税、保险等事宜。当捐赠者去世后，财产的全部所有权归华盛顿大学。

捐赠者本人或其顾问与学校计划捐赠办负责人商讨捐赠详情，学校不动产部门将到访并评估捐赠者的财产，以决定是否接受捐赠。捐赠者要获取一份财产评估报告，以便工作人员计算捐赠者可享有的所得税扣除额。双方签妥协议，捐赠过程即可完成。

在此种捐赠方式下，财产转移的税收减免只针对私人住所（包括度假房屋）和农场，而闲置土地（vacant land）、商业用地或林地等则不享受税收优惠。捐赠者亦可选择在遗嘱中将个人房产或农场捐赠给学校，但通过此种财产转让方式，捐赠者将有资格申请减免其当前所得税。

3. 人寿保险或退休金（Life Insurance or Retirement Assets）

无论是期限保险还是终身保险都可以捐赠给学校。捐赠者向保险公司获取其保单详情，确认可将华盛顿大学作为退休金计划的受益者后，捐赠者即可与学校计划捐赠办人员协商捐赠条款，签署协议完成捐赠。如果将华盛顿大学作为保单拥有者，则捐赠者有资格享受当前所得税减免。

美国当前的税法对个人从退休计划中支取的资产征收较重的税收，不动产遗产税也会在个人去世后对其退休计划征收重税。退休金计划捐赠方式是通过指定受益人来实现捐赠，而不是通过遗嘱或信托。捐赠者获取一份其退休金计划的具体说明，当确认可将华盛顿大学作为退休金计划的受益者后，捐赠者即可与学校计划捐赠办人员协商捐赠条款,签署协议完成捐赠。因为学校具有免税资格,因而继承捐赠者的财产时无须纳税。

第三节 筹资工作

筹资活动主要涉及捐赠者和受赠者,在本书中,捐赠者即向大学捐献钱款的主体,受赠者即大学。大学在开展筹资工作时首先也必须考虑的问题就是,为什么要筹资?大学不应该泛泛地谈缺钱,盲目地去找钱,而应当明确发动筹款的目的。罗伯特·赫钦斯(Robert Hutchins)在《美国高等教育》一书中指出:"当一所学校为谋取金钱而决定采取一些行动,它必定会丧失其精神,同时通常也得不到金钱。""大学应该有一个教育政策,然后努力为之筹措经费,而不是财政上的一些偶然事件决定其教育政策。"[140] 这为大学的筹资指明了可靠的路径,即大学应当首先明确其使命,对本校的教育计划、财政状况等进行具体的分析,然后根据实际的资金需求情况制订长远的筹款计划,并有针对性地募款。[124]

在实践中,大学的筹资工作是一项纷繁复杂的活动,上至校长下至学生,都广泛地参与到不同层面的筹资工作中去。在美国,大学校长在学校的筹资工作开展中具有领导地位,是连接校内外的重要桥梁。学校重视筹资工作,而校友是学校募捐的重要对象,建立和维护同校友的联络关系,对学校的筹资工作具有重大意义。随着计算机网络的发展,学校对捐赠者的管理已经不局限在单纯的统计层面,而是通过大数据分析等先进手段发现规律,从而改善学校的筹资工作。捐赠文化的培养也是学校筹资工作的一部分,让学生在校期间就积极地参与到学校的筹资活动中,有利于切实地培养他们的捐赠意识,从而在日后更主动地回馈母校。

一、校长职责

美国大学管理部门的设置一般分为三个板块:一是由校长直接主管的融资、社会关系、法律事务等,二是由副校长兼教务长主管的教学和科研,三是由常务副校长或副校长主管的日常运行,包括财务、人事、规建、后勤等。开源的团队努力把学校的蛋糕做大,行政管理和服务团队科学地配置资源,教师和研究人员负责产出高质量的学生和科研成果。各个板块各司其职,同时有机地联系在一起,使学校的核心功能得到保障。美国高校衡量一个校长业绩的重要指标是其在任期间为学校财力所做的贡献,而衡量教授业绩的指标是教学、服务和与商业利益脱钩的学术成果。[132]

按照大学校长角色发展的变化,校长大致可分为三种类型:学者型校长作为某一学术领域的专家,在教学与科研的管理上具有很大的优势;领导型校长往往有较强的行政管理能力和较高的政治水平,能通过强有力的手段对学校的教学、科研以及人、财、物等资源进行管理;经理型校长则依其所具有的较强的经济、外交、宣传、公关等经营能力来管理学校的各项事务。[141]这三种类型的划分与大学不同发展阶段对校长职能的需求是一致的。随着大学与社会的关系越发紧密,其对经理型校长的需求也更迫切。据美国的经验,某些杰出的校长并非出自高等教育学术领域,而是基金会的高级职员、市长和州长的高级助理、与教育政策关系密切的专业协会负责人、企业中负责教育的高级职员和科研团体的领导人等。[142]

校长在大学的日常发展和变革中发挥着极为重要的领导作用,而筹资能力也愈发成为校长领导力的一个重要部分。[143]2005年美国《高等教育纪事报》曾对1000多名大学校长进行问卷调查,结果显示53%的校长认为他们几乎每天都和筹资打交道。[144]诚然,无论在美国的公立大学还是私立大学,筹集资金都已成为大学校长的主要任务之一,而筹资的多少则成为评价大学校长成功与否的重要标志,如加州伯克利大学美籍华人田常林就是因为在筹资方面的突出成绩连续两届被聘为该校校长。[145]研究显示,美国公立研究型大学校长用于筹款的时间比例达76.1%,私立研究型大学校长高达82.6%。[146]曾任纽约州立大学校长的欧内斯特•博耶(Ernest Boyer)表示:"管理一所大学不再只是张罗内部事务而已,它已经变成无穷无尽灵活周转财政的努力。今日大学校长的成功是根据他们能否使收支平衡来决定的。"[147]曾任美国教育理事会主席的罗伯特•阿特维尔(Robert Atwell)直言:"在私立大学,集资活动是家常便饭,不容喘息,如果你是私立大学的校长,对你的评价是你的集资情况怎么样。"[148]在校长的选拔中,尽管学术职位依然是选拔校长的标准,但"近年来有一种微妙的趋势,雇用的校长往往有开发或商业的背景"[149],这体现了美国大学对校长经营能力与筹资能力的重视。而且,不仅是校长,在美国一些大学,能否担任大学董事,关键也是要看其能否为学校创造财源。[150]例如,纽约大学选择校董事会成员的原则是:捐钱、找钱,否则请滚蛋(Give money, get money or get off)。[151]

案例：哈佛大学（私立，2014年筹款11.6亿美元，全美排名第1）

在哈佛大学的发展历程中，校长的募款现象随时可见，早在亨利·丹斯特（Henry Dunster，任期1640～1654年）担任校长时，回祖国（指英国）募款就已是常事。19世纪末以来，哈佛大学募款的成果越发明显：查尔斯·伊利欧特（Charles Eliot，任期1869～1909年）上任时，全校获得捐助250万美元；艾伯特·罗厄尔（Abbott Lowell，任期1909～1933年）上任时，筹款金额提升为2250万美元；詹姆士·柯南（James Conant，任期1933～1953年）上任时，增加到1.26亿美元；内森·蒲塞（Nathan Pusey，任期1953～1971年）上任时，上升为3.6亿美元。[152]

20世纪90年代初，哈佛大学遇到了财政困难。作为有着丰厚家底的私立大学，其运行的年度开支大部分依赖于永续型基金的支出。1974～1994年，哈佛大学的开支以每年9.6%的速度迅速增长，而永续型基金的回报率增长幅度为9.4%，虽然两者只有0.2%的差距，但因哈佛大学的运营经费庞大，经过多年的运行，财政问题凸显出来，"财政赤字"的字样出现在了哈佛大学的年度财报中。为解决大学发展所面临的财政困难，经过充分筹备和缜密策划，时任校长尼尔·陆登庭（Neil Rudenstine，任期1991～2001年）于1994年发起了一次大规模筹款运动，欲在5年内筹得21亿美元。至1999年底筹款活动结束，他带领哈佛大学共向超过17万的个人与机构募集捐款26亿美元，平均每笔捐款13000美元，平均年度获赠捐款高达5.2亿美元，创下了美国高等教育史上的新纪录。[153]尼尔·陆登庭本人也成为美国高等教育史上最杰出的募款人，拥有"募款大王"的美称。尼尔·陆登庭在筹款过程中亲力亲为。例如，他每年花很多时间旅游和演讲，让世界各地有可能提供资助的机构和个人了解哈佛大学的计划和目标；在校友捐款高峰的返校庆祝大会期间，他亲自站在入口，同排队入场的校友们逐一握手寒暄，给每个人送上亲切问候。

哈佛大学有两大治理机构：董事会和监事会。董事会是最高决策机构，300多年的时间里，董事会一直保持七人的组合：由校长、财务副校长、三位著名商界人士、两位著名教授组成。董事会从长远的战略角度来审视学校的发展事宜，其非常重要的职责就是增强学校的财务实力。监事会成员较多，且联系不局限于机构内部人员的，而是延伸到校友群体、政界、商界、慈善界、其他大学和非营利机构，处理更多探访活动，跨部门协调诸多重要的事务。[154]

2010年10月起，哈佛大学开始治理改革，措施包括：在两三年时间里将董事会的规模由七人扩大到13人,这有利于哈佛董事会在保持小范围密切联系的基础上扩大专家范围,提高董事会的集体能力;成立财政、设施、治理这三个专门委员会,其中财政委员会讨论关于捐赠基金、债务、财政预算等重要问题;董事会和监事会共同设立一个校友事务和发展委员会等。现任哈佛大学校长福斯特同时任职于董事会和监事会。她表示,新的董事会结构将学校看成一个有机整体:制定学校多年长远发展的财政规划;制定学校层面的经费预算,而不是仅制定各学院的预算;以哈佛大学为整体制定五年资金筹划方案;将学术、财政以及教育募捐和设施事务相结合。[155]

二、校友联络

美国高校的校友会出现较早,校友工作通常伴随建校形成。18世纪初,耶鲁大学出现了"校友秘书"来组织校友活动,1821年威廉姆森学院成立第一个正式的校友协会,随后普林斯顿大学(1826)、哈佛大学(1840)等高校也都先后成立了校友会,到19世纪末期,美国几乎所有的高校都拥有自己的校友会。而校友会的职能也从成立之初的组织班级聚会、出版刊物等渐渐转变为筹集资金、参与大学管理、建立校友关系网和提供校友继续教育等。[156]

艾瑞深研究团队总监赵德国指出,校友捐赠是欧美世界一流大学的常态,是对一所大学的教书育人水平、立德树人质量,特别是创新创业教育、德育教育、办学精神、校园文化和学校管理水平的重要检验,已成为评价世界一流大学和检验校长执行力的重要标准。[157]例如,自1983年发布"最佳学府排行榜"(Best Colleges Ranking)的《美国新闻与世界报道》杂志将"校友捐赠率"(alumni giving rate)作为其衡量大学发展水平的指标之一,权重通常占5%。[135]斯坦福大学教授卡罗琳·霍克斯比(Caroline Hoxby)将大学比作风险投资公司,它们寻找最优秀的学生并对其进行频繁而大量的投资——甚至超出了学费,以期培养出一批成功人士,将来回赠给学校大笔资金或是影响其他人这样做。[158]这些都体现了校友捐赠对世界一流大学的重要性。

大学的筹资机制并不局限于资金本身的筹集,还包括"友谊募款"(friend-raising)。大学通过募款活动培养校友与母校的亲密关系,拓展学校与社区、社会互惠共赢的友好合作关系,推动大学与校友、社会力量建立忠诚(loyalty)、信任(belief)、拥护(advocacy)与服务(service)的密切联系。目前,美国大学普遍采用的筹款制度体系以机构拓展为核心,集校友关系、募款运作、公共关系拓展与捐赠基金管理于一身(图5-10)。[159]

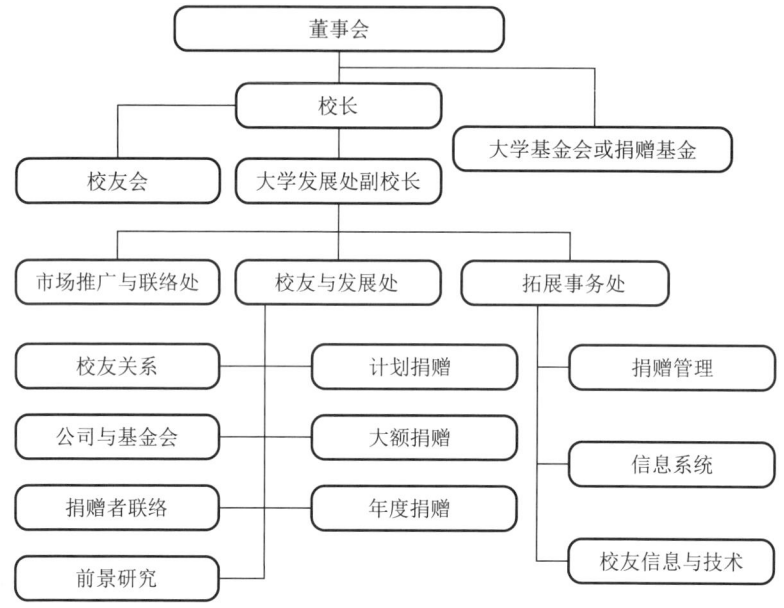

图 5-10 美国大学筹资的基本架构

资料来源:张伟.美国大学募款制度及其对大学治理结构的建构[J].高等教育研究,2012(12):99.

大学拓展部门(Institutional Advancement Division)是美国大学募款制度体系的核心,是美国大学行政治理系统的重要构成,也是全面理解美国校友和院校关系的关键。唐纳德·卡希尔(Donald Cahill)认为:"拓展部门属于学院和大学的行政领域,通常包括募款、公共关系和校友活动。这一部门比其他任何部门都更多决定了校长管理成功与否。"[160]拓展部门是以大学利益为目的不断发展忠诚赞助者的递进过程,发挥募款活动赖以开展的汇聚友谊的功效。美国公、私立大学不同募款传统与基本架构的历史沿革显示,大学拓展部门在体制上有集权型(权力集中于学校)、分权型(权力分散至学院)、集中与分散混合型三种,相应具体机构及职能设置也略有差异。其中,集中型体制的拓展部门最为普遍也最具有代表性。在这一体制下,拓展部门由一位副校长专事管理并对校长及大学董事会负责,下设校友与发展处、拓展服务处、市场推广与联络处,这三个分支机构各司其职并互相协作(表5-4)。

表 5-4 大学拓展部门的组织设置及职责

校友与发展处
(1) 捐赠科室负责捐赠策划、专项与大额捐赠、年度捐赠三类事项。捐赠策划:负责策划捐赠;专项与大额捐赠:负责大额捐款的可能对象(包括私人、公司企业及基金会)的资料收集、联系、拜访与沟通;年度捐赠:负责收集与建立捐赠者资料并开发可能成为学校募款对象的捐款人,每年例行募款活动期间寄发劝募函或电话劝募,负责年度募款后的统计、分析与追踪,作为下一年度筹款活动的参考。所有科室人员被指派对口学院及大学所在社区的某一区域,每位科员都有一个潜在捐赠者与当前捐赠者名册。 (2) 校友关系科室负责校友的联系与服务,不仅募集资金更募集友谊,包括:寄送学校出版品;定期或不定期组织校友活动;发展校友网络;促进校友协会,鼓励与支持校友地区分会;管理校友捐赠设立的奖学金;为校友办理推广教育课程、就职辅导或提供咨询服务等,加强校友对母校的向心力。 (3) 捐赠者关系科室负责管理和发现特别捐赠者事宜。 (4) 公司与基金会科室负责募集来自公司、基金会的善款。 (5) 前景研究科室尽可能寻找和识别不断更新的关键前景及其战略信息
拓展事务处
与校友开发一体,主要负责赠品处理、财政预算开发、记录管理与数据库维护,为大学基金会提供支持并协助配置捐赠基金资产和解决其他财务问题
市场推广与联络处
负责学校所有对外关系与形象的建立,参与部分开发工作,通过制作宣传材料、网站,推动特别策划、资本运动目标与成就等募款活动,致力于提供强大品牌与更好的内外部联络

资料来源:张伟. 美国大学募款制度及其对大学治理结构的建构 [J]. 高等教育研究, 2012(12):100.

在美国,几乎所有大学都举办年度学生返校活动,其校友资料大都可以从学校的门户网站查阅。学校(包括学院和系)会主动与校友(特别是研究生和博士毕业生)联系,告知其学校的发展近况,包括管理团队变更、专家聘请、博士生录取、新近毕业生去向等,让学生体会到参与感和知情权,从而激发他们对学校的认同感和报恩感。美国大学的校友办公室还会给获得奖学金的学生及其家长写信,告知其奖学金的来源,并邀请学生和家长给捐赠者写信以示感谢。这些做法一方面能够体现资金使用的透明度,让捐赠者知道捐赠款的去向,感到"物有所值";另一方面也传递了正能量,培养了在校生的责任感和报答之心,并且被自然地带进这种文化,成为传承这种文化的一员。很多美国学生,特别是名牌私立大学的学生在毕业前就表示将来挣了钱要为母校捐赠。学生的家长在这一过程中也逐渐成为学校的忠实支持者。校友及其亲人对学校的高度忠诚成为美国高校捐赠文化得以传承的主要因素。[132]

在相关工作人员的选聘方面,合格的基金会工作人员需要具备至少以下素质和条件:① 对教育事业和高校运行有相当的了解,否则无法将学校发展与捐赠人的希望有效结合;② 热爱募捐事业,有奉献精神和社会责任感,对工作充满激情;③ 具备心理学、社会学、法律等专业知识,知识面宽泛,能快速与任何人有交流的共同语言;④ 具有较强的写作能力、语言交流能力、理解与沟通能力、危机公关处理能力等;⑤ 具有营销经验与能力。此外,选聘本校毕业生有时对开展校友相关工作更有利一些。[145]

案例:哈佛大学(私立,2014年筹款11.6亿美元,全美排名第1)

2014年9月,哈佛大学获得了史上最大单笔捐赠——中国香港房地产富豪陈氏家族通过总部位于波士顿郊区的晨兴基金会(Morningside Foundation)向哈佛大学公共卫生学院(School of Public Health)捐赠3.5亿美元。该学院计划在2018年前筹资4.5亿美元,而这一笔捐赠就超过了学院筹资计划目标的75%。20世纪70年代毕业于哈佛大学公共卫生学院的陈乐宗希望这笔非限制性捐赠能够帮助教授们开展对抗埃博拉(Ebola)病毒和肥胖症等全球性问题的尖端研究。[158]如此高质量高效率的筹资业绩,与哈佛大学对校友的重视和校友联系的维护密不可分。

哈佛大学发展部下设的哈佛大学校友联盟(Harvard Alumni Association, HAA)负责对哈佛大学的校友进行宣传、联络和发展工作。校友联盟为哈佛校友提供了个人页面、目录服务、电子邮件转寄、活动预告、校友笔记、俱乐部、旅行等多样便捷的电子服务,并为校友寄送各种宣传刊物以保持着与校友的密切联系。校友可以通过信用卡、股票、公用基金、支票等形式向学校捐款。80多年来,哈佛大学在校友中广泛开展筹款活动这一传统被一代又一代人传承。70%~80%的哈佛毕业生愿意以捐款的方式表达对母校的感激与爱,一直与母校保持着密切的联系。[161]

现今,哈佛大学仍然在世的校友超过32万人,其中约27万人在美国,另有约5万人分布在其他201个国家。[162]哈佛大学不仅在美国设有校友会,而且在其他众多国家和地区也设立校友会。自2002年起,哈佛大学每年举办一次全球性校友会议,2004年8月,曾在上海举办"2004哈佛亚洲商政双极年会"。2008年哈佛大学第二次在上海举行全球校友会,在三天时间里讨论科技、卫生、法律、文化、环境等当今前沿课题,以及研究如何塑造哈佛大学的未来。加州大学洛杉矶分校等一流大学也在多个国家和地区建立校友会,以更好地联系和维护校友资源,扩大大学的募捐范围。

哈佛管理公司有专门的信托与捐赠团队(Trusts and Gifts group)来管理和执

行终身所得捐赠(life income gifts)。该组织提供了许多投资选择和信托渠道,以满足不同类型的捐赠者,尤其是证券捐赠(security gifts)、特殊捐赠(unique gifts)和不动产捐赠(estate gifts)。团队的首席信托与捐赠官(Chief Trusts and Gifts Officer)还会定期与学校发展部员工就校友的捐赠方式进行讨论。

三、数据挖掘

尽管捐赠工作者需要关注全国各高校的捐赠情况,但最佳的项目往往是基于对自己学校捐赠人群体的捐赠习惯和偏好的掌握。校友数量成千上万,进行大规模的数据分析,不仅可以让学校的筹资者知晓谁有能力捐赠,还能了解到谁有捐赠意愿。对这些信息的掌握,有利于大大提高学校巨额资金项目的融资效率。[158]

案例:密歇根大学(公立,2014年筹款4.33亿美元,全美排名14)

密歇根大学年度捐赠管理者通过自己建立数据库以及与编程人员合作,研发制定工作报告,追踪捐赠项目的成效,并使用外部企业提供的统计报表工具来进一步分析学校捐赠人群体的捐赠资金流向和捐赠习惯。如果离开数据,则很难就年度捐赠发展战略进行有效讨论。内部情况报告和外部分析报告所涉及的数据指标详见表5-5。

表5-5 校友捐赠的相关指标

捐赠人保有率	长年捐赠人
保有捐赠人平均捐赠额	首次捐赠人保有情况
被重新激活的缺失捐赠人百分比	常年不捐赠的缺失捐赠人的捐赠激活率
被重新激活的捐赠人平均捐赠额	前几年捐赠人平均额
新捐赠人数量	按募款活动划分的捐赠额
新捐赠人平均捐赠额	按性别划分的捐赠额
每年提高(减少)捐赠额的捐赠人百分比	按学院划分的捐赠额
上年流失的捐赠人数量	按班级划分的捐赠额
上年流失的捐赠金额	每位捐赠人的捐赠金额
校友捐赠百分比	捐赠人总数
按捐赠资金额划分捐赠人	捐赠资金总额

数据来源:〔美〕勃登斯基.年度捐赠的革新——十项已取得成效的尝试[M].丁力,译.上海:复旦大学出版社,2013:107.

研究报告显示了密歇根大学筹款活动中的一些问题,如捐赠人保有率维持在68%,虽略高于十大名校的平均水平,但仍未达到自身70%的目标;在维护多年捐赠人方面做得非常出色,五年及以上的捐赠人保有率达到87%,然而在首年捐赠人保有率方面却不尽如人意,只有36%的首次捐赠人在来年完成了第二次捐赠。研究报告也揭示出,完成第二次捐赠的首次捐赠人更有可能在第三年及随后给予捐赠,因而二次捐赠成为学校与捐赠人达成稳定关系能力的重要标志,且偏低的首次捐赠人保有率制约了学校整体68%的捐赠人保有率的上升。

对于任何一个筹款项目而言,吸引新捐赠人捐款是最耗费资源的部分。然而,一旦建立起捐赠人的忠诚感,维系捐赠人的成本将大大降低。年度捐赠项目主任朱莉·布朗(Julie Brown)表示,当学校的大额募款信件送达多年捐赠人手中时,每募集一美元的成本只需4~5美分,而花费同样的成本,却只能靠运气让大多数"零捐赠人"打开邮件。

一旦明白偏低的首次捐赠人保有率是制约整体校友捐赠参与率提升的关键,筹款工作负责人就认识到首次捐赠人群体的重要性,也改变了以前对所有捐赠人一视同仁的态度。布朗针对首次捐赠人设定了如下工作目标:

(1)通过提高首次捐赠人的捐赠更新率拓展学校的校友捐赠人基础。

(2)增强对年度捐赠资金以及来自首次捐赠人和空缺捐赠人的捐赠资金的重视。

(3)加深与首次捐赠人的联系,重视他们在任一层面的参与程度,而非仅仅关注提高他们的捐赠额。

(4)第一时间向首次捐赠人致以诚挚感谢,使他们感受到与学校之间存在可持续的情感联系。

每个月,学校都会整理所有新捐赠人的数据并制成一份文件,并作为"第一优先级别"的信件发送。信件包裹中有四样物品:

(1)致谢手册:以"欢迎加入"为标题,希望首次捐赠人与学校"保持联系",手册强调捐赠的重要意义以及捐赠人为学校做出的不同于他人的贡献。致谢手册还做了一项大胆尝试:它鼓励校友成为密歇根大学校友会的定期付款成员。

(2)联络通讯卡:包含密歇根"捐赠人帮助热线"、校友会、学校发展部门等机构的联络信息。

(3)书签:鼓励捐赠人访问学校网站,网站提供了对捐赠人普遍存在的疑问的解答、个人捐赠资金的校友和使用情况以及通过网络实施再次捐赠的指导。

(4) 大张"M"(密歇根大学)窗贴:粗体印刷的窗贴使捐赠人可以展示他们的荣耀和为学校提供的支持。

此外,学校在原先的数据库中新建立了一个系统,它能够自动持续识别首次捐赠人,并且在来年所有的筹款活动中给予他们特殊待遇。

正是基于大规模的数据采集和分析,密歇根大学的筹款负责人才能及时发现筹款工作的问题,从而有针对性地采取解决措施。大学的捐赠数据库是宝贵的资料,能够帮助学校的筹款工作者更好地管理捐赠工作。精心测试和追踪数据可以最大限度地提高捐赠人参与率并增加年度捐赠收入。因此,筹款工作者的一个重要责任就是从捐赠人的捐赠记录中发掘机会,建立并巩固捐赠人与学校的关系。

四、在校学生

校友固然是学校获得捐赠的重要渠道,但在学生毕业成为校友后才开展联络和劝募工作未免显得滞后。高校捐赠文化的形成很大程度上依赖于校友们在大学时期所受的熏陶,学校应当重视在早期培养学生对母校的情感,而通过开办各种活动让在校学生亲自参与到母校的募捐活动中则不失为良策。

案例:斯坦福大学(私立,2014年筹款9.21亿美元,全美排名第2)

斯坦福大学很早就关注并筹划在学生群体中培育捐赠文化,并创造性地找到了在学生认知中把校友团体和母校情感、慈善捐赠以及斯坦福大学基金会结合起来的机会:在学生四年本科就读的时间中,学校每一年都会推出系列活动,让在校生亲自投入到学校筹款的工作环节中,帮助学生更早、更好地了解基金会和学校的捐赠文化。

1994年,时任校长杰哈德·卡斯帕(Gerhard Casper)宣布,他将不限定规模地增加用于本科生教育项目的经费资源,并启动全校范围的年度捐赠活动。在实际操作中,募款活动形成了一种新的基于聚会活动的年度捐赠结构,此结构更加重视班级捐赠资金。表5-6为贯穿本科生四学年的关于捐赠的活动,斯坦福大学结合每个年级学生的特点,由斯坦福基金会与学校相关组织合作开展这些活动,让捐赠文化融入学生的学习生涯和职业规划中。

表 5-6 斯坦福大学对本科生捐赠文化的培育

年级	活动	具体内容	目的及成效
一年级	感恩活动	学校招募大一新生做志愿者,通过电话联络的方式,感谢校友在过去一年里捐资支持学校发展。该活动于每年秋天举办,持续一周,由班级学生领导者或宿舍楼学生代表等推进	每年有多达 500 位新生志愿者参与此活动,通过个人亲自感谢捐赠者的活动,让新生认识学校的慈善捐赠传统
二年级	学业餐会	由斯坦福基金会和大二班级学生领袖共同连续举办三场餐会,尚未选定专业的二年级学生得以与校友和专业教师沟通,聆听校友演讲者谈论他们的事业。一位主讲校友还将介绍斯坦福校友社团、斯坦福基金会以及校友支持对于学校和学生的重要性	让学生认识到校友为他们取得成功提供的关心和支持,帮助学生深入了解斯坦福基金会,强化他们对校友忠诚和捐赠支持的感受
三年级	社交之夜	由斯坦福基金会与学生就业服务部和校友关系部合作,资助举办针对大三学生的论坛活动,探讨由校友开办的企业提供实习机会的事宜	借助校友关系网络,向学生提供接触社会的机会,提高了斯坦福基金会的受认可度,凸显众多校友对斯坦福大学深厚的情感和责任感
四年级	毕业捐赠	每年秋季由学生委员会推行,以班级为单位开展筹资,校友和家长咨询委员会同时提供配比资金	毕业班捐赠活动参与率在活动开展的头一年就从 8%(1993)提高到 44%(1994),至 2000 年时更是高达 78%。间接地,校友捐赠百分比也从 1993 年的 22%提升至 2000 年的 36%

资料来源:〔美〕勃登斯基.年度捐赠的革新——十项已取得成效的尝试[M].丁力,译.上海:复旦大学出版社,2013:66.

此外,在校生还可参与如下两个项目。① 斯坦福学生电话募款项目。斯坦福大学雇佣学生拨打募款电话,向校友、家长和朋友发出斯坦福基金会年度捐赠的号召。由于提出捐赠请求比撰写感谢信和拨打感谢电话难度大得多,该项目对入选学生开展严格培训并给予能力提升指导。虽然没有吸收大量学生参与,但该活动能够让部分学生了解捐赠人的捐赠理由,亲身感受众多校友每年对学校的捐赠支持。② 斯坦福基金会学生团体伙伴关系项目。学生团体伙伴关系项目邀请斯坦福校内学生团体向捐赠人撰写感谢信。学生团体不被允许直接联系校友获得资助,但他们可以通过向校友发送感谢信的方式为学校募款。每年学生团体撰写的信件超过 18000 份,学校发展部门会预留基金以补贴这些团体撰写感谢信的费用。

在美国高校捐赠史上,仅有两所学校曾在一年之中筹得超过 10 亿美元捐款,一个是哈佛大学(11.6 亿美元,2014),另一个就是斯坦福大学(10.3 亿美元,

2012),且斯坦福大学在 2003～2013 年蝉联美国高校捐赠收入榜首。[133]斯坦福大学的校友捐赠贡献突出,例如,2010 年斯坦福大学筹资近六亿美元,其中校友捐赠 1.8 亿美元,占比约 30%。[106]斯坦福大学的校友捐赠参与率高且较为稳定,2006 年斯坦福本科生校友参与捐赠的比率接近 40%,远远高于美国高校本科生校友的平均捐赠率 14.6%,其中专门用于支持本科生教育的斯坦福基金主要来源于校友的重聚捐赠。[163]斯坦福拥有大批杰出校友,尤其是在硅谷工作的企业家校友,学校每年都花费大量资金用于邮寄信件、拨打电话和举办校友重聚活动,以此引导校友捐赠。而校友的积极响应与学校早期对学生捐赠文化的培养以及学校与校友的互动密不可分。斯坦福大学鼓励各年级在校学生积极参与捐赠募集活动,不仅有助于当年捐赠工作的开展,也至少在如下两个层面对学校未来的筹款工作具有积极的意义:

(1)就学生整体而言,学校未来向他们募捐的工作效率将得到提高。在校学生是学校未来募捐的校友资源,在成为校友之前他们就接受良好的捐赠文化熏陶,他们意识到捐赠对于学校的重要性,通过亲身参与也了解相关的捐赠事宜。而且,他们将来对母校的慷慨回报又会影响后辈学生,使得捐赠风气长存。

(2)就班级团体而言,这可能在未来成为学校稳定的募资渠道。斯坦福大学的毕业捐赠项目基于班级组织,这符合学校本身对本科生的班级化管理模式,且校友重聚时也常常以班级为单位。学生在校时就建立起的班级筹款方式很有可能成为班集体的一项传统而延续下去。

第四节 案例:剑桥大学 800 周年校庆筹款

虽然大多数一流名校每年都会举办校友返校活动,却并不经常举办校庆活动,例如,哈佛大学建校 300 多年来只举办过三次校庆,而作为英语世界最古老大学之一的牛津大学却从未举办过校庆。牛津大学历史学专家威廉·怀特(William Whyte)表示,举办校庆不是单纯为了筹钱,而是为了学校发展,为了给英国这个面积狭小的国家树立世界一流大学的旗帜。然而,面对英国政府缩减高校资助所带来的压力,以及一些亚洲大学获得投资后迅猛发展所带来的竞争,他也认可大型校庆活动确实是一个筹集资金的良好途径,"除非我们能够筹集资金,否则我们将不能提高我们未来的世界领袖地位和培养更多的诺贝尔奖获得者,这是为未来而筹资"。[164]

同样是英国最古老大学之一的剑桥大学则于 2009 年 1 月 17 日拉开了 800 周年校庆活动的序幕。整个校庆活动持续一整年,关键词是参与和改变未来,在校教职工、学生、当地社区以及校友是校庆活动的主要对象,其中,校友是校庆活动的筹划者和重要参与者。2009 年 9 月,学校公开宣布了 10 亿英镑的筹资目标。得益于校庆活动的同时进行,此次筹款活动的成果也非常突出,30 多个捐赠教席获得资助[165],所筹集的资金使得剑桥大学的永久基金增值 35%,校友捐赠率高达 25%。

一、筹资总额

2010～2011 年,剑桥大学筹得 1.35 亿英镑,成为历史新高,将校庆活动筹资总额提高到了 11.72 亿英镑。早在校庆活动发起的 2005 年,剑桥大学副校长艾莉森·理查德(Alison Richard)就明确表态,强化学校和各学院的永续型基金是此次校庆活动的一个重要分目标。[166] 如图 5-11 所示,校庆活动募集的总捐赠中,有 5.23 亿英镑是捐赠给各学院,有 6.49 亿英镑是捐赠给剑桥大学。给学院的捐赠中,近一半(2.61 亿英镑)捐赠流向了永续型基金;给学校的捐赠中,有 37%(2.41 亿英镑)流向了永续型基金,另有 2.25 亿作为建设费用和 1.83 亿英镑用以资助日常项目。

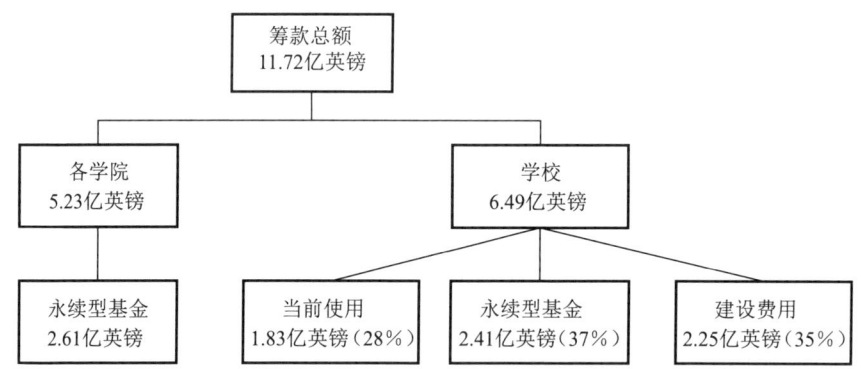

图 5-11 剑桥大学 800 年校庆活动的捐赠类别

资料来源:根据剑桥大学官网资料整理而成。

二、捐赠用途

剑桥大学筹集的捐赠主要有五大类用途(图 5-12)。2010～2011 年的捐赠中,30% 用于支持学术人员发展,其次是研究项目(20%)和未定用途的其他捐赠(19%)。另有相当的资金对接了学生发展以及收藏品和建筑遗产等。

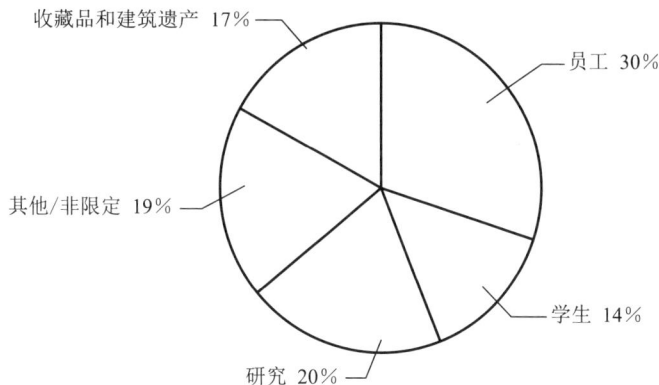

图 5-12　剑桥大学 800 年校庆活动的捐赠用途

资料来源：UNIVERSITY OF CAMBRIDGE. The Cambridge 800th Anniversary Campaign Report 2010—2011[R]. Cambridge, Eng: University of Cambridge, 2012.

三、捐赠来源

校庆期间，剑桥大学以其一流的研究和教学吸引了众多的社会捐赠。如图 5-13 所示，（在世）校友积极响应和踊跃捐赠，成为此次剑桥大学募捐活动最主要的捐赠来源，捐赠占比超过 1/3。信托和基金会（27%）以及公司（10%）捐赠合计也超过了 1/3。另有不足 1/3 的部分来自遗赠（legacies）以及其他个人，其中，遗赠大多来自于已故的校友或其亲属。

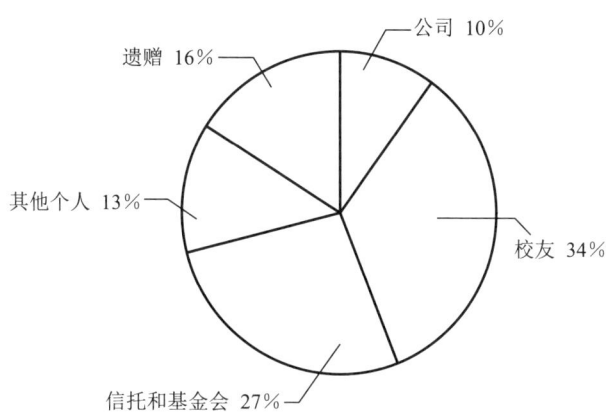

图 5-13　剑桥大学 800 年校庆活动的捐赠来源

资料来源：UNIVERSITY OF CAMBRIDGE. The Cambridge 800th Anniversary Campaign Report 2010—2011[R]. Cambridge, Eng: University of Cambridge, 2012.

通过各学院的努力,剑桥大学的校友捐赠率增长到 11.5%。在一些设有优秀筹资项目以及良好电话募捐系统的学院,校友捐赠率则超过 20%,甚至高达 40%。在整个校庆活动期间,超过 5.4 万名校友至少向某个学院捐赠一次,超过 8000 名校友至少为学校捐赠一次。

四、后续筹资活动

2011 年 11 月,副校长宣布 800 年校庆活动结束,鉴于校友和友人的捐赠热情不减,剑桥大学又发起了后续筹资活动。在 2012～2013 年,剑桥大学和各学院总共筹得资金 1.24 亿英镑,按用途分类如图 5-14 所示。学术人员(Academic Staff)所获资助最高,占比近 28%,未限定用途的捐赠和资助科研、学生以及收藏的金额相当。值得一提的是,2013 年剑桥大学和牛津大学第一次联合筹款 120 万英镑用于购买具有 1000 多年价值的开罗藏经库文献,这两所学校的图书馆在试图购买并收藏这份犹太历史资料手稿的事情上曾是竞争对手,此次联合保存收藏将会对学术界产生更大的好处。

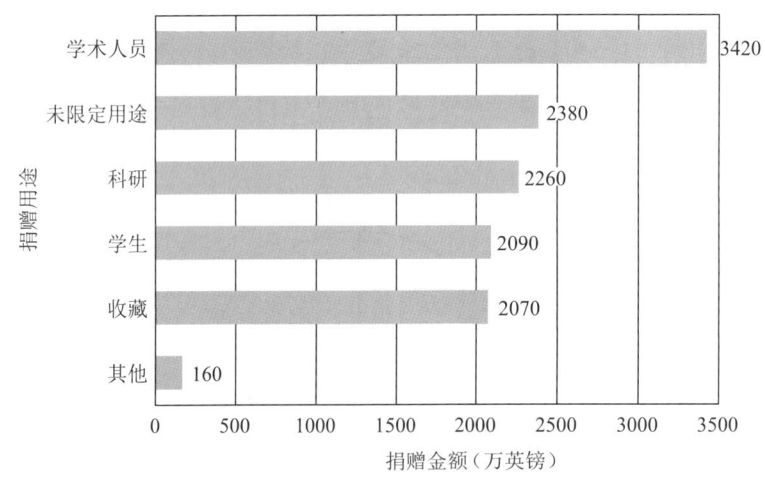

图 5-14 剑桥大学的捐赠金额(2012～2013 年)

资料来源:UNIVERSITY OF CAMBRIDGE. A Gift to Cambridge Changes Lives—Report to Donors to Collegiate Cambridge 2012-2013[R]. Cambridge, Eng:University of Cambridge, 2014.

2012～2013 年剑桥大学的捐赠者来自全球六大洲的 100 多个国家,有将近 3 万的校友捐助了 3440 万英镑,是剑桥大学捐赠收入最主要的资金来源(图 5-15)。公司捐赠规模与校友捐赠相当,是第二大捐赠来源。遗赠也是剑桥筹集资金的重要方式。例如,德本汉家族(Debenham Family)成员向与其密切合作的剑桥大学斯科特极地研究中心(Scott Polar Research Institute)捐赠遗产;1997届校友里安农·麦金农(Rhiannon McKinnon)用她从父亲那里继承来的遗产设立了一项基金,用以资助默里·爱德华兹学院(Murray Edwards College)的学生去新西兰游学。[167] 总体来看,剑桥大学的捐赠收入来源较为均衡,每一类别都占有一定比例并都贡献了价值不菲的资金。

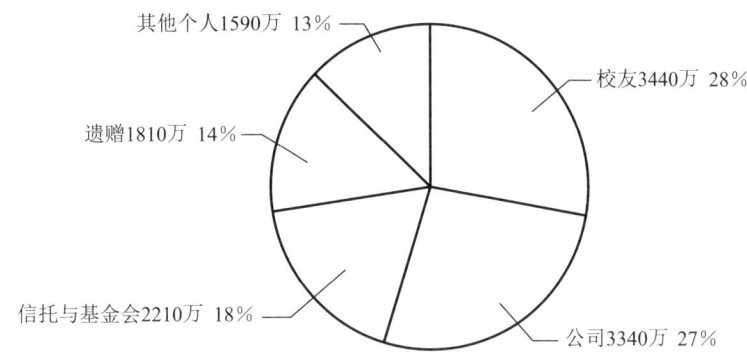

图 5-15　剑桥大学的捐赠来源(2012～2013年,单位:英镑)

资料来源:UNIVERSITY OF CAMBRIDGE. A Gift to Cambridge Changes Lives—Report to Donors to Collegiate Cambridge 2012-2013[R]. Cambridge, Eng: University of Cambridge, 2014.

第五节　澳大利亚政府的尝试

捐赠基金本是高校为解决难以获得政府资助或面临政府资助不断缩减而采取的一种资金管理形式,而近年来澳大利亚政府另辟蹊径,于2007年创建了世界上第一个由国家政府建立的高等教育投资基金,为高校资金保障工作提供了崭新的思路。为了丰富高校收入来源,2007年5月8日,澳大利亚政府宣布从2006～2007年度的联邦预算财政盈余中拿出50亿澳元成立"高等教育永续型基金"(Higher Education Endowment Fund),之后很快又追加了10亿澳元,并考虑将其扩大到200亿澳元。澳大利亚政府的这一举措旨在支持一流大学建设和学科的发展,支持高校购买教学设备和其他研究支出等,更希望以此激励各高校积极主动地吸引社会捐赠。然而,之后爆发的全球金融危机致使澳大利亚政府不得不暂缓了对此基金的继续投入,并由新一届政府于2009年1月将这60亿澳元并入新政府的"教育投资基金"(Education Investment Fund)中,共计110亿澳元,除了具体目标大致不变外,还与"建设澳大利亚基金"(Building Australia Fund)和"健康和医院基金"(Health and Hospital Fund)共同组成"国家建设基金"(Nation-Building Funds),仍由"未来基金管理委员会"(Future Fund Board of Guardians)进行投资管理。这将改变政府长期一次性投入、学校一次性花光的局面。

高等教育永续型基金与一般的配比基金不同的是,它没有像配比基金那样直接将资金按照一定的配比额度分配给各大学,直到用尽为止。这一高等教育捐助基金实质上是由澳大利亚政府用60亿澳元的拨款组建的一个商业投资基金,政府保证本金永久存在并逐年追加投入,通过商业投资运作的方式,使资产持续增值。在此基础上,政府将根据需求定期从该基金中拿出部分资金以竞争的方式分配给大学。澳大利亚政府希望该基金短期内可作为高校财政收入的有力补充,更希望通过长期积累和发展,使它成为高等教育的主要经费来源。

该基金由澳大利亚未来基金管理委员会进行投资运作,资金的分配由联邦政府教育、科学与培训部负责,在听取各方意见后,按照竞争机制分配给各个高校。政府除了会继续对该基金追加本金外,也计划吸纳社会捐赠,无论个人还是单位捐款都将受到相应的税收优惠。同时该基金也提出未来将帮助高校自身管理各自的基金。2007~2008年,该基金取得了7.5%的投资回报。

这实际上是将北美地区成功运作的大学永续型基金扩大成为国家级基金,覆盖的范围由单个大学,扩大到整个高等教育体系。但不同于北美的大学永续型基金只依照市场规律运行,该澳大利亚国家基金还加入了政府的力量。它以联邦政府作为载体,由官办投资机构运作,有政府的信用和市场的灵活双重护航。这对于高等教育主要由政府支持,且缺少捐赠历史、捐赠文化和投资文化的国家和地区具有特别的意义。

如果高等教育永续型基金还能履行吸收高校单个基金进行统一管理的目标,则能解决高校因为沉淀基金太少或投资经验不足而无法单独进行商业投资等问题。不过,这项措施是否能有力地推动高校收入的增长,以及社会捐赠对高等教育的支持还有待考察。澳大利亚学者也担忧高校和社会不能顺利接受联邦政府的良苦用心。比如,他们担忧捐赠者可能更倾向于支持某个特定的学校,而非整个高等教育体系;很多学校不愿意将自己的基金交给国家管理,担心对自己的资产失去控制,特别是那些商业投资成绩优异、投资回报率高的学校更是不愿加入。[168]

小　结

本章结合多所世界一流大学进行分析,包括美国公立和私立大学以及英国大学的具体案例,以期更生动地阐述一流大学的筹资方法以及筹资工作的特点。国外一流大学永续型基金每年都能够获得来自组织和个人的众多捐赠,除了税收优惠和捐赠文化等外在因素,这也得益于大学成熟的筹资机制,从基础而持续的年度捐赠到具有明确筹款目标和年限的大额筹款活动,从校长到募捐人员甚至学生都积极参与筹资工作。我国的大学尚不具备这样的氛围,这些名校案例可以给我国大学基金会的发展提供诸多有益启示。

第六章

世界一流大学永续型基金的投资管理

第一节　投资目标
第二节　资产类别
第三节　资产配置
第四节　投资业绩
第五节　案例：耶鲁大学和牛津大学
第六节　永续型基金与基金会
小　结

第六章 世界一流大学永续型基金的投资管理

良好的投资理念和结构化的投资流程是一流大学永续型基金获得投资成功的关键因素。[30] 本章将对世界一流大学永续型基金的投资管理进行全面的分析。首先,逐一介绍永续型基金投资的主要资产类别,传统资产包括股票、债券和现金,另类资产包括实物资产、私募股权和绝对收益,并对规避的资产类别稍做说明。其次,阐述世界一流大学永续型基金对这些资产的配置比例,包括当前的配置状况和配置方式的演变,同时分析了不同规模永续型基金资产配置的偏好。然后,从整体上考察了世界一流大学永续型基金的投资业绩。最后,结合英、美国家4所一流大学的实际案例,从投资理念、基金市值、资产配置和投资业绩这四个方面介绍其投资管理的状况。

第一节 投资目标

在进行投资决策之前,首先要明确的是投资目标(investment objective)。没有明确的投资目标,空谈资产配置、证券选择等是不切实际的。投资目标是投资的预期回报,而不是实际回报,其本身也不涉及具体的投资策略。投资目标可以直接指明投资回报率,如获得不低于8%的长期收益或每年获得20%以上的超额回报;也可以间接地比照其他指标,如获得比储蓄率稍高的收益或战胜长期通胀率。[169]

投资主体不同,投资目标也千差万别。市场上主要有两种类型的投资者:个人投资者与机构投资者。个人投资者根据自身的经济条件和理财需求自主确定投资目标,不需要文书备案,也没有强制约束力。机构投资者是利用自有资金或从公众筹集而来的资金专门进行有价证券投资的法人机构,如证券公司、保险公司、养老基金、共同基金等。机构投资者通常拥有雄厚的资金,具有投资管理专业化、投资结构组合化、投资行为规范化等特征,其投资目标的设立比个人投资者更加谨慎和规范,而且投资目标一旦确立就不会轻易变动,否则难以成为一个可靠的标准。

本书所研究的大学永续型基金有着类似于共同基金的资金池,由独立公司或大学的专业部门进行投资管理,是典型的机构投资者。在美国,由于永续型基金无须向政府缴纳任何税费,因而管理者在制定投资目标和策略时不用考虑长期和短期资本利得的区别。曾有很长一段时间,跟随通胀率同步增长是永续型基金管理中常见的投资目标,但事实上绝大多数机构都不会满足于这样的目标,因为长期来看,仅保持与通胀率同步增长的学校会大大落后于同类学校。[170] 不同的大学对投资目标的表述方式各不相同。例如,牛津大学从总回报的角度给出了投资目标——在长期内实现比居民消费价格指数(CPI)高5%的年均收益,并强调该预期收益是较长一段时间内的平均水平,而非单一年份的预期回报。[171] 哈佛大学在每个财年末会按照下一财年政策组合(policy portfolio)中的资产配置比例来重新预估回报,如2008年的预估回报率为6.9%,2015年预估投资回报率为7.4%。[1]

此外,还有两点值得注意。其一,大学事业发展的愿景通常是永久的,这就使得大学永续型基金的运作更注重长期收益和总回报,而不会效仿某些投资主体进行投机操作。其二,大学永续型基金的投资享受免税优惠,这就使其管理者免于花心思寻找避税资产,而把重心放在寻找整个投资组合的最优配置上。

第二节 资产类别

本章主要以美国的大学为考察对象,因而本节对资产类别的介绍均从美国的视角出发。涉及的主要资产的特点如表6-1所示。

表6-1 投资组合中的资产类别及特点

	主要功能	主要分类	预期表现
股票	获取回报	美国国内股票、国外股票(发达市场、新兴市场)	风险调整后收益超过标准普尔500指数(S & P500 Index)回报
债券	分散风险,维持稳定	美国长期国债	这可能是投资组合中收益最低的部分,当利率下降或是其他投资策略不被看好的情况下可以增持
实物资产	抵御通胀,获取回报	通胀保值债券(TIPS)、房地产、森林、石油、天然气	这是投资组合中波动最大的部分,与其他的投资类别没有多大相关性
私募股权	获取回报	杠杆收购、风险投资	基于其非流动性溢价,比标准普尔500指数回报高出2%~4%
绝对收益	维持稳定	股票市场中性、兼并套利、可转换套利	一般来说,在任何市场环境下都能产生稳定收益,回报率在3%~7%

资料来源:根据 *How Harvard and Yale Beat the Market* 和《机构投资的创新之路》整理而成。

一、传统资产

传统资产类别是投资组合的基础部分,主要包括股票和固定收益证券。股票可分为国内股票、国外发达市场股票、国外新兴市场股票;固定收益证券包括国债、企业债等,以下统一用债券指代。从功能上讲,股票是投资组合收益的驱动力,债券则是组合风险分散化的利器。[15] 传统资产类别在公开市场交易,其收益由市场力量驱动产生,投行间的竞争使得市场透明而高效,有利于投资者进行公平交易。

(一)股票

股票是股份公司为筹集资金而发行给股东作为持股凭证并借以取得股息和红利的一种有价证券。股东是公司的所有者,以其出资份额为限对公司负有限责任,承担风险,分享收益。每个股东所拥有的公司所有权份额的大小,取决于其持有的股票数量占公司总股本的比重。股票不能用来要求公司返还资金,但可以被转让、买卖或作价抵押。股票的发行和买卖是在股票市场上进行的,证券交易所是规范化的股票市场,提供交易的场所和信息,并拥有自己的业务规则。

股票被划分为国内股票(domestic equity)和外国股票(foreign equity),后者又进一步分为发达市场股票和新兴市场股票。以美国为主体来看,其国内股票市场较为发达,自19世纪以来股市的运营几乎没有中断过;德国、日本和英国等发达经济体股票市场的长期收益与风险水平接近美国股市;新兴市场在快速发展中的不确定性因素较多,其股票的基本面风险也更大,预期收益也相应较高。由于法规政策、产业结构、资源禀赋、商业周期等差异的存在,外国股票与美国国内股票的相关性不高,因而持有不同国家的股票可以实现分散投资。投资外国股票存在一定的汇率风险,但相关研究表明,当组合中外汇计价资产的仓位不超过20%～25%时是能够起到降低组合风险作用的。[15]

新兴市场多为发展中国家,整体经济和股票市场的发展都还不够成熟,包括中国、印度、巴西、埃及等。与美国等诸多发达国家相比,新兴市场股票的估价是比较便宜的,投资者对其增长的预期较大。因股神巴菲特而备受关注的总市值与 GDP 比率(the ratio of market capitalization to GDP)这一指标,在美国是 1.14,在新兴市场却只有 0.37。有行业人士认为,这当中的差距会随着时间推移而缩小,投资者将得以在长期时间内获得丰厚的回报。[172]

波动性是股票市场的一大特征。常言道:股票市场唯一不变的特征就是——它时时刻刻都是变化的。短期内股票价格可能出现大幅波动。例如,1914 年 12

月12日美国股市遭受了有史以来最大单日降幅——24.4%,又如,2009年这一年间股市狂跌,市值缩水高达37%。作为金融商品,股票同普通商品一样受到供求关系的影响,即有很多人买进(需求量大)时股价上涨,有很多人卖出(供给量大)时股价下跌。

股票市场上汇集了大量的股票,2013年底在美国主要证券交易所上市的公司达5000多家,股票总数高达十几亿。对于投资者来说,要追踪每一只股票的价格是很困难的,因而可以通过相关指数来了解股票价格的走向。股票价格指数(简称股指)就是用以反映整个股票市场上各种股票市场价格的总体水平及变动情况的指标。股指本身不是价格,而是相关机构通过一定算法编制的指标,没有量纲。股指的变动是基于股票价格的,因而可以作为股价变动的参考。图6-1显示了标准普尔500指数在2005～2014年的变化趋势,可以看出,伴随着不断的小幅波动,标准普尔500指数出现过一次大幅跌落和缓慢的回升过程,这跟股票市场的总体表现是大致吻合的。

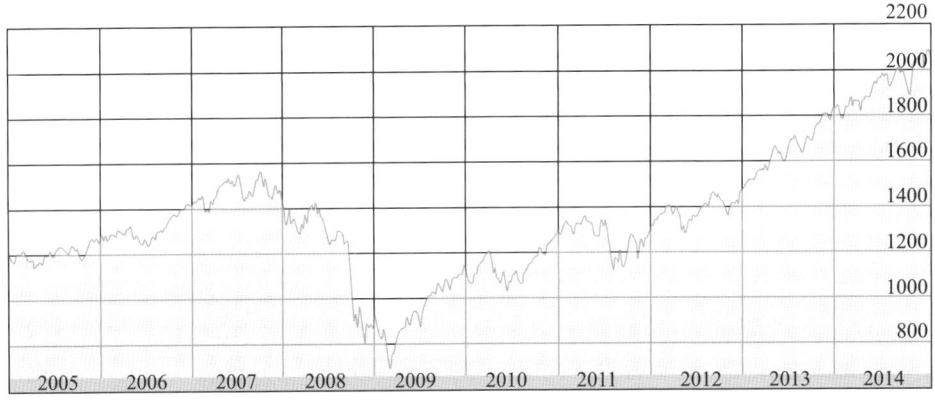

图6-1　标准普尔500指数变化趋势(2005～2014年)

资料来源:由Google Finance生成生成。

尽管股票市场变幻莫测,投资者们依然热衷于股票投资,包括几乎所有的大学永续型基金,这与股票的高回报率密不可分。牛津大学永续型基金管理办(OUEM)称其基金投资收益的主要推动力来自于股票投资,而且某一些成长型企业最有可能带来符合投资目标的回报。[171]基于大学永续型基金的长期投资理念,衡量股票投资表现时,长期回报率比短期回报率更具参考价值。不过,这并不意味着时间段选择越长越好,如果市场结构发生了根本性改变,参照与当前市场环境不相关的历史数据会降低考察的可靠性。史文森举例指出,从19世纪初起考察美国股票收益是不合理的,因为1913年之前作为新兴市场的美国尚未成立美联储。他认为有学者选取的1925年至今这段时间更为合理,既能够提供丰富的历史数据,又避免了结构性变化对市场的影响。[15] 总体来说,在永续型基金投资组合中,股票的作用是获取回报,为基金的保值增值提供有力的保障。

(二)债券

债券是政府、金融机构、工商企业等向投资者发行,承诺按一定利率支付利息并按约定条件偿还本金的凭证。债券购买者与发行者之间是债权债务关系,债券发行人即债务人,投资者(债券购买者)即债权人。根据发行主体的不同,债券主要分为政府债券、金融债券和公司债券,分别由政府、银行和非银行金融机构、公司发行。债券首次发行的市场是一级市场,投资者认购了初次出售的债券后,就和债券发行方确立了特定期限的债权债务关系。在大多数国家和地区,尤其是金融市场发达的区域,投资者还可以将已购得的债券转让,这样就形成了债券的二级市场。一级市场是整个债券市场的源头,二级市场扩大了债券的流通范围,为更多的投资者提供了债券投资的机会。

根据债券票面利率与市场利率的关系,债券的发行价格分为折价、平价、溢价三种。当票面利率低于市场利率时,为了吸引投资者,债券会折价发行,即发行价格低于票面价值;当票面利率等于市场利率时,发行价格即票面价值;当票面利率高于市场利率时,为了弥补企业增加的发行成本,债券会溢价发行,即发行价格高于票面价值。在流通市场中,债券的价格与市场利率呈反向变动关系。当预期市场利率上升时,债券持有者在未来获得的固定收益仍是按照原有的票面利率计算,因而吸引力不足,只有降低价格才有其他投资者愿意购买该债券。反之,当预期市场利率下降时,债券持有者会因为所持债券更具吸引力而要求以更高的价格作为出售债券的补偿。

相对于股票来说,债券是较为简单的一种证券,因为债券的票面价值、票面利息、偿还期限都是事先约定好的。债券的投资收益主要包括两部分:利息收入和买卖价差。利息收入是固定的现金流,由票面价值和票面利息的乘积算得,票面利率越高,利息收入越高;债券购买价格越低,卖出价格越高,投资者通过买卖债券所得的价差收益就越大。从时间上来讲,债券的偿还期限越长,投资者面对的不确定性会增多,相应的投资回报也越高。传统的债券投资品抵御通货膨胀的能力较差,经通胀调整后的实际收益可能不及预期。对于保值要求很高的永续型基金来说,这显然是投资债券的不利方面。与股票投资相比,债券的收益表现也较弱。

在各类债券中,大学永续型基金比较青睐对长期国债的投资。美国长期债券(long-term U. S. Treasury)属于美国政府公债,由政府完全信用担保,基本不存在违约风险。其在一级市场的发行量庞大,在二级市场的转让便捷,具有一定的灵活性。长期债券能够在较长时间内提供稳定现金流,符合大学永续型基金长久投资的要求,且上节中已提到,美国长期债券的平均回报率超过5%,仅次于长期回报率最高的股票投资(近10%)。[173]在投资组合中,国债能够起到分散风险的作用,尤其是股市暴跌的市场环境,更能凸显长期国债安全保收益的优点。比如,1998年亚洲金融危机、俄罗斯危机和美洲资本市场危机同时上演并导致全球经济举步维艰时,投资者纷纷选择了资产质量较高的美国国债。[15]从具体的收益率来看(图6-2),自1998年7月17日至同年10月8日,亚洲金融危机阴霾中的大多数投资资产出现了负的收益率,且大多低于−20%。与之形成鲜明的是,美国的债券却保持了正的收益率,美国长期国债的收益率更是高达8%。企业债券等非政府债券,虽然利息收入高,但流动性差且存在信用风险,在金融危机时也会因期权性风险的存在而出现较大亏损[15],如高收益债券①的收益率为−7%,新兴市场债券的收益率为−24%。可见,国债在投资组合的风险分散中具有重要作用,而美国长期国债更是危机时期投资者实现保值的首选资产类别。

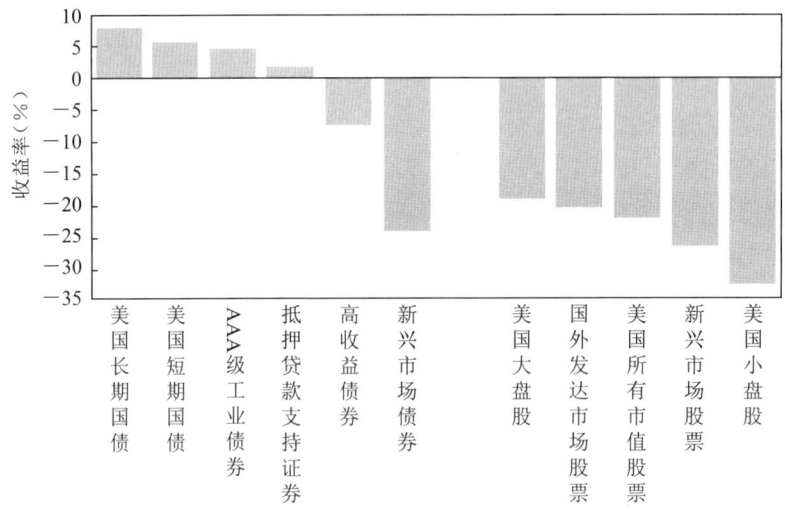

图6-2 不同资产类别的收益率(1998年7月17日~1998年10月8日)

资料来源:〔美〕史文森. 机构投资的创新之路[M]. 张磊,杨巧智,译. 北京:中国人民大学出版社,2010:158.

---

① 与其高收益相伴随的是高风险,这类债券往往被评级机构评为垃圾债券。

（三）现金

现金也属于固定收益资产，一般包括库存现金、银行存款及一年内到期的票据①。现金为投资者提供一定的流动资金，以应付日常事务所需的花费。对短期投资者来说，现金具有确定的收益，是无风险资产。然而，现金的实际收益很低，对长期投资者来说，过多的现金会拉低组合的收益率，反而是种高风险资产。截至2006年底的81年中，现金的平均年收益率仅为3.7%，剔除通货膨胀因素后的平均年收益率更是低到只有0.7%[15]，与股票、债券等传统资产相比微乎其微。

永续型基金的流动资金来源有很多：债券利息、股票分红、不动产租金是投资组合的固定收入，债券到期、公司合并等资产自然流转过程中会产生现金流，出售证券、资产也能够及时获得资金。[15]对于投资机构来说，如果通过这几种方式获得的现金流可以满足机构的支出要求，那么将多余的现金投资于其他高收益的资产类别将会大大提高组合的整体业绩。因此，在永续型基金的资产配置中，不建议留有太多现金，以避免低效的资产配置增加组合的机会成本。

然而，实践证明，永续型基金过少的现金头寸也会给大学财务埋下隐患，如经济危机发生时这样的弊端就会凸显出来。例如，2008年金融危机爆发后很多资产难以脱手，为了继续满足大学的开支需求，永续型基金要么卖掉业绩较好的证券来收拢资金，要么向外界借钱。[174]遭遇了现金危机的常青藤学校不得不通过发行债券来筹集资金以应付学校的日常开支：2009年，哈佛大学负债15亿美元，普林斯顿大学负债10亿美元，耶鲁大学负债八亿美元。[175]大型永续基金在另类资产上投入了过多的份额，远超平均水平，却在债券和现金资产上投入甚少，而后两者恰恰是2008年6月之后唯一能提供正回报率的资产类别。[176]

大学永续型基金是为教育机构服务的，因此享受优惠贷款（preferential loan）以及债券融资的优惠政策。它们可以卖出现金资产来增加其他资产类别的比例，相应地，在资产配置中现金资产的配比就会出现负值。[177]2009年，哈佛大学和耶鲁大学永续型基金的现金配比都为负值，如表6-2所示，哈佛大学的资产组合中现金配比为-3%，耶鲁为-4%，均低于大学永续型基金的平均水平。实际上，哈佛大学在大多数年份里对现金的目标配比都是负值（表6-3）。然而在2010年，哈佛大学的现金配比较2009年上升了五个百分点，达到2%。哈佛大学的基金

---

① 在更严格的定义中，一年内到期的票据属于流动资产（current assets），而现金资产（cash assets）仅包含的是3个月内可变现的资产。

管理者已经认识到,学校的开支需求相较于 5～10 年前已经有了大幅增长,投资组合应当保有一定的流动性,而现金的存在,能够及时地为大学开支提供必要的流动资金。

表 6-2　投资组合中现金的目标配比(2009 年)

	对冲基金	国内股票	债券	外国股票	私募股权	实物资产	现金
平均水平	22%	22%	12%	20%	9%	14%	2%
哈佛大学	18%	11%	11%	22%	13%	26%	−3%
耶鲁大学	25%	10%	4%	15%	20%	29%	−4%

资料来源:BARY A. The Big Squeeze[EB/OL]. [2014-10-20]. http://online.barrons.com/articles/SB124605595751363385?tesla＝y.

表 6-3　哈佛大学投资组合中现金的目标配比(部分年份)

时间(年)	1991	1995	1996	1998	1999	2000	2002	2007	2008	2009
现金配比	−5%	−5%	−5%	−5%	0%	−3%	−5%	−5%	−5%	−3%

资料来源:根据哈佛大学永续型基金年报整理而成。

其他名校对现金的管理也有各自独特的方式。如在 2012 年 10 月,弗吉尼亚大学投资管理公司 CEO 兼首席信息官劳伦斯·科沙尔德(Lawrence Kochard)和他的团队新设立了"短期资金池"(short-term pool)账户来专门管理学校和基金会的现金,该账户有一亿美元流动资金,投资于美国短期国库券、长期债券、货币和有保障的回购协议,以保证低成本、稳定、高流动性和安全性。劳伦斯·科沙尔德表示,不应当拿流动资金来冒险,没有必要为了多得几个回报基点而增加额外的风险。[178]

二、另类资产

另类资产类别是区别于在公开平台上交易的股票、债券的投资品种,包括实物资产、私募股权、绝对收益等。从功能上讲,实物资产和绝对收益可以分散组合的风险,私募股权能够提高组合的回报。由于不在公开市场上交易,另类资产缺少流动性,但是永续型基金的长期投资理念允许其管理者投资于此类非流动性资产;另类资产缺乏传统证券产品的有效定价机制,但市场低效反而为善于主动管理的基金经理提供了极好的投资增值机会。当然,另类投资需要一流的投资经理采取积极管理的方式,否则难以达到预期收益。

（一）实物资产

实物资产（real assets）主要包括房地产、自然资源、商品和贵金属等有明显价值的有形资产。房地产投资涉及办公楼、零售地产、公寓楼群和工业库房等，比较典型的投资品种是房地产投资信托（Real Estate Investment Trust，REIT）。[179] REITs通过专业的人员进行房地产项目的投资选择及运作管理，让更多的投资者得以分享房地产投资的收益。房地产投资兼具债券和股票的特点：基于出租方和承租方的合同关系，投资人可以获得固定的租赁收入，因而长期租赁合同占主导的房地产投资与债券投资类似；对闲置面积的出租前景进行预测能够估算出其剩余价值，因而没有承租方或租赁期较短的房地产投资与股票类似。[15] 相应地，房地产投资的回报与风险也介于债券和股票之间。

自然资源包括石油（oil）、天然气（gas）、木材（timber）等。油气资源有两种投资方式：购买期货合约或收购油气储备。精明的投资者通常选择后者，通过建设一流的团队管理油气储备，从而免受价格涨跌影响。[15] 林业投资回报的主要来源是自然生长的林木的价值和林地的剩余价值，另外还有租让林地以供采矿、娱乐等附加价值。黄金（gold）是比较独特的实物资产，它是一种自然资源，但同时也是一种货币。不同于美元或欧元，黄金的供给较为固定，其价值不因政府政策的变化而发生升值或贬值。当投资者担心通货膨胀时，黄金的需求量便会上升，黄金的价格也会随之上涨。可见，黄金是实现财富保值的优良投资品种。[179]

由于实物资产投资涉及实体，资金在短期内难以收回，因而流动性较弱，大量的调查研究及申请登记过程增加了交易费用，还可能存在高昂的运输与储存成本。然而，实物资产投资具有其独特的优势。① 在通货膨胀时期，实物资产的表现常常优于传统金融资产：债券固定收益的实际价值会缩水，公司股价会受到攀高的成本带来的负面影响，但实物资产的价值则会跟随通货膨胀而上升，能够很好地对冲通货膨胀的影响。[179] ② 实物资产的价格与股票和债券等传统资产价格的相关性较低，调查显示，从1962年第一季度至2012年第三季度，股票与商品每年的相关系数平均只有0.13，债券与大宗商品的相关系数为负，但也只有－0.09。[180] 因此，投资者根据自身的风险偏好在投资组合中加入实物资产项目能够起到分散投资的作用。③ 实物资产具有实体，森林里的树木、矿山中的金矿等都是现实存在的，在当前和未来都具有价值，而不像股价是基于公司未来的营利能力，也不像技术和产品等会过时。[179] ④ 实物资产组合还能够带来超越价格涨跌收益的内在增值收益。[15] 近年来，发展中国家的经济扩张拉高了它们对自然资源等资产的需求,有限的供给和无限增长的需求有望为实物资产带来很大的增值空间。[179]

在格林威治联营公司(Greenwich Associates)的最新调查①中,有83%的受访高管认为投资实物资产的目的是分散化(diversification),其次是通胀保护(inflation protection)(65%)和增长资本增值(growth/capital appreciation)(53%)。[181]能够在不牺牲预期回报的情况下抵御无法预期的通货膨胀[97],实物资产的这一特点对重视长期理念的机构投资者来说有着巨大的吸引力,永续型基金和基金会是最早进入实物资产投资的机构。[181]积极管理对实物资产投资来说也非常必要,定价低效(pricing inefficiency)和相对复杂的投资流程给拥有丰富经验的投资经理带来了极好的契机。作为先行者,哈佛等名校的永续型基金已经在实战中培养出了一批房地产、自然资源等投资领域的专家,这有利于其更好地控制基金投资的成果。[1]

(二)私募股权

私募股权(private equity)包括非上市公司股权或上市公司非公开交易的股权。私募股权也是对公司的投资,但这些公司通常不在公开市场上募资,例如,尚未做好上市准备的具有高增长率的小型公司,或需要长时间完成重组的公司。[171]图6-3是私募股权基金(有限合伙)的结构简图。其中,有限合伙人(Limited Partner, LP)是指有资本的投资者,其不参与投资管理活动;一般合伙人(General Partner, GP)是指为有资本的投资者进行投资管理的人,其本人也可以投入资本。私募股权基金由专业的投资管理团队管理,做尽职调查,筛选项目进行投资。大多数私募股权基金有固定的生命周期,一般为10年,可延长最多不超过三年。私募股权基金管理公司通常用五年时间进行投资,再用五至八年时间将资本回报给投资者[182],可见,这样的投资是较为漫长的过程。私募股权投资最终是要将股权变现以收回本金并获得增值回报的,这在投资的初期就应当考虑到,通常有三种退出策略。[179]①首次公开募股(Initial Public Offering, IPO)。虽然最初的筹资是非公开的,但公司发展成熟后,可以在公开市场上发行股票,以此回笼资金。②兼并或收购(Merge or Acquisition)。私募基金所投的公司被另一家公司

---

① 该公司采访了100多位基金高管,这些高管所属公司包括28家公司养老金固定收益计划、33家公共部门养老金计划、15家永续型基金/基金会以及16家固定缴费计划。

兼并或是收购,通过公司交接收回资金。③ 资本重组(Recapitalization)。标的公司向投资者发放股息或是重新发行债券,从而获得现金。

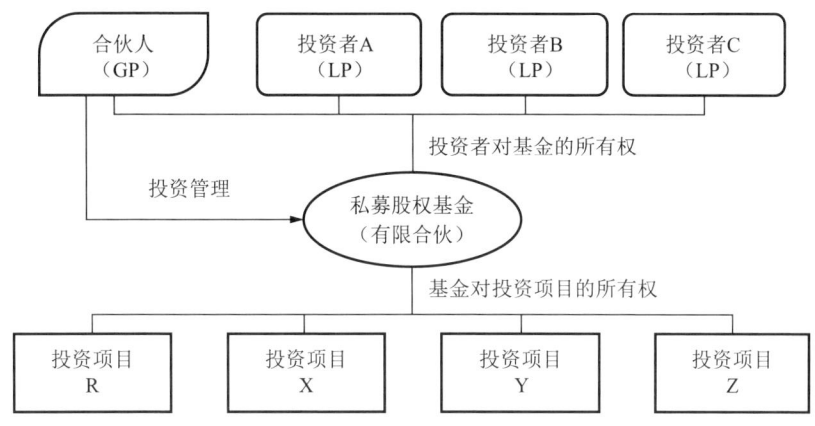

图 6-3　私募股权基金有限合伙的基本结构

资料来源:根据 Wikipedia 及相关资料整理而成。

　　私募股权的投资吸引力在于其长期高回报以及与其他资产类别的低相关性。私募股权投资的风险巨大,而市场可能奖励给承受高风险的投资者非常可观的回报。私募基金将投资者的资金锁定很长一段时间,作为对非流动性的补偿,投资者也通常能获得溢价。[179] 表 6-4 列出了不同期限下美国的私募股权指数与长期国债指数、三大股指的收益率。私募股权指数采用康桥汇世美国私募股权指数①(The Cambridge Associates LLC U. S. Private Equity Index),长期国债指数选用指数为巴克莱美国政府与信用指数(Barclays Government/Credit Bond Index),三大股指分别为道琼斯工业平均指数(Dow Jones industrial Average Index)、纳斯达克综合指数(Nasdaq Composite Index)和标准普尔 500 指数。可以看出,在一年、三年和五年的平均收益率中,私募股权与股票不相上下,均远高于长期国债;然而在 10 年、15 年、20 年、25 年的平均收益率中,除了长期国债收益率有所增加,私募股权与股票的收益率均出现下降,尽管这样,私募股权在长期的收益率均值方面却是明显高于长期国债和股票的。也就是说,与股票和国债相比,私募股权确实能够带给投资者更高的长期回报。

---

① 康桥汇世美国私募股权指数的数据来源于 1986 ～ 2014 年在美国成立的 1152 家私募股权基金。

表 6-4　美国私募股权指数与长期国债、三大股指的收益率（2014 年）

指数	一年	三年	五年	10 年	15 年	20 年	25 年
康桥汇世美国私募股权指数	22.42%	14.52%	17.72%	14.26%	11.91%	13.95%	13.84%
巴克莱美国政府与信用指数	4.28%	4.08%	5.09%	4.94%	5.66%	6.18%	6.64%
道琼斯工业平均指数	15.56%	13.57%	17.83%	7.63%	5.34%	10.48%	10.75%
纳斯达克综合指数	29.53%	16.70%	19.16%	7.97%	3.36%	9.59%	9.70%
标准普尔 500 指数	24.61%	16.58%	18.83%	7.78%	4.35%	9.79%	9.89%

资料来源：CAMBRIDGE ASSOCIATES. U. S Private Equity Index and Selected Benchmark Statistics[R]. Boston, MA: Cambridge Associates, 2015.

大学永续型基金投资的私募股权主要是杠杆收购（leveraged buyout, LBO）和风险投资（venture capital, VC）。在乔什·勒纳（Josh Lerner）等人的研究样本① 中，永续型基金对私募股权的总投资为两亿美元，其中，杠杆收购基金占比 24%，风险投资基金占比 41%，此外还有一些专业化的私募基金类型，如风险租赁基金（venture leasing funds）等。[183]

杠杆收购以高于通常资产负债表债务水平即高杠杆的方式获得成熟企业的所有权。由于存在高风险，杠杆收购青睐成熟的业务模式，公司也尽力吸引既有能力提高公司盈利水平又能应对高杠杆资本结构挑战的管理层。[15]杠杆收购的潜在回报是吸引人的，然而对于不够谨慎的投资者来说，不仅难以获得预期的超额回报，名目繁多的费用还会在一定程度上削弱杠杆收购的效益。杠杆收购基金一般会对所筹资金收取 1.5%～2.5% 的高额管理费用，并抽取 20% 的利润作为分红，此外还有繁杂的交易费、监管费等，尤其是大型的收购基金。历史数据显示，杠杆收购基金的规模越大，收益率越低。[15]然而，这并不意味着小型收购基金就能确保令人满意的收益，还要谨防投资者扎堆导致回报水平被拉低。

风险投资基金向具有增长潜力的初创企业注入资金以换得股份，传授经营技巧并提供技术支持，帮助企业快速成长。投资者以其出资额承担有限责任，而利润则无上限。风险投资存在品牌效应，一流的风投公司是市场追逐的对象，投资者看中一流风投公司的业绩回报，而初创公司希望借助一流风投公司的专业化与行业影响力增加创业成功的概率。[15]

在私募股权投资中，机会非常重要。如今的私募公司非常多，其中不乏一些好的公司，找准合作伙伴则更容易抓住投资先机。为了更好地开发私募投资渠

---

① 样本总量为 100，包括 63 个私立学校永续型基金（private university endowments）、27 个基金会（foundations）、10 个公立学校永续型基金（public university endowments）。

道，投资团队必须非常努力地在全球构建国际化的人脉和关系网，通过这些资源来挖掘投资机会。圣母大学 CIO 斯考特·梅尔帕斯（Scott Malpass）称，刚组建该校永续型基金时，风险投资还是不起眼的投资方式，私募公司聚集了大规模的并购基金，但那时他们从未参与过此类投资。[184] 如今的圣母大学投资团队非常重视建立关系，他们与基金经理建立长期联系，了解这些人的新产品、新想法和机会。当一些非常优秀的人离职创立自己的公司时，圣母大学投资团队会在第一时间接到对方的电话，让对方成为新的潜在 LP 或客户，这些人可能只需要找到五六个客户筹足 10 亿美元左右就关闭项目。[130]

不同于传统投资及其他另类投资，私募股权投资设有较高的门槛，多由机构投资者或经验丰富的合格投资者（accredited investor）参与，如公共养老基金、企业养老基金、保险公司、永续型基金以及高资产净值人士（high net worth individuals）等。他们能在长时间内提供巨额资金，能承担较高的风险，这都是普通的散户投资者所不及的。然而，不同机构操作私募投资的方法复杂程度不一，它们所获得的回报也相差甚远。总体来说，永续型基金是公认的最复杂的机构投资者，它们最早启动了私募投资项目，因而对私募投资更为了解，积累了丰富的专业化知识，同时能够跟进投资后来者无法进入的闭式基金，有统计数据显示，其年均回报要比样本的总平均值高出近 14%。[183]

（三）绝对收益

绝对收益（absolute return），顾名思义，是指无论在市场上涨或下跌情况下投资者都能获得绝对回报。绝对收益的基金经理竭力寻找与股票和债券等传统资产走势不相关的有价证券，这些资产独立于市场整体表现，能够起到分散组合风险的作用。[15] 在市场上扬时，绝对收益品种的表现可能会落后于传统的共同基金，但在市场下跌时，绝对收益品种则因能够带来绝对回报而更具吸引力。

绝对收益资产的回报不是相较于某种基准的水平，而是确定的收益，因此需要通过一定的策略来进行锁定。表 6-5 中列举了三种绝对收益策略：① 股票市场中性（equity market neutral）策略通过同时构建多头和空头头寸来对冲市场风险，因而在任何市场环境下均能为投资者带来稳定的收益。② 可转换套利（convertible arbitrage）策略是在买入可转换证券①的同时卖出同一发行人的普通

---

① 可转换证券（convertible security）是一种金融衍生品，持有者可在一定时期内按一定比例或价格将其转换成一定数量的另一种证券。如可转换债券可以转换成普通股，这当中包含了对标的股票的看涨期权。

股[1]，通过二者之间的定价偏差来锁定收益。③ 兼并套利（merger arbitrage）策略主要关注涉及公开收购、杠杆收购、合并、重组等事件的证券，这类证券的现有价格与预期价格之间往往存在偏差，并购套利者通过锁定两者之间的价差获得套利机会。表 6-5 中详细对比了这三种绝对收益策略与股票以及债券在 1998 年 1 月至 2006 年 8 月收益与风险的平均水平，其中股票参照标准普尔 500 指数，债券参照雷曼兄弟综合债券指数（Lehman Aggregate Bond Index）[2]。从投资回报来看，除了股票市场中性策略，可转换套利和兼并套利这两种策略的年收益率都高于股票和债券投资。从风险来看，三种绝对收益策略的标准差接近，并与债券的标准差水平相当，为 3.6%～4%；股票的波动幅度最大，标准差达到 15.5%，是绝对投资策略的三四倍。从跌幅来看，债券最为温和，最大跌幅为 3.6%；股票最为严重，最大跌幅接近 50%；兼并套利策略的最大跌幅（4.6%）与债券接近，股票市场中性策略与可转换套利策略的最大跌幅分别为 6% 和 10%。可见，除了股票市场中性策略，绝对收益策略与债券投资的风险相当，但能够带来高于债券的投资回报。除了股票市场中性策略，绝对收益策略能获得高于股票的收益，却承担比股票低很多的风险，最大跌幅也比股票投资小得多。

表 6-5 绝对收益策略与股票、债券的收益及风险对比（1998 年 1 月～2006 年 8 月）

	股票市场中性	可转换套利	兼并套利	标准普尔 500 指数	雷曼兄弟综合债券指数
年均收益	2.3%	6.6%	6.8%	5.1%	5.8%
标准差	3.7%	4%	3.8%	15.5%	3.6%
最大跌幅	−6%	−10%	−4.6%	−44.7%	−3.6%

资料来源：TUTTLE M. How Harvard and Yale Beat the Market: What Individual Investors Can Learn from University Endowments to Help Them Prosper in an Uncertain Market[M]. Hoboken, NJ: John Wiley & Sons, 2009: 127.

根据史文森的归纳，绝对收益策略主要有两类：事件驱动型和价值驱动型。① 事件驱动型策略往往依赖某些事件或某种预期来引发投资热点。这样的机会多产生于公司合并或重组的复杂过程，而愿意投入人力资源去了解公司交易背

---

[1] 即可转换证券能够转换成的股票。
[2] 由于表 6-5 中的数据统计于 2008 年金融危机发生之前，雷曼兄弟控股公司尚未破产，因此仍采用雷曼兄弟综合债券指数。该指数现已更名为巴克莱综合债券指数（Barclays Aggregate Bond Index）。

后的各种情况的投资者才有可能抓住这样的机会。[15]上文提到的兼并套利即属于事件驱动型策略,能否获利,取决于基金经理对兼并事件的最终完成概率、可能发生的时间节点、市场对交易对价的预期等因素做出的判断是否准确。这种策略具有很大的风险性,但在良好的预期下,能够提升市场情绪,带动相关公司股价出现快速上涨,从而实现快速收益。② 价值驱动型策略需要投资经理挖掘出被错误定价的证券,建仓并通过多空头寸相抵来降低市场系统性风险。[15]这种策略的收益结果完全取决于投资经理的选股能力,做多操作时,这需认真研究证券品种并进行集中投资,做空操作时,需仔细做出基本面分析,找出被高估的证券。而且,做多做空同时进行,不仅是为了起到对冲作用,还应该从中获得增值。在操作时,做空者面临着很大的风险,比如低估被卖空企业的管理层挽救濒临破产企业的能力,一旦管理层尽其努力保住了企业,做空者将面临很大损失。卖空的定价机制和周转率高的特点也要求基金经理做到空头头寸的分散化和不断找到新的空头头寸目标。无论是事件驱动型策略还是价值驱动型策略,都需要基金经理进行积极的投资管理,以构建高收益、低风险的绝对收益组合。

三、规避的资产

尽管投资品种非常丰富,出于道德等因素的影响,大学永续型基金会有意识地规避某些特定的资产类比。例如,圣母大学是一所罗马天主教大学,出于宗教原因,他们的捐赠基金不投资制造流产药物的公司,也不投资涉猎胚胎干细胞研究的生物科技公司。[129]又如,20世纪七八十年代,美国出现学生运动,反对大学持有实行种族隔离政策的南非公司股票,此后美国大学永续型基金特别注重投资的伦理尺度或社会责任导向。一些被认为可能会损害到人类状况的公司股票如烟草行业、酒精饮料行业、具有反环境保护论倾向而受到批评的化学公司、任何种族歧视者和性别歧视者以及动物权利保护和堕胎等能招致对医疗保健与研究相关投资的强烈抗议的,都被排除在投资范围之外。[120]

第三节　资产配置

为了完成投资目标,投资者需要制定能够创造收益(income generating)的投资策略,这包括资产配置(asset allocation)、择时(market timing)和证券选择

（security selection)。[15]资产配置是构建投资组合的第一步，指选择和定义组合中的各种资产类别，并决定各资产类别在组合中的比重；择时指通过短期内偏离长期资产配置目标来获利；证券选择指对单个资产类别进行积极管理。诸多研究表明，资产配置对组合收益的贡献最大。例如，罗杰·伊博森（Roger Ibbotson）和保罗·卡普兰（Paul Kaplan）在其研究中总结，长期来看，基金投资收益变化中约90%可归因于资产配置政策的变化。[185]相比之下，择时和证券选择对组合收益的贡献较小，而且准确择时和选择合适证券的难度相当大，因此资产配置的决策成为机构投资组合管理中最重要的部分。本节将从资产类别和配置比例两个方面进行考察。

一、资产配置的现状

康桥汇世每年根据其大学捐赠基金和基金会客户提供的投资报表，制作美国捐赠基金及基金会的整体投资状况的分析报告。图6-4显示了2004～2014年美国捐赠基金与基金会对不同资产平均配置比例的变化，样本包括225所美国的大学捐赠基金和基金会。由图6-4可见，这些年间，股票投资比例一直占据绝对优势，在2008年金融危机之前，国内外股票投资总比例一直在50%以上，经过危机期间的大幅下跌及缓冲后，近两年又出现稳步上升；债券投资与对冲基金也占有重要比例，均在10%～20%之间；另外还有私募股权、实物资产及通胀挂钩债券（inflation-linked bonds)、不良资产、现金及其他，其中前两者投资比例相对较多。对比图6-4的左右两端可以直观地发现，十年间，美国国内股票和债券的投资都出现了较大幅度的收紧，降幅均分别为44%和42%；对冲基金、不良资产、私募股权、实物资产及通胀挂钩债券的投资比重都大幅上升，增幅分别为57%、177%、131%、95%；外国股票的增幅为45%。由表6-6还可进一步发现，虽然发达市场股票投资在外国股票中占据主要部分，但外国股票投资的增多主要是由于新兴市场股票投资的增长。从变化的过程看，大多数年份中这些资产所占比例的过渡较为平稳，但在2007～2009年波动幅度比较显著。2009年，国内外股票投资占比由50.9%（2007）降至38.4%，现金的占比较前两年大幅增加，增幅超过100%（130%），不良资产投资是2007年的近三倍，可见大学的捐赠基金同样受到了2008年金融危机的冲击，并在随后的时间里积极调整资产的配置比例以适应变化了的市场。

第六章 世界一流大学永续型基金的投资管理

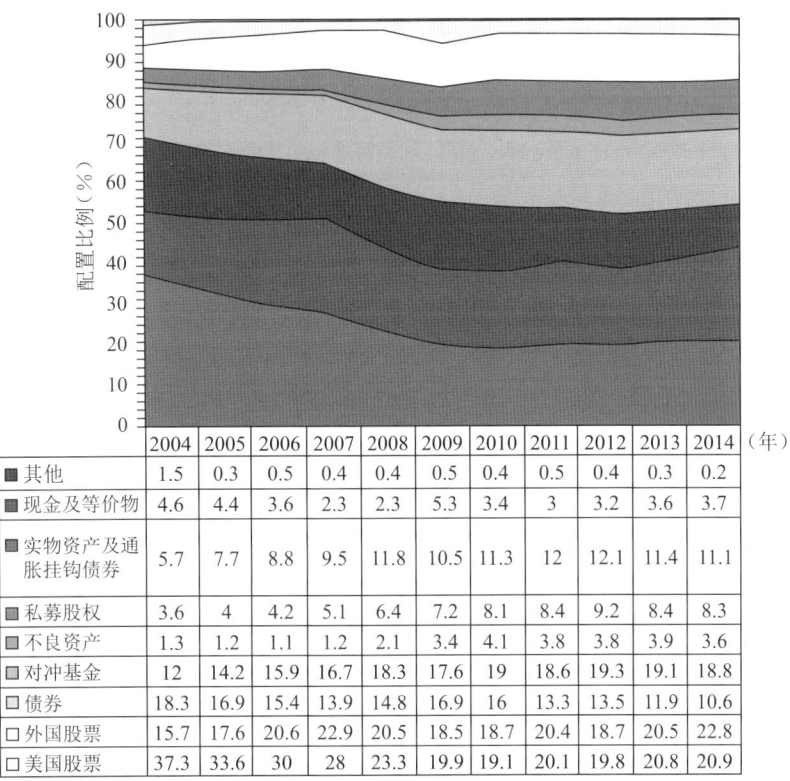

图6-4 美国捐赠基金与基金会的资产配置(2004~2014年,%)

资料来源:CAMBRIDGE ASSOCIATES. Endowments Quarterly: First Look[R]. Boston, MA: Cambridge Associates, 2014.

表6-6 外国股票中发达市场股票和新兴市场股票(2004~2014年)

时间(年)		2004	2005	2006	2007	2008	2009	2010	2011	2012	2013	2014
外国股票	发达市场	13.1%	14.0%	16.2%	17.5%	15.4%	13.5%	13.3%	14.1%	12.5%	13.9%	15.4%
	新兴市场	2.6%	3.6%	4.4%	5.4%	5.1%	5.0%	5.5%	6.3%	6.2%	6.6%	7.4%
合计		15.7%	17.6%	20.6%	22.9%	20.5%	18.5%	18.7%	20.4%	18.7%	20.5%	22.8%

资料来源:CAMBRIDGE ASSOCIATES. Endowments Quarterly: First Look[R]. Boston, MA: Cambridge Associates, 2014.

为了深入考察不同资产配置的特点,康桥汇世依据美国各大学捐赠基金和

139

基金会①的投资业绩②对其进行排名,并按四分位制归为四档。由于投资业绩是某一财年底的数据,而与该投资业绩相关的资产配置比例是该财年初的,因此这里用以划分学校档位的投资业绩与对应的资产配置数据并不取自同一时间节点,而是要晚一年(trailing one-year)。如表6-7中的资产配置数据是2013年6月30日的统计结果,而表格最左边四个档位划分所依据的投资收益率是2014年6月30日的统计结果。可以看出,业绩表现不同的机构在对冲基金和股票方面的配比存在差异,表中加粗数据表明该数值偏离总样本均值相对明显。股票和对冲基金的投资占比普遍较高,而且投资表现越佳的机构其股票配置比例越高、对冲基金配置比例越低。具体而言,在第一档(收益率排名前25%)机构中,美国国内股票比例最高,约占1/4(24%),外国股票与之相当,为22.6%,股票总占比为46.6%,远高于对冲基金的占比(16.4%)。在第四档(收益率排名末25%)机构中,美国股票和外国股票投资占比分别为18%和18.2%,股票总占比36.2%,与对冲基金占比(24.5%)的差距并没有另三个档位机构明显,而且第四档机构的现金持有比例显著高于另三个档位机构。除股票、对冲基金、现金之外的其他投资类别,各档机构的投资比例差异并不大,但仍值得对比:业绩较好机构的不良资产和债券投资比例较低,私募股权和实物资产等另类投资比例较高,如第一档机构对另类资产的投资比例占到近1/5(19.8%)。可以说,股票和另类资产是美国大学永续型基金投资的重心,是其投资回报的主要引擎。

表6-7 美国大学永续型基金的资产配置(2013年)

	美国股票	外国股票	债券	对冲基金	不良资产	私募股权	实物资产及通胀挂钩债券	现金	其他
第一档位	24.0%	22.6%	11.7%	16.4%	3.0%	8.1%	11.7%	2.1%	0.4%
第二档位	22.3%	22.0%	12.3%	19.2%	3.4%	6.8%	10.6%	3.1%	0.4%
第三档位	20.7%	21.1%	13.3%	20.0%	3.5%	6.7%	10.6%	3.6%	0.4%
第四档位	18.0%	18.2%	12.6%	24.5%	3.9%	6.0%	10.4%	6.2%	0.2%
平均	21.1%	21.0%	12.5%	20.0%	3.5%	6.9%	10.8%	3.7%	0.3%

资料来源:CAMBRIDGE ASSOCIATES. Endowments Quarterly: First Look[R]. Boston, MA: Cambridge Associates, 2014.

---

① 以下相关图表均根据414所向康桥汇世提供报表的美国大学永续型基金和基金会的相关数据绘制。
② 99%的机构提供的投资收益率均为扣除相关费用(net-of-fees)的净收益率。

表 6-7 是根据财年末的投资业绩来反观财年初的资产配置状况,而表 6-8 则是从财年初的对冲基金配比来考察财年末的投资回报,表中还列出了同时期的股票配比。表中前两列显示出,对冲基金配比与投资表现呈相反趋势,即对冲基金配比越高组合的收益率反而越低。而对比表格后两列又会发现,股票配比与组合收益呈相同趋势,事实上,2014 财年股市表现良好,为投资业绩做出了不小的贡献。

表 6-8 对冲基金配比与投资组合年均收益率(2014 年)

对冲基金配比(%)	投资组合年均收益率(%)	美国股票配比(%)	外国股票配比(%)
小于 15	16.3	27.1	23.3
15~20	16.1	21.5	22.0
20~25	15.5	19.5	20.9
大于 25	14.7	15.6	16.8

资料来源:CAMBRIDGE ASSOCIATES. Endowments Quarterly: First Look[R]. Boston, MA: Cambridge Associates, 2014.

二、配置方式的演变

在建立投资组合时,有两种不同的策略:基于收入(income)和基于总回报(total return)。收入即现金流,如债券利息(bond interest)和股票分红(stock dividends);总回报中不仅包含这部分现金流,还包括资本增值。现金流入是实实在在的回报,对投资者来说非常重要,尤其是通过组合投资获得现金流以应付开销的机构,能保证其在不动用本金的情况下获得必要的资金来源。[186]资本增值是资产的溢价,一般来说,股票价格会随着经济增长而上升,股票的分红也可能增加,从而有效对抗通货膨胀。[187]单纯依赖现金流难以获得令人满意的回报,因为通货膨胀的存在会导致债券利息等固定收入的实际价值不如 5 年或 10 年前;单纯依赖资本增值也是不可取的,因为市场下滑时这些增值会蒸发。总回报策略将二者兼顾,投资者只考察组合的总回报率,而无须区分这些回报是来自投资收入还是资本增值。[188]

基于总回报的策略有诸多优势。① 在基于收入的策略下,投资者倾向于只配置能够带来现金流的股票(如价值型股票)和债券,而基于总回报的策略则允许投资者尝试更多类型的资产,如成长型股票、另类资产,这有利于组合的多元化和风险分散。② 着眼于总回报也有利于投资者全面衡量所选证券的潜在收入和降价风险。[187]例如,虽然长期债券的回报比短期债券高,但预期利率上升时,长期债券的价格下跌也更厉害,如果其价格下跌幅度抵消甚至超过其利息收入,投资者在选择该长期债券时就要慎重考虑了。③ 基于总回报的策略还有很多税收方面的优势[186],由于本书研究的大学投资基金享受免税政策,故不展开讨论。

20世纪60年代末以前,大学永续型基金的支出遵循简单而刻板的原则:只使用利息和分红等现金收入,即使产生了资本利得也只能分配到本金中而不会用来花费。[28]在这样的原则之下,投资委员会一心甄选债券、优先股(preferred stock)等能够为机构带来现金收入的证券,资产配置决策的制定更多的是考虑当前的资金需求,而非将来的需求。这种低效的资金运作未能充分发挥出捐赠基金对大学的资助效力,运营预算的增速超过了永续型基金的回报,如果资本增值的一部分能够被确认并使用,学校的压力或可减轻。[189]1969年,福特基金会在其报告《教育捐赠基金管理》中指出,捐赠基金投资应当关注总回报而不单是收入,永久运作的捐赠基金更需增加股票的投资比重。众多大学都深入分析了福特基金会的研究报告并采纳了当中的建议,随后的几十年间,捐赠基金投资格局发生了很大变化,股票投资不仅盛行起来,而且延伸到私营企业(private enterprises)和边境市场(frontier markets),风险管理方式也相应地有所创新。[29]

然而市场永远存在不确定性,尽管股票能够带来高额回报,但在经济形势不向好时也可能给投资者造成巨大损失。因此,分散式组合投资方式仍是首选,在股票之外,永续型基金还需投资一些其他资产类别,以保证在股票投资疲软时,组合仍能够获得客观的收益。而且,多样化投资还可以降低组合的整体波动性[171],减小组合的风险敞口。分散投资是确保基金在任何市场环境下都有能够产生收益的渠道,降低了组合波动性和敏感性,即β——单纯投资于股市的回报的波动性。

前文提到的康桥汇世早在40多年前就开始为基金会与捐赠基金、政府机关、企业以及私人提供专业服务,其最初的大学客户包括哈佛大学、麻省理工学院、圣母大学等在内的12所一流大学。截至1977年6月底,这些大学的平均捐赠基金规模只有3.42亿美元,到2012年6月底时已飙升至97亿美元[29],翻了将近30倍。捐赠基金投资的资产配置方式也发生了巨大的转变。图6-5显示了12所大学的平均资产配置情况,左图为1977年6月30日的数据,右图为2012年6月30日的数据。可以明显看出,20世纪70年代大学捐赠基金资产分配遵循"60/30/10—股票/债券/现金"模式,股票投资占大头,债券投资规模约为股票投资的一半,另留有一定的现金,这与上文提到的大学捐赠基金重视股票投资

第六章 世界一流大学永续型基金的投资管理

的理念一致。此种资产配置方式比较简单,且投资基本上局限在美国本土。近年来资产配置变得非常复杂,不仅资产种类更加丰富,资产比例也与之前大不相同。如图6-5右图所示,整体来说,股票投资仍是最大的部分,约占1/4;债券比例下降很多,与现金相当水平,占比分别为5.4%和3.6%;新出现的三大类资产是私募股权(23.6%)、对冲基金(22%)和实物资产(20.5%),各自的投资占比相近,且与股票投资比例也较为接近。可以说,在新的资产配置模式中,除了少量债券和现金外,股票、私募股权、对冲基金、实物资产这四种资产平分秋色,没有哪一种资产具有绝对比例优势,资产的配置比例较图6-5左图中更为均衡。单就股票而言,已不再局限于美国市场,而是新增了国外发达市场和新兴市场的股票投资。美国股票(10.2%)仍是主体,但后两者的投资比例并不低,分别为7.9%和6.8%。

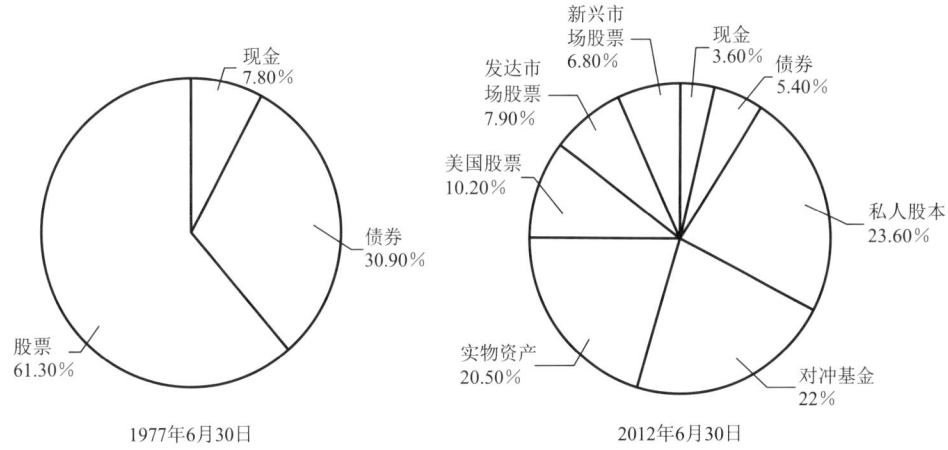

图6-5 资产配置的对比(以12所一流大学为例)

资料来源:POLLINGER A. Then and Now:Four Decades of Change[R]. Boston, MA:Cambridge Associates, 2014.

图6-5显示,在约35年的时间里,一流大学的资产配置模式发生了巨大的变化,左图代表传统的"股票/债券"模式,右图代表当今更为复杂的"永续型模式"。这当中的转变具有必然性,世界经济格局的变化、新型投资项目的开发、信息化交易平台的升级等为投资方式的多元化、复杂化创造了基础条件,而大学自身投资要求的不同也会促成新型投资模式。图6-6形象地展示了永续型基金的投资策略的选择,根据流动性大小、另类投资比重高低以及复杂性程度这三个维度划分象限。容易看出,"60/40—股票/债券"模式适用于保持高流动性、不偏好另类资产、结构较单一的投资要求,而大学捐赠基金投资是永久的,对流动性的

要求没那么高,因而得以投资很多流动性不足的房地产、私募股权等非传统的资产,且长远的投资周期下基金也能够承受更多由投资模式复杂化所带来的风险。

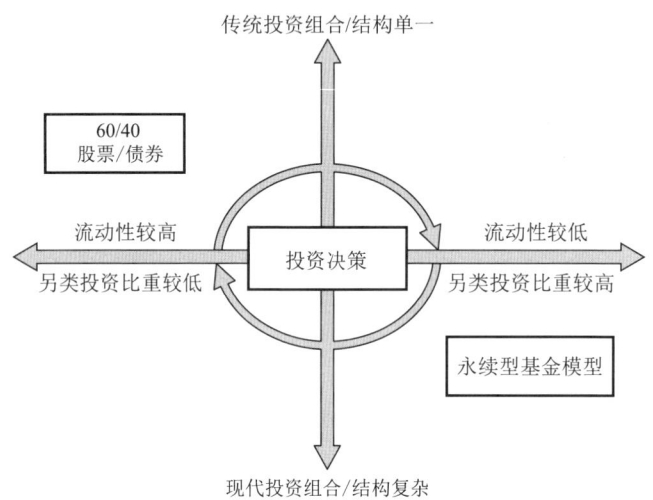

图 6-6 永续型基金投资策略象限

资料来源:PERRY S F, WATSON A. The Endowment Model: Striking the Balance Between Simple & Complex[R]. Boston, MA: NEPC, 2014.

虽然近些年来耶鲁、哈佛等名校的捐赠基金模式受到追捧,但永续型模式并没有一个准确的概念。在一次针对永续型模式的小组讨论中,首席投资官们指出,永续型模式并非媒体过度描述的具有高比例另类资产的投资方式。[190]卡耐基基金会前任 CIO 艾伦·舒曼(Ellen Shuman)①称,更为重要的是通过专业的投资经理寻找市场低效(错误定价)从而挖掘投资机会,公开市场、私人市场、地缘差异、资产分类等诸多方面都可能存在市场低效,开发另类投资领域是由此而产生的一种必然选择。圣母大学 CIO 梅尔帕斯表示,永续投资坚守长期视角,积极同全球卓越的投资机构及人员合作,通过深入研究来评估和发现机遇,从而平衡资产的配置,这些运作的协调开展则是一个很好的永续型模式。乔治·华盛顿大学 CIO 唐·林赛(Don Lindsey)认为,永续型基金并不存在唯一的模式,每个学校都应当根据自身的条件来选择合适的投资方式。尽管永续模式各不相同,但有学者还是总结出了永续型模式的一些特征[191]:

---

① 1984～1998 年在耶鲁大学投资办公室担任投资主管,1999～2011 年在卡耐基基金会担任首席投资官。

（1）灵活的治理结构（Flexible governance structure）；
（2）专注而稳定的投资人员（Dedicated and stable investment staff）；
（3）长远投资视角（Long-term time horizon）；
（4）积极管理风险预算（Substantial active manager risk budget）；
（5）动态的资产配置结构（Dynamic asset allocation structure）；
（6）能承受相当的非流动性和复杂性（Capacity to take on significant illiquidity and complexity）；
（7）挑选和留用最优秀的投资经理（Ability to identify and access top managers）；
（8）降低费用的规模／规模效应（Scale to drive down fees）；
（9）愿意投资利基市场（Willingness to invest in niche areas）；
（10）债券融资能力（Ability to issue debt）。

就是否会参考其他名校的投资管理方式这一问题[①]，牛津大学永续型基金管理办的 CIO 桑德拉·罗伯森（Sandra Robertson）表示，自己拥有 20 多年的投资经验，其管理是根据自己的经验以及与外部相关机构的合作来进行，没必要参照莫须有的"永续型模式"。永续型基金投资从简单到复杂的转变，是随着大的投资环境而变，另类资产项目不断丰富起来，新的更大的投资机会蕴藏其中，投资重心由传统类别过渡到另类投资是寻求资产增值的机构和个人的自然选择。现今顶级名校的永续型基金，以其庞大的本金和成熟的机构化运作，凸显了这样一种新的资产配置结构的优势。永续型模式只是模糊的泛指，新型资产配置结构优势的体现与否、体现程度，还取决于大学基金的规模、管理架构、投资理念、投资团队等众多具体的因素。

值得注意的是，从实际效果来看，某些一流大学的资产配置仍会出现趋同现象。如图 6-7 所示，自 20 世纪 90 年代初期，耶鲁大学就开始大幅降低投资分配中股票所占的比例；到 90 年代中期，普林斯顿大学股票投资份额从超过 45％ 骤降至不到 15％；在 21 世纪初，哈佛大学的股票投资也明显减持。研究表明，当大学发现与其非常接近的竞争对手的基金运作跑赢大多数同类学校时，就极有可能在后续的年份中效仿明星学校的资产配置模式。这是在共同基金和永续型基金中都广泛存在的联赛效应（tournament effect）。在美国的一流大学当中还会出现这样的情况：一所学校永续型基金的 CIO 可能曾在另一所学校接受教育，或是

---

① 笔者于 2014 年 11 月参加牛津大学中国办公室在香港地区举行的讲座 "Endowment Stewardship and Preserving Real Value in Perpetuity" 时曾向罗伯森女士请教该问题。

在参与过竞争对手学校的投资活动后被聘用到该校从事投资活动。[192]比如,普林斯顿大学基金的 CIO 安德鲁·高登(Andrew Golden)就曾为耶鲁大学永续型基金的 CIO 史文森工作过五年,是史文森的追随者,其在普林斯顿大学实施的投资理念和投资方式类似于耶鲁模式。[193]

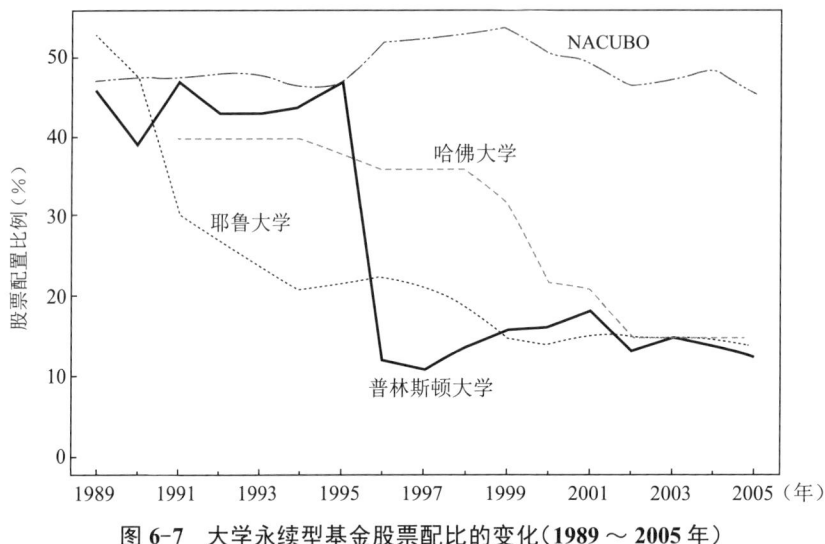

图 6-7　大学永续型基金股票配比的变化(1989~2005 年)

资料来源:CEJNEK G, FRANZ R, RANDL O, STOUGHTON N. A Survey of University Endowment Management Research[J]. Journal of Investment Management,2014,12(3):90-117;GOETZMANN W N, OSTER S. Competition Among University Endowments[R]. Cambridge, MA:National Bureau of Economic Research, 2012.

在金融投资市场中,跟风是比较普遍的现象,因而在某些时候可以实施逆向投资策略。逆势而为的投资经理会不可避免地遭受激烈的批评[15],但他们的策略有时能够避免随大流造成的资源浪费甚至损失,反而取得成功。根据康桥汇世对其永续型基金客户的统计,1999 年,一些实行逆向投资策略的客户大胆地削减了其所持有的美国股票的份额,到 2012 年时它们的投资收益已大幅攀升,10 多年间的增幅要超出增加美国持股份额的客户近 20%。[194]如图 6-8 所示,1999 年减持股票份额最多的 13 个永续型基金在后续年份中的平均业绩水平一直优于同年增持股票份额最多的 14 个永续型基金。可见,盲目地跟风追加股票投资未必能带来更好的回报。为保证基金财富的稳健增长,切忌因贪图一时的高回报而违背放眼于长期的投资策略。适时做些逆向操作,避免随大流,自始至终贯以该原则的长期投资者将以更小的风险获得更大的回报。[194]

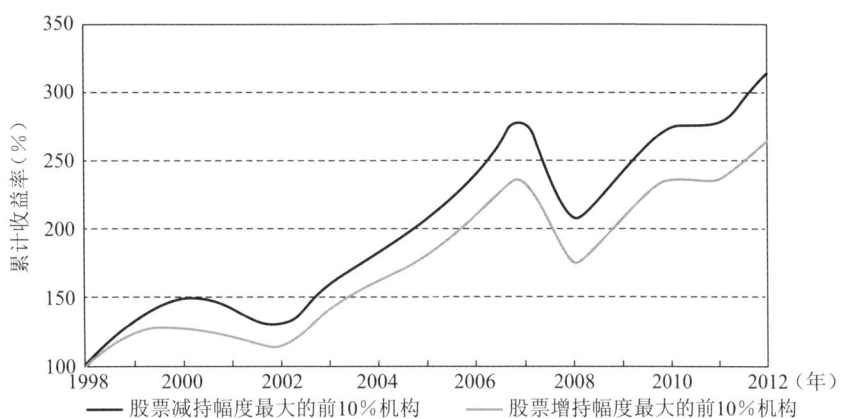

图 6-8 美国大学永续型基金在 1999 年增持/减持股票后的业绩对比（1998～2012 年）

资料来源：BUTTRICK B. Just Another "FOMO" Market: Avoiding Behavioral Pitfalls[R]. Boston, MA: Cambridge Associates, 2014: 5.

三、不同规模永续型基金资产配置的偏好

与其他国家相比，美国大学设立永续型基金是一个较为普遍的现象，但永续型基金规模差异很大。例如，排名第 1 的哈佛大学永续型基金高达 323 亿美元（2013），而排名最末的学校则不足百万美元。本金规模不同，投资策略也存在很大差异。表 6-9 是 2013 年 NACUBO 的统计数据，永续型基金规模归为六档，投资类别分为五类。可以看出，所有大学的国内股票投资都多于固定收益，但随着本金规模的增长，这两类资产的投资比例都在下降，而另类投资的比重则在增加，尤其是资产规模在 10 亿美元以上的超级捐赠基金，其另类资产占比高达近 60%。联想到传统的"60/40—股票/债券"模式，不禁让人思考，对于超级捐赠基金来说，如今另类投资在组合中的重要性就如当年股票投资在组合中的重要性，而另类资产如此受青睐也说明这类资产能够为组合带来巨大的收益。在 19 世纪后期到 20 世纪中期，美国的股票市场旺盛发展并逐渐规范化，市场中充满了投资机会。第二次世界大战后机构投资者迅速发展，美国股票市场已比较成熟，能够被发现的市场低效不如以前多，反倒是在实物资产、私募股权等非传统资产领域存在着大量新的投资机会，能为投资者带来更高回报，这在后面的投资业绩章节中会具体考察。外国股票投资比重均在 10% 以上且较为接近，中等规模永续型基金对此的投资占比约 20%，超级捐赠基金为 17%，基金规模最小档的机构投资比例为 14%；现金及其他类别的投资比重均在 10% 以下，为 3%～6%。虽然不同规模永续型基金对这两类资产的投资比重差异不大，但由于规模本身相

差很大,这两类资产的绝对投资额的差距仍是相当大的。例如,超级捐赠基金持有的现金及其他资产平均为 3000 万美元,但规模在 2500 万美元以下的基金所持数额的平均值还不到 150 万美元。

表 6-9 美国大学永续型基金及附属基金会的资产配置(2013 年)

分类		国内股票	固定收益	外国股票	另类投资	现金及其他
捐赠基金规模(亿美元)	大于 10	13%	8%	17%	59%	3%
	5～10	20%	11%	19%	45%	5%
	1～5	27%	15%	19%	34%	5%
	0.5～1	33%	20%	20%	23%	4%
	0.25～0.5	36%	22%	17%	20%	5%
	小于 0.25	43%	26%	14%	11%	6%
类型	公立机构	19%	12%	19%	47%	3%
	私立机构	15%	9%	17%	55%	4%
	平均	16%	10%	18%	53%	3%

资料来源:根据 NACUBO 资料整理而成。

总体而言,规模越小的捐赠基金对传统资产的依赖性越大,规模越大的捐赠基金越青睐另类资产。产生这一现象的原因有很多。① 在投资团队方面,小型捐赠基金通常没有能力雇佣专业投资人员并支付较高薪酬,因此基本上选择将资产管理工作外包[72],而大型基金通常采用主动管理策略,团队中聚集了投资业界的精英,并积累了长期的人脉资源,因而可以更高效地进行投资。例如,在另类资产中超级捐赠基金倾向于直接投资,团队成员绝大部分时间会与投资伙伴直接打交道,而非通过组合式基金(fund of funds)等第三方途径;相比之下,小型永续型基金直接投资的另类资产只占到一半,其余一半则由组合式基金代为管理,而由此产生的额外费用势必会拉低组合的投资业绩。[195] ② 在可选择的投资项目方面,受制于有限的资金,小型捐赠基金无法直接投资一些高回报的项目。圣母大学 CIO 梅尔帕斯表示,就房地产等投资类别而言,直接投资会更好一些,但大学永续型基金通常没有足够的资金进行这方面的投资,少数规模超过 100 亿美元的基金才有能力进行此类投资。[184] ③ 在风险承受能力方面,大型捐赠基金可以覆盖更多种类的投资,全面地分散风险,而小型捐赠基金分散风险的能力有限,投资大多偏向于低风险资产。④ 在交易成本方面,小型捐赠基金难以像大型基金那样利用资金实力来掌握定价主动权,因而将资金配置于外部基金不利于机构成本的控制,小型捐赠基金也就倾向于选择交易成本相对较低的传统投资方式。

第四节 投资业绩

图6-9显示了2004～2013年美国大学永续型基金及附属基金会收益率的整体情况。10年间,这些机构基金运作的平均收益率并未呈现一致的增长或下降趋势,而是处于上下波动的状态。大多数年份里,收益率的均值为正,且基本上高于10%,尤其是2011年(19.2%),收益率逼近20%。2007年,收益率攀至17.2%的高位,然而2008年全球金融危机爆发致使随后两年的收益率连续下跌,直降到−18.7%。可见,深度参与金融市场投资的美国大学永续型基金也受到了这场危机的巨大冲击。随着经济的复苏,2010年基金的投资收益率回到了危机前的大致水平(11.9%)。在2011年跃至新高后,收益率在2012年骤降,略低于零(−0.3%)。随着市场的回暖,及至2013年,投资收益率的年均水平再次回到10%以上(11.7%)。

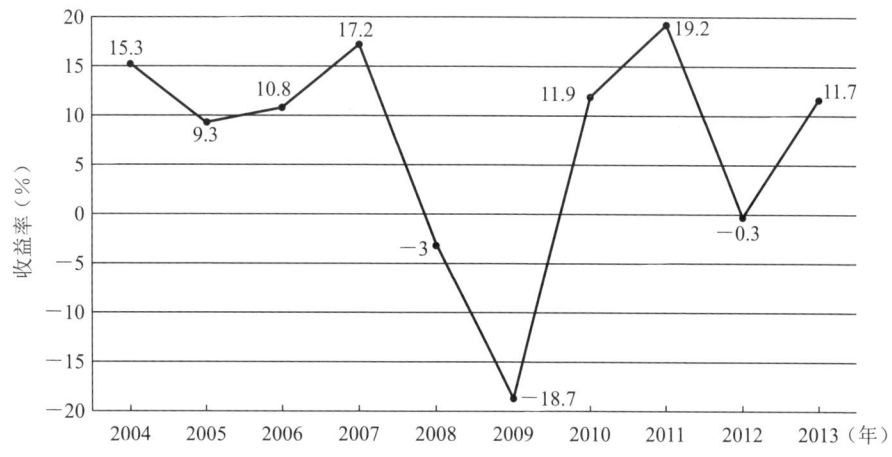

图6-9 美国大学永续型基金及附属基金会的年均收益[①] (2004～2013年)

资料来源:根据NACUBO资料整理而成。

如图6-10所示,根据对831家样本机构的调查,2012年投资损失最严重的是外国股票,回报率为−11.8%,美国国内股票的表现一般,收益率只有2%,而以高收益著称的另类投资也仅有0.5%的微弱回报。2011年下半年发生在欧元区的金融危机曾波及世界各地,《纽约时报》报道称,由于欧债危机、美国经济复苏受阻和中国经济发展失色,以及自然灾害、贸易丑闻、大宗商品价格剧烈波动、阿拉伯之

---

① 已扣除所有管理费用。

春等诸多因素影响,2011全年多数股市大跌,给投资者带来了不少损失。摩根士丹利资本国际证券(MSCI)世界指数下跌7.5%,欧洲指数下跌17%,新兴市场指数下跌20%。[196]不过,从10年的长期年收益率来看,2012年(6.2%)高于2011年(5.6%),也就是说,大多数机构的长期投资表现还是得到了一定的提高。[197]

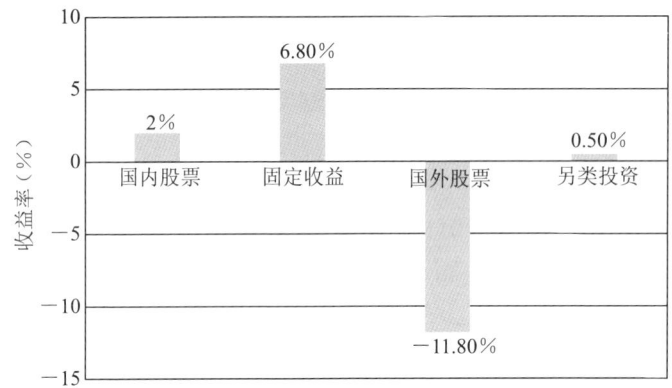

图 6-10　各类资产平均收益率(2012 年)

资料来源:根据 NACUBO 资料整理而成。

规模不同,大学永续型基金的投资表现也各不相同。表 6-10 按规模和类型划分,列示了美国大学永续型基金及附属基金会在不同年限下的平均收益率。根据历史数据的可获得性,1 年、3 年、5 年、10 年期间平均收益率所对应的样本量分别为 813、732、699、520。不难看出,短期内(1~5 年)不同规模捐赠基金的收益率并无显著差别,但在 10 年均值上,超过 10 亿美元的大学捐赠基金收益率略显有优势。

表 6-10　美国大学永续型基金及附属基金会的收益率(2013 年)

分类		一年期收益率	三年期收益率	五年期收益率	10年期收益率
捐赠基金规模（亿美元）	大于 10	11.7%	10.5%	3.8%	8.3%
	5~10	12.0%	10.2%	4.0%	7.6%
	1~5	11.9%	10.2%	3.8%	7.0%
	0.5~1	11.5%	10.0%	4.0%	6.7%
	0.25~0.5	11.4%	10.1%	4.3%	6.4%
	小于 0.25	11.7%	10.6%	4.9%	6.3%

续表

分类		一年期收益率	三年期收益率	五年期收益率	10年期收益率
类型	公立机构	11.5%	10.3%	4.2%	7.1%
	私立机构	11.9%	10.2%	4.0%	7.1%
平均		11.7%	10.2%	4.0%	7.1%

资料来源：根据NACUBO资料整理而成。

大型捐赠基金在更长期限内(25年)的业绩更是突出，并为其赢得了相当的媒体关注。然而，这容易引致对永续型模式的盲从。有学者通过Google搜索统计发现，从2009年初到2011年底，投资者看到的介绍永续型基金规模前十强学校的内容是其余学校的近10倍，这难免造成市场观察人士的误读，以为永续型基金是成功投资的典范。然而事实上，只有9%的超级永续型基金表现异常突出，其余91%的永续型基金同低成本的共同基金相比并无明显优势。[195]

图6-11按照与表6-7相同的四分位法来考察收益率的分布情况。2014年收益率范围最广的是第四档位的机构，为5.9%～14.5%不等，收益率范围次广的是第一档位的机构，为17.0%～22.4%不等，第二、三档位的机构收益率较为接近，分布在14.5%～17.0%。总体来看，仅有1/4的机构收益率在17%以上，3/4的机构收益率都在17%以下。

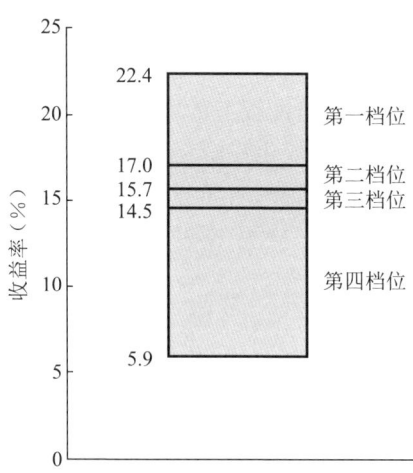

图 6-11　美国永续型基金与基金会收益率分布（2014年）

资料来源：CAMBRIDGE ASSOCIATES. Endowments Quarterly: First Look[R]. Boston, MA: Cambridge Associates, 2014.

第五节 案例:耶鲁大学和牛津大学

一、耶鲁大学

耶鲁投资办公室成立于1985年,CIO为史文森。2013年耶鲁大学永续型基金的市值为207.8亿美元,在当年NACUBO排行榜中居第二位,投资回报率为12.5%,投资收益计22.9亿美元。

(一)投资理念

耶鲁投资组合的构建结合了学术理论与对市场的判断。利用统计方法将资产的预期收益、方差以及协方差联系起来,通过均值—方差分析(mean-variance analysis)估算出不同配置资产的预期风险和收益,并测试投入假设变化带来的结果的敏感度。定性分析与定量计算都在组合资产的选择和配置中起到了重要作用。[198]

耶鲁大学永续型基金构建投资组合时的宗旨是,保证即便有一天"暴风雨"来临(一定会发生,但何时发生无法预测),组合仍然能够平稳度过,并保证在所有的资本市场都能找到有效边界。耶鲁大学永续型基金将过去多年的市场经验通过蒙特卡洛模拟融入组合构建过程中,以取得最佳非协方差结果,尽量避免市场整体的困境给组合造成的损失。[199]

耶鲁的五大投资原则如下:
(1)投资股票,因为做一个拥有者(owner)胜过当一个债权人(lender);
(2)采用分散式组合方式,避免市场择时,适当调整对极端估价品的投资配比;
(3)投资信息不充分、流动性较差的私募市场,以此获得长期附加值;
(4)只在十分常规或是指数化投资上聘用外部经理人;
(5)将资本分配到拥有并管理着所投资金的投资公司,这样才能降低利益冲突。[176]

(二)基金市值

耶鲁大学永续型基金从1995年开始迅猛增长。[177]如图6-12所示,自1997年以来,耶鲁大学永续型基金的市值总体呈现增长趋势,在2007年达到225.3亿美元,是10年前(1997)的近四倍。受到金融危机的冲击,基金市值在2009年出现大幅下降,缩水超过1/4。随着经济的复苏,基金市值已于2013年重新回到200亿美元以上。

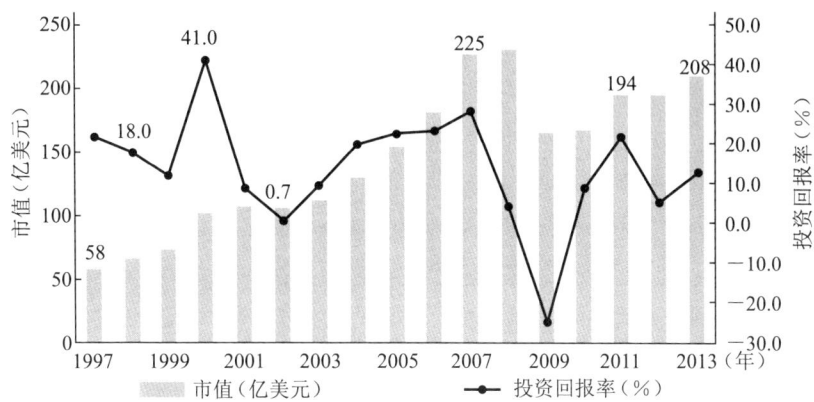

图 6-12 耶鲁大学永续型基金的市值与投资回报率（1997～2013 年）

资料来源：MIAO D. World's Most Profitable Yale Endowment Allocates 30.0% to PE Assets[EB/OL]. [2015-08-25]. http://en.pedaily.cn/Item.aspx?id＝219848.

（三）资产配置

如图 6-13 所示，在过去的 10 年中，绝对收益、房地产和私募股权是耶鲁大学永续型基金投资的主要部分。绝对收益、固定收益和国内股票投资类别上的投资比例均有所下降，房地产和油气林矿的投资比例相对稳定，而私募股权的比例大幅增加。受金融危机的影响，外国股票投资比例从 2009 年开始下降，直到 2013 年才有所增加；现金配比也在 2008 年、2009 年、2011 年出现负值。

（四）投资业绩

在史文森组建耶鲁投资办公室之前，耶鲁的投资方式较为保守，业绩平平。1985 年后，通过加大私募股权等另类资产类别的投资比例，耶鲁大学永续型基金获得了骄人的投资业绩。图 6-12 显示了部分年份的投资回报率，除了 2002 年前后和 2009 年前后投资业绩受挫外，大多数年份里，耶鲁大学的投资回报率为 10%～25%。由图 6-14 可以明显看出，过去的 20 年里，耶鲁大学永续型基金的收益率一直高于康桥汇世调研得出的平均水平，且差距逐渐扩大；也高于耶鲁大学资产配比与基金经理平均收益率相结合得出的假设水平。20 年间，耶鲁大学永续型基金的平均年收益率为 13.5%，明显优于 8.4% 的平均值。且在过去的 10 年中有九年耶鲁大学的基金回报率居大学永续型基金的榜首。[177] 可见，耶鲁大学大胆的非传统资产配置模式以及与之相匹配的积极管理为其突出的业绩做出了不小的贡献。

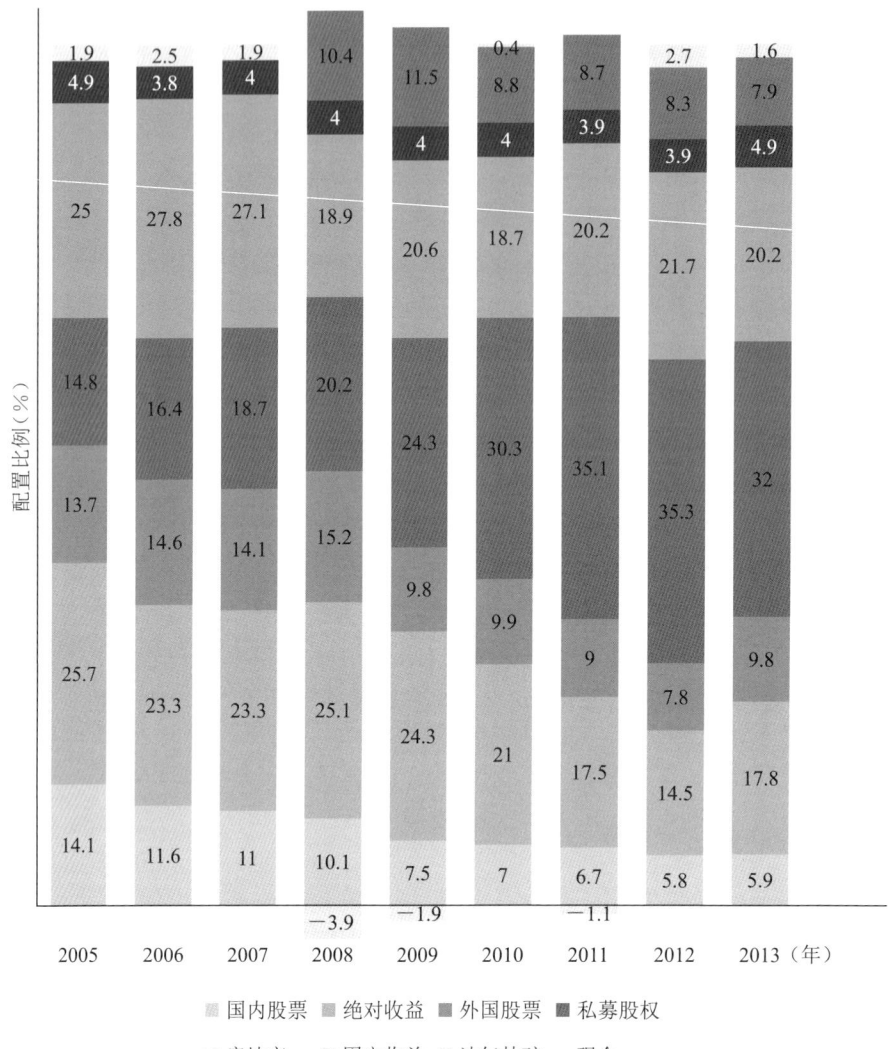

图 6-13　耶鲁大学永续型基金的资产配置（2005～2014 年）①

资料来源：MIAO D. World's Most Profitable Yale Endowment Allocates 30.0% to PE Assets[EB/OL]. [2015-08-25]. http://en.pedaily.cn/Itemaspx?id=219848.

---

① 2005～2007 年，油、气、林、矿和土地（oil, gas, forest & mine assets and properties）都属于房地产（real estate assets），自 2008 年起，油、气、林、矿单独进行统计。

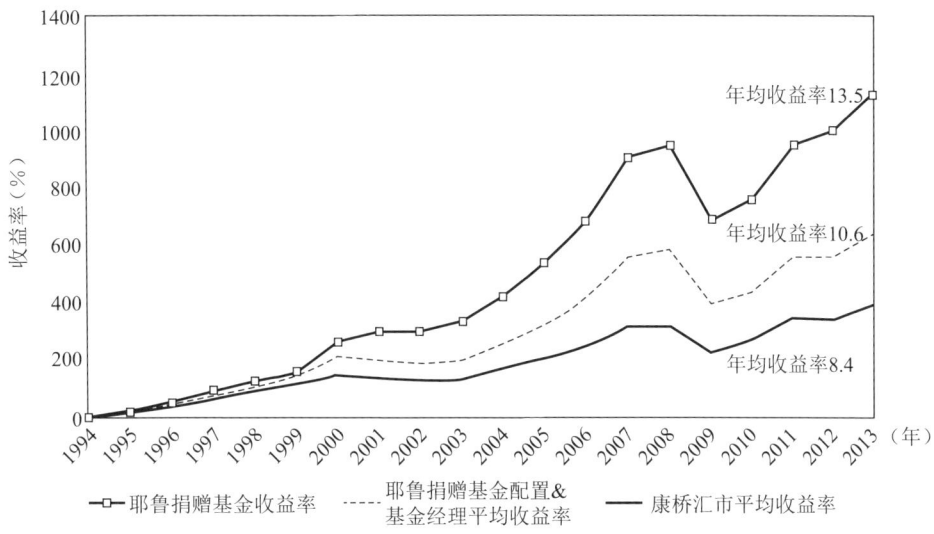

图 6-14　耶鲁大学永续型基金的收益表现（1994～2013 年）

资料来源：YALE INVESTMENTS OFFICE. The Yale Endowment 2013[R]. New Haven, CT: Yale Investments Office, 2014.

二、牛津大学

牛津永续型基金（Oxford Endowment Fund, OEF）和牛津资本基金（Oxford Capital Fund, OCF）共同构成了牛津基金（Oxford Funds），由成立于 2007 年 9 月的 OUEM 管理。

（一）投资理念

长期视角：构建由不同久期（duration）资产组成的投资组合，即使其效果不能在某一团队的监管期内实现，也应当坚持这种做法。

分散化：在不同类型的资产中进行配置，广开投资收益来源，以适应各种市场环境，并降低组合的波动性和敏感性，即 β——单纯投资于股市所获回报的波动性。[171]

获得绝对回报：让资金不断增值比跟随短期市场指数更重要。考察总回报率，而不去细分这些回报来自于投资收入还是资本增值。力求获得正的实际回报率，即超越通胀率的回报，以此保持购买力。

主动管理：同有竞争优势且利益一致的投资经理合作。

（二）基金市值

根据牛津基金的年报，其所管理的两类基金的总市值如图 6-15 所示。自

OUEM设立的六年里,基金的总市值在快速增长。资本基金市值在2011年有所回落,但永续型基金一直处于增长态势。2012年12月31日,牛津基金总资产为15.19亿英镑,其中永续型基金占10.92亿英镑。[200] 2013年12月31日,永续型基金已从初始的4.97亿英镑(2008年)增长到12.85亿英镑,翻了一倍多,增值部分来自新的捐赠和投资收益。[171]

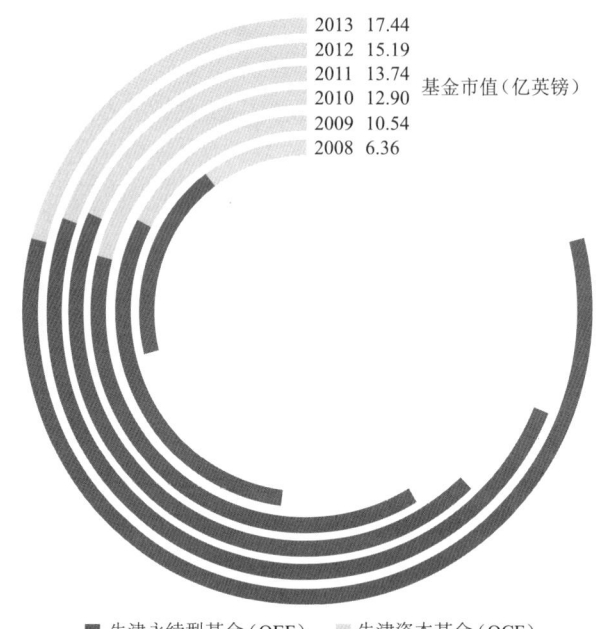

图 6-15　牛津基金的市值(2008～2013年)

资料来源:OUEM. The Oxford Funds Report 2013[R]. Oxford: OUEM, 2014.

(三)资产配置

OUEM投资的资产分为五大类,分别是全球股票、私募股权、非直接投资、实物资产、债券与现金。其采用中性投资方针,对各资产的配比基本保持在参考范围的中间。如图6-16所示,2012年,股票投资的比例范围是45%～75%,实际配比为60%,其中全球股票占比50%,私募投资占比10%;实物资产的配比范围为10%～20%,实际配比16%;现金类配比范围为4%～15%,实际配比8%;非直接投资配比范围为10%～20%,实际配比16%。2013年1月1日,为适应私募投资发展和成熟的市场形势,基金投资的中性方针有所调整:全球股票投资占比下调到45%,私募投资占比上调到20%。[200]

第六章 世界一流大学永续型基金的投资管理

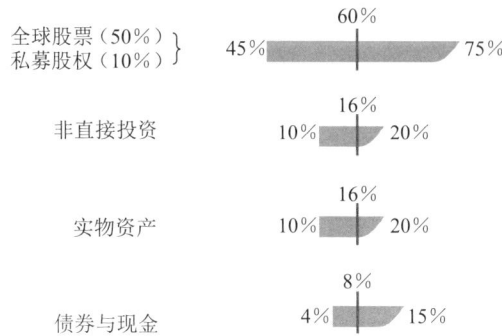

图 6-16 牛津永续型基金的配比范围与实际资产配置（2012 年）

资料来源：OUEM. The Oxford Funds Report 2012[R]. Oxford：OUem, 2013.

在 2009～2013 年，全球股票一直是牛津永续型基金最大的投资类别，占比维持在 50% 上下（图 6-17）；私募股权投资从 2008 年 1 月 1 日的 2.2% 增至 2013 年底的 16.5%；OUEM 也开始投入精力开发新兴市场股票投资。地缘因素也是 OUEM 的关注点，2011 年 OUEM 投资了日本股票市场，并在随后的 2012 年追加了投资份额。[171] 非直接投资主要关注与总体市场变化相关性不大的领域，作用是实现分散化，降低组合波动性。例如，近几年，公司的策略性事件，包括分拆（spin-offs）、首次公开募股以及并购等，带来了不少投资的契机。实物资产中包含了房地产、农业土地与商品，并以前两者作为主要的收益来源。随着私募投资的比例大幅上升，非直接项目和实物资产的比例逐渐下降，截至 2013 年底，私募投资的比例已超过非直接投资和实物投资的比例（各为 12%），成为仅次于全球股票的资产类型。

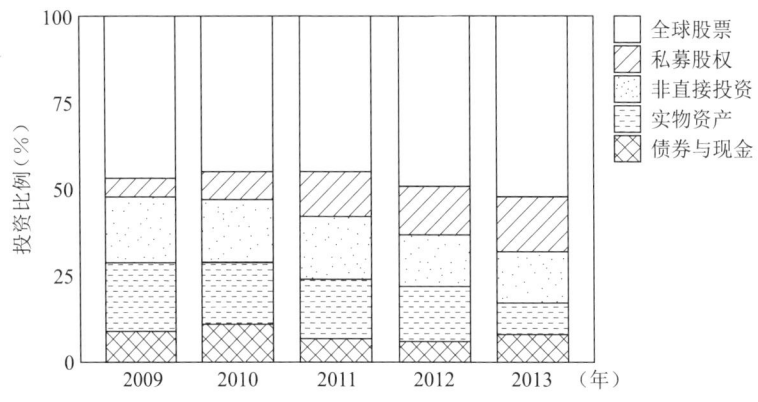

图 6-17 牛津永续型基金的资产配置（2009～2013 年）

资料来源：OUEM. The Oxford Funds Report 2013[R]. Oxford：OUem, 2014.

(四)投资业绩

OUEM 致力于获得实际回报率,即超越通胀率的回报。如表 6-11 所示,截至 2013 年底,牛津永续型基金在一年中的名义回报率为 16.7%,扣除 2% 的通货膨胀率(以 CPI 为准)后,实际回报率为 14.7%。OUEM 成立于金融危机爆发时期,受经济衰退的影响,前几年的投资回报并不乐观。自设立以来,永续型基金的累积实际回报为 19.1%,经年化后实际回报率仅为 2.6%。

表 6-11 牛津永续型基金的投资业绩(2013 年)

	名义回报率(%)	CPI(%)	实际回报率(%)
1 年期收益率	16.7	2.0	14.7
3 年期收益率	7.9	3.0	4.9
5 年期收益率	9.7	3.1	6.6
自成立以来	5.7	3.1	2.6

资料来源:OUEM. The Oxford Funds Report 2013[R]. Oxford:OUem, 2014.

第六节 永续型基金与基金会

永续型基金与基金会都需要运作资金池,但是二者在诸多方面存在差异。从本金来看,大学永续型基金的本金是不会被支取的,所有的支出都来自投资收益或新增基金;基金会由于其特殊的使命,本金是可以被消耗的,例如,支持某种急性传染病项目,基金受托人可以动用所有资金以便尽快实现目标。从收入来看,大学永续型基金在投资收益之外还有很多其他收入来源,如校友捐赠;基金会的收入来源主要是投资收益,据统计,2006 年 10 家最大的资助型基金会中有八家的总收入几乎完全来自投资收益。[15]

从支出来看,大学永续型基金管理者则有更多的自主权,根据学校的发展需求来制定合理的支出比例;基金会的支出目标不是根据资产保值的要求进行设计,这就难免导致基金管理者在制定投资政策时牺牲资产的长期购买力来满足慈善事业的支出要求。如在 2009 年,尽管遭遇全球范围内的经济衰退,盖茨基金会的慈善支出总额仍高达 30 多亿美金,比过去任何一年都多,而其本身的保值增值部分非但没有盈利,反而损失了 20% 的本金。一位盖茨基金会的负责人表示,他们希望实现基金的保值增值,但并不期望这个基金会永久留存,在最困难的时期,基金会应当给出更多的援助。[201]

在投资管理上,永续型基金和基金会都具有双重投资目标,即维持资产的长期购买力和确保稳定的收入来源。然而这两个目标之间存在矛盾:为了维持资产的长期购买力,基金应该通过高风险资产投资实现增值;为了确保稳定的收入来源,基金应当投资于波动性小的组合。由于基金会高度依赖自身的投资收益,缺乏外部收入来源,且年慈善支出达不到资产的5%将面临高额税率的法律惩罚,基金会的管理者在构建投资组合时多以低风险资产为主。相比之下,大学永续型基金的收入来源多样化,支出率没有法律的强制限定,因而在资产配置上比较自由,配置方式更为大胆和复杂,所获得的投资回报也是基金会所不能相提并论的。2013年,纽约卡耐基基金会(Carnegie Corporation of New York)的资产规模由初始的1.35亿美元(1911年)增长到30亿美元,而当初规模远不及它的耶鲁大学永续型基金(1290万美元,1911年)已增至179亿美元,反超卡耐基基金会好几倍。史文森表示,缺少持续的新增捐赠资产流入是卡耐基基金会落后于耶鲁大学永续型基金会的最根本的原因。[15]而除了捐赠之外,投资配置也是二者拉开差距的一个原因。

图6-18对比了2013年卡耐基基金会与耶鲁大学永续型基金的资产配置。在传统的两种资产类别股票和固定收益上,卡耐基基金会的投资比例将近50%(46.8%),而耶鲁大学的投资占比只有1/5左右(20.6%),不到卡耐基基金会投资比例的一半。在非传统资产类别上,投资比例则出现了相反的态势,耶鲁大学永续型基金有约60%的资金投资于房地产、自然资源以及私募股权,卡耐基基金

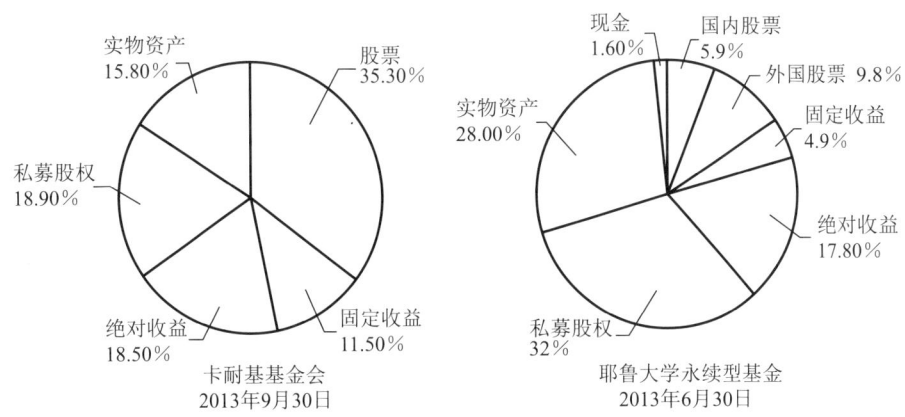

图6-18 卡耐基基金会与耶鲁大学永续型基金资产配置的对比(2013年)

资料来源:根据卡耐基基金会年报和耶鲁大学永续型基金年报整理而成。

会的投资比例只有34.7%。很明显,卡耐基基金会的投资方式比较保守和传统,而耶鲁大学永续型基金的投资方式比较激进和反传统。卡耐基基金会致力于增进和传播知识与了解,在世界范围内对相关项目进行大笔的长期投资,而大学捐赠基金服务于大学本身的运营和发展。由此也不难看出,机构的目标和管理要求不同,相应基金的投资方式和投资业绩也都不一样。

小 结

国外大学永续型基金投资管理模式的成熟经历了漫长的过程。一方面,注重于传统资产类别的保守的配置方式极大地限制了捐赠基金保值增值的能力,而另一方面,投资环境的改善带来了更多的增值空间。福特基金会的研究报告引发了一系列重大改革,随后在市场和政策的双轮驱动下,大学机构投资者纷纷实现了现代化组合管理。资产类别越发丰富,风险加大,另类投资兴起,基金的配置面向全球市场。当组合投资越发复杂时,大学捐赠基金也越发重视与外部专业投资公司的合作,或聘请外部顾问,或将资产外包。其中,中小型捐赠基金更倾向于将全部资产委托给第三方管理。超大规模的永续型基金拥有强大的投资团队,这也有利于其开展全球投资业务,在其本国之外寻求更多投资机会。长期投资的理念之下,永续型基金更注重获得长期的高回报,大型永续型基金在过去几十年里获得了较好的业绩,私立机构的表现通常优于公立机构。

第七章

世界一流大学永续型基金的风险管理

第一节 风险种类
第二节 风险控制
第三节 金融危机的影响及应对
第四节 案例:国外大学捐赠基金受金融危机影响研究
小　结

世界一流大学的捐赠基金作为一个机构,面临着内部协调运作中可能存在的各种问题;作为一个投资主体,面临着投资环节中的诸多不确定因素。因此,风险管理工作对于捐赠基金的持久、良好运行至关重要。风险管理是20世纪30年代在美国经济危机背景下被提出来的,主要有两个层面,一是通过事前管理防止或减少损失的发生,二是通过事后管理尽快恢复到损失发生前的状态。[202]风险管理对于机构把关内部管理以及应对外部复杂多变的环境都有重要作用。具体来说,风险管理包含了风险识别、风险评估、风险排序、风险应对、风险控制、风险规划、风险报告、风险检查与监控等环节,要制定风险管理框架、风险管理策略、风险管理协议等文书。[203]大学捐赠基金在风险管理的具体方式上不尽相同,本章着重介绍永续型基金在投资过程中所面临的不同类别的风险以及风险控制的方法,并结合实例来考察捐赠基金在金融危机中的应对策略。

第一节　风险种类

通常来说,风险并不是损失本身,而是用来描述不确定性,即损失是否发生的不确定或损失大小的不确定。风险具有客观性、不确定性和损失性。[202]深度参与市场投资的永续型基金都会面临一定的风险,主要来说有四大类:市场风险(market risk)、流动性风险(liquidity risk)、操作风险(operational risk)和背景风险(background risk)。

一、市场风险

市场风险指在证券市场中因股价、利率、汇率等的变动而导致捐赠基金遭受损失的风险。这类风险是整个市场上普遍存在的风险,并不由个别投资者左右。捐赠基金是长期投资机构,其对短期波动具有一定的风险容限,但仍会受市场因素影响而遭受损失。如2001年美国股市熊市导致股价大跌,标准普尔500综合指数下降了14.8%,参与了股票投资的大学捐赠基金纷纷贬值。[13]证券价格与市场利率的关系非常密切,后者的变动必然对前者产生影响。[124]利率风险是货币资本市场本身的供求状况发生改变而引起的。一般来说,利率风险对长期债券投资的影响要小于对短期债券投资的影响。

通货膨胀风险即购买力风险,这会造成捐赠基金的实际收益低于名义收益或捐赠基金市值缩水。如始建于1822年的耶鲁大学"蒂莫西·德怀特捐赠教席基金"(Timothy Dwight Professorship Fund)的原始资产约为2.7万美元,尽管2007年其资产规模增长超过18倍达到了近50万美元,然而由于物价水平在过去的185年间上涨了近27倍,因而扣除通货膨胀因素后的基金价值已经远不如当初。[204] 通货膨胀率是不断变化的,但很少在短时间内急剧变化,所以短期债券所面临的通货膨胀风险低于长期投资。浮动利率的中长期债券由于利润补偿可以降低贬值风险,但股票与固定利率中长期债券没有这种补偿。[124]

自从凯门资本在1990年的调研后,捐赠基金开始将资产配置到印度、中国、俄罗斯等新兴市场。在全球范围内投资,尤其是投资国外的资产时,会涉及货币的兑换,而多数国家的汇率是可以自由浮动的,这就不可避免地面临汇率风险。瑞信(Credit Suisse)的研究表明,在货币出现疲软后,股票投资的表现最为突出。一般来说,投资多国的股票能够降低组合的波动性,但债券投资与之相反,投资多国的债券会因为外汇敞口而增加组合风险。[205] 汇率风险对国际债券投资的影响比国际股票投资更明显,短期的货币对冲(currency hedging)对债券投资很有效,但对股票投资的避险作用小得多,且时间期限越长,这种作用越弱。

二、流动性风险

流动性风险主要指捐赠基金无法满足学校资金需求而导致财务困境的可能性,这在经济环境恶劣时尤为明显。与一般的金融公司相比,大学捐赠基金在经济动荡中可能更为脆弱。[44] 金融公司通常不需要大量的储备资金,但大学捐赠基金通常要预留足够的资金以达到学校相关的预算要求。这是有一些原因的:大学的专有资产不适合用来抵押,因而难以通过借贷来应对财务困难;公司在极困难的情况下可以变卖资产,但学校无法这样操作;高校有很多终身制员工,学生也通常是四年制,相应的运营开支也很难在短时间内调整。也就是说,基于高校这一组织的特殊性,财务人员必须重视现金流管理,保证其财务稳定以支持学校事业的开展。

捐赠基金的流动性通常由固定收益和现金头寸、私募股权和房地产的分红来提供。在实际操作中,捐赠基金经理会依赖新筹集的捐赠来满足流动性要求。[206]

他们并不将新募集的资金存入投资账户,而是作为现金头寸并根据学校的预算分配到各学院。正因如此,基金经理们才得以将原有资金投于长期资产上。然而,当经济受到冲击时,筹集新的捐赠受到抑制,原有基金投资收益减少,这都会严重影响捐赠基金的现金流,进而影响学校运营。

在另类投资兴起的背景下,为了追求更高的回报,捐赠基金等长期投资者常常避免持有过多现金头寸,更偏好投资风险资本、私募股权、房地产等高风险、高回报的资产。史文森认为,投资者追求的应该是成功,而非流动性。[15]投机者一般会追求高流动性的投资头寸,以期在市场上迅速进行反向交易而尽量不影响价格,但严谨的投资经理倾向于在流动性相对较差的市场上寻找能够带来高收益的投资机会。在非公开交易市场上,如果投资流动性较差的资产获得了成功,那么当这些标的公司首次公开募股且被投资者热捧后,流动性会随之而来。在史文森所引领的激进投资下,不少大学捐赠基金都获得了骄人的业绩。

然而,另类资产流动性较差的隐患仍然存在,虽然当经济形势良好时由较差流动性带来的溢价可以提高组合的回报,但当经济形势不好时就会让基金经理陷入困境,因为这些资产无法及时出售以回笼资金。[206]正如在2008~2009年,信贷市场萎缩,最低谷时只有流动性最好的资产才能在任何价格都有接盘者,流动性短缺为投资者敲响了警钟。尤其是捐赠基金开始重新权衡流动性和投资回报,流动性应当成为衡量组合风险的一个重要变量。[207]

三、操作风险

操作风险产生于机构内部治理结构和内部控制制度方面的缺陷[202],信息系统不完善、投资人员经验不足、管理层决策失误或执行延误、诈骗等都会给捐赠基金造成损失。[208]在大学捐赠基金发展的几百年间,不乏这样的案例。如耶鲁大学永续型基金早期就曾因投资组合过度集中产生了灾难性后果。[15]1811年,耶鲁大学的财务主管与几个同事成立了雄鹰银行(Eagle Bank),耶鲁大学永续型基金管理人非常信任该银行,还向州政府申请了特殊分配额度,允许其投资于雄鹰银行的资金规模超过投资于一家银行股票的法定限额。至1825年,除了少数市政项目的股票外,耶鲁大学永续型基金的其他资金全部投资于该银行,然而当年9月,雄鹰银行宣布破产,耶鲁大学因此损失两万多美元,基金总价值骤降至1800美元。又如波士顿大学,1979年该校的捐赠基金规模为1.42亿美元,而在1979~1997年的近20年间,波士顿大学向一家名为塞拉基金(Seragen)的生物技术公司累计投资超过一亿美元,这些资金在1997年末仅相当于400万美元。[72]相比于当时已经增至四亿美元的捐赠基金总额来说,这虽不是灾难性的后果,但损失依然惨重。由此两例可以发现,基金管理者对所投资的机构和股票信心过足就容易忽视对风险的考虑,更不会制定应对策略。虽然在经济势头良好时能够赚得诱人的回报,但这种非理性的决策隐藏着风险,经济泡沫破裂后所造成的损失也是巨大的。

通常情况下,捐赠基金的管理者不会直接承担投资的成本和损失,反而是没有参与基金管理的学生、教职工、校友等承担着可能产生的一系列社会及经济后果。[209]随着捐赠基金在资本市场的运作不断深入,越来越多的美国大学高薪聘请了职业的投资管理人,这些人中有不少曾效力于华尔街的大公司,有些人甚至拥有自己的投资公司。华尔街的逐利风气难免被带入捐赠基金的管理中,投资管理层通过自己公司为捐赠基金理财的做法也不无争议,因此,利益冲突成为捐赠基金风险管理中需要高度重视的问题。达特茅斯学院自2004年起开始披露利益冲突的情况,如表7-1所示,2009年,达特茅斯永续型基金在七家有其受托人兼职的投资公司进行了数额不菲的投资。除了三条未披露金额的基金外,投资共计1.15亿美元,而2009年达特茅斯永续型基金跌到了不足30亿美元。虽然受托人的个人商业关系可以为学校带来有利的投资机会,但过度依赖这种容易造成利益冲突的方式来管理大学的捐赠基金并不稳妥。尤其是管理层决策的透明度不高,对具体的投资数额不予披露,也未说明利益冲突是如何处理的。如表7-2,麻省理工学院在税务表的自我交易陈述(self-dealing statement)中对利益冲突情况的披露非常有限,只列示了利益相关者及其公司。事实上,麻省理工学院永续型基金的受托人不少来自商界和金融界,很多也在外部公司董事会任职,而当下公司人脉文化颇为流行,董事会的独立性受到影响。

表7-1　达特茅斯学院永续型基金投资其受托人所在公司的情况(2009年)

委员会成员	所在投资公司	职位	捐赠基金所投基金	数额(百万美元)
William W. Helman IV	Greylock Partners	执行合伙人	Greylock Partners Fund XIII	10
P. Andrews McLane	T. A. Associates	顾问	TA Associates Fund XI, L. P.	未披露

续表

委员会成员	所在投资公司	职位	捐赠基金所投基金	数额（百万美元）
R. Bradford Evans	Morgan Stanley	总经理	Real Estate Fund VI International-TE, L. P.	未披露
			Global Best Ideas Fund, L. P.	未披露
Stephen E. Mandel, Jr.	Lone Pine Capital LLC	组合经理	Lone Dragon Pine, L. P.	10
Russell Carson	Welsh Carson Anderson & Stowe (WCAS)	主管	WCAS L. P.	20
			WCAS IV, L. P.	10
			WCAS X, L. P.	15
Leon Black	Apollo Management	主管	Apollo Investment Fund VII, L. P.	25
			Apollo Investment Fund VI, L. P.	15
Jonathan Newcomb	Leeds Weld & Co.	主管	Leeds Weld IV	10
总计				115

资料来源：TELLUS INSTITUTE. Educational Endowments and the Financial Crisis: Social Costs and Systemic Risks in the Shadow Banking System[R]. Boston, MA: Tellus Institute, 2010.

表 7-2　麻省理工学院永续型基金的利益冲突情况（2008 年）

相关受托人	捐赠基金所投公司
Denis Bovin	Bear Stearns & Co.
A. Neil Pappalardo	Medical Information Technology（MediTech）
Raymond Stata	Omniguide Communications
Lawrence Fish	Textron
Robert Millard	Lehman Brothers
Lawrence Fish	Royal Bank of Scotland

资料来源：TELLUS INSTITUTE. Educational Endowments and the Financial Crisis: Social Costs and Systemic Risks in the Shadow Banking System[R]. Boston, MA: Tellus Institute, 2010.

四、背景风险

背景风险指捐赠基金所面临的外在、非流通的风险，通常被定义为学校非财政性收入（nonfinancial income）的波动性。[210]在构建投资组合时，大多数投资者只关注股票、债券等投资性金融资产的风险与回报，却忽视了其他资产及其风险因素。背景风险的概念较为宽泛，包含了人力资本和不动产（个人投资者）以及捐赠和项目服务收入（机构投资者）。也有学者采用了捐赠风险（donation risk）这一概念。在对慈善机构的研究中，捐赠风险与背景风险并无本质差异。[211]

大学捐赠基金是否要考虑背景风险？学界对此看法不一，这当中的分歧还在于大学捐赠基金的目标与大学本身的目标是否相同。[210]有些学者认为捐赠基金的目标不同于所属大学的目标。例如，詹姆士·利特瓦克（James Litvack）等人认为捐赠基金的主要目标是为学校提供稳定的资助[212]；詹姆斯·托宾认为保有稳定的支出才是捐赠基金的重点任务，捐赠基金的受托人在制定投资决策时无须考虑背景风险[213]；杰弗里·布朗等人的研究表明大学不会改变捐赠基金的支出率来消除其他收入所引起的波动。[50]

然而，也有些学者认为捐赠基金的目标与所属大学的目标是相同的。例如，费希尔·布莱克（Fischer Black）认为学校应当利用捐赠基金来应对财政危机[214]，罗伯特·默顿（Robert Merton）还通过建模发现，纳入背景风险可以得出更为安全的投资组合。[215]史蒂芬·迪默克（Stephen Dimmock）首次对背景风险和机构的投资组合决策进行了实证分析，他的研究表明：背景风险对捐赠基金组合波动性的解释力度显著；背景风险对资产配置的影响显著，具体表现为背景风险之下捐赠基金呈现出高比例固定收益资产、低比例另类资产的配置格局。[210]大卫·布兰切特（David Blanchett）将捐赠风险量化为机构所获捐赠收入的波动性，以总财富视角（total wealth perspective）来确定最优组合配置，他认为想要优化投资组合仅仅关注投资性资产，即完全忽略捐赠风险的做法是远远不够的，对于收入来源和资产类别复杂的机构来说更是如此，捐赠收入波动大的机构应当选择较为保守的投资组合，反之亦然。[211]

第二节　风险控制

捐赠基金是做长期投资的，让其每年都获得良好业绩的期望并不现实，更合理的是，保证其在较长时间内的平均回报率达到一定标准。这就要求捐赠基金的受托人在投资组合构建和日常监管的各个环节中都要加强风险意识，通过分散化、再平衡和内外监督等方法进行风险控制。

一、分散化

首先要在投资视角下说明两个概念：标准差（standard deviation）和相关性（correlation），前者应用于风险的量化，后者应用于风险的分散。标准差，即投资者通常所说波动率（volatility），是哈里·马科维茨（Harry Markowitz）对风险的定义，之后一直被机构投资界视为风险的标准定义。标准差衡量了收益率在均值附近分布范围的宽度，有清晰的统计属性，尤其适用于现有的投资组合构建工具。[216] 相关性指的是一种资产类别收益与其他资产类别收益之间的变化关系，用以衡量投资组合的分散化能力[15]，通常用相关系数来表示。根据现代投资组合理论，在预期收益相同的情况下，各资产的相关系数越低，组合的风险就越低。因而，投资组合中的资产类别不宜单一，而应当多样化，例如，包含传统资产和另类资产，在各类资产下，再选取不同的投资标的。

哈里·马科维茨提出的均值—方差最优化模型采用预期收益（均值）和预期风险（标准差）两个参数，通过建立各资产类别之间合理的相关系数假设以产生一组有效组合，有利于投资者从中选择最优的资产配置方案。[15] 实行分散投资能够确保基金在任何市场环境下都有产生收益的渠道[171]，同时整体的风险也小于各部分风险之和。[216] 从传统资产到现今流行的另类资产，投资风险所带来的增量回报是在增加的。降低股票、债券等传统类别的资产，转而增加对冲基金、私募股权等另类资产的做法，确实为一流大学捐赠基金带来了丰厚的收益。然而，为什么捐赠基金没有将所有的资金都投资于另类资产呢？上文的几个案例生动说明：高回报的资产的风险也是很高的，将资金过多投资于这些资产可能会在经济形势不好时带来巨大损失。因而，将资金在回报和风险级别不同的资产之间进行配置，能够有效地降低这种潜在的损失。

值得注意的是，资产类别之间的相关性不是一成不变的，因为市场结构不断发展变化，历史收益、风险和相关性的指导价值会降低。[15] 例如，危机发生时，原本独立运行的市场会倾向于同步波动。又如，另类资产一度被认为与传统资产的相关性低，因而可以很好地分散组合的风险。然而有研究者对比了史文森所著《机构投资的创新之路》的第一版与 2009 版后发现（表 7-3），美国股票和对冲基金（以绝对收益为例）、美国股票和私募股权的相关性都增加了。这也就是说，另类投资对组合所起到的风险分散效果并不如以前那样明显，投资者应当对此有所认识并及时调整配置策略。[217]

表 7-3 不同资产类别间相关系数的变化

	美国股票	美国债券	发达市场股票	新兴市场股票	绝对收益	私募股本	房地产	现金
美国股票	—	—	—	—	—	—	—	—
美国债券	−0.05							
发达市场股票	+0.10	−0.29						
新兴市场股票	+0.26	−0.26	+0.22					
绝对收益	+0.41	−0.04	+0.33	+0.17				
私募股本	+0.11	−0.21	+0.08	+0.45	+0.32			
房地产	−0.12	−0.13	−0.13	+0.28	−0.28	+0.05		
现金	+0.03	−0.20	−0.20	+0.41	+0.17	−0.19	−0.29	

资料来源：VAILLANCOURT J R. Reducing Liquidity Risk in Plan Management[R]. Boston, MA: Putnam Investments, 2012.

二、再平衡

金融资产的价格变动难免导致资产的配置比例偏离目标水平，这就要求捐赠基金管理者定期进行再平衡操作，以确保资产配置的实际情况符合政策组合目标。[15] 举例来说，当股票价格下跌、债券价格上涨时，组合中股票的配置比例将低于目标，而债券的配置比例将高于目标，这会导致组合的预期风险和预期收益均下降。此时，投资者应当买入股票、卖出债券，通过再平衡操作使组合回到目标配置比例。

再平衡有利于投资者重塑上市有价证券的组合，将资金交给预期将超越大盘的投资经理，并从收益前景逊色的投资经理中撤资。不过，进行再平衡操作需要投资者保持高度的理性，在市场波动时进行逆向操作，卖出热门品种，买入冷门品种，在市场超常波动时则需要更大的毅力来实施再平衡策略。耶鲁基金CIO史文森认为，在优胜劣汰的商业世界里成功能够孕育更多的成功，但在投资世界里失败却是未来成功的种子，因此与高估值、如日中天的投资策略相比，那些估值低、备受冷落的策略的前景可能更胜一筹。[15]

不同于上市有价证券，非公开交易资产的再平衡操作更具挑战性。在行情不断变化的市场上，流动性较差的私募股权和实物资产等的配置比例很难完全符合目标水平。当非公开交易资产的配置比例不足时,差额部分合适的投资对象是短期、低风险的资产,因为这类资产可以在短期内变现,从而将所得资金投资到非公开交易资产中,使其配置比例达到目标水平。现金、债券和绝对收益类投资均可用于暂时补充非公开交易资产配置不足的情况。[15]

对组合进行再平衡可能为投资者带来意外的收益,但这并不是再平衡的目标。再平衡策略的根本动机是维持组合的长期配置目标和风险水平。长期来看,如果不进行再平衡操作,组合将倾向于配置更多收益最高的资产,但这样做的同时也会拉高整体的风险水平。因而,捐赠基金的管理者需要通过严谨的再平衡操作来控制组合的风险水平。关于再平衡操作的频率,投资者的做法不尽相同。有些投资者按照月度、季度或年度进行,有些投资者为控制交易成本而设置了配置比例的浮动范围,超出范围时才会进行调整。也有少数投资者持续进行再平衡操作,这种做法的风控能力更强,成本也可能更低。

三、内部监管

康桥汇世将管理过程中的风险分担(risk allocation)细分为如下四个方面:① 企业审查(enterprise review):简化贯彻公司长期激励计划和组合构建的流程,促进决策制定;② 设定方针(policy setting):制定由上到下的目标,明确投资者的风险容限和目标;③ 执行(implementation):根据当前经济环境确定配置比例,根据实际组合与政策组合的差异进行调整,以确保风险与收益的一致性;④ 持续监管绩效(ongoing performance monitoring):通过业绩评估、归因分析等方法来分析投资组合的价值是如何增减的,不断给投资组合的管理者提供反馈,以持续提高组合管理的水平。[218]

捐赠基金的管理者在风险管理中要把握良好的时点和时限,对战略性规划和常规活动进行统筹安排。如图 7-1 所示,在 7～10 年的时限内,捐赠基金管理者要考量资产配置、基金支出、资金筹集等与捐赠基金的使命息息相关的事项,制定出相应的政策并每年对此长期规划进行年审;以 3～5 年为时限调研竞争环境和运营状况;每年审查风险管理的指导方针,对照基准衡量投资业绩;每月分析当前经济环境和市场反应,对现有组合进行压力测试(stress test)和情景分析(scenario analysis),监测流动性。[219]这种在时间框架下的风险管理更为全面,有利于捐赠基金长期和短期目标的共同实现。

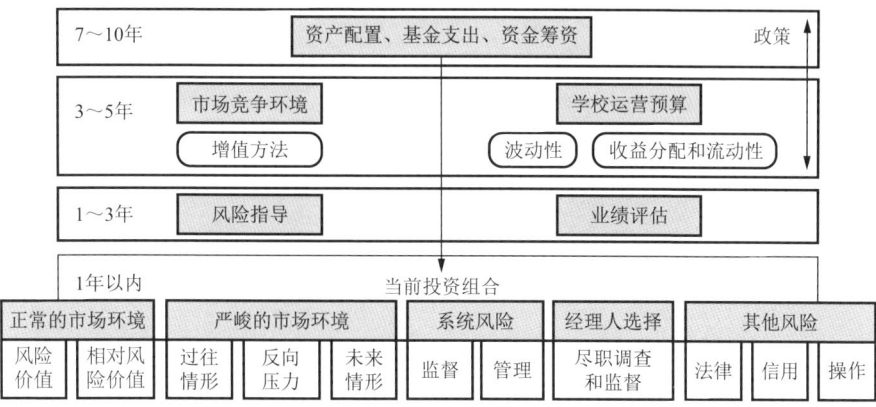

图 7-1 风险管理的时间框架

资料来源：BELMONT D. Redefining the Risk Waterfall: An Asset/Liability Approach to Endowment Risk Management[EB/OL].[2016-01-22]. https://www.commonfund.org/2015/08/17/redefining-the-risk-waterfall/.

捐赠基金的管理者应当积极主动地去管理。耶鲁大学永续型基金就成功地将主动型防御的投资理念贯彻于投资管理的各个环节：突破传统思维进行资产配置，在每一个资产类别中形成创新性投资逻辑，采取逆向思维投资当时不受市场热捧的投资机会，在遵循一定招聘程序的情况下大胆启用名不见经传的基金经理，经过培训后敢于给年轻人机会，与外部投资经理建立更为合理的新型关系，将捐赠基金的管理与高等院校的财务管理有效结合等。[199]

捐赠基金的管理者要遵循谨慎的原则，以怀疑的态度多提一些具有挑战性的难题。例如，组合战略是否真的与发展目标相一致？需要将资产外包吗？资产估价是否准确？需要遵守的法律和条例是什么？[220] 捐赠基金的管理者要兼顾正常市场环境和压力市场环境，善于从过去的经济危机中总结经验，持续对管理者进行教育，并对未来可能发生的状况做出适当的预期，决策者根据这些预期做好预防准备以减少危机再次来临时管理层不知所措或是过度反应的状况。[218]

CIO 的流行是华尔街风险文化对高校捐赠基金的影响之一。[209] 另类投资的引进以及组合日常监管的需求都促使捐赠基金配备全职的专业投资管理人，然而董事会或投资委员会都没有足够的时间来单独监视捐赠基金的投资状况。因此，高校开始高薪聘请 CIO 来全职管理基金投资。例如，达特茅斯学院在 2005 年聘请了首任 CIO 大卫·罗西（David Russ），该人此前在加州大学担任 CIO；麻省理工学院在 2006 年拥有了第一任 CIO；波士顿大学在 2007 年设立了 CIO 职位。

有别于一般投资公司，捐赠基金并不以利润最大化为目标，其存在是为了给大学提供预算资金。支出政策在一定程度上会将风险从捐赠基金传递给学校，因而也是捐赠基金风险控制的重要部分。[219]支出政策的相关内容将在下一章单独阐述。

四、外部监管

如果所有资产都由捐赠基金内部人员管理，那么常规的稽核就可以检查支持系统的有效性和完整性。然而，绝大多数的捐赠基金都或多或少聘用了外部投资经理，常规稽核很难覆盖这些环节。另外，对于非常复杂的组合来说，一般的通才型稽核人员难以胜任监管工作，需要专业人士的参与。因此，投资机构应该定期对操作过程进行独立、全面、深入的外部评估。[15]

耶鲁大学永续型基金的管理者认为，一流事务所的日常年审已不足以解决当今投资界的复杂组合管理问题，由专家团队进行的非常规、无限制的稽核即特别审计，能够为机构提供关于风险的战略性建议，在解决现行问题的同时防患于未然。自1990年以来，该基金曾两次聘请普华永道事务所、一次聘请德勤事务所对其投资情况进行彻底评估。普华永道在第一次评估中发现证券借出业务存在明显的风险，耶鲁大学永续型基金随后果断终止了该业务。此后不久，考曼基金的证券借出业务遭受严重损失，而耶鲁大学永续型基金的先见之明使其免遭损失。第二次评估中，普华永道指出，对于大学捐赠基金而言，外部经理的作用和地位比其他类型基金高得多，耶鲁大学永续型基金因此将外部投资经理的风险控制提高到与内部经理同等重要的地位，内外一起抓，从而提高了整个投资组合的风控水平。

随着社会的发展，投资者越发注重环境、社会责任和治理等因素，因为这些对当前和将来各种资产类别的投资表现均会产生影响。奉行长期投资的捐赠基金也不例外，开始积极同第三方组织建立合作关系。例如，哈佛管理公司通过与森林管理委员会（Forest Stewardship Council, FSC）①的合作来确保自身投资行为的稳妥，同时也借助FSC的年度独立审计系统来寻找机会实现持续改善。哈佛大学永续型基金也是与联合国所支持的"负责任的投资的原则"项目（Principles for Responsible Investment, PRI）签约的首个美国大学永续型基金。[221]该项目始于2006年，其提供了一个平台，供投资管理者和资产所有者披露与报告其流程和

---

① 森林管理委员会成立于1993年，是一个非政府、非营利组织，旨在促进对环境负责、对社会有益和在经济上可行的森林经营活动。

活动的可持续发展性。虽然这可能是一项密集型的工作,但是大多投资者都认识到这对其内部管理的重要性。[222]

定期将信息公开是捐赠基金接受学校和社会监督的重要方式。国外大学捐赠基金每年都会在官网上发布捐赠基金年度报告,该报告也是相应大学年度财政报告的一部分。国外一流大学年度报表的内容也非常全面,包含了相关负责人的致辞和解说、捐赠基金的资产配置和业绩表现、投资收益的使用状况、独立的审计报告、所在州的会计准则、专业术语的注解等。[132]信息披露的透明度高、格式规范、专业性强,这些都便于外界对大学捐赠基金的监督。

第三节 金融危机的影响及应对

永续型基金是学校用来支持当下运行和积蓄将来运行能力的资金,其最突出的表现就是永久续存,因为只有这样的永续型基金才能够为大学的永久存在提供源源不断的支持。大多数捐赠者都希望自己的善款不仅用于学校当前的建设,而且在将来继续发挥作用。[33]因此,保护永续型基金不受市场疲软、通货膨胀以及经济灾难的影响就显得非常重要。2008年的金融危机对大学捐赠基金的诸多方面都产生了深重的影响,在这种情况下,也更能检验机构的风险应对能力。

金融危机发生后,股票市场走低,房地产市场也走低,债券的投资回报率几乎为零,即使是奉行了分散投资原则的投资者也遭受了巨大损失。然而,这并不足以证明分散投资是一个不好的策略,而只能说明分散投资并不能阻止所有问题的发生。[206]凯门资本研究所常务理事约翰·格里斯沃尔德(John Griswold)指出,危机后大学捐赠基金越发注重风险管理,对其投资组合进行风险限制、压力测试,谨慎处理以免再次出现2007～2009年的糟糕情况。调查显示,57%的样本大学进行了风险限制(测试特殊形式投资的策略);76%计算了波动率(如标准差);61%使用了α和β算法;46%使用了压力测试或是情景分析。[223]

金融危机的重创下,以耶鲁为代表的捐赠基金投资模式遭到了质疑。剑桥大学捐赠基金也仿效了耶鲁模式,不过幸运的是,其在此次金融危机爆发前就将大笔资金撤出私募股权,因而得以从全球风暴中全身而退。[224]自20世纪80年代史文森推广耶鲁模式起,很多投资者都进入了另类投资交易,美国麦迪逊大道证券公司(Madison Avenue Securities)的首席投资与信息官罗伯特·西赖特(Robert Seawright)表示:利润空间被压缩了,除非你拥有像耶鲁那样的资源,否则很难达到与耶鲁相当的投资业绩,对于小型捐赠基金来说就更难了。[225]然而,也有研究者通过量化流动性风险论证得出,捐赠基金高比例配置另类资产的做法仍具有长期的有效性和可行性。[207]摩根凯瑞资本管理(Morgan Creek Capital Management)公司的主管,曾为圣母大学捐赠基金、北卡罗来纳大学捐赠基金效力的马克·尤斯科(Mark Yusko)认为,捐赠基金在10多年的时间里超常表现,仅仅在一年中投资回报下滑,并不能说明这种投资模式就失效了。[226]

此次金融危机也使得流动性资产的重要地位凸显。预期由私募合伙人的分红来支付的资金需求(cash calls)无法得到满足,捐赠基金被迫出售股票和公司债券等流动性较强的资产,尽管这些资产的价格不断下跌[217],顶级名校纷纷在二级市场卖出合伙人权益(partnership interests)。格林威治联营公司在2009年的调查显示,危机发生后捐赠基金和基金会开始增加现金的持有比例,有65%的样本机构表示会增加流动性要求,5%的机构已经显著提高了对流动性的要求。[220]捐赠基金做出了诸多努力来增加流动性:减少流动性最差的资产的投资规模,例如,金融危机发生后的两年,哈佛减持了超过40亿美元的未缴股本承诺(uncalled capital commitments);增加现金头寸、降低杠杆率;转向更具流动性的另类资产,如自然资源合伙权益(natural resource partnerships)。

金融危机对捐赠基金的影响不仅表现在投资领域,也表现在融资领域。高校的捐赠需求增加,捐赠的边际效应增加。[50]不少高等教育机构通过举债来融资,原先它们用捐赠资金做抵押,然而危机过后捐赠资金缩水,这可能导致一些融资条款不再符合要求,借款方可能提出更高的利息要求。[220]此外,捐赠者也受到了宏观经济环境的影响。金融危机的发生致使捐赠者资产缩水,可供捐赠的资产变少了,其捐赠能力随之下降。金融危机对捐赠基金的重创也引发了捐赠者对高校捐赠基金管理的质疑。相应地,捐赠基金对投资经理透明度的要求更高了,尤其是在估值、头寸、杠杆、流动性等方面要求更高频率的汇报。

第四节 案例:国外大学捐赠基金受金融危机影响研究

一、研究背景

肇始于美国次贷危机的2008年国际金融危机被称为是自"大萧条"以来影

响范围最大、程度最深的一场危机。[227] 根据 NACUBO 的调研,受金融危机影响,2009 年美国 842 所大学捐赠基金的收益率为 -18.7%[228],包括哈佛、耶鲁等 8 所著名大学的美国常青藤联盟的捐赠基金在一年内共损失了 266 亿美元,这一数额相当于我国拥有 800 万人口的海南省 2009 年全年的 GDP[229],或相当于我国所有中央属教育机构 2008 年的全部收入。[230] 依据各校财务报表提供的数据,2009 年哈佛大学永续型基金缩水 29.7%,损失 109 亿美元;耶鲁大学永续型基金缩水 28.8%,损失 66 亿美元。而这些大学都非常依赖捐赠基金的投资回报来实现运营和发展。2008 年,哈佛大学有 32.5% 的总收入由捐赠基金提供,耶鲁大学为 30%,普林斯顿大学为 40%。作为一流大学重要经费来源,深度参与了金融投资的世界一流大学永续型基金在这场国际金融危机中受影响程度如何?本案例通过运用这些一流大学财务报表中的数据,对这一问题进行了实证研究。

二、研究对象

(一)大学的选取

一般而言,世界一流大学作为科研实力雄厚以及社会声望卓越的大学,通常都有着强大的财政力量作为支持。这些大学通常收到更多的社会捐赠,管理着更大规模的捐赠基金,也更依靠捐赠基金作为收入来源。一般而言,越是顶尖的大学,其捐赠基金规模也越大。另一方面,捐赠基金规模越大、越依靠捐赠基金获得收入的大学,暴露在金融危机中的风险就越大,也越可能受到金融危机的影响,因此本案例将世界一流大学作为研究对象。

美国大学的社会捐赠文化较为久远和成熟,其接受捐赠和捐赠基金的规模也高于其他国家的大学。截至 2008 年,世界上捐赠基金规模最大的 10 所大学都在美国,分别是哈佛大学、耶鲁大学、斯坦福大学、普林斯顿大学、得克萨斯大学、麻省理工学院、密西根大学、哥伦比亚大学、西北大学和宾夕法尼亚大学。相比美国的大学,英国大学的社会捐赠和基金管理还处在起步阶段。而在美国国内,公立和私立大学的捐赠规模又有较大不同,私立大学不接受政府拨款,但其所接受的社会捐赠规模往往远大于公立大学。考虑到不同的世界一流大学之间的特征差异,本案例同时选取美国和英国、公立和私立的世界一流大学作为研究对象。

参照 ARWU、THE 和 NACUBO 推出的美国高校捐赠基金规模排名,根据数据的可获得性和可比性,本案例选取了两所美国私立大学和两所美国公立大学以及在英国大学中捐赠基金规模最大的牛津大学和剑桥大学作为研究对象(表 7-4)。

表 7-4　本案例研究的六所大学

学校性质	学校	ARWU 排名（2011 年）	THE 排名（2011 年）	NACUBO 排名（2011 年）
美国私立	哈佛大学	1	1	1
	耶鲁大学	11	10	2
美国公立	华盛顿大学西雅图分校	30	23	17
	加州大学伯克利分校	2	8	14
英国公立	牛津大学	10	6	—
	剑桥大学	5	6	—

资料来源：Academic Ranking of World Universities 2011, World University Rankings 2011～2012, NACUBO 2011～2012。

(二)时间段的选取

图 7-2 示意了美国标准普尔 500 指数 2007～2010 年的走势。从股市上来看，2007 年年中至 2008 年年中为金融危机的潜伏阶段，这一阶段次贷危机和金融危机已经开始酝酿，但其对股市的影响还较为有限；2008 年年中至 2009 年年中为金融危机的爆发阶段，这一阶段金融危机的影响完全体现，2008 年第四季度至 2009 年第一季度美国的国内生产总值同比下降了 6%[231]，失业率在 2009 年 10 月上升到了自 1983 年以来最高的 10.1%，工人每周工作时间也下降到了历史最低水平[232]；2009 年年中至 2010 年年中为金融危机的消退阶段，这一阶段金融危机的阴霾已经开始退去，经济开始逐步复苏，金融产品的价格也有所回升。

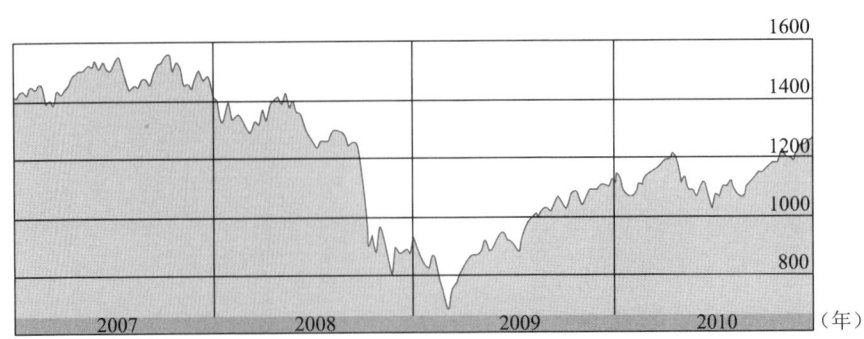

图 7-2　标准普尔 500 指数走势图(2007～2010 年)

资料来源：由 Google Finance 生成。

本案例选取金融危机爆发前(2005年年中~2008年年中)、金融危机爆发时(2008年年中~2009年年中)以及金融危机爆发后(2009年年中~2010年年中)三个时间段,研究六所大学的各项指标在这三个时间段中的情况。本案例的数据来源为各大学的年度报告和财务报表。其中,美国大学的财务年度与本案例所选取的时间段相同,即前一年7月1日至当年6月30日,例如,下文中"哈佛大学2008年"指的是哈佛大学2007年7月1日至2008年6月30日。但牛津大学和剑桥大学的财务年度略有不同,为前一年8月1日至当年7月31日。本案例所用货币单位为美元,牛津大学和剑桥大学的数据按照2010年8月1日时英镑兑美元的汇率被换算为美元。

三、研究结果

(一)捐赠基金的表现

1. 捐赠基金的绝对规模

美国的大学有着悠久的捐赠历史和传统,对捐赠基金的管理起步比其他国家的大学早。在金融危机之前,捐赠基金规模迅速扩大。哈佛大学永续型基金规模在1990年底为48亿美元,到2008年底已达到371亿美元。相比之下,英国大学的捐赠基金投资起步较晚,资产规模相对较小,如剑桥大学捐赠基金在2008年底时仅为18亿美元。

数据显示(表7-5),金融危机对美国学校捐赠基金的影响非常严重。在2009年,身为私立大学,哈佛大学永续型基金规模缩水29.7%,损失了109亿美元;耶鲁大学缩水28.8%,损失66亿美元。与此同时,身为公立大学的加州大学伯克利分校和华盛顿大学西雅图分校,虽然捐赠基金规模远小于顶尖私立大学,但也缩水严重:加州大学伯克利分校缩水18.8%,华盛顿大学西雅图分校缩水27.3%。而英国大学捐赠基金规模受影响的程度则相对较小:牛津大学只减少了8.8%,约合1.3亿美元;剑桥大学捐赠基金规模不仅没有减少,反而增加了5.4%。随着金融危机的消退和金融秩序的恢复,这些大学捐赠基金的价值在2010年有所回升。

表 7-5　六所大学捐赠基金规模绝对值的变化（2004～2010 年）

学校	2004年基数	2005年同比	2006年同比	2007年同比	2008年同比	2009年同比	2010年同比
哈佛大学	225亿美元	+14.67%	+13.18%	+19.52%	+6.30%	-29.65%	+5.86%
耶鲁大学	127亿美元	+18.11%	+19.33%	+25.70%	+1.78%	-28.82%	+1.26%
加州大学伯克利分校	20亿美元	+9.57%	+10.39%	+17.45%	-0.31%	-18.75%	+10.84%
华盛顿大学西雅图分校	12亿美元	+16.67%	+21.43%	+23.53%	+4.76%	-27.27%	+13.33%
牛津大学	8亿美元	+29.49%	+12.69%	+9.46%	-5.03%	-10.50%	+7.07%
剑桥大学	8.5亿美元	+18.82%	+59.41%	+13.85%	-8.46%	+5.36%	+19.40%

资料来源：根据六所大学 2005～2010 年财务报表整理而成。

有两个重要因素会导致捐赠基金规模发生变化：一是当年接受的捐赠状况，二是当年捐赠基金投资收益情况。

2. 大学接受捐赠的规模

大学捐赠的主要来源为校友捐赠，其次是企业、社会团体以及个人的捐赠。有研究显示，当个人或组织认为自身财务状况良好时，他们更愿意进行慈善捐赠，而如果认为自身财务状况欠佳，捐赠的意愿就会降低。[233]因此，通常而言，在经济上升时期捐赠者会更加慷慨，但在经济不景气之时，他们则不愿解囊。[234]此次金融危机对个人和企业的财富都造成了巨大的冲击，从而导致捐赠者的捐赠能力和捐赠意愿下降。美国独立学院和大学协会（National Association Independent Colleges and Universities，NAICU）的调查显示，几乎所有的校长都指出捐赠收入受到了金融危机的影响，其中更有近 2/3 的校长表示捐赠收入受到了极大的影响。[235]在本案例中，四所美国大学 2009 年接受的捐赠金额都有所减少，耶鲁大学减少近一半，华盛顿大学西雅图分校缩水 20%，哈佛大学和加州大学伯克利分校也受到了不同程度的影响（表 7-6）。

随着经济环境的好转，有三所大学 2010 年接受的捐赠多于 2009 年。其中，耶鲁大学和剑桥大学增加了 1/10 左右，加州大学伯克利分校增加了 1.4%，哈佛大学与 2009 年持平，只有华盛顿大学西雅图分校继续减少（牛津大学由于在 2010 年修改了捐赠基金统计口径，故无法对其进行历史对比）。

表 7-6　六所大学接受捐赠数额的变化（2005～2010 年）

学校	2005年基数	2006年同比	2007年同比	2008年同比	2009年同比	2010年同比
哈佛大学	5.9亿美元	＋0.85%	＋3.36%	＋12.20%	－13.48%	－0.00%
耶鲁大学	3.99亿美元	－4.26%	－17.02%	＋16.72%	－39.19%	＋10.67%
加州大学伯克利分校	1.25亿美元	＋8.00%	＋9.63%	＋1.35%	－4.67%	＋1.40%
华盛顿大学西雅图分校	1.72亿美元	＋27.33%	－17.35%	－2.21%	－19.21%	－17.48%
牛津大学	0.41亿美元	＋58.54%	－58.46%	－14.81%	＋126.09%	—
剑桥大学	0.35亿美元	＋22.86%	－16.28%	＋44.44%	＋17.31%	＋9.84%

资料来源：根据六所大学 2005～2010 年财务报表整理而成。

3. 捐赠基金投资收益率

一年的投资收益率是指年末捐赠基金的年收益占年初捐赠基金价值的比例。在金融危机爆发的 2009 年，六所大学的投资收益率均为负值，表明在这一年里大学捐赠基金发生了大幅的投资亏损（表 7-7）。其中，美国的四所学校亏损尤其严重，投资收益率均在－25% 左右，哈佛大学最低，为－27.3%；牛津大学和剑桥大学的亏损程度稍显温和，投资收益率分别为－5.8% 和－11.1%。而在金融危机发生之前，这些大学捐赠基金的投资收益良好，哈佛大学过去 30 年的年均收益率高达 15.7%。这与捐赠基金的大部分资本被投资于股权类产品有关。以 2009 年为例，加州大学伯克利分校股权类产品占总资本的 41.3%，哈佛大学这一比例为 43.67%，约占总资本的一半。

随着金融危机影响的褪去和金融秩序的恢复，2010 年六所大学的投资收益率均稳步回升。将其与金融危机发生前的投资收益率进行比较后发现，美国四所学校的投资收益率还远未恢复至金融危机发生前（2007 年）的水平。由此可见，美国学校的捐赠基金若要完全从此次金融危机的影响中恢复还有待时日。但是 2010 年英国学校捐赠基金的投资收益率已经高于金融危机发生之前，剑桥大学更是达到了该校有史以来的最高值，说明英国大学捐赠基金受金融危机影响的程度轻于美国大学。

表7-7 六所大学捐赠基金的投资收益率（2005~2010年）

收益率(%) \ 年份 \ 学校	2005	2006	2007	2008	2009	2010
哈佛大学	19.20	16.70	23.00	8.60	−27.30	4.50
耶鲁大学	22.30	22.90	28.00	4.50	−24.60	8.90
加州大学伯克利分校	11.30	14.80	20.30	−0.30	−20.60	11.70
华盛顿大学西雅图分校	12.50	17.70	23.30	1.90	−23.30	12.50
牛津大学	19.00	11.50	12.14	−5.10	−5.80	14.50
剑桥大学	10.20	15.00	12.10	−7.10	−11.10	19.20

资料来源：根据六所大学2005~2010年财务报表整理而成。

（二）捐赠基金的应对

1. 捐赠基金的支出金额

如前所述，金融危机使得六所大学的捐赠基金遭受了严重损失，那么在金融危机中，捐赠基金为大学提供的运营经费是否因此减少？本案例显示（表7-8），在2005~2009年，除了华盛顿大学西雅图分校和剑桥大学以外，其余四所大学捐赠基金的支出金额都显著增加。哈佛大学从8.55亿美元上升到至14.2亿美元，耶鲁大学从5.67亿美元上升至12亿美元。与之相比，美国公立大学和英国大学捐赠基金的支出金额上涨幅度则相对平缓，加州大学伯克利分校从0.53亿美元上升到0.75亿美元，牛津大学从0.44亿美元上升到0.69亿美元。整体而言，在金融危机发生的2009年，有4所大学的捐赠基金支出金额上升，有两所大学下降；但是在金融危机影响逐渐褪去的2010年，却有四所大学减少了捐赠基金的支出金额。

表7-8 六所大学捐赠基金支出额的变化（2005~2010年）

学校	2005年基数	2006年同比	2007年同比	2008年同比	2009年同比	2010年同比
哈佛大学	8.55亿美元	+9.12%	+11.90%	+15.04%	+17.90%	−6.78%
耶鲁大学	5.67亿美元	+8.64%	+11.20%	+24.09%	+41.18%	−7.50%
加州大学伯克利分校	0.66亿美元	+1.52%	+1.49%	−1.47%	+12.54%	+3.45%

续表

学校	2005年基数	2006年同比	2007年同比	2008年同比	2009年同比	2010年同比
华盛顿大学西雅图分校	0.53亿美元	+32.08%	+15.71%	+16.05%	−20.21%	−21.33%
牛津大学	0.44亿美元	+18.18%	+0.00%	+21.15%	+9.52%	−33.33%
剑桥大学	0.75亿美元	+17.33%	+12.50%	+2.02%	−1.98%	+8.08%

资料来源：根据六所大学2005～2010年财务报表整理而成。

由上可知，虽然捐赠基金在2009年遭受了严重亏损，但捐赠基金为大学提供的运营经费并未减少，捐赠基金依旧为大学的正常运营做出了贡献。可见，捐赠基金自身受到的影响和捐赠基金支出金额受到的影响并不一致，而之所以会出现这种不一致，则源于捐赠基金的平滑支出政策。一般而言，大学从捐赠基金中提取经费时，会以捐赠基金过去数年价值的平均值为基数，再乘以相应的提取比例（即捐赠基金支出率），从而计算出捐赠基金的支出金额。值得关注的是，正是因为将过去数年捐赠基金价值的平均值作为基数，而不是将当年的价值作为基数，所以才能够有效减少当年金融市场的波动（如金融危机）对当年捐赠基金支出金额的影响，从而使得捐赠基金在自身价值严重缩水的情况下仍能为大学提供充裕的运营经费。同时，这一支出政策也意味着2009年基金规模的大幅缩水会对未来几年捐赠基金支出金额带来一定的负面影响，这也从某种程度上解释了2010年有四所大学捐赠基金支出金额减少的原因。所以，这一支出政策并非消除了金融危机带来的影响，而是让其"软着陆"，避免了金融危机对当年捐赠基金支出金额造成直接影响，保障了学校的正常运营。

此外，除了将过去几年捐赠基金价值的平均值作为计算支出额的基数以外，大学还会通过调整捐赠基金支出率以应对捐赠基金价值的大幅变化。例如，在捐赠基金价值大幅缩水的年份，可以适当提高提取比例以达到维持捐赠基金支出水平的目的。

2. 捐赠基金支出占大学总收入的比例

对于哈佛大学和耶鲁大学这两所美国私立大学而言，捐赠基金支出是其运营收入的最主要来源，通常占总收入的1/3，最高时接近一半。而对于美国的公立大学和英国的大学而言，捐赠基金支出并非其主要的收入来源之一，因此这一比例一直不高。在金融危机发生的2009年（表7-9），有三所学校捐赠基金支出额占大学总收入的比例高于前一年,有三所学校几乎持平;而在 2010 年却有五所学校下降。这与捐赠基金支出金额的变化较为一致,也更为直观地反映了身为美国私立大学主要收入来源之一的捐赠基金,凭借具有抵御风险功能的支出政策,即使在自身价值大幅缩水的情况下,依旧有力地支持了大学的运营,有效地弱化了金融危机造成的不利影响。

表 7-9　六所大学捐赠基金支出占大学总收入的比例(2005～2010 年)

总收入比例(%)　年份　学校	2005	2006	2007	2008	2009	2010
哈佛大学	30.54	31.10	32.50	34.49	37.60	35.00
耶鲁大学	31.00	31.00	32.00	36.00	45.00	41.00
加州大学伯克利分校	4.28	4.17	4.06	3.75	4.04	3.82
华盛顿大学西雅图分校	1.49	2.42	2.69	2.18	2.12	1.77
牛津大学	4.51	4.63	4.18	4.49	4.30	2.84
剑桥大学	4.94	5.33	5.70	5.07	4.71	4.86

资料来源:根据六所大学 2005～2010 年财务报表整理而成。

四、讨论和总结

对拥有庞大规模捐赠基金的国外一流大学而言,虽然其捐赠基金在金融危机的影响下遭受了严重损失,但是凭借能够抵御风险的提取政策,这些一流大学的捐赠基金在危机中依旧为大学的运营提供了稳定而充裕的资金。具体而言,本案例研究有如下发现:

国外一流大学的捐赠基金在此次金融危机中遭受了严重的损失。由于大学的捐赠基金积极参与了金融产品的投资,尤其是高风险的股票类产品的投资,所以当金融产品急剧贬值时,这些大学捐赠基金不可避免地受到影响,投资亏损,资产规模大幅缩水,有些学校甚至缩水超过 30%。另一方面,金融危机也降低了校友、企业的捐赠能力和热情,使大学获得的捐赠收入大幅减少。但是随着金融危机影响的消退,大学捐赠基金的规模以及接受捐赠的金额也逐渐恢复。

有赖于抵御风险的制度设计,捐赠基金在遭受严重损失的情况下仍为大学提供了稳定的经费收入。虽然捐赠基金规模受金融危机影响大幅缩水,但是凭借具有抵御风险功能的平滑支出政策,通过将捐赠基金多年价值的平均值作为基数以及调高捐赠基金支出率的方法,这一影响并未削弱捐赠基金的支出能力。也正因如此,平日里高度依赖捐赠基金支出的美国一流私立大学,在金融危机时期依旧保持了健康的财务状况。

对投资风险的担忧是阻碍大学将捐赠资产进行金融投资的主要原因之一,毕竟金融投资在提供可能的高回报的同时,也潜藏着无法避免的市场风险。若将大学的捐赠基金存放银行,虽然承担的风险较低,但收益率却远远低于物价上涨的速度,反而可能会导致"负利率"的产生,从而无法达到保持购买力的目的。因此,捐赠基金参与金融投资是必然趋势。需要引起注意的是,一旦捐赠基金深入参与了市场投资,就意味着必须面对市场风险,所以管理人员应当总结经验,正确对待,采取科学有效的管理手段,制定具有抵御风险功能的捐赠基金管理制度,以便抵御短期市场波动带来的风险,在市场和大学之间树立抵御风险的屏障,防止市场风险蔓延至大学。

小　结

关注风险是投资管理过程的核心。没有人能够确知未来的市场行情是好是坏,捐赠基金面临的风险无处不在,任何失败都可能影响后续发展,因此风险管理是一项长期的、持续进行的工作,应当渗透在机构内、外部的各个方面。

第八章

世界一流大学永续型基金的支出机制

第一节　支出政策
第二节　支出额
第三节　支出率
第四节　政策调整
小　　结

第八章　世界一流大学永续型基金的支出机制

通常来说，资产管理的主要目的就在于实现资产的增值，而大学永续型基金肩负着支持大学运营的重大责任，资产增值显然不是其终极目标。事实上，在大学永续型基金的管理中，还有很重要的一部分是关于资金的支出。结合学校实际情况制定合理的支出政策，有利于平衡代际需求从而长远地支持学校发展，也有利于在金融市场波动下稳定学校的财政预算。

第一节　支出政策

大学永续型基金投资收入的分配与个人的收入分配存在相似之处。当个人获得收入时，一部分会用于消费，即在当前花费掉；一部分用作储蓄，以备未来之需。同样，永续型基金的投资收入，一部分被支出（spend），一部分被存储（preserve）到本金中进行再投资，而后者就相当于一种储蓄（a form of saving）[44]，是出于未来支出的考虑。永续型基金在这两种用途上都要达成一定的目标。如图8-1所示，在支出方面，要力求稳定而可预测的支出，使支出与通胀率同步增长；在存储方面，要兼顾代际平等（intergenerational equity），使本金与通胀率同步增长。很显然，这两方面的目标是互相冲突的。从时间上讲，是短期与长期的冲突：按比例支取资金意味着永续型基金的收益被用于当下，而将永续型基金的收益归入本金再投资是为了保证基金长期的购买力。从受益方讲，是当前的师生员工与未来的师生员工的冲突：每年提取支出大部分资金是支持当前学校师生员工的发展，而再投资是为了保证在将来有同样的能力支持师生员工的发展。

代际平等原则假设基金受托人对时间没有偏好，永续型基金未来的受益者受益于该基金的程度应该和现在的受益者一样。[192]这与维持购买力（purchasing power maintenance）的理念一致，即基金提供给当代人的价值与经通胀调整后提供给后代人的价值是相等的。且教育是人类永久的事业，永续型基金的这种支持作用应当无限期地持续下去。永续型基金支出太少，不利于学校当前的发展，支出太多，虽然能够刺激当前的发展，却会削弱未来的发展能力。因而，制定能够平衡代际间需求的支出政策显得尤为重要。

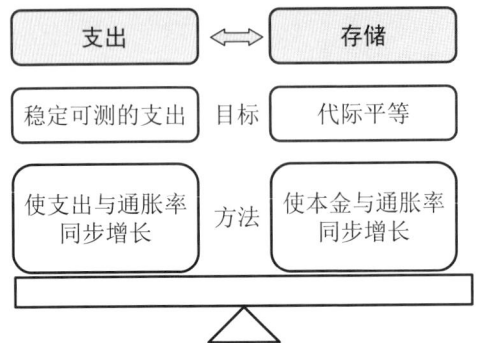

图 8-1　永续型基金投资收益的两种用途

资料来源：根据 Buckingham Asset Management 资料整理而成。

大学与资本市场不是完全独立的，对一些拥有大规模永续型基金的私立大学来说更是如此。这些大学的运营费用（operating expenses）在相当程度上依赖永续型基金的支出，如图 8-2 所示，2013 年普林斯顿大学的基金支出应付了学校一半以上（57%）的开支，哈佛大学和耶鲁大学的比例相当（39%、34%），斯坦福大学较低，但也超过了 1/5（23%）。永续型基金支出反映在一流大学的财政预算中，而大多数学校的基金支出又与基金市值挂钩，难免造成这样的状况：当市场行情向好时，基金组合价值走高，学校预算会因基金支出的增加而改善；但当市场疲软导致基金严重缩水影响支出水平时，学校的预算也可能因此面临困境。比如，学校的某些建设或科研项目对投入的现金流很敏感，来自永续型基金支出的金额波动很大的话，会制约项目的进展。[236] 21 世纪初期资本市场的剧烈波动就曾深刻影响到大学基金的支出和学校预算。[237] 因此，支出政策还要能够有效地缓解金融市场波动对学校预算的间接影响。

永续型基金是资金池，一流大学的永续型基金包含成百上千个小型基金，单独考察每个基金的支出很困难。支出政策只是从总体上决定永续型基金资产中有多少钱用于花费，而不涉及这些钱的具体流向。[238]

对支出政策的考察可以从支出额和支出率两个角度进行。支出额（payout）是永续型基金的支出水平（level），即从中提用金额的绝对值，这部分资金会成为学校预算的一部分。支出率（spending rate）的定义略有不同，通常指支出额在永续型基金市值中所占的比例（注意，这不是支出额在永续型基金投资收益中所占的比例）。支出额和支出率是两个相关的概念，但究竟是先规定了支出额，相应算得支出率，还是先规定一个支出率，再计算出支出额，这需要结合支出政策的具体内容来考察。

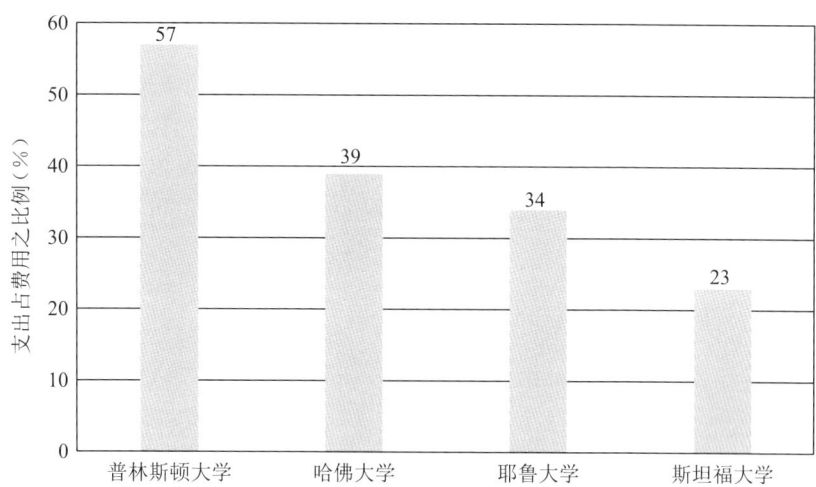

图 8-2　永续型基金的支出在大学运营费用中所占比例（2013 年）

资料来源：根据斯坦福大学官网资料整理而成。

第二节　支出额

永续型基金支出额的确定主要采取以下四种类型的法则：简单法则（simple rules）涉及收入，基于通胀法则（inflation-based rules）涉及通胀率，平滑法则（smoothing rules）涉及市值，混合法则（hybrid rules）综合了通胀率、市值，并引入权重。[239]

一、简单法则

简单法则包括基于收益（income-based）、每年决定支出率（decide on appropriate rate each year）、事先决定的当期市值（spend pre-specified percentage of beginning market value）等方法。以基于收益的方法为例，在全部投资收益中只有利息、分红等现金流可用于支出，资本增值的部分必须保留在本金中，以此保障基金的购买力。该法一般与较为保守的投资政策相对应，即投资组合中大多是固定收益资产而不是股票等风险更大的资产。哈佛和耶鲁等名校在 20 世纪 60 年代曾采用这种方法，如今在一些强调基金本金保值的机构中仍然流行。例如，对于英国剑桥大学和牛津大学来说，支出政策是较为新颖的概念，进入 21 世纪后它们才开始采用基于收入支出的方法。[240]

二、基于通胀法则

基金托管人要特别注意基金实际购买力的变化,也就是说,要考虑到通货膨胀的影响。通胀率可以是人为设定的值,通常为2%～3%,也可以选取参照标准,如CPI。[241]

1. 通胀抵御（inflation-protected）

公式:当年支出额＝上一年支出额×(1＋通胀率)

该方法不涉及支出率与市值,而是引入通胀率直接计算支出额。每年的支出额均以上一年的支出额为基数,再加上通货膨胀的影响。这种方法的优势在于,基金支出是稳定的、可预测的,不受基金市值波动的影响,从而使学校在制定预算时能够预期未来可从基金中支取的金额。该法的不足是,基金支出无法体现基金资产价值的变化。在市场行情向好时,按照这种方法制定的支出会低于基金实际能够提供的金额;而在市场走弱时,基金市值下跌,但基金支出却仍在增加,这会导致支出率上升到一个无法长期维持的比例。

2. 设限通胀（banded inflation）

公式:当年支出额＝上一年支出额×(1＋通胀率)

同时规定了支出额的上下限:上限为6%×基金的期初价值,下限为3%×基金的期初价值。

该方法不仅考虑了通胀,也与市值相关联,弥补了单纯的通胀抵御方法可能偏离基金市值的缺陷。如果计算出的支出额低于下限,则当年的支出额要高出经通胀调整后的上一年支出额,这暗示了基金会有较好的收益。如果计算出的支出额超出上限,则意味着当年的支出额会被缩减,但学校通常不愿这种情况发生。[236]

三、平滑法则

平滑的支出机制能够在不牺牲基金永久续存的条件下提高基金支出的稳定性。平滑法则采用了移动平均（moving average）的方法。

公式:当年支出额＝$r \times mean(x, y, z)$

r＝指导性支出率（policy spending rate）

x、y 和 z 分别是 X、Y 和 Z 财年基金的期初价值。

该法以基金过去一段时间内的平均市值为基数,乘以固定的支出率,以此确定支出额。根据康桥汇世2013年的统计,采用这一方法的机构所选取的参照年限为3～7年不等。如图8-3所示,绝大多数机构以过去三年的基金市值为参照,22%的机构选择五年。选作参照的年份中,每一年市值在算法中所占的权重是相等的(equally weighted)。目标支出率通常设定为4%～6%。[242]

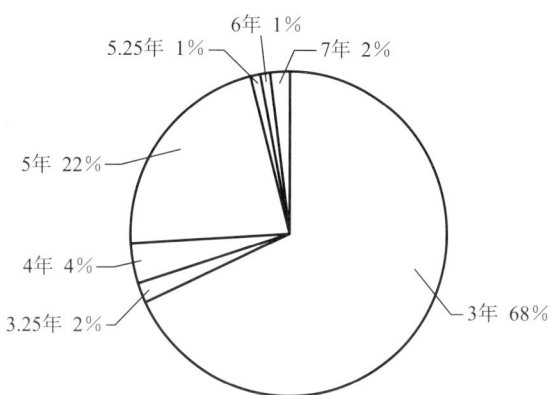

图8-3 移动平均法年限的选取

资料来源:CAMBRIDGE ASSOCIATES. Annual Analysis of College and University Investment Pool Returns: 2012-13[R]. Boston, MA: Cambridge Associates, 2013.

采用此支出方法的主要目标是缓解支出的波动性。选取过去数年永续型基金价值的平均值作为基数,而不是将当年的价值作为基数,能够有效地减少金融市场的波动(如金融危机)对当年永续型基金支出金额的影响,从而使得永续型基金在自身价值严重缩水的情况下仍能为大学提供充裕的运营经费。

四、混合法则

混合法则采用了加权平均(weighted average)的方法。
公式:$S_n = W_1 \times [S_{n-1} \times (1+I)] + W_2 \times (R \times M_{n-1})$
W_1:经通胀率调整后的上一年支出额所占权重
W_2:指导性支出额所占权重
S_{n-1}:上一年的支出额
I:通胀率
R:指导性支出率

M_{n-1}：上一年的基金市值

通过混合法则制定的支出包括两部分：稳定项（stability term）和市场项（market term）。稳定项是指经通胀调整的前一年的支出额，市场项由指导性支出率乘以基金的市值算得。结合这两部分具有重要意义。首先，混合法则中包含去年的支出额，避免了支出额出现大的波动，有利于大学预算计划的制订。其次，融入长期目标支出率，对基金的市值变化做出反应，有利于基金购买力的长期稳定。采用混合法则制定支出的目的不仅是要保证支出稳定还要保证基金的市值和购买力。

混合法则比平滑法则更具灵活性。通过调整市场项和稳定项之间的权重，机构可以决定支出随基金市值变化的速度。提高市场项的权重，当基金市值增加的时候支出也会有大幅增加，但是基金贬值的时候支出也会大幅缩水。相反，给以稳定项更多的权重可以增加基金的缓冲作用，在市场下跌的时候仍可以保持相对稳定的支出，但在市场恢复的时候支出上升也较缓慢。当然，使这种方法发挥效用的关键在于找到合适的加权。不同学校对权重的选择不一样，而同一个学校，赋予的权重也会随时间而变化。例如，耶鲁大学和麻省理工学院采用80/20权重，斯坦福大学采取70/30（以前为60/40）权重。目标支出率5.5%。

表8-1对比了使用不同支出法则中每年资产市值所占权重。完全基于当年市值时，支出额仅与当年的基金市值挂钩。在移动平均法下，支出额所基于的市值跨越过去多个年份，各年所占权重相同，但选取年份增多，权重随之下降。耶鲁法则的计算方式独特，在回溯过去年份的市值时存在迭代效应，因而年份推得愈远，权重就越小，即在当年支出额计算的时候所起的作用越小。这比等额权重的移动平均法看起来更能体现时间变化的影响及大小。

表8-1 不同支出法则中每年市值所占权重

支出法则	当年市值	一年前市值	两年前市值	三年前市值	四年前市值
当年市值法	100%	—	—	—	—
三年移动平均法	33%	33%	33%	—	—
五年移动平均法	20%	20%	20%	20%	20%
耶鲁法则	20%	16%	12.8%	10.2%	8.2%

资料来源：MURRAY S. Non-profit Spending Rules[R]. Washington, DC: Russell Investments, 2011.

以上就是大学永续型基金提取支出额的主要方法，每种方法都有各自的适用性。NACUBO 的统计显示,使用最为广泛的是移动平均法,占总样本的 74%,而且在规模超过 10 亿美元的超级永续型基金中,有超过一半的机构采取该法。康桥汇世的调研结果也显示,移动平均法最为盛行,70% 的相关机构采用该方法。[243]

第三节 支出率

大学的永续型基金规模差异较大,各自的基金支出不同,即使同为顶尖名校也是如此。例如,截至 2013 年 6 月 30 日,基金规模位列第一的哈佛大学坐拥 327 亿美元基金,支出额为 15 亿美元;基金规模仅次于哈佛的耶鲁基金约 208 亿美元,支出额为 10.2 亿美元。单通过支出水平难以在不同机构间进行比较,支出率是支出额占基金市值的比例,是一个相对水平,因而具备可比性。

从法律上讲,私人非经营性基金会(Private Non-operating Foundation)享有免税政策,但其必须保证每年的支出率不低于 5%。如果支出率不满足这一条件,则该组织无法继续享受免税优惠。大学的永续型基金属于非营利组织,但由于大学承载着让人类接受高等教育的使命,永续型基金的免税地位并不受支出率的限制。支出率为 0,这在法律上并非不可行,但支出率超过了通胀调整后的长期收益率则显得不够谨慎,因为这对本金的保值构成威胁。[238]支出率太低,也可能降低潜在捐赠者的捐赠意愿。福特基金会在其报告《教育捐赠基金管理》中建议大学的永续型基金的支出率维持在 5%,此后这一比例便成为默认标准,也的确让永续型基金的规模得到了不断增长。[244]

大学在制定永续型基金的支出政策时,要力求一种既足以支持学校当前的活动又可持续的支出比例。也就是说,在经济发展的特别时期,如金融危机导致基金市值大幅缩水的情况下,这种比例能够防止支出额出现大幅下降。根据 NACUBO 的调研,教育机构最常采用的支出规则是,基于永续型基金近三年市值的平均数,选用 5% 的目标支出率。这种跨越多年度的平滑准则促进了资金的持续涌入,从而能够维持高质量学术活动的开展,保证对学生的资助水平。在过去的 10 年中,大学的支出率平均水平在 4.5% 至 5.1% 之间。尽管支出率的差异看起来微小,但随着时间推移,其对永续型基金的本金影响十分巨大。事实也证明,高校依赖于灵活的支出率来合理运用资金。在金融危机发生的 2008 年,

NACUBO 调查了 796 所机构,它们的平均支出率为 4.6%。[33]

表 8-2 显示了 2004～2013 年美国大学永续型基金及附属基金会平均的年有效支出率。有效支出率(effective spending rate)是指永续型基金年初市值中被用于当年学校财政预算资金的比例。该预算涵盖了助学、研究、维护、运营等多方面的花费需求,由各学校按自身情况统计。有效支出率不涉及永续型资金本身的投资管理费用。随着规模的增加,永续型基金的支出率基本上也在增加,这一趋势在 2008 年金融危机之后比较明显。规模在 10 亿美元以上的超级基金的平均支出率维持在 4% 以上,峰值达 5.6%(2010),而且私立大学的支出率普遍高于公立大学。

表 8-2 美国大学永续型基金及附属基金会的平均年有效支出率(2004～2013 年)

分类		2004 年	2005 年	2006 年	2007 年	2008 年	2009 年	2010 年	2011 年	2012 年	2013 年
捐赠基金规模(亿美元)	大于 10	5.2%	4.7%	4.6%	4.4%	4.2%	4.6%	5.6%	5.2%	4.7%	4.8%
	5～10	5.2%	4.8%	4.5%	4.4%	4.5%	4.9%	5.7%	5.2%	4.7%	4.6%
	1～5	4.9%	4.7%	4.6%	4.5%	4.2%	4.4%	4.9%	5.0%	4.3%	4.4%
	0.5～1	4.9%	4.7%	4.7%	4.7%	4.3%	4.7%	4.6%	4.5%	4.3%	4.4%
	0.25～0.5	4.8%	4.7%	4.8%	4.8%	4.3%	4.3%	4.1%	4.0%	3.8%	4.3%
	小于 0.25	4.6%	4.8%	4.6%	4.6%	4.1%	3.9%	3.5%	3.7%	3.7%	4.1%
类型	公立机构	—	—	—	—	4.0%	3.7%	4.3%	4.3%	3.9%	4.2%
	私立机构	5.1%	4.8%	4.7%	4.7%	4.4%	4.5%	4.8%	4.6%	4.3%	4.6%

资料来源:根据 NACUBO 资料整理而成。

康桥汇世统计的永续型基金目标支出率(2013 年)如图 8-4 所示。以 5% 的支出率为目标的机构占比最高(41%),支出率在 4%～6% 的约占 90%。此外,有一些机构的目标支出率低于 4%,而只有极少数的机构采用 6% 以上的高支出率。巴菲特曾在一次对话中提到,他对美国资金规模最大的前 30 名基金会多年来的支出率的考察发现,尽管它们的目标和管理各有差别,然而支出率却几乎一致,为 5%,这不得不说是法律硬性规定导致的结果。他表示,如果法律规定 3%,很可能这些大的机构也就趋向于 3% 的支出率。如此刻板的支出率,并不能够鼓励基金会结合自身实际情况制定符合其发展的支出率。巴菲特本人向基金会捐赠时所提出的支出率要求远高于 5% 的法律底线。

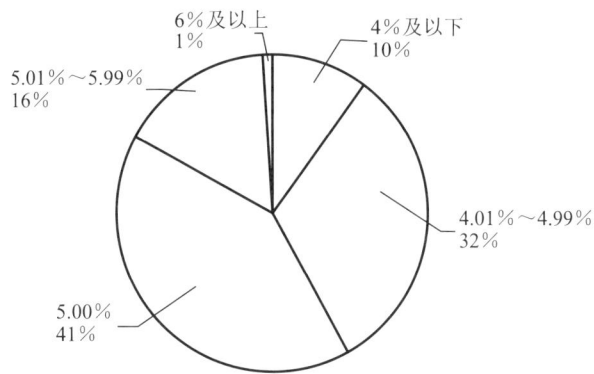

图 8-4 美国大学永续型基金的目标支出率（2013 年）

资料来源：CAMBRIDGE ASSOCIATES. Annual Analysis of College and University Investment Pool Returns: 2012-13[R]. Boston, MA: Cambridge Associates, 2013.

在英国，牛津大学和剑桥大学的不同学院可能有各自的支出策略，因而捐赠基金支出比例在同一所学校也会有差别。[240] 表 8-3 为牛津大学和剑桥大学不同机构的支出率，可以看出，无论捐赠基金规模如何，支出率都集中在 3%～5%，其中又以 3%～4% 居多。

表 8-3 支出率与捐赠基金规模

规模 （亿英镑）	没有政策	2%～3%	3%	3%～4%	4%	4%～5%	5%	5%～6%	6%	其他	合计
大于 1	2	—	—	3	2	3	—	—	—	2	11
0.75～1	—	—	2	2	—	3	—	—	—	—	8
0.5～0.75	2	—	—	5	3	2	—	—	—	—	11
大于 0.5 小计	3	—	2	10	7	8	—	—	—	2	31
0.25～0.5	2	2	3	15	8	—	—	—	—	—	30
0.1～0.25	2	2	2	5	8	3	—	—	—	2	25
小于 0.1	2	—	—	3	3	5	—	—	—	2	15
小于 0.5 小计	5	3	5	23	19	8	—	—	2	3	69
总计	8	3	7	33	26	16	—	—	2	5	100

资料来源：ACHARYA S, DIMSON E. Endowment Asset Management: Investment Strategies in Oxford and Cambridge[M]. Oxford: Oxford University Press, 2007: 107.

第四节 政策调整

不同学校的支出政策不尽相同,所处发展阶段的不同,学校的支出政策也会表现出不同的特征。就美国大学的永续型基金来说,主流的支出政策发生了多次变化(图8-5)。20世纪早期,基金投资集中于固定收益类资产,因而基金支出也主要是这类资产所产生的现金流。统一州法律委员会议在1972颁布的《统一机构基金管理法案》中,放宽了对永续型基金投资的限制,鼓励基金采用总收益方式来进行长远投资。也就是说,基金组合的收入不仅来自固定收益,还可以来自分红和股票增值[241],这样一来,可用于支出的金额也随之增加。

随着股票类资产的增加,基金市值的稳定性降低。为了降低市值波动对支出额造成的影响,平滑的支出机制被引入。及至21世纪初的这段时间内,股市强劲攀升(图8-5),诸多大学基金都赶上了这波行情。然而,互联网泡沫及"9·11"恐怖袭击等事件重创股市,深度参与股票投资的大学基金市值受损,支出政策也不得不面临调整。为了稳定支出水平,有些大学设计了混合支出法。2006年,统一州法律委员会议又颁布了《统一谨慎管理机构基金法案》,取消了先前基金支出不得使基金现值低于原值(Historic Dollar Value, HDV)的规定。[245] 该法案也使得托管人在制定支出政策时有更大的弹性,只要董事会认为适当,机构用于积累或花费的额度不受限制。

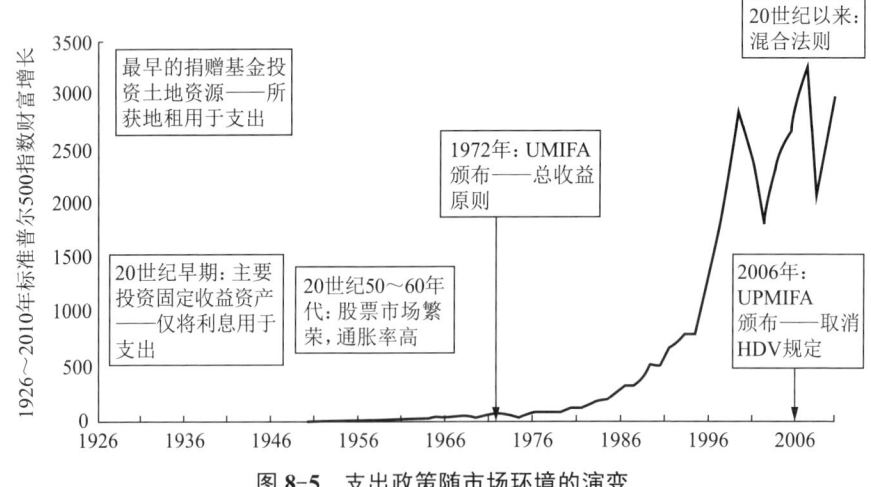

图8-5 支出政策随市场环境的演变

资料来源:THE BAM ALLIANCE. Endowment Spending Policies[EB/OL]. [2015-05-24]. http://buckinghamadvisor.com/endowment-spending-policies/.

学校对支出政策的调整比人们通常认为的要频繁得多。NACUBO 对 800 多所北美大学 2003～2011 年的数据进行统计发现,平均有 25% 的学校会逐年改变支出政策,有一半的学校在样本年间对支出原则至少进行一次调整。该统计还进一步显示,历史投资回报率低且实际支出额偏低的巨额捐赠基金机构更倾向于修改其长期支出政策,而有临时特别拨款可使用的捐赠基金则不太可能调整其长期政策,且这种趋势在 2008 年的金融危机过后越发明显。[246]

此外,学校财务的突发情况可能引起支出率的短期调整。以斯坦福大学为例,1991 年斯坦福大学失去了来自联邦政府的一大笔拨款,导致其 1992 年财政赤字高达 3250 万美元,约占收入的 3%。为应对困境,斯坦福大学将基金支出率从 1993 年的 4.75% 提高到 1994 年的 6.75%,这意味着,基金将增加 5800 万美元的支出以支持学校正常运转。1995 年,财政预算出现盈余,支出率降至 5.25%。通过大幅提高捐赠基金的支出比率,斯坦福大学成功地将突发性大规模资金损失对学校造成的破坏降至最低。[15] 如今,斯坦福大学基金托管委员会(Board of Trustees)在每年 2 月份进行审查批准支出政策,以便学校在同年的八九月份规划下一财年的预算。斯坦福大学现采取混合法则,所用权重为 70/30,目标支出率为 5.5%。[247]

小 结

支出政策制定的是支出额或支出率,其出发点是在支出与储存之间实现平衡,从而长久地支持机构发展,同时保证本金不受损失。在支出额的算法中,移动平均法则较为普遍,少数顶尖名校采用了更为复杂的混合法则。在支出率的选择上,通常为 4%～6%。

第九章

中国大学教育基金会的发展环境

第一节　法规政策环境
第二节　高等教育环境
第三节　宏观经济环境
第四节　捐赠文化环境
小　　结

第九章 中国大学教育基金会的发展环境

第一节 法规政策环境

在我国,2004年以前基金会往往被归入社团法人,但基金会不是以人为基础,而是以财产为基础设立的组织,这与社团由会员组成的基本特点有着本质差异,因而民政部无法将基金会按照社团的方式来登记、管理,必须制定相关的专门法规。[248] 我国的大学基金会与中国扶贫基金会、壹基金等基金会一样,受到与基金会相关的法规政策约束。本章涉及的法规政策及生效时间如表9-1所示。

表9-1 本章涉及的相关法规政策(按文中出现顺序)

法规政策名称	施行或发布时间
基金会管理办法	1988年9月27日(已废止)
基金会管理条例	2004年6月1日
基金会年度检查办法	2006年1月12日
基金会信息公布办法	2006年1月12日
中华人民共和国企业所得税法	2008年1月1日
中华人民共和国个人所得税法	2011年9月1日
中华人民共和国公益事业捐赠法	1999年9月1日
财政部国家税务总局关于教育税收政策的通知	2004年2月5日
财政部、国家税务总局关于非营利组织免税资格认定管理有关问题的通知	2008年1月1日
财政部、国家税务总局民政部关于公益性捐赠税前扣除有关问题的通知	2008年1月1日
财政部、国家税务总局、民政部关于公益性捐赠税前扣除有关问题的补充通知	2010年7月21日
财政部、国家税务总局关于非营利组织企业所得税免税收入问题的通知	2009年11月11日
财政部、国家税务总局关于非营利组织免税资格认定管理有关问题的通知	2009年11月11日
国务院关于取消非行政许可审批事项的决定	2015年5月14日
中华人民共和国高等教育法	1999年1月1日
教育部关于实施〈中华人民共和国高等教育法〉若干问题的意见	1999年5月25日
教育部、财政部、民政部关于加强中央部门所属高校教育基金会财务管理的若干意见	2014年9月18日

续表

法规政策名称	施行或发布时间
国家中长期教育改革和发展规划纲要(2010～2020年)	2010年7月29日
中央级普通高校捐赠收入财政配比资金管理暂行办法	2009年10月12日
民政部、深圳市人民政府推进民政事业综合配套改革合作协议	2009年7月20日
中华人民共和国慈善法	2016年9月1日(将施行)

一、基金会

根据《基金会管理条例》,基金会是指利用自然人、法人或者其他组织捐赠的财产,以从事公益事业为目的,按照该条例的规定成立的非营利性法人。基金会分为两类:公募基金会和非公募基金会。公募基金会可以面向公众募捐,而非公募基金会不得面向公众募捐。我国的大学基金会绝大多数都以非公募的身份存在,目前只有三个是公募基金会(表9-2)。其中,宁夏银川大学教育发展基金会在2009年由非公募转为公募。此外,1997年注册成立的吉林大学教育基金会于2013年由公募转为非公募。有业内人士指出,非公募基金会的身份对大学非常有利,一方面这并不耽误学校的筹款工作,另一方面学校筹得的资金可以长期分配,因为非公募基金会的支出规则比公募基金会宽松得多,这在无形中推动了近几年国内大学基金会的快速发展。[249]

表9-2 我国三所公募性质大学基金会的概况

名称	登记部门	成立时间	原始基金(万元)(注册资金)	净资产(亿元)(2013年)	净资产(亿元)(2014年)
中国科学技术大学教育基金会	安徽省民政厅	1996年	580	2.23	2.39
宁夏银川大学教育发展基金会	宁夏回族自治区民政厅	2005年	400	0.08	0.12
西安交通大学教育基金会	陕西省民政厅	2006年	1580	0.87	1.16

资料来源:根据基金会中心网资料整理而成。

国务院民政部门和省、自治区、直辖市人民政府民政部门是基金会的登记管理机关。省、自治区、直辖市人民政府有关部门或者省、自治区、直辖市人民政府授权的组织,是省、自治区、直辖市人民政府民政部门登记的基金会的业务主管。在我国,成立基金会所需具备的条件如表9-3所示。有学者认为,我国基金会成立的原始基金在形式上仅限于货币资金并不妥,也应该包括实物资产,另外,非公募基金会的原始基金不低于2000万人民币有些偏高,应适度降低且考虑地区差异。[250]

表 9-3 我国成立基金会的条件

目的	为特定公益目的而设立
原始资金	全国性公募基金会不低于 800 万元 地方性公募基金会不低于 400 万元 民政部注册的非公募基金会不低于 2000 万元 地方注册的非公募基金会不低于 200 万元 原始资金必须为到账货币资金
构成	有规范的名称、章程、组织机构 有与其开展活动相适应的专职工作人员 有固定的住所
责任	能够独立承担民事责任

资料来源:《基金会管理条例》。

表9-4从基金会的投资、支出和监管这三个方面梳理了一些主要的法规政策条文。

(1) 在投资方面,在1988年出台的《基金会管理办法》中,基金会被定性为非营利投资机构,由中国人民银行出台关于基金会投资的限制性和指引性规定。至2004年《基金会管理条例》颁布实施,国家从未禁止基金会对其资产进行投资,而是实行原则性、开放性政策。虽然未对基金会的保值增值行为作具体要求,但政府仍力图通过社会监督、内部监督来约束基金会的投资行为。基于《基金会管理条例》第43条的规定,一旦基金会投资失败,参与决策的理事须承担相应损失。这就意味着,基金会的投资赚钱了,归基金会所有;投资失败了,责任由理事承担。很显然,这在一定程度上制约了基金会的决策层做出相关的投资决策,也因此限制了基金会投资增值的能力。

表 9-4 我国与基金会管理相关的法规政策条文

	投资
《基金会管理办法》第7条	基金会可以将资金存入金融机构收取利息,也可以购买债券、股票等有价证券,但购买某个企业的股票额不得超过该企业股票总额的20%
《基金会管理条例》第21条	理事会是基金会的决策机构,依法行使章程规定的职权 (章程规定的重大募捐、投资活动的决议,须经出席理事表决,2/3以上通过方为有效)

续表

	投资
《基金会管理条例》第28条	基金会应当按照合法、安全、有效的原则实现基金的保值、增值
《中华人民共和国公益事业捐赠法》第17条第二款	公益性社会团体应当严格遵守国家的有关规定,按照合法、安全、有效的原则,积极实现捐赠财产的保值增值
《基金会管理条例》第43条	基金会理事会违反本条例和章程规定决策不当,致使基金会遭受财产损失的,参与决策的理事应当承担相应的赔偿责任
	支出
《基金会管理条例》第27条	基金会的财产及其他收入受法律保护,任何单位和个人不得私分、侵占、挪用。基金会应根据章程规定的宗旨和公益活动的业务范围使用其财产;捐赠协议明确了具体使用方式的捐赠,根据捐赠协议的约定使用
《基金会管理条例》第29条	公募基金会每年用于从事章程规定的公益事业支出,不得低于上一年总收入的70%;非公募基金会每年用于从事章程规定的公益事业支出,不得低于上一年基金余额的8%。基金会工作人员工资福利和行政办公支出不得超过当年总支出的10%
《财政部 国家税务总局关于非营利组织免税资格认定管理有关问题的通知》第1条第7项	工作人员的工资福利开支控制在规定的比例内,不变相分配该组织的财产,其中:工作人员平均工资薪金水平不得超过上年度税务登记所在地人均工资水平的两倍,工作人员福利按照国家有关规定执行
	监管
《基金会管理条例》第36条;《基金会年度检查办法》第3、4条	基金会、境外基金会代表机构应当于每年3月31日前向登记管理机关报送上一年度工作报告,接受年度检查。年度工作报告在报送登记管理机关前应当经业务主管单位审查同意。 年度工作报告应当包括:财务会计报告、注册会计师审计报告,开展募捐、接受捐赠、提供资助等活动的情况以及人员和机构的变动情况等
《基金会年度检查办法》第12条	完成年度检查后,登记管理机关应当向社会公告年度检查结果,并向业务主管单位通报。 基金会、境外基金会代表机构应当在通过登记管理机关的年度检查后,将年度工作报告在登记管理机关指定的媒体上公布,接受社会公众的查询、监督
《基金会信息公布办法》第3条	信息公开义务人公布的信息资料应当真实、准确、完整,不得有虚假记载、误导性陈述或者重大遗漏。 信息公布义务人应当保证捐赠人和社会公众能够快捷、方便地查阅或者复制公布的信息资料

续表

	监管
《基金会信息公布办法》第5条	信息公布义务人应当在每年3月31日前,向登记管理机关报送上一年度的年度工作报告。登记管理机关审查通过后30日内,信息公布义务人按照统一的格式要求,在登记管理机关指定的媒体上公布年度工作报告的全文和摘要。 信息公布义务人的财务会计报告未经审计不得对外公布
《基金会信息公布办法》第6条	公募基金会组织募捐活动,应当公布募得资金后拟开展的公益活动和资金的详细使用计划。在募捐活动持续期间内,应当及时公布募捐活动所取得的收入和用于开展公益活动的成本支出情况。募捐活动结束后,应当公布募捐活动取得的总收入及其使用情况
《基金会信息公布办法》第14条	登记管理机关依法对信息公布活动进行监督管理,建立信息公布义务人诚信记录。 信息公布义务人不履行信息公布义务或者公布虚假信息的,由登记管理机关责令改正,并依据《条例》第42条规定给予行政处罚

（2）在支出方面,法律对公募基金会和非公募基金会的要求差别较大。根据《基金会管理条例》第29条,公募基金会每年用于从事章程规定的公益事业支出占上一年总收入的比例不低于70%,非公募基金会每年用于从事章程规定的公益事业支出占上一年基金余额的比例不得低于8%。很明显,公募基金会的资金支出压力很大,每年必须重新募集大量的捐赠资金,才能既保证支出要求,又不必过分动用原始基金致使其低于法律规定的最低值。公募基金会每年募集大量的资金,同时不断地将募集的捐赠用于其支持的公益项目,资金流动性高,难以实现本金长期的保值增值。非公募基金会则不同,由于支出比例较小,可以保留较多的资金,非公募基金会在投资方面更为灵活,可以通过对本金和每年留存资金的再投资来获取不菲的收益,从而可持续地支持公益事业。这一点与高校事业发展的需求是非常吻合的。这两类基金会的其他一些对比详见表9-5。

表9-5 公募基金会与非公募基金会的比较

	公募基金会	非公募基金会
筹资对象	面向公众募集资金	面向特定个人或组织,不得向公众募集资金
主要分类	按募捐的地域范围分为全国性公募基金会和地方性公募基金会	按类型主要分四种:公司化基金会、高校基金会、企业内部基金会、社会名人基金会
首次出现	1981年,中国儿童少年基金会,原始基金800万元	2004年,香江社会救助基金会,原始基金5000万元(企业出资) 2006年,王振滔慈善基金会,原始基金2000万元(个人出资)

续表

	公募基金会	非公募基金会
申请难度	难度较大，门槛较高	难度较小，门槛较低
管理体制	由登记管理机关和业务主管单位构成的双重管理体制	只要是业务涉及民政所主管的社会福利、慈善等领域的非公募基金，民政部与地方民政部门都会积极承担业务主管职责
治理结构	具有亲属关系的不得同时在理事会任职	用私人财产设立的非公募基金会，相互间有近亲属关系的基金理事，总数不得超过理事总人数的1/3；用非私人财产设立的非公募基金会，具有亲属关系的不得同时在理事会任职
公益支出	每年不得低于上一年总收入的70%	每年不得低于上一年基金余额的8%

基金会的支出分为公益支出和非公益支出。公益支出包括基金会从事公益事业的所有支出，如公益资助项目的费用、执行项目的成本以及基金会组织募捐的费用等，其他支出如基金会专职工作人员的工资福利、基金会日常办公的行政开支等属于非公益支出。《基金会管理条例》规定，基金会工作人员工资福利和行政办公支出不得超过当年总支出的10%。以上提及的三个比例数据均是经过3年多的论证和听取各方意见后得出的。[13]

（3）在监管方面，不仅《基金会管理条例》中有相关规定，民政部还在该条例的基础上进一步制定了《基金会年度检查办法》和《基金会信息公布办法》，从年度工作报告报审、信息公开的内容和方式等方面更为详细地列出了相关规范性条款。这些条款不仅是为了加强对基金会代表机构的管理，也是为了保护捐赠人及相关当事人的合法权益。

此外，在注册方面，曾有很长一段时间，基金会只能在民政部或者省级民政厅注册。2009年7月，《民政部、深圳市人民政府推进民政事业综合配套改革合作协议》签订后，深圳市成为首个基金会审批权限下放城市。2012年民政部开始正式在全国推动审批权限从省级下放到市县级，截至2014年12月，全国已有20个省会出台了基金会审批权限下放政策。[252] 2013年党的十八大后，国务院发布通知，包括公益慈善在内的四类社会组织①年底可直接登记，这意味着这四类社会组织可以避免因找不到挂靠单位而无法注册的尴尬。图9-1显示了2009年以来我国每年新成立的基金会数量，并按其注册所在部门进行划分。2009～2013

---

① 这四类社会组织为：行业协会商会类、科技类、公益慈善类和城乡社区服务类。

年,每年在民政部登记注册的基金会数量较为稳定,在省级民政部门登记的数量稳中有升,但在2014年这两者均出现较大降幅。与此形成对比的是,每年在市县级民政部门登记注册的基金会数量一直处于上升态势,且在2013年和2014年最为显著。至2014年底,市县级基金会已达351家,包括市级民政部门登记317家和县级民政部门登记34家。市县级基金会多为独立、企业、社区型基金会,首家市县级基金会是成立于2009年的芜湖市爱心助学基金会。政府下放基金会审批权限,直接促成了大批基金会的诞生,允许这些基金会的成立和成长,有助于相关人士探索出基金会发展的更好的模式,也有利于形成一个良好的基金会生态环境,从而反过来推动基金会立法的完善。

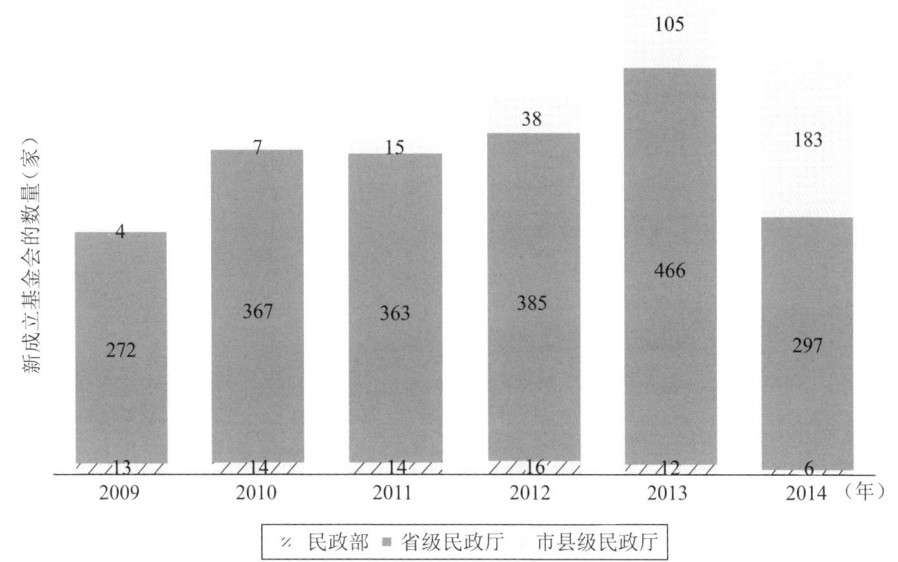

图9-1 我国新成立基金会的数量(2009～2014年)

资料来源:根据基金会中心网资料整理而成。

我国基金会的数量受政策的影响较为明显。如图9-2所示,自1981年我国成立第一家基金会——中国儿童少年基金会开始,截至2014年底,基金会总数已达4237家,其中公募基金会1490家,非公募基金会2747家。1988年《基金会管理办法》的出台使得基金会有了较快增长,2004年该办法被废止,同时出台的《基金会管理条例》确立了基金会的独立法人地位,教育基金会数量陡增,其中非公募基金会数量的增幅尤为突出,更是在2010年首次超过公募基金会总数。[251]

基金会中心网的数据显示,2010年非公募基金会的数量(1103家)就已经超过公募基金会(1095家)。

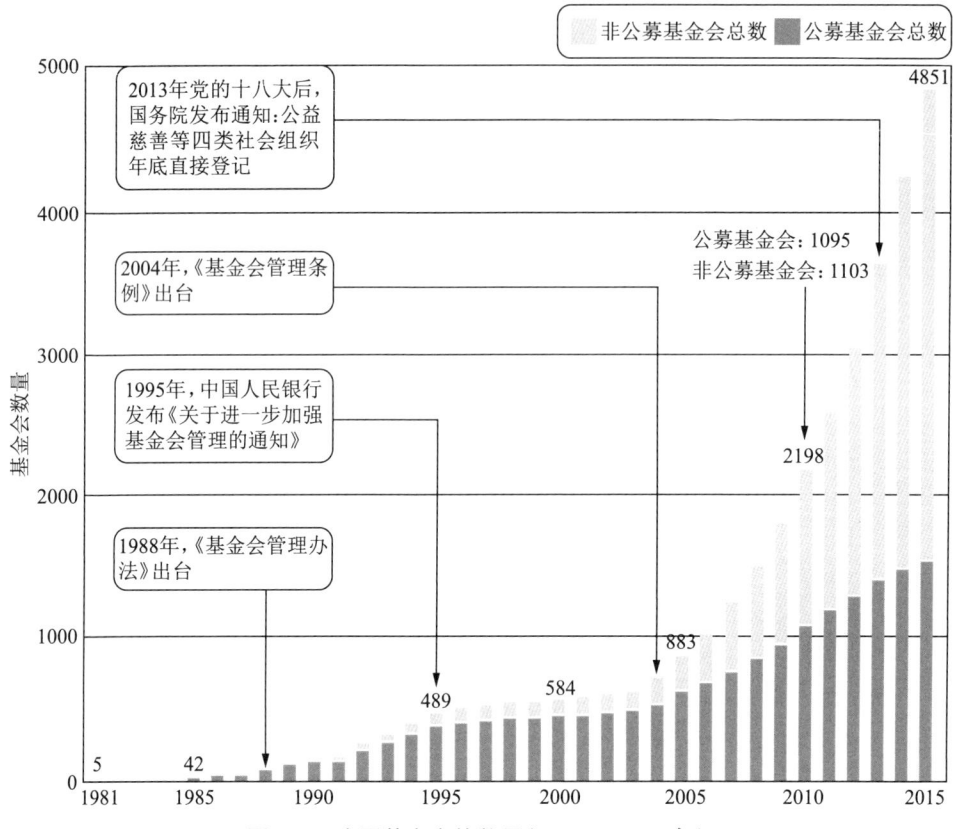

图 9-2　我国基金会的数量(1981～2015年)

资料来源:根据基金会中心网资料整理而成。

二、税收

毫无疑问,教育作为一个造福世代的公益事业,是社会捐赠的重点领域。《中华人民共和国公益事业捐赠法》旨在鼓励和规范捐赠与受赠行为。表9-6列出了政府对公益事业捐赠的优惠措施,从中可以看出,无论是组织还是个人,无论是境内还是境外,只要向该法第2条所界定的公益事业提供捐助,都可获得相应的税收优惠。

表 9-6 公益事业捐赠的优惠措施

第 1 条	为了鼓励捐赠,规范捐赠和受赠行为,保护捐赠人、受赠人和受益人的合法权益,促进公益事业的发展,制定本法
第 2 条	公益事业是指非营利的下列事项:(一)救助灾害、救济贫困、扶助残疾人等困难的社会群体和个人的活动;(二)教育、科学、文化、卫生、体育事业;(三)环境保护、社会公共设施建设;(四)促进社会发展和进步的其他社会公共和福利事业
第 24 条	公司和其他企业依照本法的规定捐赠财产用于公益事业,依照法律、行政法规的规定享受企业所得税方面的优惠
第 25 条	自然人和个体工商户依照本法的规定捐赠财产用于公益事业,依照法律、行政法规的规定享受个人所得税方面的优惠
第 26 条	境外向公益性社会团体和公益性非营利的事业单位捐赠的用于公益事业的物资,依照法律、行政法规的规定减征或者免征进口关税和进口环节的增值税
第 27 条	对于捐赠的工程项目,当地人民政府应当给予支持和优惠

资料来源:《中华人民共和国公益事业捐赠法》。

从理论上讲,基金会是同企业一样的纳税人,但是作为公益性非营利法人,基金会不能像企业那样通过以营利为目的的手段获得财产,其全部财产来源于捐赠及捐赠资金可能带来的投资收益。而且,基金会从事社会公益事业,做一些政府不便做、不能做,而群众生活和社会发展又切实需要的事情,理应获得政府的支持。因此,基金会应当享受税收优惠。税收优惠是政府对基金会支持和监管的一种手段,从某种意义上说,也是政府对基金会的捐赠。[253]

在我国,基金会可以享受的税收优惠包括公益性捐赠税前扣除资格(税前扣除资格)和非营利组织免税资格(免税资格)。这两种税收优惠的受益者是不同的:当基金会享有税前扣除资格时,向该基金会捐赠的单位可在捐赠后享受税前扣除的优惠;当基金会享有免税资格时,基金会可以在一些收入上免缴或者少缴纳税收。这些税收优惠资格都需要向有关单位提交申请,并且达到一定条件才可享受。截至 2013 年底,共有 3034 家基金会公布了自己所享有的税收优惠,其中大部分(1927 家,64%)享受公益性捐赠税前扣除资格,小部分(740 家,24%)享受非营利组织免税资格,两种资格都具备的基金会有 614 家,占比约为 1/5。[254]

(一)捐赠者层面——公益性捐赠税前扣除资格

向具有公益性捐赠税前扣除资格的基金会捐款的个人和企业能够在应纳税所得额中扣除一定的额度,个人捐赠和企业捐赠所适用的比例不同。对个人捐赠而言,《中华人民共和国个人所得税法》及其实施条例规定,个人将其所得通过中国境内的社会团体、国家机关向教育事业和其他社会公益事业以及遭受严重自然灾害地区、贫困地区捐赠时,捐赠额未超过纳税义务人申报的应纳税所得额30%的部分,可以从其应纳税所得额中扣除。如图9-3所示,2013年,A某当年的应纳税所得额为30万元,同年A某向P基金会捐赠五万元。因为捐赠数额在应纳税所得额的30%(九万元)以内,因而全部捐赠可享受税前扣除,即A先生在2013年最终需要纳税的个人收入为25万元。

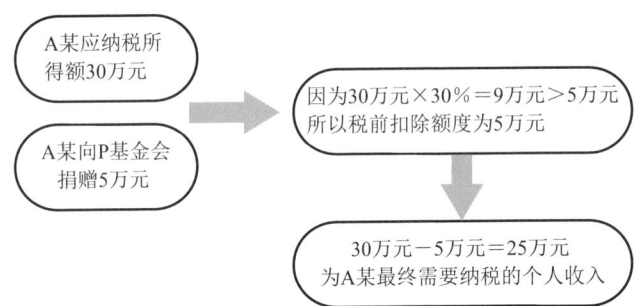

图9-3 公益性捐赠税前扣除资格示例(个人捐赠)

资料来源:根据基金会中心网资料整理而成。

对企业捐赠来说,企业通过公益性社会团体或者县级以上人民政府及其部门,用于《中华人民共和国公益事业捐赠法》规定的公益事业的捐赠支出,在其年度利润总额12%以内的部分,准予在计算应纳税所得额时扣除。这是2008年1月1日起生效的《中华人民共和国企业所得税法》对原先使用的《中华人民共和国企业所得税暂行条例》(1994年1月1日生效,2008年1月1日废止)的修改:一是扣除比例的变化,从3%提高到12%;二是扣除依据(即计算基数)的变化,将"年度应纳税所得额"改为"年度利润总额"。其中,年度利润总额,是指企业依照国家统一会计制度的规定计算的年度会计总额。如图9-4所示,2013年,B公司向Q基金会捐赠了200万元后,其当年的利润总额为1500万元。因为捐赠额度超过了年度利润总额的12%(180万元),所以只有180万元可享受税前扣除,即B公司当年应纳税的利润总额为1520万元。

公益性捐赠税前扣除资格的认定有严格的法律程序。根据《财政部、国家税务总局民政部关于公益性捐赠税前扣除有关问题的通知》和《财政部、国家税务总局民政部关于公益性捐赠税前扣除有关问题的补充通知》,公益性社会团体应同时向财政、税务、民政部门提出申请,并分别报送材料,民政部门负责对公益性社会团体资格进行初步审查,财政、税务部门会同民政部门对公益性捐赠税前扣除资格联合进行审核确认。

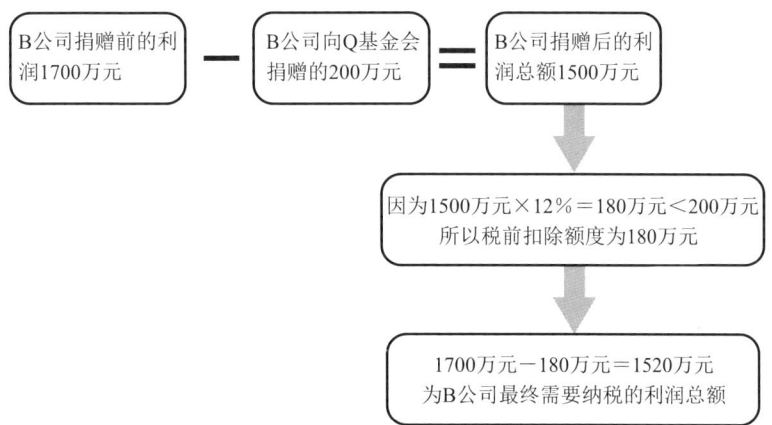

图 9-4　公益性捐赠税前扣除资格示例（企业捐赠）

资料来源：根据基金会中心网资料整理而成。

然而，2015年5月14日，国务院发布《关于取消非行政许可审批事项的决定》，提出"在前期大幅减少部门非行政许可审批事项的基础上，再取消49项非行政许可审批事项"。其中，第16项正是上文提到的"公益性捐赠税前扣除资格确认"。清华大学公共管理学院副教授贾西津表示：民政、财政、税务三部门都属于国家行政主管部门，认定公益性社会团体获得"公益性捐赠税前扣除资格"是三部门依据自身部门属性做出的"行政许可审批"行为，不在取消范围内。然而，当公益性社会团体的申请资料进入认定环节后，先由民政部门初步审查，再由财政、税务部门会同民政部门联合进行审核确认，这就形成了重复，属于"非行政许可"范畴。[255] 目前尚无衔接和替代方案出台，关于政策真空阶段该资格认定如何操作以及资格是否可以长期拥有等问题仍待相关部门回应。

（二）基金会层面——非营利组织免税资格

尽管《基金会管理条例》中明确了基金会应当享受税收优惠的政策原则，但是很多具体的免税条款却没有得到相应的法规政策支持。2008年初《企业所得税法》及其实施条例生效后，非营利组织的认定及其收入免税问题一直处于搁置状态[21]，直到2009年末《财政部、国家税务总局关于非营利组织企业所得税免税收入问题的通知》和《财政部、国家税务总局关于非营利组织免税资格认定管理有关问题的通知》发布后才让相关问题有了政策依据。如表9-7所示，获得免税资格的基金会，其进口关税和进口增值税以及所得税条目下的政府财政资助和社会捐赠享受不同程度的免税；来自有价证券收益和经营收入的所得按正常规则纳税；营业税、增值税、消费税以及所得税中的存款利息则尚无明确法律规定。非营利组织免税优惠资格的有效期为五年，其应在期满前三个月内提出复审申请，不提出复审申请或复审不合格的，其享受免税优惠的资格到期自动失效。

表9-7 不同税种的优惠政策

税种		税收政策
所得税	政府财政资助	不同程度地免缴税收
	社会捐赠	不同程度地免缴税收
	存款利息	无明确规定
	有价证券收益	征缴税收
	经营收入	征缴税收
营业税		无明确规定
增值税、消费税		无明确规定
进口关税、进口增值税		不同程度地免缴税收

资料来源：根据基金会中心网资料整理而成。

根据《财政部、国家税务总局关于非营利组织免税资格认定管理有关问题的通知》规定，被认定具有免税资格的非营利组织必须满足"财产及其孳息不用于分配，但不包括合理的工资薪金支出"。而高校基金会基本上都有明确的支出要求，其资金所获得的利息被用于教学、科研、学生等诸多方面，因此不符合免税资格认定标准。事实上，在基金会中心网上检索的结果也显示，高校教育基金会的优惠资格类型通常只有公益性捐赠税前扣除资格，而无非营利组织免税资格。

（三）税收障碍

尽管有税前扣除和免税等优惠，我国的慈善捐赠仍然面临一些税收障碍。举例如下。

（1）基金会的原始基金不能享受税收优惠。2007年，湖南人卢德之与几位出资人以两亿元在民政部注册成立了华民基金会，这在当时是我国原始出资额最大的非公募基金会。然而，由于这笔钱是捐赠者在北京的公司从其深圳子公司获得的分红，用来注册基金会需缴纳税款，在与有关部门协商两年多未果后，基金会的出资人最终不仅按照深圳市2008年出台的新《企业所得税》规定的18%税率补缴了3600万元的税金，还为税款拖欠交了2000万元滞纳金。在2013年的非公募基金会发展论坛上，华民基金会理事长卢德之透露，因不堪税负，基金会已将两亿元注册资金降低为5000万元。[256]针对非公募基金会原始基金征税这一问题,有学者指出,基金会成立当年即应享受税收优惠,对超出当年额度的部分,可在后几个年度实行税前扣除。[250]

(2)基金会的投资收益不享受免税优惠。2007年,南都基金会将半年来获得的1600万投资收益(净利润1000万)变现,并在年度报表上体现出来,结果交了33%的企业所得税款330万元。[256]

(3)股权捐赠面临高昂的税负。2011年5月,福耀集团董事局主席曹德旺向河仁慈善基金会捐赠三亿股福耀玻璃股票,是中国首例通过股权方式向基金会注资的慈善捐赠。然而,这笔市值为35.49亿元的捐赠却面临五亿多元的税款,约占捐赠数额的14%。经与有关部门协调后获得特批,河仁慈善基金会暂缓五年缴纳所得税。[257]

第二节 高等教育环境

教育是基金会发挥其公益职能的一个重要领域。中国共产党第十四次全国代表大会在建设有中国特色社会主义理论的指导下,确定了20世纪90年代我国改革和建设的主要任务,明确提出"必须把教育摆在优先发展的战略地位,努力提高全民族的思想道德和科学文化水平,这是实现我国现代化的根本大计"。中共中央、国务院于1993年颁发了《中国教育改革和发展纲要》,不仅对教育本身的改革提出了要求,也强调建立教育经费多元化的体制。第47条指出:"要逐步建立以国家财政拨款为主,辅之以征收用于教育的税费、收取非义务教育阶段学生学杂费、校办产业收入、社会捐资集资和设立教育基金等多种渠道筹措教育经费的体制。"

大学教育基金会是基金会发展相对稳定时期出现的新事物。[21]随着高等教育规模的扩大,办学经费不足、教育成本上升等问题日益凸显,政府还专门出台了一些法规政策来支持和引导高等教育财务体系的调整。本着提高教育质量和学术水平、加强学校与社会的联系、争取国内外团体和个人的支持与捐助的目的,大学教育基金会的存在适应了我国高等教育经费需求扩大与筹资管理专门化的需求。我国众多的高校都相继设立了教育基金会,尤其是顶尖名校,更是早已意识到社会捐赠的重要性,并开始借助本校的基金会来更好地实现其高等教育的职能。

一、经费需求扩大

自1998年启动高校扩招以来,我国高等教育的规模快速扩张,先后超过俄罗斯、印度和美国,成为世界第一。2015年底教育部公布的《高等教育第三方评估报告》是由厦门大学邬大光教授牵头成立的评估组对《国家中长期教育改革和发展规划纲要(2010—2020)》高等教育领域中期进展进行的第三方评估,该报告显示我国高等教育规模在实现跨越式发展后持续增长:2014年,我国在校生规模达到3559万人,居世界第一;高校数量为2824所,居世界第二;高校毛入学率达到37.5%,提前完成了《教育规划纲要》预定36%的阶段目标;2000~2014年,高校录取人数的年增长率平均为10.7%,录取率由59%提高到74.33%,是1978年的12.3倍;每10万人口平均在校大学生数增幅超过三倍,毕业生占当年新增城镇人口比例从12.86%提高到61.62%。[258]曾任剑桥大学校长的亚历克·布罗厄斯(Alec Broers)表示,与美国大学相比,英国缺少资源和规模去发展大众化的高等教育,而中国的规模和潜能则更近似于美国。他同时指出,大学的发展水平取决于经费投入以及招募和留住具有国际最高水准人员的能力。[259]

在高等教育的整体规模稳居世界第一的现状下,要保证并提升扩招后的高等教育教学和科研质量,充足的经费是必不可少的。然而,大规模的扩张与经费短缺之间的矛盾日益突出,使得高校在硬件建设、学生资助、教师发展、科研支持等方面的压力越来越大。发达国家主动型的高等教育大众化模式是在人均GDP具有较高水平、在较长时间段内实现大众化进程;而后发国家的追赶型模式是在人均GDP较低水平上,以较快速度跨越实现了高等教育大众化进程。[260]尽管国家每年都增加对高等教育的投入,但是高等教育办学成本增加的幅度远远高于国家教育财政对高等教育投入的增加幅度,而且高校间的竞争加剧,教育财政性投入的经费远不能满足高校提升办学质量的发展需求。尤其是在低收入国家和中等收入国家,政府增加公共投入的步伐无法赶上入学人数的爆炸性扩张,政府也无法向学生提供精英教育所需的资源。

就目前来说,我国高等教育财政收入已从单一的政府拨款模式,发展成为政府拨款为主、多渠道筹资为辅的财政体系。有学者将我国高等教育经费来源的变迁分为三个阶段(表9-8)。从最初的无偿教育到有偿教育,教育成本逐渐被分摊给受益者,学费从无到有并逐渐上升到接近受益者的支付上限。虽然政府在高等教育成本分担中的比例有所减少,但我国高等教育经费仍然主要来自中央和地方政府的拨款。高校对科研和日常运行的投入都是按年度进行划拨和结算,政府一次性投入,学校一次性用完,第二年再投入、再用完,学校鲜有资金留存。而且,政府划拨的经费一般都有明确的用途,有些经费限时用完,以致学校突击花钱、重复采购之类的事情时有发生。政府这种一次性且定向的投入只能为学校提供当前的部分经费需求,学校很少能留有余存,一般也都不做长期的财政规划。这种模式显然不符合高校的发展规律,更不利于高校的长期发展。[168]

表 9-8 我国高等教育经费来源的变迁

时间	经费投入	经费来源主体	学费标准的设定	政府的拨款模式
1978～1985年	举办者出资	政府	无偿	基数+发展
1985～1998年	受益者出资	政府(中央/地方)、学生	有偿,上升	综合定额+专项补助
1998～2005年		政府(中央/地方)、学生、金融机构	上升,接近极限/研究生收费制度的试行	基本支出预算+项目支出预算国库集中支付制度的实施

资料来源:鲍威.扩招后中国高等教育经费的筹措机制:现状与问题[M]// 王蓉.高等教育规模扩大过程中的财政体系:中日比较的视角.北京:教育科学出版社,2008:93.

此外,我国很多高校招生规模的扩大是基于"举债兴教",而随着贷款陆续到期,不少高校深陷债务泥潭。例如,2007年3月吉林大学在校内网上宣布学校负债30亿元,征集师生出谋划策解决财务困难。这一消息引起了公众对高校巨额负债问题的关注,甚至出现了"高校破产说"。[261]《2007年中国教育蓝皮书》披露,2006年底全国高校贷款规模为4500亿～5000亿元。审计署披露的数据显示,截至2010年底,全国1164所地方所属的普通高校负债2634.98亿元。其中387所高校2010年政府负有担保责任的债务和其他相关债务的借新还旧率超过50%,当年借新还旧偿债额542.47亿元;95所高校存在债务逾期现象,逾期债务27.18亿元。一方面要应付不断扩大的经费缺口,另一方面还要处理先前遗留的债务问题,可见高校在财务方面的压力巨大,因此,有必要寻求一种更为稳定和长久的财务模式。

从国外高校的发展经验来看,设立学校教育基金会进行资金的募集与管理,对支持学校事业的发展具有重大意义。例如,耶鲁大学永续型基金年报显示,2013年该校基金会实现了10.2亿美元的收入,占其营运总收入的34%。这不菲的基金收入,有效地应付了耶鲁大学在奖学金、师资、科研等诸多方面的开支。高校基金会的建立,正是实现多渠道筹资的举措,有利于改善高校发展过度依赖政府的格局,让其更有自主性。就国内来看,截至2012年底,已注册的高校教育基金会超过 200 家,资金规模不断扩充。[262] 这间接地表明了高校强劲发展之下建立基金会的迫切需求。我国高校要建设世界顶尖的一流大学,所需投入的经费是巨大的,没有可持续的资金来源是很难实现这一宏伟目标的。

二、筹资管理规范化

在我国,正式注册的大学教育基金会属于非营利组织——基金会的一种,是由高校设立发起,以服务高校为目的、面向海内外的筹款与捐赠管理机构。大学教育基金会基本上是非公募基金会,并不面向社会普通民众开展募捐活动,其资金来源于特定个人或组织,如校友和校友创办的企业等。一般而言,大学教育基金会只接受校内外的慈善捐赠而不对外进行捐赠。[21]

大学教育基金会是多渠道筹措教育经费的组织,其在性质上具有双重性:无行政职能,有行政性;是社会团体,又不是纯粹的社会团体。教育基金会与大学有着密切的联系,其公益性的目的与大学的教育宗旨是一致的。基金会工作的有效开展,离不开大学各级领导的重视与支持。[13] 21 世纪教育研究院副院长熊丙奇表示,我国多数高校是公立大学,大多只想着争取国家经费,而不重视社会募捐。[263] 但随着我国经济发展,捐资助学的企业家也逐渐增多,不少重点大学也比以前更加重视社会募捐。

为推动高校筹资专业化与规范化,我国政府出台了不少与高等教育财务活动相关的法规政策(表 9-9)。《中华人民共和国高等教育法》及其实施意见都直接表明,国家鼓励高校实现多渠道资金筹集,鼓励社会组织和个人支持高等教育发展。2009 年起国家财政部、教育部设立配比基金,对中央级普通高校通过筹款工作获得的资金给予适当比例的配比支持,引导社会资源向教育领域配置,积极鼓励高等教育学校筹资的政策实施,使得高等学校筹集社会资源的积极性进一步增强。[106] 教育部、财政部、民政部于 2014 年 9 月发文就加强中央部门所属高等学校教育基金会的财务管理提出了相关意见。

表 9-9 我国与高等教育财务管理相关的法规政策

中华人民共和国高等教育法	
第 38 条	高等学校对举办者提供的财产、国家财政性资助、受捐赠财产依法自主管理和使用
第 60 条	国家建立以财政拨款为主,其他多种渠道筹措高等教育经费为辅的体制,使高等教育事业的发展同经济、社会发展的水平相适应。 国家鼓励企业事业组织、社会团体及其他社会组织和个人向高等教育投入

续表

	中华人民共和国高等教育法
第65条	高等学校应当依法建立、健全财务管理制度,合理使用、严格管理教育经费,提高教育投资效益。高等学校的财务活动应当依法接受监督
	教育部关于实施《中华人民共和国高等教育法》若干问题的意见
第15条	高等学校可依照国家有关规定多渠道筹集事业资金;在国家有关部门核定学校总收支情况后,可自主安排学校预算;对国家有关财务规章制度没有统一规定支出范围和标准的,学校可以结合本校实际情况自行规定,报主管部门和财政部门备案
	国家中长期教育改革和发展规划纲要(2010~2020年)
第56条	社会投入是教育投入的重要组成部分。充分调动全社会办教育积极性,扩大社会资源进入教育途径,多渠道增加教育投入。完善财政、税收、金融和土地等优惠政策,鼓励和引导社会力量捐资、出资办学。完善非义务教育培养成本分担机制,根据经济发展状况、培养成本和群众承受能力,调整学费标准。完善捐赠教育激励机制,落实个人教育公益性捐赠支出在所得税税前扣除规定
第57条	高等教育实行以举办者投入为主、受教育者合理分担培养成本、学校设立基金接受社会捐赠等多渠道筹措经费的投入机制。中央财政对中西部地区高等教育发展予以扶持
	中央级普通高校捐赠收入财政配比资金管理暂行办法
第7条	为规范配比资金的分配管理,中央财政仅对各高校通过在民政部门登记设立的基金会接受的捐赠收入进行配比
第12条	高校要将配比资金纳入预算,严格管理,统筹使用,优先用于资助家庭经济困难学生、支持毕业生就业、开展教学科研活动等支出。不得用于偿还债务、发放教职工工资和津补贴、日常办公经费等
第13条	高校要建立配比资金预算执行责任人制度,加快配比资金预算执行进度。对于执行进度缓慢的高校,相应核减下年度配比资金数额。配比资金专项结转和净结余管理按照财政部关于财政拨款专项结转和净结余资金管理的有关规定执行
	教育部、财政部、民政部关于加强中央部门所属高校教育基金会财务管理的若干意见
第1条	基金会作为学校多元化筹资体系的重要组成部分和接受社会公益捐赠的窗口,围绕学校办学目标开展活动,通过筹资、投资等方式为学校办学活动提供经费等支持
第10条	基金会应当开设独立、合法的银行账户
第11条	基金会获得的各类收入应当及时足额地纳入账户核算,不得长期挂账,不得"坐收坐支",更不得形成"账外资金"和"小金库"
第23条	基金会可以筹资设立支持附属学校和附属单位发展的基金,但不得收取与入学挂钩的赞助费、捐赠款,不得以接受捐赠的名义乱收费
第29条	基金会进行委托投资的,应当委托银行或者其他金融机构进行
第30条	基金会的资金不得投向期货、期权等衍生金融工具,不得提供任何形式的经济担保或财产担保
第31条	基金会投资收益必须全部足额纳入统一账户进行管理,并确保用于符合公益宗旨的方向

三、我国大学教育基金会成立概况

20世纪90年代中期清华大学教育基金会和北京大学教育基金会等一批比较规范的大学教育基金会的成立,标志着我国大学的教育捐赠开始进入新的发展阶段。[264]据基金会中心网数据统计,截至2013年12月,全国已有405所高校成立基金会,占我国高校总数的17.8%,净资产总量达158亿元。在这400多家高校基金会中,有91家(22.5%)位于江苏省,数量位列全国第一。[265]此后高校基金会数量迅速增长,进入2016年,全国高校基金会已经超过500家,净资产总额达252亿元。[266]

表9-10列举了我国几所"985高校"的教育基金会成立概况。最早正式成立高校基金会的公办大学是清华大学,其在1994年就以2000万元的原始基金注册成立清华大学教育基金会。次年,北京大学以相同额度的资金注册成立北京大学教育基金会。在《基金会管理条例》颁布后,不少大学相继设立了以校名命名的教育基金会,尤其是顶尖名校。由于学校合并以及法规政策陆续出台等因素,有些大学的基金会经历了名称变更、注册部门变更等复杂事项。以浙江大学的基金会为例:早在1994年3月,浙江大学就联合社会各界成立"浙江大学竺可桢教育基金会";2000年5月,原"浙江大学竺可桢教育基金会"和原"杭州大学基金会"融合而成新的"浙江大学竺可桢教育基金会";2004年11月,根据国务院颁布实施的《基金会管理条例》,"浙江大学竺可桢教育基金会"重新进行登记注册,更名为"浙江大学教育发展基金会";2006年7月,经教育部批准,"浙江大学教育发展基金会"在国家民政部重新进行登记注册,更名为"浙江大学教育基金会"。

表9-10 我国部分"985高校"教育基金会的概况

名称	类型	成立时间(年)	原始基金(万元)(注册资金)	净资产(亿元)(2013年)	净资产(亿元)(2014年)
清华大学教育基金会	非公募	1994	2000	32.20	43.89
北京大学教育基金会	非公募	1995	2000	29.90	34.68
中国人民大学教育基金会	非公募	2004	200	4.82	4.78
南京大学教育发展基金会	非公募	2005	5000	8.21	8.64
上海交通大学教育发展基金会	非公募	2005	1000	6.79	8.09
西安交通大学教育基金会	公募	2006	1580	0.87	1.16

续表

名称	类型	成立时间（年）	原始基金（万元）（注册资金）	净资产（亿元）（2013年）	净资产（亿元）（2014年）
浙江大学教育基金会	非公募	2006	5000	11.93	13.66
四川大学教育基金会	非公募	2010	2000	1.23	1.34
兰州大学教育发展基金会	非公募	2013	2000	0.25	0.30

资料来源：根据各大学教育基金会官网与基金会中心网资料整理而成。

"985工程"是我国政府为建设若干所世界一流大学和一批国际知名的高水平研究型大学而实施的高等教育建设工程。截至2011年末，"985工程"共有39所高校。2013年全国高校基金会共有436家，而"985高校"中就有38所成立了以大学名称命名的基金会。国防科技大学没有以大学名称命名的基金会，但该校理学院设有助学基金，自2003年4月以来一直资助贫困地区的学生来该校生活与学习。另外，中山大学、华中科技大学、南开大学、吉林大学、复旦大学、厦门大学和武汉大学这七所高校另有一家或两家与其下属学院相关的基金会。"211大学"成立基金会的比例为87%，远高于本科高校（30%）和全国高校（15%）。由表9-11可以看出，《基金会管理条例》颁布后的2004～2013年，"985高校"涌现出大批的基金会（包括学校和学院的）。

表9-11 "985高校"新成立的基金会数量（1994～2013年）

单位：家

时间	"985高校"新成立的基金会数量
1994～1998年	6
1999～2003年	0
2004～2008年	21
2009～2013年	18

资料来源：根据基金会中心网资料整理而成。

自1978年以来，在政府的鼓励与引导下，我国的民办高校逐渐发展成熟起来。教育部《2013年全国教育事业发展统计公报》显示，截至2013年底，我国民办高校共有718所，其中民办普通院校426所，独立学院292所，另有民办培训机构（非学历民办高等教育机构）2.01万所。我国第一家民办高校基金会——浙江树人大学暨王宽诚教育基金会成立于1992年，这也是我国最早成立的高校基金会。第二家民办高校基金会——宁夏银川大学教育发展基金会成立于2005年,距离前者成立有13年之久。此后,民办高校的数量和民办高校基金会的数量均稳步增长(图9-5)。2005~2013年,民办高校数量由547所增加至718所,年均增长率为3.5%;2005~2015年,民办高校基金会数量由2家增加至52家,年均增速为38.5%,高于全国高校基金会的增速(32%)。图9-6进一步显示了民办高校成立基金会的比例:2005年时不足0.5%,至2013年已达到5.85%,虽然低于同年全国高校基金会成立的比例(16%),但民办高校基金会成立的速度更快,有很大的发展空间。

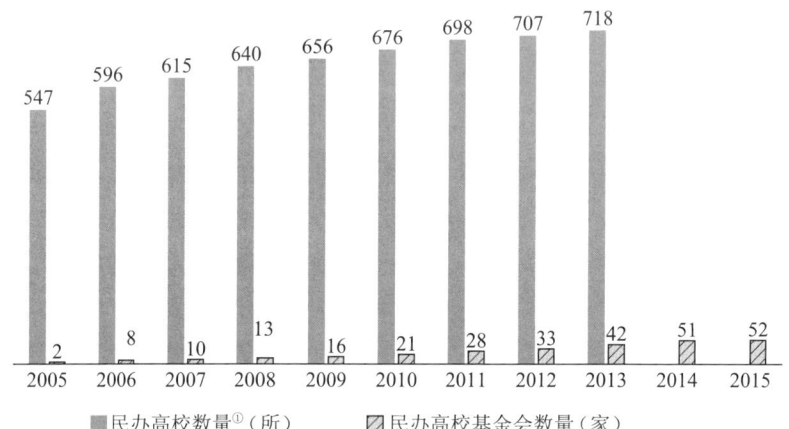

图9-5 我国民办高校和民办高校基金会数量(2005~2015年)

资料来源:根据基金会中心网资料整理而成。

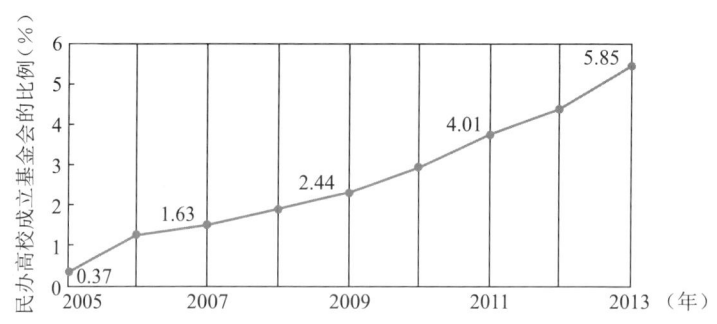

图9-6 我国民办高校成立基金会的比例(2005~2013年)

资料来源:根据基金会中心网资料整理而成。

---

① 民办高校数量只采集到2013年。

第三节　宏观经济环境

　　高等教育从游离于商品经济生产过程之外，逐渐成为知识的主要创造者，并在经济发展中发挥越来越重要的作用；高等学校从自给自足的象牙塔到日益主动参与到市场中寻求各种教育资源，其中最为突出的表现是通过筹措办学经费，来保障自身发展的稳定性与可持续性。[267] 财富的大量积累，使得个人和组织拥有多余的资金来回馈和帮助社会公益事业，尤其是教育、扶贫等领域。当高校基金会拥有一定数量的捐赠后，基金的保值增值就提上日程，金融市场的发展和专业投资公司的出现，为高校基金会的投资增值提供了很好的途径。

一、社会财富的积累

　　改革开放以来，我国的乡镇企业、民营企业、三资企业大量兴起，经济实现了持续的高速发展。如图9-7所示，自1978年以来，我国的名义GDP一直保持增长的态势，自2006年以来更是连上几个标志性台阶：2006年超过20万亿元，2008年超过30万亿元，2010年超过40万亿元，2012年超过50亿万元，2014年我国GDP增至63.6亿元，首次突破10万亿美元，稳居世界第二[268]，仅次于美国的17.5万亿美元。由于经济发展的周期性，我国GDP的增速有高有低。除了1981年（5.14%）、1989年（4.21%）和1990年（3.92%）低于5%外，其余年份的GDP较之上一年的增长比例均超过7.5%。国际货币基金组织（International Monetary Fund，IMF）的数据则显示，21世纪以来，尽管美国的名义GDP一直高于中国（图9-8），但按照购买力平价（Purchasing Power Parity，PPP）调整后，中国的实际GDP已逐渐与美国的水平接近（图9-9）。可以看出，经过多年的高速发展，我国的总体经济实力不断增强，为我国包括高等教育在内的诸多事业的发展奠定了良好的经济基础。

　　随着社会财富的不断增加，富裕阶层也不断增多，不少企业和个人在自身富裕起来的同时，开始积极设立各类基金会。在市场内生的路径下，已经拥有相当财富的主体是基金会产生的重要推动力。表9-12列了2013年度我国四种类型的十大基金会，分别为个人背景基金会、公募基金会、国企基金会和民企基金会，各类别均按基金会当年的公益支出额排序。其中，个人背景基金会均为非公募基金会。可以看出，在支出方面，前十大公募基金会金额均为亿级，而其他三类基金会只有个别达到亿级，且最高的支出额还不及排在第十位的公募基金会

（3.94亿元）。国企基金会和民企基金会的前十名在支出方面的水平大致相当。

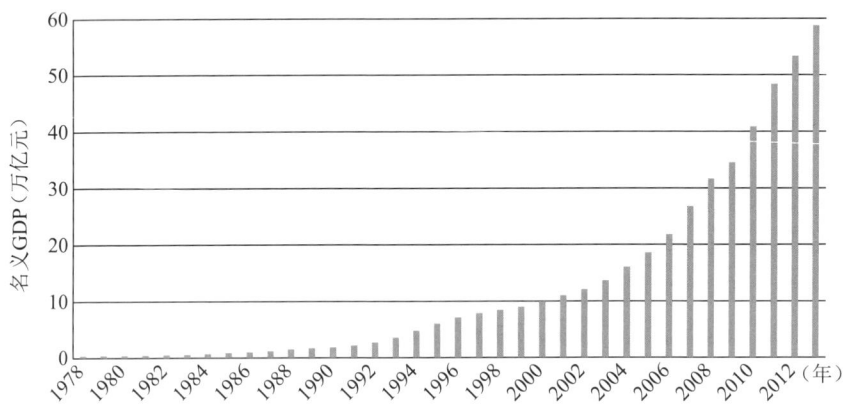

图 9-7　我国名义 GDP 增长趋势（1992～2013 年）

资料来源：根据国家统计局资料整理而成。

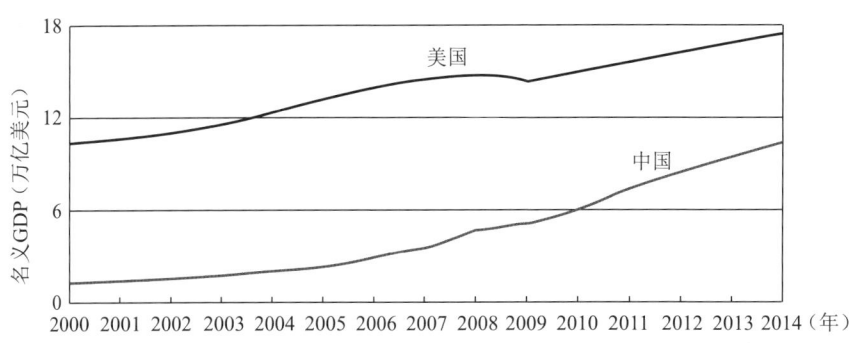

图 9-8　中国和美国的名义 GDP 对比

数据来源：由国际货币基金组织相关资料生成。

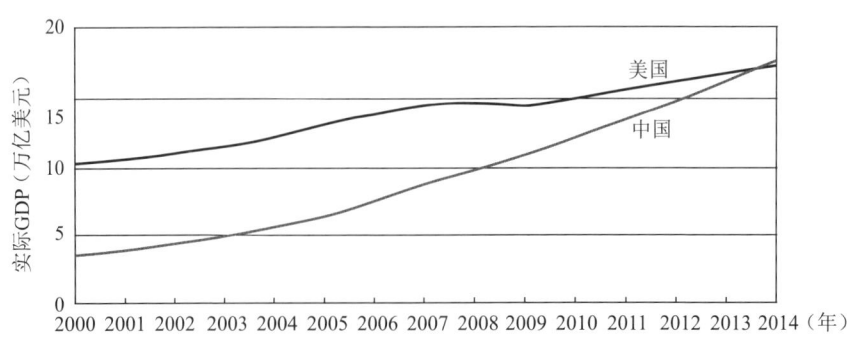

图 9-9　中国和美国的实际 GDP 对比

数据来源：由国际货币基金组织相关资料生成。

表 9-12　我国十大基金会及其公益支出(2013 年)

单位:元

分类	基金会名称	金额	分类	基金会名称	金额
个人背景基金会（非公募）	江苏元林慈善基金会	1.90 亿	公募基金会	中国教育发展基金会	18.94 亿
	老牛基金会	1.69 亿		中国扶贫基金会	18.72 亿
	河仁慈善基金会	1.27 亿		中国癌症基金会	16.57 亿
	榆林市胡星元慈善基金会	5092 万		河南省宋庆龄基金会	8.29 亿
	华民慈善基金会	2648 万		中国博士后科学基金会	7.95 亿
	南都公益基金会	2485 万		上海市慈善基金会	5.42 亿
	王振滔慈善基金会	1692 万		中国光华科技基金会	5.10 亿
	上海唐君远教育基金会	1479 万		广东省扶贫基金会	5.01 亿
	江苏陶欣伯助学基金会	1468 万		中国青少年发展基金会	4.34 亿
	福建江夏慈善基金会	1414 万		中国妇女发展基金会	3.94 亿
国企基金会	神华公益基金会	2.29 亿	民企基金会	华阳慈善基金会	2.99 亿
	华润慈善基金会	1.06 亿		腾讯公益慈善基金会	1.13 亿
	中国海油海洋环境与生态保护公益基金会	5973 万		宁夏燕宝慈善基金会	9750 万
	招商局慈善基金会	4483 万		山东省南山老龄事业发展基金会	5050 万
	中国移动慈善基金会	3830 万		泛海公益基金会	4040 万
	中远慈善基金会	3363 万		广东省雅居乐公益基金会	3897 万
	中国人寿慈善基金会	3053 万		广东省卓如医疗慈善救助基金会	3576 万
	东风公益基金会	2347 万		贵州省宏立城公益基金会	3350 万
	人保慈善基金会	2260 万		紫金矿业慈善基金会	2865 万
	宝钢教育基金会	1233 万		新奥公益慈善基金会	2599 万

资料来源:根据基金会中心网资料整理而成。

　　非公募基金会是整个社会的财富以及富有阶层所拥有的财富规模积累到一定程度应运而生的组织形式,是市场中已有的私人财富探索回馈社会的一种方式。[269] 表 9-12 中个人背景基金会主要以个人财富为捐赠来源,多由企业家个人或者其家族发起创立,并持续向基金会捐款或者捐赠股权。这批基金会代表了企业家向慈善家转变的趋势,越来越多的个人财富进入慈善领域,终将成为现代慈善的有力支撑。[270] 根据基金会中心网的统计,截至 2014 年 10 月末,我国的家族基金会数量达到 35 家,其中 24 家由国内企业家成立,11 家由海外华商成立。从支出来看,这些家族基金会最为关注的即是教育领域,资助比例占总支出的 25%,其次是公共服务领域(18%)和环境保护领域(17%)。

在市场化不断深入的大背景下,需求和供给同受刺激,企业的快速发展带动了诸多行业的繁荣,充裕的资金催生了众多的企业基金会。基金会中心网的数据显示,截至 2015 年 4 月底,我国企业基金会共有 565 家,包括 42 家全国性基金会和 523 家地方性基金会,其中,民企成立的基金会数量占 78%。我国有 90% 以上的企业基金会分布在东南沿海地区,约 75% 的基金会背后的企业所从事的行业集中于图 9-10 所列的六个行业。不难看出,这些行业都是业绩突出的发展领域,有将近一半的企业基金会诞生于发展最为活跃、吸纳社会资金最多的制造业和房地产业,如万科公益基金会。中国人寿慈善基金会等由金融保险业支持成立的基金会的平均净资产最高,约为每家 0.27 亿。2014 年底,我国企业基金会净资产总额达到 89.1 亿元,由这六个行业成立的基金会的净资产就占到了 80% 以上。企业设立基金会,有些是出于企业社会责任(Corporate Social Responsibility,CSR),如招商局慈善基金会和招商局集团均关注扶贫、济困、赈灾、助学、助医这五个领域;有些与企业社会责任并不直接挂钩,如南都公益基金会独立于上海南都集团有限公司,更多是向着独立基金会的方向发展。[271]企业基金会的支出领域也比较广泛,2014 年共计 27.5 亿元公益支出,主要用于支持教育(29%)、社会服务(19%)和医疗(10%)等事业。[272]

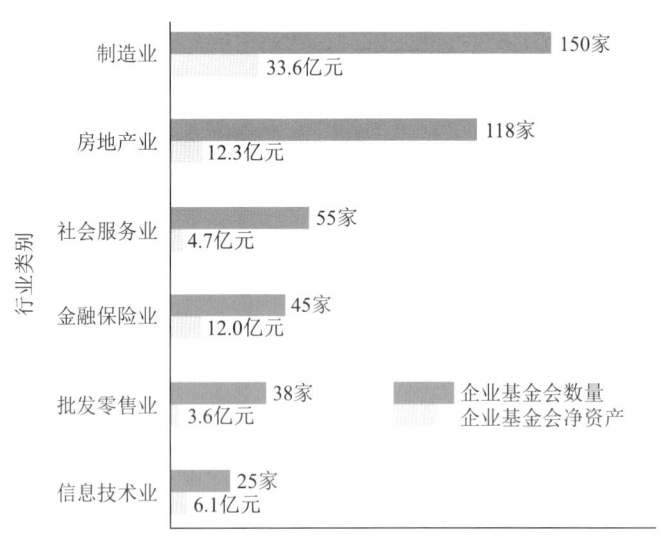

图 9-10 我国企业基金会的数量及净资产(2014 年)

资料来源:根据基金会中心网资料整理而成。

根据基金会中心网的统计,截至2014年底,全国基金会的公益支出总计320亿元,其中,教育是受基金会资助最多的领域,所获资金超过120亿元,占全国基金会公益支出总额的38%,比紧随其后的扶贫帮困(48亿元,15%)要高出2.5倍多。有资本、有远见的企业和慈善人士通过成立基金会来资助教育事业,试想,如果为人类提供高等教育、满足人类对智慧和学术追求的大学没有运行完善的基金会,则必将吸引大量的社会资金,从而更有效地帮助大学成长和发展。同时,鉴于高校对企业的人才供给以及技术支持,越来越多的企业和高校建立了密切联系。当有关捐赠的政策、制度、环境逐渐成熟时,这个潜在的捐赠群体市场将会释放出巨大的能量,为高等教育发展提供新的重要资金来源。[273]

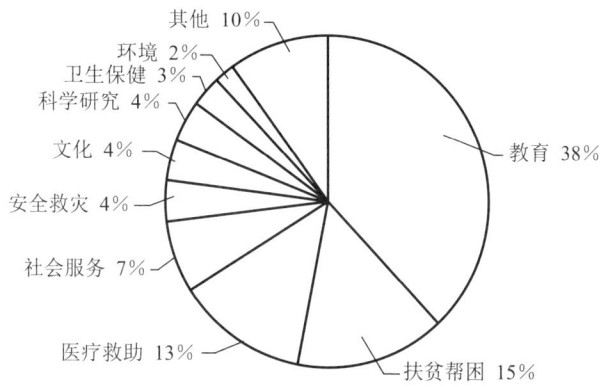

图9-11 我国基金会的支出领域(2014年)

资料来源:根据基金会中心网资料整理而成。

不仅是高等教育,中小学教育也是社会财富资助的重点。虽然数量不及高校基金会的1/4,但中小学基金会的增长是显著的。如图9-12所示,自1989年北京四中设立第一家中学基金会开始至2014年底,已有113家中小学基金会成立,其中不乏民间私立中小学,如宜昌金东方学校、宁波市惠贞书院,且二者均为中小学一体化民办学校。上文提到民政部下放基金会审批权限,而2014年11月成立的东莞市东莞中学教育发展基金会就是市级注册的基金会。[274] 从整体财务来看,2013年全国中小学基金会净资产达九亿元;总收入四亿元,其中捐赠收入为三亿元;总支出两亿元。就投资而言,截至2013年,只有28家中小学基金会参与投资理财,投资收益1580万,仅为当年总收入的4%左右。至于支出,中小学基金会的大部分资金用于教师资助,奖教助教的支出占总公益支出的近一半(45%),此外还有校园建设(22%)、奖学助学(19%)、能力建设(10%)等。[274]

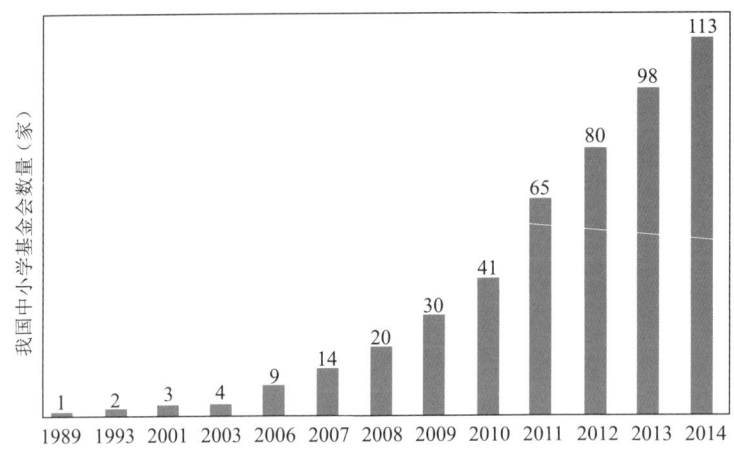

图 9-12　我国中小学基金会数量（1989～2014 年）

资料来源：根据基金会中心网资料整理而成。

二、金融市场的发展

金融市场为包括大学基金会在内的机构投资者提供了种类丰富的投资产品。市场开放和金融创新促使我国金融市场上的投资产品越发丰富多样，主要包含现金管理类、类固定收益类和权益类。这三大类资产的风险递增，收益也逐渐增长（表 9-13）。目前，已经开始尝试投资的大学基金会主要选择现金类和固定收益类的产品，对股权类投资涉及较少。虽然期货、期权等衍生金融工具由于受到政策限制并不适用于大学基金会的投资，但仍有许多其他的高收益股权投资标的可供选择。随着需求凸显，市场上也将出现更加契合大学基金会投资特点（期限长、高收益、低风险等）的投资品种。

表 9-13　金融工具的分类

金融工具	投资范围	投资风险
现金管理类	现金、银行存款、逆回购、期限较短的国债、金融债、央行票据、短期融资券、企业债、公司债等固定收益类资产	由于现金管理类产品流动性好，安全性强，投资风险相对较小且可控，各类产品受申购赎回效率的影响存在不同的流动性风险
类固定收益类	国债、地方政府债、金融债、央行票据、中期票据、次级债、企业债、公司债、可分离交易可转债的纯债部分、资产支持证券、短期融资券、银行存款、债券回购、国债期货等固定收益类资产	债券市场的起伏对于类固定收益产品的影响较大，此外，对不同发行主体的信用风险把控将会变得越来越重要

续表

金融工具	投资范围	投资风险
权益类	国内依法发行上市的股票、债券、权证、股指期货、ETF期权以及中国证监会允许基金投资的其他金融工具	受股票市场影响很大,收益率波动较大,同时管理者的投资能力也是权益类投资不可忽视的风险

资料来源:李真. 金融产品跨市场对比与分析[R]. 上海:华宝证券研究所,2015.

类似机构投资者的资产配置为大学基金会的组合投资提供了参考。我国设有基金会的高校基本上都尝试了银行存款和债券投资的方式,而本书所要强调的是更加多元化的投资,尤其是在现有投资组合中加入法律许可范围内的股票以及另类投资。然而,现阶段我国大学基金会并没有现成的投资样板,也没有针对性的法律规范。鉴于大学基金会投资期限长、支出可预计的特点与保险资金、企业年金、社保基金、养老基金等很相似,因而不妨参照这些机构投资者的资产配置。

以养老基金为例,原先政府对养老金的投资也有诸多限制。例如,财政部《关于清理整顿地方财政专户的整改意见》(2011)明确规定,地方财政部门不得动用基金结余进行除定期存款、购买国家债券以外任何其他形式的直接或间接投资。然而,保守的投资策略导致10多年来养老金收益率平均不到2%,扣除通货膨胀率的年均收益率为负数。[275]截至2014年底,我国养老保险基金累计结余规模3.18万亿,数额相当可观。[276]2015年8月正式印发的《基本养老保险基金投资管理办法》对养老金的投资方向有所放宽,除了存款、债券等低风险投资外,还将股票、股权、股指期货等风险级别较高的资产类别也纳入了养老金的投资范围。该办法规定:"投资股票、股票基金、混合基金、股票型养老金产品的比例,合计不得高于养老基金资产净值的30%。投资国家重大项目和重点企业股权的比例,合计不得高于养老基金资产净值的20%。"[277]尽管仍有限制,但是巨额养老金得以进入股市,不仅会影响资本市场的投资格局,也将为其自身的收益带来改观。大学基金会有权投资部分股票产品,在投资配比上也可以参照受政策监管较严格的养老基金。

又如资助型基金会的投资运作模式。在非营利组织的建设发展过程中,其自身经费不足的问题常被忽视。有些公益机构项目做得很好,筹款能力也很强,但是项目发展的资金很难筹到,甚至人员工资都发不出来,因为很少有人愿意为公益机构本身的发展注入资金。20世纪末,美国的一些基金会就有意识地向风险投资家学习,开始将仅仅局限于公益服务项目的投资,扩大到公益机构本身的组织需要上。[278]浙江敦和慈善基金会的"种子基金计划"就是针对这一点而设计的。该非公募基金会成立于2012年5月,由敦和资产管理有限公司董事长叶庆均发起,原始基金为2000万元。"种子基金计划"的运作模式是:以300万元作为投资理财的不动本基金,8%的投资回报目标,每年为公益伙伴获取24万元的投资收益作为机构运作的经费以解决公益机构的生存和发展问题。这种模式和国外众多一流大学捐赠基金的永续型运作模式如出一辙,但在国内还是较为新颖的。

依托敦和资产管理有限公司作为专业资产管理机构的优势,敦和慈善基金会近两年在散财和聚财双轮驱动方面的尝试取得了很好的成绩。敦和资产管理有限公司总经理张志洲称,2012年成立至今,基金会收到的捐赠本金总计7000多万元人民币,而仅2014年就实现了一亿元左右的理财收益。[279]敦和慈善基金会秘书长刘洲鸿表示,慈善捐赠是一种重要的社会再分配,但公益行业的资本使用效率不高,他们希望公益伙伴在关注募款融资的同时,运用金融思维与方法,提升资本利用能力,取财有道,以财生财,不过分依赖募款,也不过分追逐金融回报,逐步形成健康合理的资本结构,更好地为社会服务。[280]

三、不同区域高校资金结构的对比

我国幅员辽阔,不同区域的经济发展程度不一样,相应地区的高校在资金获取方面也呈现出较大差距。比如,我国东部经济最为发达,高新人才密集,东部高校的科研能力、学术水平、社会影响力与地方政府支持度居全国领先水平,所获取的科研项目数量及金额、吸引到的非学历教育的学生规模、校友捐赠、地方政府拨款等远远高于其他地区高校。[281]有学者以教育部直属高校为样本,考察了2013年我国不同地区高校的资金状况。按照教育部网站公布的教育部直属高校名单,包括一体两地办学的三所高校,共涉及76所高校。其中,国际关系学院未公布相关数据,因此最终调查对象为75所高校:东部高校48所,分布在八个省、直辖市,分别为北京、天津、上海、江苏、浙江、福建、山东和广东;东北高校五所,分布在三个省市,分别为辽宁、吉林和黑龙江;中部高校10所,分布在三个省市,分别为安徽、湖北和湖南;西部高校12所,包含四个省、直辖市,分别为重庆、四川、陕西和甘肃。

教育部直属高校的资金来源可以分为财政补助收入和非财政补助收入,其中,非财政补助收入包括事业收入[①]、上级补助收入、附属单位上缴收入、经营收入和其他收入,而其他收入中就包含捐赠收入、投资收入、利息收入等。就总体样本高校来看,2013年非财政补助收入已超过了财政补助收入,二者在高校总收入中的比重分别为55.54%和44.46%。其中,非财政补助收入主要由事业收入和其他收入构成(图9-13),事业收入比重最高,将近3/4(学杂费收入占事业收入的38.95%,占总收入的16.20%),其他收入约占1/4,上级补助收入、附属单位上缴收入、经营收入占比均不足1%。

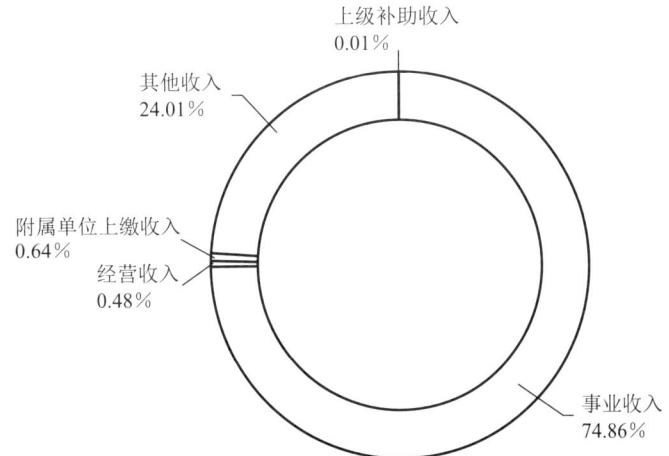

图9-13 我国教育部直属高校非财政补助收入的构成(2013年)

资料来源:朱臻,孙颖颖,张琳.高校资金结构特征及其优化——以教育部直属高校为例[J].财务与金融,2015(2):36.

非财政补助收入已成为不同地区高校资金结构形成差异的重要原因,位于东部的教育部直属高校筹措非财政补助收入的能力最强,尤其在其他收入的获得上颇具优势,而其他收入正是与高校的捐赠和投资活动有关。如图9-14所示,2013年位于东部地区的教育部直属高校的平均其他收入超过四亿元,东北地区的平均水平不到三亿元,西部地区和中部地区的平均水平均在两亿元左右,仅为东部地区的一半。由此可以看出,在经济发展相对较弱的中西部地区,教育部直属高校在社会筹资和资金运作方面的能力不及东部同类高校。

[①] 按照《高等学校财务制度》,事业收入包括教育事业收入和科研事业收入两部分。

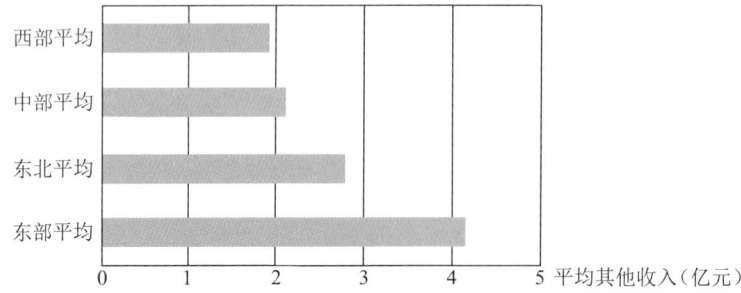

图 9-14 我国教育部直属高校平均其他收入的对比（2013 年）

资料来源：朱臻,孙颖颖,张琳.高校资金结构特征及其优化——以教育部直属高校为例[J].财务与金融,2015(2)：38.

以具体数据为例,2013 年,上海交通大学总收入 73.22 亿元,而同为"985 工程"高校、地处西部的西安交通大学,总收入仅为 30.64 亿元。前者总学生数 35731 人,财政补助收入 16.99 亿元,后者总学生数 29863 人,财政补助收入 14.08 亿元,考虑到学生规模的影响,财政补助收入差异并不大。然而,两所学校的非财政补助收入有较大差别：西安交通大学的事业收入仅为 13.49 亿元,不到上海交通大学 37.98 亿元的 40%；其他收入的差异更大,西安交通大学仅有 2.59 亿元,而上海交通大学的其他收入高达 17.99 亿元。[281]

又如上节中表 9-10 所示,《基金会管理条例》颁布后,这两所高校基金会登记的时间和原始基金差距并不大,上海交通大学教育发展基金会（2005）的原始基金为 1000 万元,西安交通大学教育基金会（2006）拥有的原始基金实际上是高于上海交通大学的,为 1580 万元。然而,2013 年的报表数据显示,前者的净资产达到了 6.79 亿元,后者的净资产只有 0.87 亿元,仅约为前者的 12.8%。不过这当中还有一点值得注意,西安交通大学教育基金会是我国高校基金会中少有的公募基金会,而上海交通大学教育发展基金会则是典型的非公募高校基金会。由前述相关法律条文可知,公募基金会在支出方面的压力很大,所以,此处二者的净资产差距之大也有制度上的原因。

这两所高校均是我国的名校,但就各自所在城市来说,一个是我国经济最活跃的城市上海,一个是我国历史悠久的古城西安,很显然,上海拥有更多的资金、人才等资源以及更广阔的市场和国际化的投资理念,身处其中的高校自然受益于这样的发展氛围。虽然说城市的经济状况不是高校资金结构的决定性因素,但不可否认,高校所处地域的经济发达程度间接地影响着其财务状况,普遍来说,经济发达地区高校基金会较其他地区高校基金会发展得快。

第四节 捐赠文化环境

捐赠行为是在捐赠能力和捐赠意愿共同作用下完成的。捐赠能力通常由捐赠者的经济水平决定,有高有低,而捐赠意愿则通常受文化因素的影响。早在商汤时期就有"饥者食之,寒者衣之,不资者振之"的赈恤饥寒措施,这被视为我国古代慈善事业的起源。[282]捐赠文化形成于人类长期的捐赠事业发展过程中,是社会成员自觉接受和普遍认同的捐赠价值观念和捐赠行为规范的总和。捐赠文化能够催生"助人""互济"等一系列高尚的社会行为,是衡量一个民族道德水准和社会文明程度的重要标志。[283]本书中所说的"捐赠"特指慈善捐赠,即我国税法中所称的"公益、救济性捐赠"。慈善和捐赠两者是紧密联系在一起的。一方面,捐赠是慈善事业的重要资金来源,社会各界的自愿捐赠构成整个慈善事业生存与发展的经济基础;另一方面,捐赠本身就是一种重要的慈善行为。[284]

一、慈善思想及新中国成立前的慈善捐赠事业简述

中文里的"慈善"一词在英文中可以用不同的单词表示:从词源上看,"charity"的原意是"基督之爱",在行动上表现为以宽厚仁慈之心乐善好施,而"philanthropy"是"人类之爱",由两个拉丁字根"phil"(爱)和"anthropy"(人类)组成。二者存在一定差别,前者主要是指教会施惠给具体的个人,如济贫、抚孤等;后者主要指民间个人捐赠于公共事务,如教育、研究设施、公共建筑、体育、水利设施等。[284]本书所述的慈善兼具这两个方面,不加以区分。

捐赠源于人类对"善""仁爱""天下大同"等传统价值观的不倦追求,具有慈善性质。[23]鉴于人类社会发展的长久性和复杂性,捐赠文化不可能是单一的文化,而是多种文化碰撞后在一个国家或地区所积淀而成的观念和行为。无论是扎根于中国的传统文化,还是发源于其他国家或地区的宗派文化,都包含了丰富的慈善思想。例如,儒家的"达则兼济天下",道教的"上善若水",佛教的"大慈大悲",基督教的"施比受更为有福",伊斯兰教的"慈爱众世界"等。

我国早期的慈善事业一般由政府操办,民间慈善和捐赠并不发达。起初,官方往往在各类喜庆大典、自然灾害、皇帝巡游等时以颁发慈善诏书的形式进行临时性的特旨抚恤。[284]及至南朝萧梁时期,出现了我国历史上最早的官方慈善机构——孤独园。此后,各种官方设立的常设性慈善机构纷纷出现,如隋唐的义仓、唐朝的悲田养病坊、宋朝的安济坊和居养院、元明的养济院等。需要指出的是,

官方的慈善事业常被作为"德政"载入史册,统治阶级将举办慈善活动看作自己的职责,在等级社会高度专制的体制下,民间慈善和民间捐赠不可能有组织、大规模地发展起来。不过,政府在力不胜任时也会支持民间捐赠,并对出面"助官赈民"的民间实力派人物进行嘉奖。以明朝为例,仅正统年间,《明史》与《明实录》记载的因"助官赈民"而受到褒奖的就多达 224 人。[285]

早期的民间慈善捐赠活动多以血缘或地理关系为基础,捐赠对象通常是宗族内的贫困者或遇到困难的乡邻。宋代范仲淹创建的义庄即以赡养同宗族的贫穷成员为目标,这种私人义庄模式一直运转到清朝宣统年间,持续了 800 多年。然而,宗族慈善捐赠的目的并非纯粹的济贫,而是维持家族的声望,受益人有限,具有地域观念和亲族观念的狭隘性。因此,早期民间慈善捐赠的意义主要在于宗族制度的发展,而不在于推动广义的社会福利[286],相关的历史记载也大多是零散的个案。

明清时期,我国的民间慈善事业开始大规模发展,尤其在清朝后期,民间慈善组织的发展走向多样化,并在全国各地普遍出现,政府也鼓励民间捐赠。鸦片战争后,西方传教士大量涌入我国,引发了基督教慈善思想的广泛传播。太平天国领导人之一洪仁玕就曾结识不少西方传教士,在广州、香港、上海等地学习了基督教教义,并受洗成为基督徒。他所著的《资政新篇》主张实行新的社会经济政策,仿效西方国家,其中就包括借鉴西方慈善组织的创设模式。不少中国士大夫、留学生出洋,其在日记游记中记录的海外见闻为国人传阅,这当中就有对各国近代慈善事业的描述。[287]随着在华西方人士加入劝募捐款的行列,西方的近代劝募技术和方法也被引进,为我国捐赠事业的近代化转型提供了参考和范式。

义赈制度在 19 世纪 70 年代末"丁戊奇荒"之际应运而生。为了应对当时华北各省出现的特大饥荒,江浙绅商组织和发动了民间义赈,并利用报刊和电报来刊登募款信息,手段先进,规程严密。由于组织有力,这次活动得到社会各阶层的积极响应。就地域范围来说,此次并不限于上海江浙等地,而是以上海为中心向广大地区辐射,遍及中国大部分地区,并远达香港、澳门地区,以及日本的横滨、长崎和美国的旧金山等地。就社会身份来说,上至达官名流、富绅巨贾,下至仆隶乞儿、普通百姓,还有远隔重洋的爱国华侨等。这种"善举不择人而为与,亦不择地而出"的捐赈盛举,大大突破了传统宗法乡土观念的束缚,使赈灾成为一项具有广泛群众基础的社会性事业。

清末至民国时期,历经军阀混战、日本帝国主义入侵以及全面内战,战乱频仍,灾荒不断,民生凋敝。当时的北洋政府和国民党政府都无力解决民生问题,政府举办的社会福利事业并没有明显进步。在这种背景下,我国民间慈善和捐赠事业在原有轨道上继续发展,出现了张謇、熊希龄等著名的慈善家。义赈制度作为江浙绅商经常性的慈善事业被保留了下来并继续发展,在这一时期的多次赈灾活动中发挥了重要作用。[284]

二、新中国成立后慈善捐赠事业的发展

从新中国成立到改革开放期间,我国的慈善事业被中断。[288] 从20世纪50年代到80年代初,我国几乎不存在慈善组织,也没有出现过有组织、有规模、经常的、普遍的慈善活动。据调查,从1949～1994年的45年间,《人民日报》几乎没有正面使用过"慈善"一词,民间自发的捐赠行为也受到了冷遇。[286]

20世纪90年代中期以后,政府和社会对捐赠的态度发生了变化,捐赠作为社会互助的一个重要方面和社会保障制度的必要补充,其作用被重新认识。党的十四大阐述了精神文明在建设有中国特色的社会主义事业中的重要地位,明确要求在建立社会主义市场经济体制的同时把精神文明建设提高到新的水平。慈善捐赠与精神文明之间有着内在的耦合关系,被视为落实思想道德建设的一个载体。精神文明建设活动中,群众性的扶贫帮困活动在各地开展起来,如1993年起在全国各地开展的以援助孤儿和老人为主要特点的献爱心活动。这些实践活动培养和增强了群众的慈善捐赠意识,对我国捐赠的发展起到积极的推进作用。

捐赠文化本是抽象的概念,但从一些社会变化中,可以间接地看出捐赠文化的作用力。中华慈善总会是新中国第一个旗帜鲜明地以"慈善"二字命名的全国性慈善组织[291],是我国现代慈善事业发展的重要见证者和有力推动者,其目前在全国拥有366个会员单位,主要是各省、区、市级慈善会和部分县市级慈善会。2004年,党的十六届四中全会提出要不断提高构建社会主义和谐社会的能力,在推进社会管理体制创新中形成"党委领导、政府负责、社会协同、公众参与的社会管理格局";2006年,党的十六届五中全会提出要"加强社会福利事业建设,完善优抚保障机制和社会救助体系,支持社会慈善、社会捐助、群众互助等社会救助活动"。这表明,我国已进入改革的纵深发展阶段,需要加强民间公益组织的建设步伐,充分发挥其积极作用,以促进社会主义和谐社会的构建。[292] 通过图9-15可以看出,中华慈善总会历年筹款额从2006年开始进入高速增长期,筹款额的量级已由10亿元翻了10倍至100亿元。2008年,我国首部慈善捐赠研究报告——《中国慈善捐赠发展蓝皮书(2003～2007)》发布。该报告显示,2007年我国慈善市场资金总额为865亿元,约占当年GDP总量的0.35%;公众和企业的慈善捐赠(款物)总额达到223.16

亿元,来自境外的捐赠(款物)总额达 86.09 亿元,与慈善事业有关的彩票公益金总额为 344 亿元,光彩事业①带捐赠性的社会责任投资 200 多亿元。[293] 慈善捐赠的持续升温在一定程度上体现出捐赠文化在社会中的广泛渗透。

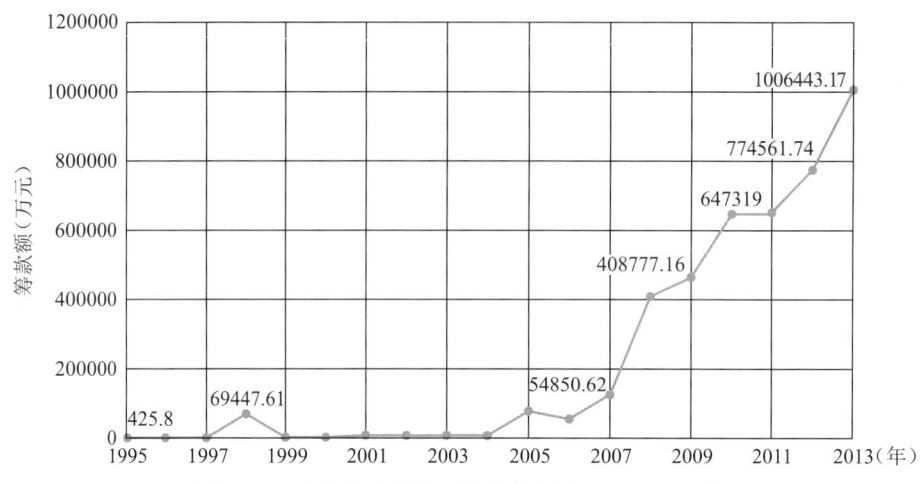

图 9-15　中华慈善总会历年筹款额(1995～2013 年)

资料来源:根据中华慈善总会官网资料整理而成。

三、社会捐赠

一般而言,社会捐赠指个人或各类社会组织(单位、社团、社区等)自愿向社会贫困弱势群体无偿捐赠物品或资金的社会互助行为,具有互助性、自愿性、无偿性和民间性四个特点。[294] 社会中大量弱势群体的存在和突发性大型灾难的产生都是社会捐赠产生和存在的重要原因。此外,有些事情虽然对资金的需求没那么急迫,但从长远来看,社会捐赠对其也是不可或缺的,如教育发展、自主创业等项目。个人捐赠与企业捐赠都是社会捐赠的重要组成部分,也都受到文化因素的影响。

个人捐赠方面,随着慈善事业的深入发展和公众关注度的提升,慈善捐赠逐渐成为大众日常生活的一部分。亚里士多德曾说:"捐钱是很容易的事,且每个有

---

① 光彩事业是非公有制经济人士和民营企业响应国家的号召,为帮助贫困地区发展经济而开展的开发式社会扶贫活动。它以互惠互利、义利兼顾为原则,将西部大开发作为重点,面向"老、少、边、穷"地区和中西部地区,以项目投资为中心,开发资源、兴办企业、培训人才、发展贸易,并通过包括捐赠在内的多种方式促进贫困地区的经济发展和教育、卫生、文化等社会事业的进步,共谋利益,共享文明安乐,以先富带未富,促进共同富裕。

能力的人都可以做到,但决定给谁、给多少、什么时间给、什么理由以及如何给,则不在每个人的控制之下,也不是一件容易的事。"[64]以高校教育基金会为例,依据理性选择理论,学生、家长、投资人和慈善家在做出对高等教育出资决策时都试图用最小的代价获得最大的收益。在面对多种行为组合时,制约人们最终选择的是文化制度。在不同的文化制度作用下,人们会做出不同的自认为是实现了效用最大化的行为选择,尽管这种理性是有限理性。[295]有学者对比了不同文化制度下潜在出资者捐赠的可能性(表9-14),可见文化因素对高校的筹资工作有着重要影响。以高等教育的消费者(学生)为例,高校应当重视针对其学生(包括校友)进行捐赠方面的宣传,如中欧教育发展基金会秘书长葛俊公开表示,中欧校友永远是中欧大家庭的成员,他提醒中欧校友坚持关注、支持甚至监督学校的发展,校友所办企业应当将捐赠作为一种社会责任。[296]当这样的文化情感纽带建立时,校友捐赠的意愿和主动性能够得到明显的提高,也有利于高校筹资工作的开展。

表9-14 潜在出资者在不同文化制度下为高等教育出资的可能性

潜在出资者	文化制度	出资可能性
国家 (决策者、 投资者)	高新技术、人力资本是经济增长的重要源泉,科技是第一生产力,教育强则国强,科教可以兴国	一定
	轻视科学文化,不重视知识分子,担心科学技术可能会阻碍社会经济前进的步伐,人们接受教育越多,成为掘墓人的可能性越大	不可能
消费者 (学生、家长)	接受的教育程度越高,其社会价值越大,社会影响力越强,给个人带来的收益越多,成功的概率越大	一定
	读书无用,知识无用,"搞导弹的不如卖茶叶蛋的"社会价值观	不可能
第三方 (投资人、 慈善家)	悠久的捐赠文化与捐赠历史,捐赠者关注高等教育事业,社会对捐赠者持"热烈欢迎、赞扬和感谢"的态度,投资者持"社会收益重于私人收益,名义收益高于物质收益"的态度,集体主义精神占主导	一定
	投入产出一定要成正比,不做亏本买卖,"各人自扫门前雪,休管他人瓦上霜",个人主义思想严重	不可能

资料来源:宋兰旗.文化制度对高校筹资制度影响的经济学分析[J].长春大学学报,2011(1):26-27.

企业捐赠方面,当代企业越来越重视公众的反应和利益要求,努力树立自己的社会形象。捐赠被企业视为一种战略投资,其回报不仅反映在企业内部,也惠及企业周边的社区乃至全社会,从而体现企业的社会功效,帮助企业树立使消费者信服的形象。[297]国内的一份研究报告认为,公司捐赠的理念可以划分为他利理念(出于慈善和公共利益)、互利理念(既促进慈善又为公司增利)和自利理念

（为公司获取利益、为公司减负或提升竞争潜力）。通过对1534家企业的调查得出结论：按捐赠金额排列，秉承他利理念的公司占20%，互利的占76%，自利的占4%；按捐赠项目数量排列，秉承他利理念的公司占53%，互利的占36%，自利的占11%。调查者在其后的研究中进一步指出，互利型范式是现代公司捐赠的主导类型，这种模式体现了企业将社会责任嵌入经济责任，同时将经济责任嵌入社会责任的新型企业责任观，适应了现代大企业的宏观战略需要。[18,298] 通常来说，企业的管理目标有四大类：经营利润最大化、股东回报最大化、企业价值最大化、相关者利益最大化。图9-16详细列出了不同利益导向之下企业捐赠的动机和方式，这些不同的表现与企业自身的文化密不可分。例如，若一个企业力求最大化股东回报，则会力求降低支出、费用和税收等项目，而企业通过捐赠可获得相应的税收优惠；若一个企业注重社会责任，则会根据企业实际情况提供资金、技术、设备和实物等捐赠，且这样的捐赠是出于利益分享，并不图回报。

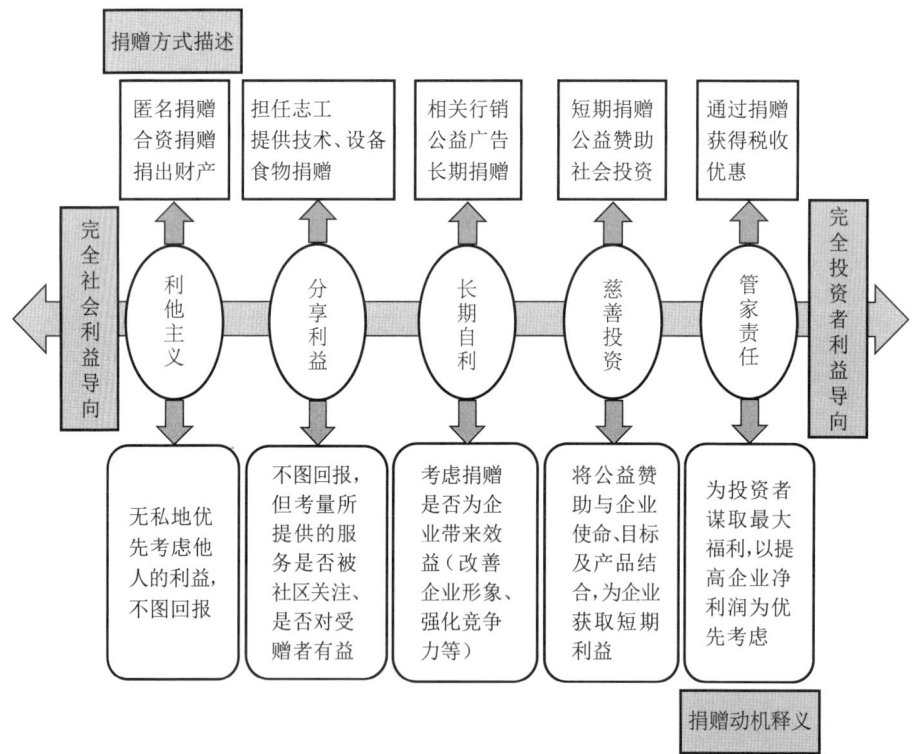

图9-16 企业公益捐赠架构图

资料来源：田雪莹．企业捐赠行为与竞争优势：基于社会资本视角的分析［M］．北京：经济管理出版社，2011：57.

就捐赠的直接接受者而言,基金会这类的社会组织已成为我国募集慈善捐赠的主力军。大多数人依靠有信誉的慈善机构来妥善管理其捐赠,使其创造出人们所寻求的社会价值。许多基金会的运作是通过眼泪指数很高的事件来吸引关注,即事件本身充满悲情,易于唤起人们的同情心从而做出捐赠的义举,例如,希望工程的"大眼睛"、母亲水窖干旱场景等。这种渲染灾情苦景、呼唤爱心奉献的运作方式可以在短期内形成巨大效果,却难有可持续性。[253] 另一种方式是靠市场指数,即整合市场资源,对接各方需求,从而产生项目的驱动力。例如,由共青团中央和新闻出版总署联合主办、中国光华科技基金会运作的"光华公益书海工程",利用公益机构的优势架起闲置文化资源与文化需求之间的桥梁,通过广泛募集我国出版行业库存积压图书去帮助贫困地区的人们缓解"买书难,借书难,看书难"的问题。这种方式能够优化市场资源的配置,对和谐社会的发展有更深远的影响。

2008年,全国爱心人士齐聚汶川,全民慈善风暴兴起,中国慈善迈进媒体宣称的"公益元年","中国式慈善"获得井喷式发展。然而高潮过后,中国慈善事业遭遇重挫。"郭美美事件""中华慈善总会发票门""河南宋庆龄基金会事件"等一系列负面消息,在国内掀起了"问责风暴",基金会等慈善机构的公信力面临重重危机。上述事件发生后,民众对社会捐赠的热情降低,社会捐款数额随即出现锐减,2011年6月全社会捐款额为10.2亿元,7月则直降至五亿元,跌幅超过50%。[294] 我国慈善机构对受赠财物监管不严,财物状况不够透明,被曝光的负面事件挫伤了民众捐赠的初心,让本该受到褒扬的慈善事业遭到诟病。这是我国社会捐赠领域存在的一大问题,捐赠不仅需要民众的积极参与,也需要受赠机构的健康运营。

有意思的是,我国很多民众不能接受慈善机构收取"管理费",他们希望所捐赠的机构"洁身自好"。也就是说,捐赠者希望接受其捐赠的机构把钱完全运用在所承诺的事业上,而不去做与公益无关的事。基金会的管理者深知这一点,因而非常谨慎,尤其是在财务方面。如中国教育发展基金会在其成立时就公开承诺:对个人和集体的捐款基金会一般不提取任何手续费,捐款完全用于开展捐赠者所希望的助学助教项目。其专职工作人员都是项目负责人,大量的具体操作由兼职人员或志愿者协助完成,比如一些身体健康又热心公益事业的离退休人员或大学生志愿者。他们的工资、住房、医疗等问题都不需要基金会解决,基金会只为他们发放适当补贴。该基金会还明确规定:坚决不炒股,坚决不跟别人合资办企业,坚决不搞无把握的投资项目。在找不到安全、规范的增值项目和增值出路的时候,基金会宁可老老实实地把资金存在正规的银行,冒险的事坚决不干。[299] 然而,中国慈善机构本身资源和能力有限,缺乏自我造血功能,进而导致机构内缺乏细致的分工和专业的人才,很多员工需要身兼数职,福利待遇也不够好。这种因来自公众的道德压力而进行过多自我束缚的行为,在某种程度上限制了慈善机构的发展。因而,也有待相关部门和组织向民众普及基金会发展的现实处境,让其正确地认识到慈善组织自身的发展也是需要捐赠以及志愿活动支持的。

无论从理念还是模式上,我国的捐赠文化都得到了长足的发展,而高校基金会的出现也大大受益于捐赠文化在社会中的渗透。教育作为惠及全民的公益事业,多年来吸引了不少成功人士的支持。我国香港地区的一批爱国人士,如包玉刚、邵逸夫等,为我国高等教育事业捐资捐物,做出了巨大贡献。2007 年《中华人民共和国慈善法》被列入了全国人大的立法规划和国务院的立法计划,2016 年 3 月两会授权发布了审议通过的《中华人民共和国慈善法》全文,并将于同年 9 月 1 日起施行[300],这更是鼓励并规范了社会捐赠。几乎所有高校都开始积极建设校友网络,通过广大的校友资源,为学校争取到更多捐赠。充分动员以吸纳这些潜在资金来支持高校事业的发展,需要值得信赖的渠道,而高校基金会正是具备这样潜力的募资机构。

小 结

本章与第二章保持了相同的分析视角,考察了我国大学基金会的发展环境。在相关政策的支持下,我国的基金会数量快速增长,大学基金会的数量也日益增多。高校也逐渐意识到要开拓多元化的筹资渠道,积极通过成立基金会来吸收社会捐赠,不少顶尖高校已经尝试借助资本市场实现大学基金会资产的保值增值。我国乐善好施的文化传统也深刻影响了慈善捐赠的繁荣,而财富的积累也让更多组织和个人有能力资助高等教育机构的发展。总体来说,政策、经济、文化等方面都为高校基金会的发展起到了重要作用。

第十章

中国大学教育基金会的运行现状

第一节　治理结构
第二节　资金筹集
第三节　投资管理
第四节　风险管理
第五节　公益支出
小　结

继上一章介绍了我国大学基金会的发展环境后,本章将进一步考察在过去的20多年里我国大学基金会的实际运作状况。具体来说,包括大学基金会的治理结构、资金筹集、投资管理、风险管理和公益支出这五个方面,意在全面了解我国大学基金会对资金的获取、管理和使用情况。由于我国大学基金会的发展历史较短,信息披露还不够规范,可获得的相关数据有限,因而笔者选取了部分大学作为案例,以期通过这些大学基金会的运作状况总结出我国大学基金会运行的一些特点。

本章所涉及的大学基金会的基本信息如表10-1所示。需要指出的是,本章中所研究的大学基金会均指面向全校的基金会,通常以大学自身的名称命名。有些大学还存在其他基金会,或由大学下属的某个学院设立,如厦门大学法学院的"厦门大学陈安国际法学发展基金会"于2011年在福建省民政厅登记成立,原始基金为200万元,有其单独的管理机构;或为某个学科设立,如"复旦管理学奖励基金会"于2005年在上海市民政局登记成立,原始基金为李岚清捐赠的个人稿费200万元,目前净资产1.12亿元,有其单独的管理机构。这类基金会不在本章的讨论范围之内。

表10-1 本章涉及的我国大学基金会的概况(按成立时间排序)[①]

名称	类型	成立时间（年）	登记单位	业务主管单位	社会组织评估等级	原始基金（万元）
清华大学教育基金会	非公募	1994	民政部	教育部	5A	2000
北京大学教育基金会	非公募	1995	民政部	教育部	5A	2000
中国科学技术大学教育基金会	公募	1996	安徽省民政厅	安徽省教育厅	5A	580
吉林大学教育基金会	非公募	1997	吉林省民政厅	吉林省教育厅	4A	400
复旦大学教育发展基金会	非公募	2004	上海市民政局	上海市教育委员会	5A	400
中山大学教育发展基金会	非公募	2004	广东省民政厅	广东省民政厅	准备参评	400

---

① 以下如无特殊说明,表格列示均按大学基金会成立时间排序。

续表

名称	类型	成立时间（年）	登记单位	业务主管单位	社会组织评估等级	原始基金（万元）
中国人民大学教育基金会	非公募	2004	北京市民政局	北京市教育委员会	5A	200
上海交通大学教育发展基金会	非公募	2005	上海市民政局	上海市教育委员会	5A	1000
上海中欧国际工商学院教育发展基金会	非公募	2005	上海市民政局	上海市教育委员会	准备参评	300
南京大学教育发展基金会	非公募	2005	江苏省民政厅	江苏省教育厅	5A	5000
宁夏银川大学教育发展基金会	公募	2005	宁夏回族自治区民政厅	宁夏回族自治区教育厅	4A	400
厦门大学教育发展基金会	非公募	2006	福建省民政厅	福建省教育厅	4A	1000
西安交通大学教育基金会	公募	2006	陕西省民政厅	陕西省教育厅	4A	1580
浙江大学教育基金会	非公募	2006	民政部	教育部	4A	5000
北京理工大学教育基金会	非公募	2010	民政部	工业和信息化部	4A	2000
四川大学教育基金会	非公募	2010	民政部	教育部	4A	2000
兰州大学教育发展基金会	非公募	2013	民政部	教育部	尚未参评	2000

资料来源：根据基金会中心网资料整理而成。

第一节　治理结构

国内的高校基金会，虽然对外是独立法人，但对内则是附属于学校的行政机构。高校的领导如校长、党委书记等通常也在该校的基金会担任理事，以保证基金会的事务决策与学校的发展路径保持一致。不仅如此，基金会的办公地点、办公经费、工作人员也基本上由学校配备。[13] 很明显，大学基金会并非与学校平等存在，其独立法人的地位在法律上是实的，但在实际运作中却是虚的，基金会对学校内部管理的依赖使其缺乏独立性。

就基金会本身的组织结构而言,虽然各个大学的具体设置不尽相同,但在职能分工上大体一致,包括理事会、监事会、执行机关和基层机关。理事会是高校基金会的最高权力机关,负责基金会的人事决策和投资决策等,由理事长、常务理事长和理事组成,有些学校还会推荐名誉理事。监事会负责监督基金会的工作,列席理事会会议。秘书处或办公室是理事会下属执行机关,主要负责基金会日常工作的开展和执行。根据专业化分工,秘书处或办公室还会下设分部门。《基金会管理条例》对基金会组织机构的人数、任期、职责、选举、决策等诸多方面都做出了较为详细的规定(见附录)。在该条例的基础上,高校基金会结合自身情况在其章程中会做出更为具体的规定。

图10-1显示了2013年北京大学教育基金会的组织结构,该基金会有24名理事和两名监事,在25名专职工作人员中,一名秘书长和两名副秘书长领导下属六个部门。图10-2显示了2013年浙江大学教育基金会的组织结构,该基金会隶属于浙江大学发展联络办公室,与校友会合署办公,即由同一套工作班子负责。该基金会有16名理事和两名监事,在其35名专职工作人员中包含了一名理事,连同一名秘书长和两名副秘书长领导下属六个部门。表10-2列举了我国部分高校基金会的人员数量,理事都在10人以上,监事为1~5人不等,一般情况下,理事人数较多的高校,其监事人数也较多。随着基金会的发展,基金会的组织结构也在发生变化,职能部门种类、专职人员数量都可能发生增减。例如,北京大学教育基金会秘书处曾下设的校友联络部现已不存在;又如,上海交通大学教育发展基金会曾经与校友会合署办公,共有12名专职人员,如今基金会与校友会互相独立,各有10多名工作人员。

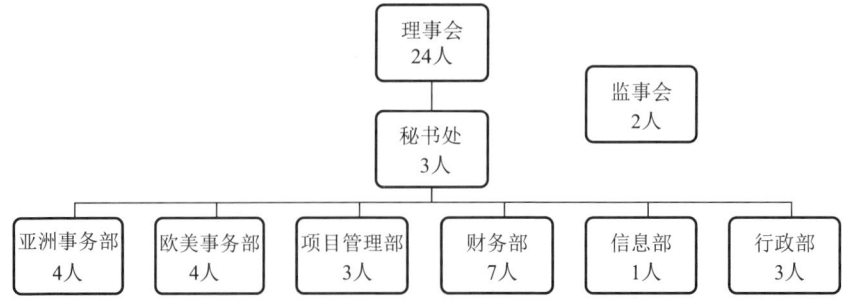

图10-1　北京大学教育基金会的组织结构(2013年)

资料来源:根据北京大学教育基金会2013年度工作报告绘制。

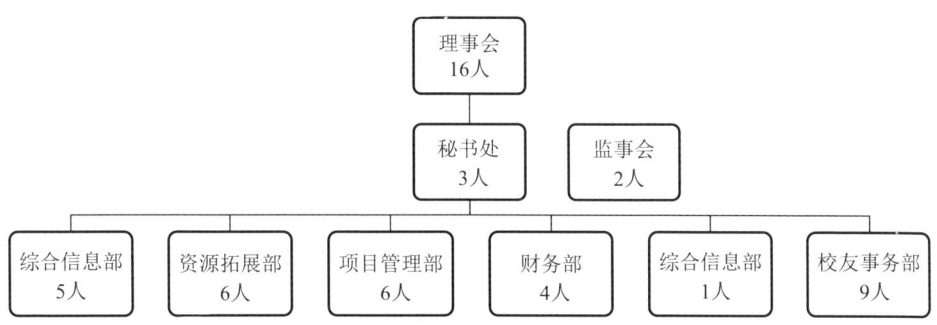

图 10-2　浙江大学教育基金会的组织结构（2013 年）

资料来源：根据浙江大学教育基金会 2013 年度工作报告绘制。

表 10-2　我国部分高校基金会的理事人数和监事人数（2013 年）

基金会名称	理事人数	监事人数
清华大学教育基金会	25	3
北京大学教育基金会	24	2
中国科学技术大学教育基金会	10	3
吉林大学教育基金会	25	3
复旦大学教育发展基金会	15	2
中山大学教育发展基金会	14	1
北京市中国人民大学教育基金会	19	2
上海交通大学教育发展基金会	18	1
上海中欧国际工商学院教育发展基金会	23	1
南京大学教育发展基金会	18	5
宁夏银川大学教育发展基金会	13	2
厦门大学教育发展基金会	25	5
西安交通大学教育基金会	24	2
浙江大学教育基金会	16	2
北京理工大学教育基金会	18	1
四川大学教育基金会	15	1
兰州大学教育发展基金会	21	1

资料来源：根据中国社会组织网和基金会中心网资料整理而成。

第二节 资金筹集

一、捐赠收入概况

表10-3是2014年我国高校基金会捐赠收入前十强榜单,其中大部分学校位于北京市、上海市和广东省。虽然基金会的捐赠收入与所属大学的排名并无直接关系,但从该榜单中还是可以发现,捐赠收入前十强的高校多是综合排名靠前的学校。从具体数额来看,有8所高校的捐赠收入达到了亿元级别,其中,清华大学教育基金会更是达到10亿元级别,获得捐赠约14.9亿元,比排名第二的北京大学教育基金会高出1.5倍多。而对比表10-4中各高校基金会2013年与2014年的捐赠收入发现,高校的捐赠收入并不稳定。部分高校的捐赠收入变化较大,如北京大学教育基金会2014年的捐赠收入较2013年减少8.28亿元,缩水近一半;而吉林大学教育基金会2014年的捐赠收入增加了0.9亿元,数值较前一年翻了四倍多。

表10-3 我国高校基金会捐赠收入前十强(2014年)

序号	基金会名称	捐赠收入(亿元)	所属大学排名
1	清华大学教育基金会	14.90	2
2	北京大学教育基金会	5.68	1
3	浙江大学教育基金会	3.02	6
4	上海交通大学教育发展基金会	1.57	3
5	中山大学教育发展基金会	1.47	10
6	广东省汕头大学教育基金会	1.23	194
7	北京师范大学教育基金会	1.22	11
8	吉林大学教育基金会	1.16	9
9	西北工业大学教育基金会	0.95	29
10	复旦大学教育发展基金会	0.82	4

资料来源:根据基金会中心网和中国校友会网资料整理而成。

表10-4 我国部分高校基金会的捐赠收入(2013～2014年)

单位：亿元

基金会名称	2013年	2014年
清华大学教育基金会	14.51	14.90
北京大学教育基金会	13.96	5.68
中国科学技术大学教育基金会	0.31	0.29
吉林大学教育基金会	0.26	1.16
复旦大学教育发展基金会	0.57	0.81
中山大学教育发展基金会	0.60	1.47
中国人民大学教育基金会	1.11	0.60
上海交通大学教育发展基金会	1.55	1.57
上海中欧国际工商学院教育发展基金会	0.29	0.55
南京大学教育发展基金会	1.03	0.55
宁夏银川大学教育发展基金会	0.02	0.01
厦门大学教育发展基金会	1.26	1.28
西安交通大学教育基金会	0.21	0.45
浙江大学教育基金会	3.20	3.02
北京理工大学教育基金会	0.24	0.21
四川大学教育基金会	0.39	0.26
兰州大学教育发展基金会	0.07	0.08

资料来源：根据基金会中心网资料整理而成。

在我国高校基金会所获的捐赠中，来自法人或者其他组织的捐赠要多于来自自然人的捐赠，来自境内的捐赠要多于来自境外的捐赠。由于各校筹资工作开展程度不同，捐赠收入的结构呈现出较大差异。清华大学的筹资工作在国内高校中处于领先地位，多年占据高校捐赠收入榜首。从表10-5可以看出，2014年该校基金会从境内与境外获得的捐赠收入相当，而且资金额度都非常高。北京大学教育基金会2014年的捐赠收入虽然较2013年缩水一半以上，但其在2014年的捐赠收入榜单中仍位列第二（表10-3），该基金会的主要捐赠来自境内，高达4亿多，境外捐赠超过1.5亿元（表10-6）。吉林大学教育基金会（表10-7）的捐赠收入主要是境内收入，其2014年的捐赠收入总额较上一年多了近一亿元，尤其是来自境内外法人或者其他组织的捐赠非常可观，此外，该基金会的捐赠收入中还包含来自境内法人或者其他组织约60万元的非现金捐赠。

表10-5 清华大学教育基金会的捐赠收入（2014年）

单位：元

项目名称	现金	非现金	合计
一、本年度捐赠收入	1489970548.12	0.00	1489970548.12
（一）来自境内的捐赠	741866400.76	0.00	741866400.76
① 来自境内自然人的捐赠	39904128.05	0.00	39904128.05
② 来自境内法人或者其他组织的捐赠	701962272.71	0.00	701962272.71
（二）来自境外的捐赠	748104147.36	0.00	748104147.36
① 来自境外自然人的捐赠	32102607.71	0.00	32102607.71
② 来自境外法人或者其他组织的捐赠	716001539.65	0.00	716001539.65
二、接受非公益性捐赠情况	0.00	0.00	0.00

资料来源：根据基金会中心网资料整理而成。

表10-6 北京大学教育基金会的捐赠收入（2014年）

单位：元

项目名称	现金	非现金	合计
一、本年度捐赠收入	567967683.26	0.00	567967683.26
（一）来自境内的捐赠	417565977.08	0.00	417565977.08
① 来自境内自然人的捐赠	43465535.27	0.00	43465535.27
② 来自境内法人或者其他组织的捐赠	374100441.81	0.00	374100441.81
（二）来自境外的捐赠	150401706.18	0.00	150401706.18
① 来自境外自然人的捐赠	16039276.26	0.00	16039276.26
② 来自境外法人或者其他组织的捐赠	134362429.92	0.00	134362429.92
二、接受非公益性捐赠情况	0.00	0.00	0.00

资料来源：根据基金会中心网资料整理而成。

表10-7 吉林大学教育基金会的捐赠收入(2014年)

单位:元

项目名称	现金	非现金	合计
一、本年度捐赠收入	115904235.47	582256.47	116486491.94
（一）来自境内的捐赠	115594653.00	582256.47	116176909.47
① 来自境内自然人的捐赠	4416653.00	0.00	4416653.00
② 来自境内法人或者其他组织的捐赠	111178000.00	582256.47	111760256.47
（二）来自境外的捐赠	309582.47	0.00	309582.47
① 来自境外自然人的捐赠	0.00	0.00	0.00
② 来自境外法人或者其他组织的捐赠	309582.47	0.00	309582.47
二、接受非公益性捐赠情况	0.00	0.00	0.00

资料来源:根据基金会中心网资料整理而成。

二、顶尖高校的筹资业绩突出

就高校基金会本身而言,无论从筹资总量还是增长速度来讲,"985高校"基金会在全国高校基金会中都具有绝对优势。图10-3显示了2009～2013年我国"985高校"基金会和非"985高校"基金会的捐赠收入,可以看出,"985高校"每年的捐赠收入在全国高校基金会捐赠收入总额中的占有比例都不低于50%。也就是说,我国所有非"985高校"的捐赠收入总和都不及设立了基金会的38所"985高校"的捐赠收入之和。而且,这五年中"985高校"的捐赠收入从17.68亿元增长到48.90亿元,翻了近两倍,年均增长率约30%,为非"985高校"所不及。事实上,非"985高校"的筹资规模在2012年和2013年连续两年下降。

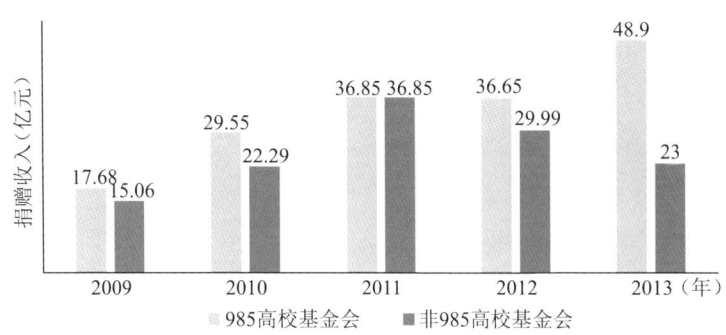

图10-3 我国"985高校"基金会和非"985高校"基金会的捐赠收入(2009～2013年)
资料来源:根据基金会中心网资料整理而成。

2013年，占全国高校基金会总数不到一成(8.7%)的"985高校"基金会，捐赠收入(49亿元)却占全部高校基金会捐赠收入(72亿元)的近七成(68%)，超过非"985高校"捐赠收入(32%)的一倍以上。在这38家"985高校"的捐赠收入中，又有超过一半(58%)的资金为清华大学、北京大学所获。2013年捐赠收入居前十位的"985高校"基金会详见表10-8。

表10-8 "985高校"基金会捐赠收入前十强(2013年)

排名	基金会名称	捐赠收入(亿元)
1	清华大学教育基金会	14.50
2	北京大学教育基金会	14.00
3	浙江大学教育基金会	3.20
4	北京航空航天大学教育基金会	1.63
5	上海交通大学教育发展基金会	1.55
6	厦门大学教育发展基金会	1.26
7	中国人民大学教育基金会	1.11
8	南京大学教育发展基金会	1.03
9	武汉大学教育发展基金会	0.94
10	哈尔滨工业大学教育发展基金会	0.91

资料来源：根据基金会中心网资料整理而成。

我国高校教育基金会在筹资过程中主要将精力集中于潜在的大额、巨额捐赠的募集上。一方面，大额捐赠的筹资模式具有筹资成本低、筹资见效快、社会影响大等诸多优点；另一方面，能够长期稳定获得大额捐赠，本身便是大学及其教育基金会筹资能力强的有力证明。但有学者基于长尾理论①考察了我国部分"985高校"基金会捐赠收入中小额捐赠的占比情况(表10-9)，研究发现，成立时间较早的高校基金会在国内和国外都有一定的影响力，显示出较强的筹资能力，每年可获多笔大额捐赠；成立时间较短的高校基金会在大额捐赠的获取上有很大的不确定性，因而更依赖小额捐赠。[301]此外，在2014年，除了吉林大学，其他10所高校教育基金会的小额捐赠收入占比相较于2012年都出现了明显上升，这表明我国高校基金会的社会捐赠已经开始显现出长尾效应，小额捐赠正在发挥

---

① 长尾理论：一些公司的经营模式显示，累计众多需求和销量不高的产品，可以创造与主流产品相当或者更大的市场份额，这一规律被称为"长尾理论"。

越来越重要的作用。而且在当前经济增长速度有所下滑、宏观经济步入新常态、微公益和便捷支付平台日益兴起的情形下,小额捐赠占比不断上升的趋势有望进一步提升。

表10-9 部分"985高校"教育基金会小额捐赠收入的占比(2009～2014年)

学校	2009年	2010年	2011年	2012年	2013年	2014年
北京理工大学	—	33.52%	4.87%	2.72%	3.56%	10.81%
哈尔滨工业大学	—	0.77%	1.79%	2.33%	1.62%	11.30%
华中科技大学	—	43.89%	22.66%	5.25%	18.88%	22.20%
吉林大学	—	—	5.63%	16.60%	8.48%	3.50%
厦门大学	—	14.77%	—	1.66%	3.63%	4.86%
山东大学	—	10.78%	4.46%	3.42%	3.13%	6.18%
同济大学	0.22%	0.81%	3.38%	2.52%	2.75%	5.22%
西北农林大学	—	—	3.08%	9.63%	5.55%	28.88%
浙江大学	—	—	—	3.25%	2.54%	5.20%
中国人民大学	1.20%	1.08%	2.71%	1.22%	1.56%	1.62%
中南大学	—	—	1.70%	1.46%	0.63%	2.67%

资料来源:杨维东,朱丽军.大学捐赠基金筹资模式的转变——基于长尾理论的分析[J].教育与经济,2015(03):6.

三、高校筹资意识和能力正在提高

早在2001年,教育部在有关大学校董会工作的座谈会上就提出,将各学校社会筹资运作的能力纳入大学评估体系指标中。[302]实际上,自我国经济体制转型以来,政府作为高等教育服务唯一投资者的格局被逐渐打破,高校同其他市场主体一样,在制度变迁的过程中日益拥有自主决策、自主经营的权力。办学自主权的扩大赋予了高校高层管理团队承担学校生存与发展的责任,改变了被动接受拨款资助的局面,增强了高校的主动筹资意识和主动筹资能力。[303]

我国高校校长的公开选拔也为大学重视筹资打开了窗口。2011年12月,教育部发布了面向海内外公开选拔西南财经大学和东北师范大学两所直属高校校长的公告。此前,教育部直属的76所高校中,几乎一半的正局级高校校长由教育部直接任命,部级高校则由教育部提出校长任命意见,由中央组织部任命。公开选拔机制让大学校长的遴选具有公开性,也扩大了校长人选的范围。北京师范大学高等教育研究所教授洪成文表示,相比于世界一流大学的掌门人,我国大学掌门人缺乏的是募捐的意愿和能力。国外大学校长都会在任期内提出巨大的筹资目标,并将近乎 2/3 的时间和精力用于筹资,我国高校的书记、校长虽然有筹资的思想,却没有目标和具体要求。他建议我国高校公开遴选校长时可以更多地关注校长的筹资能力。[304]

大多数高校都设立了单独的资金账户来接收和管理捐赠,不少学校还设有外币账户。银行转账和邮政汇款是比较普遍的方式,部分学校开设了在线捐赠渠道,这不仅可以让捐赠者挑选所中意的捐赠项目,还可以实现在线支付,大大提高了捐赠的效率。还有一些重点高校意识到海外广大校友资源的重要性,不仅在校内筹资部门设有海外事务部门,甚至直接在海外成立了相应的基金会,如清华大学于 2000 年就在美国注册成立"清华北美基金会"。可以说,高校基本上都在积极开展筹资活动,并努力开发多样化的便捷捐赠渠道。以下摘录了北京交通大学教育基金会 2013 年度工作报告中的相关内容,从中可以看出该基金会对捐赠事业的中长期规划和对筹资机制的创新。

北京交通大学教育基金会 2013 年度工作报告(节选)

2013 年对北京交通大学教育基金会来说是不平凡的一年。这一年,基金会形成了以海内外校友为依托,校企合作为主体,校友返校活动为契机,全方位、多元化的筹资工作模式。无论是对内的管理制度建设,还是对外的资源联络拓展,均取得了显著的成效。

一、把握形势,拓宽渠道,取得筹资工作新成果

1. 筹资工作发展势头良好

2013 年,基金会广泛筹集办学资金,加强学校与社会各界的联系,筹资工作稳步推进。全年累计接受社会各界捐赠 4586.52 万元,获得中央财政配比资金 7021 万元,配比资金总额位居国内高校第 12 名。争取资金共计 1.16 亿元。

2. 制订大规模筹资计划

围绕第十次党代会提出的"到本世纪中叶初步建设成为特色鲜明世界一流大学"的发展目标,以 120 周年校庆和新校区建设为契机,依据学校改革发展阶段性任务,制订北京交通大学 2013～2016 年筹资计划,科学合理规划筹款活动,明确筹资总体目标,完善激励配套政策,设计组织实施方案。

二、探索模式,科学管理,积极创新基金工作机制

1. 全面完善奖励体系

(1)为进一步拓宽筹资渠道,扩大筹资规模,在充分借鉴国内外高校先进筹

资经验的基础上,我校采取一种全新的筹资模式,即委托校外筹资机构——职业筹款人进行商业化筹资,并制订了相应的管理办法——《北京交通大学专业筹资机构筹款奖励管理办法》,确定了委托筹资服务咨询费计提方案及支付形式。

（2）继续对二级单位进行配比奖励,对64个捐赠项目,19个学院实施了651.83万元的资金配比。

2. 建立科学筹资流程

基金会建立了一套科学完善的捐赠人开发流程,通过科学高效的筹资流程和捐赠人心理分析,为筹资工作顺利开展提供重要保障。提出捐赠人开发的三个阶段理论：识别信息阶段,深入查找、挖掘潜在捐赠人信息；获取信息阶段,分析潜在捐赠者的心理,引导其选择符合自身需要的捐赠项目；培育关系阶段,通过对捐赠目标人群的偏好研究,正确匹配捐赠需求,找到合作兴趣契合点,设计多样化的捐赠项目作为引导捐赠的载体,倾力打造各类服务平台。同时,建立捐赠荣誉表彰机制,保持良好的信任关系,形成良性循环。

3. 开辟多方位捐赠途径

2013年,基金会网站新增了在线捐赠功能,使基金会日常工作快捷化、规范化、程序化。另外,与信息中心共同开发一卡通余额捐赠平台,打造多方位、立体结构的捐赠途径。

四、校友捐赠

大学基金会多为非公募基金会,因而不能向公众募捐,只能针对特定群体开展筹资工作,校友群体则是大学基金会募捐的主要对象。自2010年艾瑞深中国校友会网首次发布中国大学校友捐赠排行榜以来,中国大学校友捐赠总额、单笔捐赠金额、校友个人捐赠金额的多项纪录屡被刷新。2014年,全国高校新增校友捐赠22亿元,其中单笔上亿捐赠有五笔,1000万元以上捐赠有38笔。北京大学、重庆大学、武汉大学、西安交通大学、吉林大学和四川大学等高校一年中接收校友捐赠金额均超过一亿元。截至2014年底,中国大学校友个人单笔捐赠纪录和个人捐赠总额纪录均由北京大学校友、中坤投资集团董事长黄怒波保持,分别为九亿和10.24亿。[305]

我国校友捐赠的累计数额也有较大突破。在2010～2014年这五年中,全国高校获校友捐赠合计约90亿元,其中2011年高校获捐金额最多,高达25亿（图10-4）。而在1990～2014年全国高校累计接收校友捐赠金额更是突破120亿元,图10-5将这25年中高校校友捐赠的累计金额进行了分档,并统计出相应高校的数量。校友捐赠累计金额超过 10 亿元的有三所,依次为北京大学(20.17亿)、清华大学(13.89 亿)和武汉大学(11.29 亿)。共有 21 所高校的校友捐赠累计金额超过 1 亿元,累计金额超过 1000 万元的高校总计有 111 所,其中累计捐赠在 1000 万～5000 万元的高校数量最多。表 10-10 按照地域统计了校友捐赠累计金额,共有 16 个省或直辖市累计校友捐赠达到亿元以上。其中北京市以超过 45 亿元的累计总额居首位,湖北、广东、浙江、江苏等地高校的校友捐赠数量也较为可观。

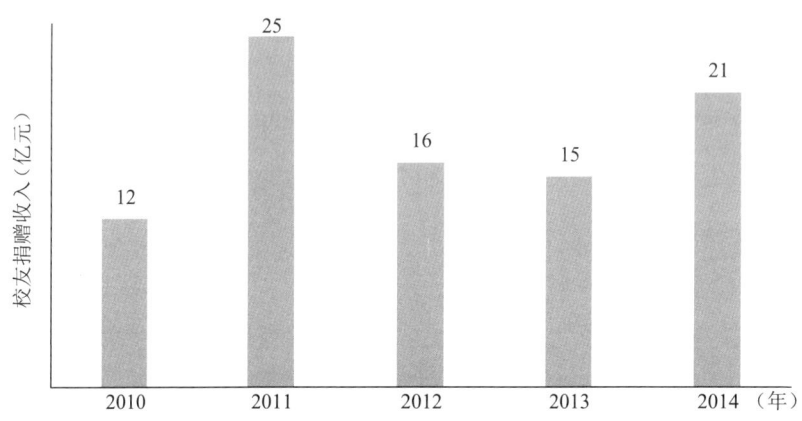

图 10-4　我国高校校友捐赠收入(2010～2014 年)

资料来源:根据中国校友会网资料整理而成。

图 10-5　我国高校校友捐赠累积金额的分布(1990～2014 年)

资料来源:根据中国校友会网资料整理而成。

表 10-10 我国亿元级别大学校友捐赠排行榜(2015 年)

序号	地区	捐赠总额(亿元)	校友捐赠最多的大学	该大学捐赠总额(亿元)
1	北京	45.89	北京大学	20.17
2	湖北	14.32	武汉大学	11.29
3	广东	8.73	华南理工大学	3.00
4	浙江	8.37	浙江大学	6.39
5	江苏	7.06	南京大学	5.26
6	福建	5.29	福州大学	2.70
7	陕西	5.03	西安交通大学	2.34
8	上海	4.68	同济大学	2.26
9	重庆	3.93	重庆大学	3.64
10	湖南	3.15	中南大学	2.81
11	天津	2.16	天津大学	1.53
12	四川	2.12	四川大学	1.66
13	辽宁	1.76	东北大学	1.08
14	吉林	1.51	吉林大学	1.16
15	山东	1.16	山东大学	0.90
16	广西	1.12	广西大学	0.53

资料来源:根据中国校友网资料整理而成。

高校校友会作为高校校友自愿组成的联合性、非营利性的群众组织,既具有一般社会组织非营利性、非政府性、志愿性和公益性等基本特征,又有其特殊性——成员都有共同的母校。截至2014年底,中国高教学会校友工作研究分会的会员单位已达310家,遍布全国各地。[156] 在中国社会组织网(http://www.chinanpo.gov.cn/)上查询名称含有"校友"的社会组织,在2011年仅有29家,业务主管单位均为"教育部",而在2015年5月初,相关组织已增加到41家,其中,华侨大学校友会的主管单位为国务院侨务办公室,中央民族大学附中校友会和中央民族大学校友会的主管单位为国家民族事务委员会,其余校友会均由教育部主管。此外,获得评估等级的高校校友会有四所:清华校友总会和浙江大学校友总会评估等级为4A,华中师范大学校友会和交通大学校友总会评估等级为

3A,等级有效期均为 2013～2018 年。

一般来说,国内高校基金会与校友会的设置主要有三种情况:一是基金会包含校友会,即校友会与基金会合署办公;二是基金会与校友会相互独立,人员及职责分工明确;三是基金会与校友会并行运作且密切配合,通过负责人兼职整合资源。[306] 由于绝大多数高校基金会与校友会的人员编制、办公场所、办公经费等都是由所属高校提供,二者的工作关系又较为密切,因此不论是合署办公还是独立办公,基金会与校友会都倾向于在相互信任的基础上,围绕学校的战略发展目标和任务开展长期的合作关系。

校友会对学校的筹资起到了重要的作用。以清华大学为例,其校友组织经历了清华同学会(1913～1933 年)和清华同学会总会(1933～1950 年)后,由于历史原因,校友工作发生中断。值 1981 年清华大学 70 周年校庆之际,校方选举产生清华校友总会理事会,并在理事会第一次全体会议上通过了《清华校友总会章程》。此后,清华的校友工作蓬勃发展,校友总会的工作范围不断扩大,工作团队也由最初的几个人发展到现在的 50 余人。目前,海内外的清华校友组织将近 200 个,覆盖全国,并遍布亚洲、欧洲、美洲、大洋洲的 10 多个国家。[156] 如今,清华大学已过百年历史,在新百年的起点上,清华大学重新审视校友工作理念和思路。在原有的"服务校友、服务母校"基础上,增加"服务社会"的职能,遵循"心服务、新媒体、兴文化"的服务理念,实现"集资、集力、集智、集心"的目标,为校友的事业发展和建设一流大学服务。在集资方面,校友回馈母校已蔚然成风,校友对学校的硬件建设(纪念物、建筑物)和软环境建设(教师和学生奖励)的捐资,不仅促进了学校的发展,更重要的是启蒙在校学生树立公益心和责任意识。励学金和年度捐赠是清华校友总会的两个重要项目。2006 年创立励学金以来,广大校友积极参与,励学金捐赠总额和基金存量均逐年大幅增长,七年累计筹款超过一亿元。近来,清华大学对过去的校友捐赠进行了实证研究,校友总会拟完善标准化的数据库,开展与国外大学校友及校友会的比较研究,以期进一步提高校友工作水平。

尽管校友对母校有着极高的认同感和关注度,但由于校友毕业后大多会离开母校走上社会,校友与母校对彼此的信息了解不甚畅通。校友贡献和支持母校的愿望常常处于潜在状态,需要通过一定的组织形式、信息沟通渠道和活动平台才能被充分激发。例如,上海交通大学发行《上海交大报(校友月末版)》配合年度捐赠的宣传一同发放给校友,刊物内容聚焦于学校发展的热点话题,将学校工作的重心、取得的成就以及现阶段的迫切需求及时传递给校友。这样的沟通方式拉近了校友与母校的距离,让校友更清晰地了解母校的发展需求,有利于学校在募捐活动中取得良好效果。[307]

配比基金政策能够鼓励社会各界向高等学校捐赠。配比基金既可以来自政府,如发布于2009年10月的《中央级普通高校捐赠收入财政配比资金管理暂行办法》规定,从2009年起,中央财政设立配比资金,对中央级普通高校接受的捐赠收入实行奖励补助。高校自身也可以设立配比基金。国内最先应用该配比捐赠模式的高校是浙江大学。2006年9月,浙江大学校友段永平联手网易公司CEO丁磊向浙江大学捐赠了4000万美元(当时的汇率是1美元兑换7.96人民币)。其中,二人各出1000万美元作为等额配比基金,也就是说,凡有个人或组织向浙大捐钱(单笔项目不超过100万美元),不管用于哪一方面,等额配比基金中就会抽出相同数量的钱与之相配以共同资助浙大的相关项目。段永平表示,这是从美国斯坦福大学受到的启示,希望借此让更多的校友和关心教育事业的人士来支持高校教育事业的发展。[21]

第三节　投资管理

本书关注的是高校基金会的投资运作,但实际上,早在高校基金会这种组织形式出现之前,大学就已经开始尝试一些投资运作了。20世纪80年代,随着高教事业的发展,高校的预算外资金逐步增加,一些有经营意识的财务人员萌动了运作资金的想法,部分高校自1983年就开始了委托贷款业务。[308]90年代中期,不少高校从委托贷款市场撤资进入国债市场,某些高校对1998年开始发行并上市的封闭式基金进行了投资,仅有少数高校涉足股票市场。在教育部财务司的领导下,高校组织了多次关于投资理财、资金运作的培训交流活动,这增加了高校群体对理财与增值的认识。2000年以来,金融创新品种不断推出,开放式基金、可转债、企业债、信托产品、货币基金等可供投资的品种越来越多。2001年5月,"21世纪资本市场与高校投资理财论坛"在浙江大学举行,来自全国50多所高校的财务负责人和理财专家以及10多家国内证券公司、基金管理公司和上市公司的投资专家共130多人,共同商讨高校理财与资金运作的经验与策略。[309]高校对于资金运作、保值增值的迫切性与重要性有了更深的认识,资金运作的经验也更加丰富,这些都对高校基金会的投资运作有一定的铺垫作用。

我国高校基金会是在20世纪90年代中期出现并在21世纪初发展起来的。据基金会中心网统计,截至2013年12月,全国已有405所高校成立基金会,净资产总量已达158亿元。[16]2014年,高校净资产规模前十强如表10-11所示,10亿元以上的大学有三所。虽然资金规模同国外一流名校相比差距很大,但清华和北大仍分别以43.9亿元和34.7亿元在国内高校基金会中遥遥领先。根据图10-6,"985高校"基金会的净资产规模增长迅速,2009年时为24亿元,至2013年时,已激增至78亿元。"985高校"基金会的净资产规模在全国高校基金会资产规模中的占比也一直较高。自2009年以来,除了2011年的比例稍低于60%外,其他年份中,"985高校"基金会资产规模都占全国总水平的60%以上。表10-12则列出了部分高校基金会成立的时间、原始资金数额以及近两年的净资产规模。可以看出,早先成立的高校基金会大多积累了上亿元的净资产,后成立的基金会虽然发展时间有限,但也实现了资产规模的突破。因而,从资金量上讲,我国的大学基金会基本上都具备了投资的能力,只是投资能力的大小以及投资标的的选择有差别,顶尖名校的基金会在投资方面更具优势。

表10-11 我国高校基金会净资产前十强(2014年)

序号	基金会名称	净资产(亿元)
1	清华大学教育基金会	43.89
2	北京大学教育基金会	34.68
3	浙江大学教育基金会	13.66
4	南京大学教育发展基金会	8.64
5	上海交通大学教育发展基金会	8.09
6	北京航空航天大学教育基金会	4.95
7	中国人民大学教育基金会	4.78
8	东南大学教育基金会	4.67
9	北京师范大学教育基金会	4.31
10	复旦大学教育发展基金会	3.05

资料来源:根据基金会中心网资料整理而成。

表 10-12 我国部分高校基金会的净资产（2013～2014 年）

基金会名称	成立时间（年）	原始基金（万元）	2013 年净资产（亿元）	2014 年净资产（亿元）
清华大学教育基金会	1994	2000	32.20	43.89
北京大学教育基金会	1995	2000	29.90	34.68
中国科学技术大学教育基金会	1996	580	2.23	2.39
吉林大学教育基金会	1997	400	0.68	1.74
上海复旦大学教育发展基金会	2004	400	2.64	3.05
中山大学教育发展基金会	2004	400	1.57	2.42
中国人民大学教育基金会	2004	200	4.82	4.78
上海交通大学教育发展基金会	2005	1000	6.79	8.09
上海中欧国际工商学院教育发展基金会	2005	300	0.79	1.06
南京大学教育发展基金会	2005	5000	8.21	8.64
宁夏银川大学教育发展基金会	2005	400	0.08	0.12
厦门大学教育发展基金会	2006	1000	3.11	3.57
西安交通大学教育基金会	2006	1580	0.87	1.16
浙江大学教育基金会	2006	5000	11.93	13.66
北京理工大学教育基金会	2010	2000	0.88	0.98
四川大学教育基金会	2010	2000	1.23	1.34
兰州大学教育发展基金会	2013	2000	0.25	0.30

资料来源：根据基金会中心网资料整理而成。

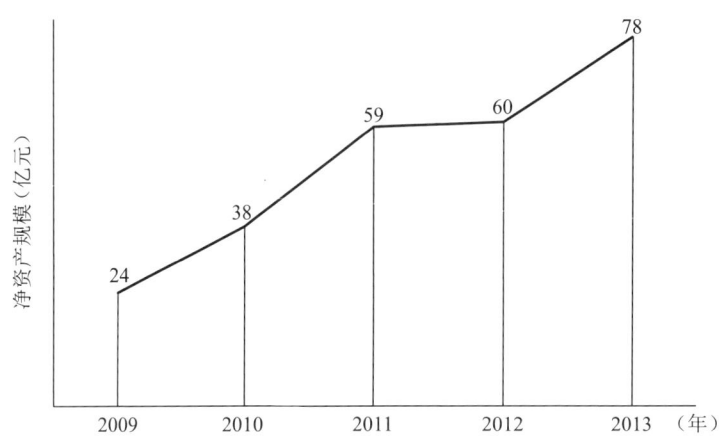

图 10-6　我国"985 高校"基金会净资产规模（2009～2013 年）

资料来源：根据基金会中心网资料整理而成。

有学者对披露了 2010 年度工作报告的 171 家中国高校基金会进行统计后发现，这些高校基金会净资产总规模为 91.6 亿元，其中 55 家高校基金会进行了除储蓄以外的投资活动，只有 21 家获得了投资收益，合计 2.19 亿元，另外 34 家的投资收益为零，收益率在 5% 以上的高校基金会只有九家。相较之下，美国的大学捐赠基金达 865 家，总资产规模超 3000 亿美元，年投资回报率达 11.9%。[310]

中国高校基金会的投资操作与美国高校相比较为保守。有公益行业资深人士分析，主要有三种情形导致了这一结果。第一种是"因噎废食"，相当一部分公益组织领导人认为，投资成功所获的收益自己得不到，投资失败造成的损失却要自己担责任，所以最安全的办法是不投资。第二种是"走投无路"，一些领导人信不过组织内部看起来不那么专业的人，对投资行业又不甚了解，不敢贸然把钱交给别人打理，不知道怎么做才好。第三种是"小本不经营"，公益组织本钱太小，对资金流动性的要求又比较高，即使做得好，实际回报也没多少，因此不值得花精力去投资。[311]

由于每所大学投资活动的具体情况不同，笔者根据公开的报表及学术资料，对我国部分大学的资产委托理财①及投资收益情况进行了考察，以期发现一些规律或特点。

---

① 国家民间组织管理局编制的基金会年度工作报告对"委托理财"的界定是：通过银行、信托公司、证券公司等金融机构进行的投资行为。

一、北京大学教育基金会

从表 10-13 和表 10-14 中可以发现,北京大学教育基金会的委托方中有北大方正集团和长江证券股份有限公司,但绝大部分资产采用了信托理财。根据表 10-15,该基金会 2011 年的投资收益仅来自于理财投资(信托),而在随后的年份里,通过基金和股票投资获得了不菲的收益。

表 10-13 北京大学教育基金会的委托理财情况(2012 年)

序号	受托人	委托金额(元)	委托期限	实际收益金额(元)	实际收回金额(元)
1	北大方正集团	4084200.00	—	400000.00	—
2	长江证券股份有限公司	2648000.00	—	800000.00	—
3	华润深国投信托有限公司	100000000.00	13 个月	13101736.68	—
4	中国银行	100000000.00	3 个月	1472778.41	—
5	中国银行	100000000.00	7 个月	2889041.10	—
6	中国银行	101420000.00	5 天	51682.52	—

资料来源:根据基金会中心网资料整理而成。

表 10-14 北京大学教育基金会的委托理财情况(2013 年)

序号	受托人	委托金额(元)	委托期限	报酬确定方式	当年实际收益(元)	当年实际收回金额(元)
1	方正集团	4084200	2005 年至今	每年不少于 20 万元利息	200000.00	200000.00
2	长江证券股份有限公司	2648000	2000 年至今	年回报率不低于同期一年期存款利率	—	0.00
3	华润深国投信托有限公司(苏宁电器)	80000000	2012 年 7 月 30 日至 2014 年 7 月 30 日	年化收益 9.8%	7840000.00	7840000.00
4	华润深国投信托有限公司(华威一号)	50000000	2013 年 1 月 29 日至 2017 年 1 月 29 日	年化收益 9.9%	3105616.44	3105616.44
5	深圳远盛投资管理有限公司(一期 A 类)	100000000	2013 年 1 月 10 日至 2014 年 1 月 10 日	年化收益 9.5%	9500000.00	9500000.00
6	深圳远盛投资管理有限公司(一期 B 类)	50000000	2013 年 6 月 27 日至 2014 年 12 月 27 日	年化收益 9%	—	0.00

续表

序号	受托人	委托金额（元）	委托期限	报酬确定方式	当年实际收益（元）	当年实际收回金额（元）
7	方正东亚信托有限责任公司（深圳一体）	300000000	2013年11月14日至2014年11月14日	年化收益11%	3300000.00	3300000.00
8	方正东亚信托有限责任公司（盘古一期）	230000000	2013年10月25日至2014年10月25日	年化收益10.9%	3899777.78	3899777.78
9	方正东亚信托有限责任公司（盘古二期）	230000000	2013年12月5日至2014年12月5日	年化收益10.9%	1044583.33	1044583.33
10	中信信托有限责任公司（方正信产）	320000000	2013年12月26日至2014年12月26日	年化收益9%	—	0.00
11	中信信托有限责任公司（北大医疗）	310000000	2013年12月26日至2014年12月26日	年化收益9%	—	0.00
12	中信信托有限责任公司（合成医药）	290000000	2013年12月25日至2014年12月25日	年化收益9%	—	0.00
13	中信信托有限责任公司（北大资源）	280000000	2013年12月26日至2014年12月26日	年化收益9%	—	0.00
14	中银集富理财计划	100000000	2012年10月29日至2013年9月27日	年化收益4.7%	4287945.21	4287945.21
	合计	2346732200	—	—	33177922.76	33177922.76

资料来源：根据北京大学教育基金会2013年度工作报告整理而成。

表10-15　北京大学教育基金会的投资收益（2011～2014年）

单位：元

投资收益来源	2011年	2012年	2013年	2014年
理财投资	2991780.82	4361819.51	33177922.76	207186731.85
基金、股票投资	0.00	40415874.43	58802675.68	7573524.74
股权投资	0.00	0.00	0.00	502560.00
合计	2991780.82	44777693.94	91980598.44	215262816.59

资料来源：根据基金会中心网资料整理而成。

二、清华大学教育基金会

本研究于 2015 年 9 月对清华大学教育基金会进行了实地调研。根据调研反馈以及公开资料得知，清华大学教育基金会的资产委托独立的公司——育泉资产管理有限责任公司进行管理，原则上基金会不插手具体业务，但会确定收益率指标，并严格考核。值得注意的是，该公司是清华大学教育基金会的全资子公司，其董事长是清华大学教育基金会的秘书长。虽然该公司有自己的专业投资团队和投资机制，但重要的投资决策仍要获得清华大学校务会、理事会的多数通过。

清华大学教育基金会采用了多元化投资，并随市场行情及时调整投资比例：一是理财类，即购买银行的理财产品；二是证券类，如股票和增发配售等；三是长期投资，如物业资产。一些做投资的清华校友也会向基金会推荐好的理财产品和投资项目。[312] 在这些投资配置中，大部分是类固定收益资产，少量投资二级市场和私募股权，还有一些是房产。总体来说，清华大学教育基金会的资金管理相对封闭，目前不考虑委托外部管理公司，也很少投资外部管理人，甚至连清华大学内部的创投基金等都未参与。

《清华大学教育基金会 2013 年度工作报告》中，该基金会首次在关联方中列示出其全资子公司"育泉资产管理有限责任公司"，交易明细进一步显示，基金会向关联方采购产品和购买服务的本年发生额为 1434 万元。[313] 从其投资收益来看，该基金会也投资了多种资产，而且股权投资收益的比重很高，虽然出现了下降，但仍在 60% 以上。

表 10-16　清华大学教育基金会的投资收益（2012～2014 年）

单位：元

投资收益来源	2012 年	2013 年	2014 年
股权投资	82586210.28	126255972.06	189625289.75
基金投资	279793.14	1730629.14	102589352.72
其他投资	23763236.80	55918865.98	
合计	106629240.22	183905467.18	292214642.47

资料来源：根据基金会中心网资料整理而成。

三、浙江大学教育基金会

尚未更名前，浙江大学竺可桢教育基金会已经通过多元化投资运作方式来实现基金增值。其一，基金会 1/3 的资产通过校内银行进入证券一级市场和债券市场进行风险较低的投资,由于依托校内银行汇拢巨额资金,年收益在10%左右。其二,与校友企业合作投资。其三,剩余基金存入银行,获取稳定的利息。[124]在表10-17中,2013年浙江大学教育基金会绝大部分资金通过银行进行理财,少部分购买了信托。

表10-17 浙江大学教育基金会的委托理财情况(2013年)

序号	受托人	委托金额(元)	委托期限	报酬确定方式	当年实际收益(元)	当年实际收回金额(元)
1	杭州工商信托股份有限公司	5000000.00	无固定期限	赎回支付	29909.93	29909.93
2	中国工商银行	—	1年	到期赎回支付	300433.34	300433.34
3	中国工商银行	172000000.00	无固定期限	到期赎回支付	450602.75	450602.75
4	中国工商银行	69000000.00	无固定期限	赎回支付	—	—
5	中国工商银行	170000000.00	363天	到期赎回支付	8626684.93	
6	中国工商银行	100000000.00	526天	到期赎回支付	2546575.34	
7	中国工商银行	50000000.00	509天	到期赎回支付	1205479.45	
8	中国工商银行	100000000.00	363天	到期赎回支付		
9	中国工商银行	17500000.00	无固定期限	赎回支付	64726.03	64726.03
10	中国工商银行	25000000.00	无固定期限	赎回支付	7102.74	7102.74
11	中国工商银行	70000000.00	368天	到期赎回支付	1026323.40	1026323.40
12	中国工商银行	60000000.00	366天	到期赎回支付	1731172.25	1731172.25
13	中国银行	25000000.00	365天	到期赎回支付	1250000.00	1250000.00
14	中国银行	15000000.00	365天	到期赎回支付	750000.00	750000.00
15	中国银行	100000000.00	365天	到期赎回支付	155780.38	155780.38
16	中国银行	100000000.00	365天	到期赎回支付	4890410.96	—
17	中国银行	140000000.00	365天	到期赎回支付	5956328.77	
18	中国银行	70000000.00	365天	到期赎回支付	2502739.73	
19	中国银行	28000000.00	无固定期限	赎回支付	—	
20	中国银行	6500000.00	3年	按季付息	438253.47	438253.47
21	中国银行	6500000.00	3年	按季付息	421777.78	421777.78
22	中国银行	28000000.00	3年	按季付息	1627733.34	1627733.34
23	国信证券	120000000.00	3年	每年10月12日	4542085.61	4542085.61

续表

序号	受托人	委托金额(元)	委托期限	报酬确定方式	当年实际收益(元)	当年实际收回金额(元)
24	杭州工商信托股份有限公司	7000000.00	18个月	每半年支付	—	—
	合计	1489500000.00	—	—	38524120.20	12795901.02

资料来源:根据浙江大学教育基金会2013年度工作报告整理而成。

四、上海交通大学教育发展基金会

本研究于2015年9月对上海交通大学基金会进行了实地调研。该基金会的负责人表示,可以考虑将基金委托外部管理机构,虽然基金会自身不做具体投资决策,但要求能够跟进该公司的投资情况。基金会现在只有非常少量的股权投资,未来会考虑增加。

上海交通大学教育发展基金会没有公布委托理财详情。从其投资收益来看(表10-18),该基金会的投资配置较为分散,包括股票、基金、回购、股权、信托等多种资产类别。上海交通大学教育发展基金会以长期投资为主导,尤其是2013年到2014年,该基金会从企业股权投资中所得收益从约140万元左右增加到约770万元。

表10-18 上海交通大学教育发展基金会的投资收益(2012～2014年)

单位:元

投资收益来源		2012年	2013年	2014年
短期投资	股票	−1030084.19	3577491.02	4621984.20
	基金	151838.58	715518.17	1962.34
	回购	0.00	7193.30	87723.20
	其他	2173522.28	6936711.78	3440856.74
长期股权投资	企业	0.00	1432885.58	7743096.60
	基金	17946.66	839929.81	0.00
	信托	450550.00	0.00	1000000.00
	其他	22760230.32	24119071.44	35656272.84

资料来源:根据基金会中心网资料整理而成。

五、厦门大学教育发展基金会

厦门大学教育发展基金会在2012年度工作报告中提道:"在当前投资市场

风险大、投资品种少的情况,通过多方比较,2012 年选择采用银行委托贷款的投资理财方式,将往年集中的教育发展基金委托银行借贷给厦门大学,替换原来厦门大学的部分直接银行贷款,既保证了基金的安全又为厦门大学提供了建设资金。"基金会中心网的数据显示,2013 年财报中,厦门大学教育发展基金会的投资收益来自于其委托中国工商银行厦门分行厦大支行贷款,本年发生额为 358076.47 元,上年发生额为 294950.93 元。其 2012 年的报表中委托理财一栏未提供信息,但在资产负债表中,受托代理资产条目显示,年初数为 5222788.13 元,年末数为 32375683.20 元。

六、上海复旦大学教育发展基金会

上海复旦大学教育发展基金会公布的委托理财几乎都是基金投资,但该基金会选择了不同的基金公司进行分散化的基金理财(表 10-19 和表 10-20)。基金投资也为该基金会带来了不菲的回报(表 10-21)。

表 10-19　上海复旦大学教育发展基金会的委托理财情况(2013 年)

序号	受托人	委托金额(元)	委托期限	实际收益金额(元)	实际收回金额(元)
1	鼎晖投资基金管理公司	19000000.00	—	1422260.45	—
2	上海同华投资(集团)有限公司	10000000.00	10 年	800000.00	—
3	富国基金管理有限公司	90000000.00	—	—	—

资料来源:根据基金会中心网资料整理而成。

表 10-20　上海复旦大学教育发展基金会的委托理财情况(2014 年)

序号	受托人	委托金额(元)	委托期限	实际收益金额(元)	实际收回金额(元)
1	鼎晖投资基金管理公司	19000000.00		1509133.02	497222.54
2	上海同华投资(集团)有限公司	10000000.00	10 年	800000.00	0.00
3	富国基金管理有限公司	90000000.00		—	—
4	德邦创新资本有限责任公司	10000000.00	2 年	—	—
5	华夏基金管理有限公司	2000080.00		—	—

资料来源:根据基金会中心网资料整理而成。

表 10-21　上海复旦大学教育发展基金会的投资收益(2012～2014年)

单位:元

投资收益来源	2012年	2013年	2014年
华夏基金公司基金	1189344.34	—	—
鼎辉投资一期基金	1284504.20	1422260.45	1509133.02
上海同华投资(集团)有限公司	800000.00	800000.00	800000.00
合计	3273848.54	2222260.45	2309133.02

资料来源:根据基金会中心网资料整理而成。

七、上海中欧国际工商学院教育发展基金会

2015年9月对中欧国际工商学院教育发展基金会(以下简称中欧基金会)进行了实地调研。根据调研反馈以及公开资料,该基金会有独立的资金账户,与学校财务分开管理。指定用途的资金一般都无法留存,而是用于特定项目的支出。目前留本基金共1.3亿元,由学校财务代管,统一购买银行理财产品,收益不高。

中欧基金会一般不与资产管理公司合作,但也有特例,如"中欧－景林奖学金"是由中欧基金会和景林资产管理有限公司共设的专项奖学金。投资管理公司向中欧基金会捐款,中欧基金会配比一定资金,所有这些资金再交由公司进行投资运作,投资收益返还中欧基金会设立奖学金。还有一例是与上海朱雀股权投资管理股份有限公司合作的"朱雀中欧国际工商学院教育发展基金会专项证券投资集合资金信托"。

中欧基金会委托理财主要是信托(表10-22和表10-23),华润深国投信托有限公司与中国对外经济贸易信托有限公司的委托期限均为三年。2014年信托理财收益的发生额为1636127.70元,新增的深圳市基石创业投资管理有限公司专注于另类投资管理,该类别的资产投资周期长,因而委托期限也较信托理财要长,为七年。

表10-22　上海中欧国际工商学院教育发展基金会的委托理财情况(2013年)

序号	受托人	委托金额(元)	委托期限	实际收益金额(元)	实际收回金额(元)
1	华润深国投信托有限公司	10000000.00	3年	0.00	—
2	中国对外经济贸易信托有限公司	10000000.00	3年	0.00	—

资料来源:根据基金会中心网资料整理而成。

表 10-23　上海中欧国际工商学院教育发展基金会的委托理财情况（2014 年）

序号	受托人	委托金额（元）	委托期限	实际收益金额（元）	实际收回金额（元）
1	深圳市基石创业投资管理有限公司	5000000.00	7 年	0.00	0.00
2	华润深国投信托有限公司	10000000.00	3 年	799999.70	0.00
3	中国对外经济贸易信托有限公司	10000000.00	3 年	836128.00	0.00

资料来源：根据基金会中心网资料整理而成。

八、北京理工大学教育基金会

北京理工大学教育基金会于 2010 年成立后并没有对资金进行实质上的运作，只是在其对公账户所在的银行陆续进行一系列的协议存款，以及将一部分资金委托给与学校联系较为密切的公司进行理财。2013 年 3 月召开了第一次理事会后，附属于该教育基金会办公室的具有咨询顾问性质的投资咨询委员会才正式建立。[314] 从其 2013 年度工作报告中可以看出，该基金会为投资工作的开展做了许多铺垫。"在机构设置方面，进一步梳理业务内容和流程，根据业务的情况，在基金会办公室下成立筹资部、财务部、综合部三个部门，制定相应的部门职责。在理事会授权下，成立资金运作工作小组，明确资金运作工作中各岗位人员责、权、利，规范投资、理财行为，充分调动工作人员积极性。树立人才资源是第一资源的人才观。在秘书处领导下，基金会在全校范围竞聘上岗一人，招聘一人，聘请两位法律和投资方面的顾问，加上基金会原有的两名工作人员，基本已经形成一支以 30～35 岁高学历干部为主，年龄结构合理，性别构成平衡，事业编制和非事业编制相结合，具有一定创新能力的，对工作充满激情的高素质人才队伍。基金会办公室工作人员内部竞争上岗工作也已经完成。"[315]

如表 10-24 和表 10-25 所示，除了信托投资外，北京理工大学教育基金会还有很多短期的银行协议存款。可以看出，2013 年度该基金会绝大部分资金采用银行存款形式，但在 2014 年则大幅引入信托投资。

表 10-24　北京理工大学教育基金会的委托理财情况（2013 年）

序号	受托人	委托金额（元）	委托期限	报酬确定方式	实际收益（元）	实际收回金额（元）
1	北京银行	5000000.00	82 天	协议约定	15890.41	5000000.00
2	北京银行	12000000.00	105 天	协议约定	143605.48	12000000.00

续表

序号	受托人	委托金额(元)	委托期限	报酬确定方式	实际收益(元)	实际收回金额(元)
3	北京银行	9000000.00	40天	协议约定	73063.02	9000000.00
4	北京银行	10000000.00	91天	协议约定	212252.06	10000000.00
5	北京银行	10000000.00	181天	协议约定	252904.11	10000000.00
6	兵器财务责任有限公司	20000000.00	1年	协议约定	1700000.00	20000000.00
7	北京银行	15000000.00	35天	协议约定	67602.74	15000000.00
8	北京银行	10000000.00	40天	协议约定	32876.71	10000000.00
9	北京银行	15000000.00	133天	协议约定	379356.16	15000000.00
10	北京银行	25000000.00	40天	协议约定	82191.78	25000000.00
11	北京银行	12000000.00	91天	协议约定	172602.74	12000000.00
12	北京银行	15000000.00	35天	协议约定	273287.67	15000000.00
13	北京银行	5000000.00	40天	协议约定	56164.38	5000000.00
14	北京银行	7000000.00	91天	协议约定	—	—
15	北京银行	15000000.00	70天	协议约定	—	—
16	中航信托股份有限公司	15000000.00	1年	协议约定	—	—
17	华融国际信托有限责任公司	15000000.00	2年	协议约定	—	—
合计		215000000.00			3461797.26	163000000.00

资料来源：根据北京理工大学教育基金会2013年度工作报告整理而成。

表10-25 北京理工大学教育基金会的委托理财情况(2014年)

序号	受托人	委托金额(元)	委托期限	实际收益金额(元)	实际收回金额(元)
1	北京银行	7000000.00	42天	43495.89	—
2	北京银行	15000000.00	70天	158219.18	—
3	北京银行	8000000.00	—	14531.48	—
4	北京银行	2000000.00	—	6695.88	—
5	北京银行	3000000.00	91天	95986.30	—
6	北京银行	10000000.00	84天	133479.45	—
7	北京银行	5000000.00	98天	77863.01	—

续表

序号	受托人	委托金额(元)	委托期限	实际收益金额(元)	实际收回金额(元)
8	北京银行	10000000.00	68天	96876.71	—
9	中航信托股份有限公司	10000000.00	9个月	124482.09	
10	中国对外经济贸易信托有限公司	10000000.00	90天	179506.85	
11	博时基金管理有限公司	32000000.00	—	284179.64	
12	中国对外经济贸易信托有限公司	15000000.00	1年	1350000.00	
13	北京银行	10000000.00	—	64109.69	
14	中融国际信托有限公司	10000000.00	1年	476398.59	
15	中航信托股份有限公司	5000000.00	274天	20069.44	
16	北京银行	16000000.00	77天	0.00	
17	中国对外经济贸易信托有限公司	5000000.00	1年	0.00	
18	中信证券股份有限公司	5000000.00	1年	0.00	
19	平安信托	5000000.00	460天	0.00	
合计		183000000.00	—	3125894.20	

资料来源:根据基金会中心网资料整理而成。

九、西安交通大学教育基金会

西安交通大学教育基金会2012～2014年的资产委托代理及投资收益情况如表10-26至表10-29所示。2012年与2013年,该基金会分别在三家银行进行存款理财。2014年进行了证券投资,但是投资收益并不算高。

表10-26 西安交通大学教育基金会的委托理财情况(2012年)

序号	受托人	委托金额(元)	委托期限	报酬确定方式	实际收益(元)	实际收回金额(元)
1	招商银行	40000000.00	7～60天	银行理财产品协议书	603824.77	40000000.00
2	浦发银行	49500000.00	32～192天	银行理财产品协议书	1246082.19	20000000.00
3	长安银行	18000000.00	98～180天	银行理财产品协议书	120821.40	—

资料来源:根据西安交通大学教育基金会2012年度工作报告整理而成。

表 10-27 西安交通大学教育基金会的委托理财情况（2013 年）

序号	受托人	委托金额（元）	委托期限	实际收益金额（元）	实际收回金额（元）
1	浦发银行	49000000.00	0.5 年	1945671.22	—
2	长安银行	31490000.00	0.5 年	925394.40	—
3	交通银行	3000000.00	35 天	17835.62	—

资料来源：根据基金会中心网资料整理而成。

表 10-28 西安交通大学教育基金会的委托理财情况（2014 年）

序号	受托人	委托金额（元）	委托期限	实际收益金额（元）	实际收回金额（元）
1	浦发银行	136880000.00	6 个月	2153616.43	—
2	长安银行	31490000.00	6 个月	809753.75	—
3	长安银行	6000000.00	176 天	0.00	—
4	西安世纪	400000.00	7 个月	24000.00	—
5	西安久泓	2700000.00	1 年	0.00	—
6	华龙证券	8500000.00	—	5036.19	—

资料来源：根据基金会中心网资料整理而成。

表 10-29 西安交通大学教育基金会的投资收益情况（2012～2014 年）

单位：元

投资收益来源		2012 年	2013 年	2014 年
理财投资	浦发银行	1246082.19	1945671.22	2987370.18
	长安银行	120821.40	925394.40	
	招商银行	603824.77	—	
	交通银行	—	17835.62	
	小计	1970728.36	2888901.24	
其他投资		0.00	0.00	5036.19
合计		1970728.36	2888901.24	2992406.37

资料来源：根据基金会中心网资料整理而成。

十、吉林大学教育基金会

吉林大学教育基金会于 2013 年由公募基金会改为非公募基金会，并在当年投资了债券、理财和信托产品。随后的 2014 年，该基金会增加了银行理财的额度和期限(表10-30)。

表10-30 吉林大学教育基金会的委托理财情况(2014年)

序号	受托人	委托金额(元)	委托期限	实际收益金额(元)	实际收回金额(元)
1	李四光国债投资	2500000.00	3年	166000.00	0.00
2	上海滚石投资管理有限公司	1000000.00	1年	0.00	0.00
3	中国建设银行	37000000.00	长期	0.00	0.00
4	中国建设银行	20000000.00	6个月	648493.14	0.00
5	金元惠理FOT2理财	1800000.00	2年	200532.33	0.00

资料来源:根据基金会中心网资料整理而成。

表10-31 吉林大学教育基金会的投资收益(2012～2014年)

单位:元

投资收益来源	2012年	2013年	2014年
债券投资	279277.90	166500.00	166000.00
理财投资	150000.00	60265.20	648493.14
信托投资	107823.16	100040.55	200532.33
合计	537101.06	326805.75	1015025.47

资料来源:根据基金会中心网资料整理而成。

通过对上述高校基金会的逐一考察,笔者发现,最近几年,这些高校基金会都进行了投资运作,且偏好有固定收益的信托产品,部分高校基金会的资金仍主要采用银行协议存款的形式,资金实力比较雄厚的高校基金会进行了风险较高的投资,如股票、基金以及与私募股权相关的产品。

第四节 风险管理

目前,国内大学基金会在投资运作上较为保守,在投资风险管理方面的体系也比较松散。此处所要讨论的风险,不仅包括投资风险,也同时考察基金会运行中的其他风险。

一、投资

　　同个人和机构投资者一样,基金会参与投资也是为了获得收益,从而更好地支持自身的运营以及公益事业的开展。然而,基金会的风险承受能力是有限的,其投资不能一味地追求高收益。对于基金会整个群体来说,由于缺少投资风险控制机制,从1981年我国第一家基金会成立以来的30多年里已出现过多起基金会投资失败的案例。例如,作为我国第一家由国家科学技术委员会和中国人民银行支持、国务院批准成立的专营风险投资的全国性金融机构——中国新技术创业投资公司(以下简称"中创"),受到了众多基金会的信赖,10余家公益基金会将总计5400余万元的资金分别以委托投资、委托购买国债、委托存款的方式存入中创。然而由于经营不善,1998年6月22日中创被中国人民银行"行政关闭",进行债权债务清理,基金会的委托资产最后只能收回债权的极少部分。除了投资失败外,还有基金会被卷入诈骗风波。如1995年,中国敦煌石窟保护研究基金会成立不到一年时,基金会领导签署的文件致其1.27亿日元和100万美元资金被骗作抵押担保贷款。虽然大部分资金在随后六年被追回,但在此期间基金会的日常工作一直处于瘫痪状态。[316]

　　早先,政府针对基金会的投资活动出台过相关规定。1988年颁布的《基金会管理办法》(已于2004年6月废止)曾将基金会视为非银行金融机构,确立了业务主管单位同意、中国人民银行或各省分行审批、民政部或省级民政部门登记的管理体制。该法第7条规定:基金会可以将资金存入金融机构收取利息,也可以购买债券、股票等有价证券,但购买某个企业的股票额不得超过该企业股票总额的20%。此规定的出发点是通过限制基金会的投资行为来确保资金安全,但实际效果并不理想。投资是要进入市场的,而市场是复杂多变的,仅仅限定投资比例并不能控制投资的风险,关键是要建立基金会投资的风险控制机制。对此,无论是政府部门还是基金会自身都没有给予足够的重视,所以才出现了基金会投资被骗、投资遭受巨大损失的案例。[317]民政局民间组织管理局副局长刘忠祥总结过当时基金会投资的整体状况:20世纪90年代中期基金会比较热衷于将基金用于投资、经营,还有些基金会做过贷款、担保等,但对于大多数基金会来说,无论是投资股票还是经营企业的收益都不理想。

　　在上述背景下,中国人民银行对基金会进行了大规模整顿。2004年6月,《基金会管理条例》正式出台,确立了"合法、安全、有效"的原则,对基金会的保值增值不做任何具体的限定,而是由基金会理事会决策。但为了降低基金会投资风险,《基金会管理条例》督促理事会谨慎科学投资:"基金会理事会违反本条例和章程规定决策不当,致使基金会遭受财产损失的,参与决策的理事应当承担赔偿责任。"《基金会管理条例》的出台以及金融市场的逐步规范使得基金会的投资环境有所改善,一批有着先进思想的基金会试水资本市场,并取得了许多有益经验。2010年基金会的年检结果显示,全国共有18家基金会的投资收益高于1000万元,其中,清华大学教育基金会的投资收益最多,约为9770万元。[316]该基金会借鉴市场运作机制,聘请了专业投资团队进行基金运作,原则上基金会不插手具体业务,但会确定收益率指标,并严格考核。为控制风险,清华大学教育基金会进行了多元化投资,并随市场行情及时调整投资比例:一是理财类,即购买银行的理财产品;二是证券类,如股票和增发配售等;三是长期投资,如物业资产。一些做投资的清华校友也会向基金会推荐好的理财产品和投资项目。得益于其专业化的投资和对风险的有效控制,清华大学教育基金会的投资业绩突出,据相关统计,2005～2009年其年均净收益率高达10%。[312]

如今,高校基金会成长起来,国家也针对这一群体出台了相关规定,以加强其财务管理。例如,2014年9月,教育部、财政部、民政部印发的《关于加强中央部门所属高校教育基金会财务管理的若干意见》第5条:"基金会应当建立健全内部控制体系,严格执行不相容职务的分离制度,严格贯彻决策、执行和监督相分离制度,有效控制各类风险。"第8条:"基金会应当支持监事依照章程规定的程序检查财务和会计资料,列席理事会会议,向理事会提出质询和建议,并向登记管理机关、业务主管单位以及税务、会计主管部门反映情况。"第11条:"基金会获得的各类收入应当及时足额地纳入账户核算,不得长期挂账,不得'坐收坐支',更不得形成'账外资金'和'小金库'。"(见附录)

而随着投资需求的增长,高校基金会自身也越发重视对投资与风险的管理。如2015年6月,上海财经大学教育发展基金会召开了投资咨询与风险控制委员会第一次会议,就该校基金会资金的增值保值展开讨论。海通证券首席经济学家、中国首席经济学家论坛副理事长、投资咨询与风险控制委员会主任李迅雷指出,银行理财产品比较稳健保守,券商、基金以及私募各种产品层出不穷,建议学校基金会的风险在可以控制的范围内能够更进取一些,考虑除银行理财以外的投资型产品。富国基金管理有限公司的机构业务部专门针对大学基金会理财投资做过研究,其客户中有清华大学教育基金会、上海复旦大学教育发展基金会等。该公司总经理陈戈表示,风控首先要确定理念、原则、制度和流程。收益与风险是成正比的,高风险意味着高收益,如果刻意规避风险,难以获得理想的收益率。投资主要分为权益类、债券类、非交易固定收益类和货币类,安全性逐步递增,收益率逐步递减。他建议财大基金会做一些流动性不高的长期投资产品以获得较高的收益。上海道得投资管理合伙企业(有限合伙)执行事务合伙人武飞还向校基金会推荐并购基金,他认为选好产品就能做到零风险。上海财经大学副校长、校基金会理事长方华指出,以捐赠的形式进入校基金会账户的资金是国有资产,其营运受到很多限制,因而学校基金会理财一直是保守的态度。多方听取专家意见,开阔了校基金会的理财思路,也为甄选优质的理财产品打下了良好的基础。[318] 随后的 8 月,上海财经大学教育发展基金会举行了第一届投资决策委员会第一次会议,主要议程是根据学校教育发展基金会投资咨询委员会的建议,由基金会投资决策委员会审议基金会资产管理的风险投资计划及投资方案。全体委员讨论、审议了基金会投资建议书,以书面表决方式通过了基金会资金理财投资方案,并在决议上签字。这是该校基金会为建立风险控制机制、审慎拓展投资范围、提高资金运作收益做出的重要尝试。[319]

二、筹资

大学的发展,尤其是建设世界一流大学迫切需要大量的资金,但大学不应当以筹资数额最大化作为自己的目标,这会导致学校为了获得捐赠而不惜违背教书育人、学术自由等办学原则甚至道德准则。相较于小额捐赠,高校在大额捐赠的处理上可能面临更大挑战。

就捐赠是否能被接受而言,捐赠者的意图可能不符合学校的价值标准。捐赠者作为出资人往往拥有较多话语权,可以对资金的使用提出各种各样的要求。大额捐赠对学校来说是极具吸引力的,但这不代表学校会接受捐赠者的要求。曾任复旦大学副校长、复旦大学教育发展基金会秘书长的冯晓源对媒体表示过,复旦接受捐赠不是交换、买卖,而是干净的、不带附带条件的捐赠,这在捐赠协议里有明确的条款,基金会也会进行相关的背景调查。附带条件的捐赠复旦是不接受的,例如,曾有人希望捐赠一亿美元给复旦大学做宗教研究,但其提出在校园中进行宗教活动的要求致使复旦拒绝了这笔巨额捐款。[320] 面对大额捐赠的诱惑,基金会领导人务必站在学校的角度,慎重考虑捐赠者所提出的附加条件。

就捐赠的具体受益方而言,在捐赠协议的签署过程中,校方可能会影响捐赠者的初衷。这种协商过程通常是合理的,但也出现过负面案例。同样是复旦大学,2005 年富商廖凯原曾希望借百年校庆之际给复旦哲学系捐款 300 万～500 万美元建一栋新大楼,然而校方的干预使得被追加至 2000 万美元的捐赠最终给了该校的法律系。[321] 这当然是捐赠双方达成的协议,然而校方的干预是否合理值得商榷。这件事情也引发人思考,校方究竟该如何妥善接纳和使用善款而不扭曲捐赠人的本意。

就冠名捐赠而言,捐赠双方彼此认同的合作可能会引发社会的不满。通常来说,冠名座椅、廊柱等中小额度的捐赠项目不会引起广泛关注,毕竟座椅、廊柱等物体数量多,所涉及的捐赠金额也不会太高。然而,当被冠名的是高校的建筑、实验室等大型而独特的物体时,就容易引起外界关注。例如,2011 年清华大学第四教学楼挂牌改名为"真维斯楼"就曾引起很大争议。[322] 无论是以个人名称或企业名称进行冠名,都多少带有一种对冠名者进行宣传的商业意味,而高校的建筑等通常是学校的某种唯一标识,载有一定的文化底蕴,是本校师生乃至整个社会的精神寄托,如果仅仅出于金钱考虑而将所冠之名加给某一建筑,则会让众人难以接受。高校需要资金、企业需要宣传,这些本无不妥,只是在对高校建筑进行冠名捐赠时,企业需要想清楚,这种冠名捐赠是否真的能给企业带来正面的宣传效果;学校基金会的领导则要认识到,被冠名之物虽是学校的财产,但却是全校师生共享的资源,是会作为母校记忆一直存在于校友心中的,因而要照顾到这些人对于冠名的感受。同时,学校也应当确保企业不会利用冠名来从事商业性的活动。

三、监管

《社会团体管理登记条例》确立了先行社团的双重管理体制,即社团同时接受"登记管理机关"和"业务主管单位"的管理和指导,这是中国民间组织管理的特色。表 10-32 列示了部分高校基金会的组织管理情况,登记管理机关有民政部、省级民政厅以及直辖市民政局,业务主管单位则多为教育部、省级教育厅及直辖市教育委员会。民政部以及地方民政局作为登记管理机关,可以从资格条件和行为标准两方面对大学基金会进行监督,如审批社团的设置情况、召开社团负责人座谈会、听取有关社团的汇报及对社团进行年检等。主管部门享有对社团业务活动进行日常管理和指导的权力,且基金会必须接受主管部门的监督。然而,有学者与专家认为这一体制已不再适应中国民间组织管理的新形势以及"小政府大社会"的改革目标。[13] 表 10-32 展示了高校基金会的社会组织评估等级状况,大多数基金会都达到了 4A 级别,有些已从 4A 升级为 5A 这一最高级别,还有一些尚未参评或正在准备参评。

表 10-32　我国部分高校基金会的组织管理情况

名称	登记管理机关	业务主管单位	社会组织评估等级
清华大学教育基金会	民政部	教育部	5A
北京大学教育基金会	民政部	教育部	5A
中国科学技术大学教育基金会	安徽省民政厅	安徽省教育厅	5A
吉林大学教育基金会	吉林省民政厅	吉林省教育厅	4A
复旦大学教育发展基金会	上海市民政局	上海市教育委员会	5A
中山大学教育发展基金会	广东省民政厅	广东省民政厅	准备参评
中国人民大学教育基金会	北京市民政局	北京市教育委员会	5A
上海交通大学教育发展基金会	上海市民政局	上海市教育委员会	5A
上海中欧国际工商学院教育发展基金会	上海市民政局	上海市教育委员会	准备参评
南京大学教育发展基金会	江苏省民政厅	江苏省教育厅	5A
宁夏银川大学教育发展基金会	宁夏回族自治区民政厅	宁夏回族自治区教育厅	4A
厦门大学教育发展基金会	福建省民政厅	福建省教育厅	4A
西安交通大学教育基金会	陕西省民政厅	陕西省教育厅	4A
浙江大学教育基金会	民政部	教育部	4A
北京理工大学教育基金会	民政部	工业和信息化部	4A
四川大学教育基金会	民政部	教育部	4A
兰州大学教育发展基金会	民政部	教育部	尚未参评

资料来源：根据基金会中心网资料整理而成。

基于国内的大环境，信任是基金会发展中面临的很大挑战，公众对自己捐赠给公益机构的钱是否得到妥善运用常常心存疑虑。这就对机构的信息公开提出了要求，也就是说，公益机构要有一定的透明度。已经有机构在编制基金会的透明度指标，然而指标的合理性尚无定论，公众可能更在意基金会所披露的具体工作内容。根据《基金会年度检查办法》《基金会信息公布办法》等规定，基金会每年须向登记管理机关报送上一年度的年度工作报告，并在审查通过后在指定媒体上公布年度工作报告的全文和摘要。在信息披露方面涉及的主要年度报告如表 10-33 所示，其中，年度工作报告是最为全面的报告。由国家民间组织管理局主办的中国社会组织网下设基金会子站(http://jjh.chinanpo.gov.cn/index.html)以及由国内35家知名基金会联合发起并于2010年7月上线的基金会中心网的数据中心(http://data.foundationcenter.org.cn/findex.html)均可以查询我国基金会的基本信息、章程、年度工作报告、财务报告以及公益活动等内容。部分大学基金会也会在其官网上披露相关信息。通过这些平台，媒体和公众得以与政府部门一同监管大学基金会各方面的工作。

表10-33 基金会披露的年度报告类型

报告类型		说明
年度工作报告		由学校根据主管单位的模板编制,内容全面(涵盖下述报告)
年度工作摘要		年度工作报告的简略版本,在相关媒体(如《公益时报》)上披露
财务报表	资产负债表	反映大学基金会在某一会计期末所有资产、负债和净资产状况
	业务活动表	反映大学基金会在某一会计期内开展的各项业务活动的资金使用状况
	现金流量表	反映大学基金会在某一会计期间内现金和现金等价物流入和流出的状况
年检报告		由登记管理机关给出审核意见
审计报告		由会计师事务所出具,注明审计意见

第五节 公益支出

国家民间组织管理局编制的基金会年度工作报告将基金会的支出分为四类：公益事业支出、工资福利支出、行政办公支出和其他支出。其中，公益事业支出指直接用于受助人的支出和开展公益项目时发生的项目直接成本。也就是说，公益支出涵盖基金会从事公益事业的所有支出，包括公益资助项目的费用、执行项目的成本以及基金会组织募捐的费用，但不包括基金会专职工作人员的工资福利、基金会日程办公的行政开支。[13]

2014年我国高校基金会公益支出前十强如表10-34所示，有7所高校基金会的公益支出超过一亿元。清华大学、北京大学和浙江大学三校基金会的公益支出占据前三甲，与之前的净资产和捐赠收入排名一致。表10-35至表10-38分别详列了北京大学、清华大学、中山大学和吉林大学四所高校基金会在2014年的收入和支出情况。高校基金会没有服务收入和政府补助收入，总收入超过七成来自于捐赠收入。而在总支出中，工资福利及行政支出仅占2%～3%，绝大部分是公益事业支出。2013年有公募性质转为非公募性质的吉林大学教育基金会甚至没有工资福利支出。

表10-34 我国高校基金会公益支出前十强(2014年)

序号	基金会名称	公益支出(亿元)
1	清华大学教育基金会	5.72
2	北京大学教育基金会	3.03
3	浙江大学教育基金会	1.94
4	中国人民大学教育基金会	1.35
5	广东省汕头大学教育基金	1.23
6	重庆大学教育发展基金会	1.06
7	北京师范大学教育基金会	1.04
8	上海交通大学教育发展基金会	0.80
9	中山大学教育发展基金会	0.72
10	南京大学教育发展基金会	0.70

资料来源:根据基金会中心网资料整理而成。

表10-35 北京大学教育基金会的收入和支出(2014年)

单位:元

年度总收入	捐赠收入	567967683.26	72%
	投资收入	215262816.59	27%
	服务收入	0.00	0%
	政府补助收入	0.00	0%
	其他收入	3392683.74	1%
	合计	786623183.59	100%
年度总支出	用于公益事业的支出	302509385.07	98%
	工作人员工资福利支出	2422631.95	1%
	行政办公支出	3719367.49	1%
	其他支出	0.00	0%
	合计	309490517.90	100%

资料来源:根据基金会中心网资料整理而成。

表 10-36　清华大学教育基金会的收入和支出（2014 年）

年度总收入	捐赠收入	1489970548.12	83%
	投资收入	292214642.47	16%
	服务收入	0.00	0%
	政府补助收入	0.00	0%
	其他收入	11289547.22	1%
	合计	1793474737.81	100%
年度总支出	用于公益事业的支出	571958373.99	98%
	工作人员工资福利支出	6517103.68	1%
	行政办公支出	7936100.45	1%
	其他支出	0.00	0%
	合计	620196808.25	100%

资料来源：根据基金会中心网资料整理而成。

表 10-37　广东省中山大学教育发展基金会的收入和支出（2014 年）

年度总收入	捐赠收入	147331816.74	93%
	投资收入	10169962.61	6%
	服务收入	0.00	0%
	政府补助收入	0.00	0%
	其他收入	788073.65	1%
	合计	158289853.00	100%
年度总支出	用于公益事业的支出	71919559.37	98%
	工作人员工资福利支出	1088857.14	1%
	行政办公支出	684680.46	1%
	其他支出	0.00	0%
	合计	73693096.97	100%

资料来源：根据基金会中心网资料整理而成。

表10-38 吉林大学教育基金会的收入和支出(2014年)

年度总收入	捐赠收入	116486491.94	98%
	投资收入	1015025.47	1%
	服务收入	0.00	0%
	政府补助收入	0.00	0%
	其他收入	888825.37	1%
	合计	118390342.78	100%
年度总支出	用于公益事业的支出	11284097.38	97%
	工作人员工资福利支出	0.00	0%
	行政办公支出	302669.44	3%
	其他支出	0.00	0%
	合计	11586766.82	100%

资料来源:根据基金会中心网资料整理而成。

高校基金会的章程通常会对其从事的公益事业做出说明,如《清华大学教育基金会章程》中关于"业务范围"的规定。

第二章 业务范围

第七条 本基金会公益活动的业务范围:

(一)面向社会各界募集资金,资金主要来源于国内外企业、社会团体和个人的自愿捐款;

(二)设立基金资助项目,主要用于:

1. 支持教学与研究设施的改善(包括建筑物、仪器设备和图书资料等);

2. 资助教学研究、科学与技术研究项目及专著出版;

3. 吸引国际知名学者来华讲学及任教;

4. 资助大学间国际合作项目的开展和国际学术会议;

5. 设立奖学金、助学金及奖教金;

6. 资助有益于学生综合素质拓展的各项活动;

7. 按照捐赠者意愿设立的资助项目。

(三)接受国际组织、国内外团体的委托,组织专家对专项课题进行研究、调查及培训。

以"985高校"为例,大学基金会每年都对学校的多项工作提供有力支持。如图10-7所示,2009～2013年,"985高校"基金会累计支出高达81.55亿元,其中,基础设施建设、学科建设和学生支持是主要的支出领域,资金比例分别为30%、30%和27%。另有7%的支出用于支持与教师相关的业务以及6%的其他事项。"985工程"是为创建世界一流大学和高水平大学而实施的,这需要一流的师资、一流的学科、一流的科研、一流的教学、一流的管理[323],各校为此做出的投入也是相当多的。

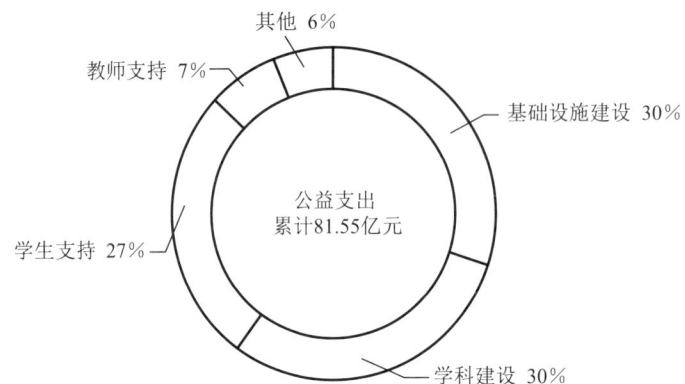

图10-7 我国"985高校"基金会公益支出的类别(2009～2013年)

资料来源:根据基金会中心网资料整理而成。

(1)基础设施建设:校园环境建设是高校发展水平的一个有力的衡量标准。[324]校园环境建设主要包括两方面:一是校园基础设施建设,二是校园软环境建设。当前我国大学基金会更多的是注重校园基础设施建设,利用所筹资金建设新的图书馆、教学楼、办公楼、宿舍楼等,改善师生的教学、科研和生活条件。[13]例如,中山大学教育发展基金会官网的捐赠成果展示中列出了伍舜德图书馆、曾宪梓楼(现代化医学影像中心)、叶葆定堂(MBA教学楼)、芙兰学术中心、邝锡坤/许美娟伉俪楼(教授住宅大楼)等众多建筑。

(2)学科建设:捐赠者可以出资设立研究基金或研究中心等,来具体支持高校某一学科领域的发展。例如,北京大学科维理天文与天体物理研究所是在美国科维理基金会支持下由北京大学成立并建设的实体研究机构,于2007年正式运行。该研究所致力于成为中国和亚太地区国际一流的天文与天体物理研究中心和人才培养基地,以国际最高水准推动基础科学研究在中国的发展,并努力成为连接正在迅速崛起的中国与发达国家科学界的一座桥梁。研究所的基本目标是构建一个充满活力、催生和推动前沿天文领域研究的国际学术交流与研究的平台。[325]

(3)学生支持:学生的奖学金和助学金是大学教育基金会重要的支出方向。

在我国,以设立奖学金的形式支持大学发展的现象越来越普遍,如北京大学李彦宏奖学金、上海交通大学宝钢奖学金等。2013年4月,清华大学获得了中国大学迄今为止最大的单项慈善捐赠[326],这一捐赠的用途是建立一个永续型大学奖学金——"清华大学苏世民学者"奖学金。"苏世民学者"项目将于2016年启动,计划每年为来自世界各地的200名学生支付到清华大学学习一年硕士课程的费用,并在清华大学中心位置新建"苏世民书院"供学生入住和学习。这一项目旨在培养跨文化领导者,建立沟通中西方文化并消除彼此分歧的国际网络。根据计划,受益的学生中,45%将来自美国,20%来自中国,其余的35%来自澳大利亚、加拿大以及欧洲、拉美和亚洲其他国家和地区,将来还可能资助非洲学生。[327]

(4)教师支持:针对青年教师、教学或科研上有杰出表现的优秀教师、学科领域一流人才等,基金会通常都有相应的资助项目。比如,捐赠教席的设立可以对某一领域的教学研究工作提供长期的经济支持,改善学科带头人、杰出教授的研究条件,推动教研工作的健康持续发展。北京大学对捐赠教席基金的设立和使用规则如下:一次性捐赠人民币1000万元及以上,作为永久性基金的不动本本金,由北京大学教育基金会进行长期性投资运作;每年利用收益向教授提供薪金或津贴;也可留取少部分收益返还本金,保证基金本金的稳定和增长。[328]清华大学的讲席教授基金为开放式基金,接受社会各界及清华校友的捐赠。自2001年设立该基金以来,清华大学已聘请了"图灵奖"获得者姚期智教授、美国普渡大学加弗尔·萨文迪(Gavriel Salvendy)教授、美国哈佛大学何毓琦教授等20多位国际知名学者作为讲席教授。[329]

小 结

我国的大学基金会具有独立法人资格,事实上却仍接受学校的行政管理。尽管我国的大学基金会普遍处于发展的初期,但不少顶尖名校已经意识到学校捐赠资产管理的重要性,一边大力开展筹资活动,一边提升基金会的投资管理能力。尤其近些年来,高校基金会已经尝试在银行存款之外进行资本市场投资运作,信托资产颇受欢迎,少数名校参与了私募股权投资。基金会的资金积累也在基础建设、学科发展和师生奖助等方面为高校提供了不少资金支持。当然,我国的大学基金会与国外一流大学的捐赠基金在运作方面还存在很大差距,但是也应当看到在政治、经济、文化环境下,我国大学基金会正在努力探索更好的发展模式。

第十一章

中国大学基金会发展中存在的问题与挑战

第一节　内部因素
第二节　外部因素
小　结

第十一章　中国大学基金会发展中存在的问题与挑战

美国大学永续型基金的筹集、投资、支出,每一个环节都贯穿着永续发展的理念。在筹资中,结合学校的发展战略,高层领导努力争取大额捐赠,基金会培养小额捐赠者成为持续的捐赠者。在投资中,留存本金的方式本身就是一种朴素的、出于长远考虑的做法,且在资产配置、项目选择、风险控制等过程中,都密切关注学校长远发展的利益,而不会仅为了眼前的利益去尝试投机性的操作。在支出中,加权平均等算法的设计,也是为了平缓支出的水平,从而让学校的财政可以长期稳定。由于永续模式在我国并不多见,基金会工作的各方面也还存在很多问题和挑战,本章主要选取了职能定位、资金筹集、投资管理、基金支出、政策支持和信息公开这几个方面分析讨论。

第一节　内部因素

一、职能定位

高校基金会忠于学校利益是必然且合理的,但同样是服务于学校,中国高校基金会居于从属地位,对学校贡献有限,依赖于学校的内部管理;美国大学永续型基金则比较独立,对学校贡献大,学校对其依赖性强。我国高校基金会虽然是独立法人,但通常作为学校的一个部门而不是与学校地位平等的存在,其日常工作中受到学校领导、财务部门、相关院系等的限制。从基金会组织结构来看,国内高校基金会的理事长与法人代表往往为该校的党委书记、校长等高层领导,而由于中国特殊的国情,高校的高层领导由国家指派,校党委书记既是学校领导又是国家干部,任校领导期间的业绩与其政绩相关联,期满离开高校去其他事业单位或政府部门任职。[314]

由于这种特殊的人事设定,国内大多数高校教育基金会的高层领导并不重视学校基金会的管理工作。① 筹资方面,大学很少将筹款目标量化,大多只是提及定性的发展意向。[124] 过低的筹款目标无法满足学校的需求,而过高的目标又难以实现,领导者缺乏承担责任的勇气,因为一旦目标制定了,就意味着要全力以赴达成筹款目标。② 投资方面,高校领导对投资的心态不够开放。如果在任职期间做好了这份工作,对其个人的政绩并不会有太大的贡献,但如果由于市场环境恶劣、投资团队运作不当等原因导致捐赠资金出现了明显亏损,则会严重影响其仕途发展。领导不愿承担这样的风险,也就不太支持基金会进入资本市场。

高校基金会行政色彩浓重,也导致了基金会没有与市场相挂钩的激励机制,难以吸引专业人才。基金会的良好发展离不开专业的管理,这就需要将专门人才匹配到岗,包括项目策划人员、劝募人员、投资人员、财务人员等。然而,目前参与高校基金会运作的人员,一方面数量过少,一方面素质参差不齐。仅有少部分高校聘请了校外的专业顾问,大多数高校的基金会仍由校内行政人员负责。美国的耶鲁大学和圣母大学都非常注重对本校金融专业学生的栽培,提供诸多实习机会,让学生在校期间就能接触捐赠基金的投资团队,并跟随资深的投资人员实战地熟悉资本市场以及捐赠基金的投资特点。这些学生,有的毕业后留在了捐赠基金继续工作,有的去华尔街的顶级投资公司打拼多年,积累了更多经验后被学校返聘到捐赠基金工作。这些宝贵的人才资源让这两所大学的捐赠基金管理水平居于机构投资者的领先水平。国内的顶尖名校也不乏优质的金融学科生源,学生的专业素质也不逊色于国外,但这些人才大多进入金融企业而不大可能留在学校基金会,这两类工作平台的收入差距太大是非常关键的原因。

我国高校对基金会和校友会的设置不尽相同。本研究通过对部分高校校友会和基金会的电话咨询发现,很多高校校友会和基金会的工作人员都无法准确区分二者的职能。若干高校的校友会和基金会处于各自为政的状态,相互交流和沟通不多,缺乏共同的愿景和凝聚力。[306] 有些高校则将两个机构的职能混杂在一起,校友会和基金会的合作领域大都局限于募捐工作。美国高校捐赠基金的投资管理与学校的筹资工作通常是独立的,对于一流大学来说更是如此,哈佛大学、斯坦福大学等学校成立了独立公司专门进行资产投资管理。相比之下,中国高校基金会仍处于初级阶段,所做的工作主要是筹资。我们在访谈中了解到,中欧基金会目前的工作重心在筹资,尚未尝试投资运作。其负责人表示,主要原因是基金会发展尚处于初期,筹资模式、捐赠文化、金融系统、法律体系等尚不健全,投资的风险大。目前该基金会的本金规模小,需要靠大额捐赠来积累资金,当规模达到一定程度,自然会考虑投资事宜。长远来看,随着内外条件的成熟,我国的基金会终会走上专业化投资理财之路。笔者认为,将筹资和投资职能分开,是我国大学基金管理专业化的真正开端。

二、资金筹集

筹款与资金息息相关,但筹款不仅仅是出于财务本身的考虑,而更多的是配合大学的发展战略。国外大学的筹资越发体现出这种长远的规划性,传统的"募资"(Fundraising)更多地被"发展"(Development)代替[124],美国大学的筹资工作通常由发展部门(Department of Development)负责。我国大学基金会也意识到了这一点,例如,一些高校基金会的注册名称为"××大学教育发展基金会"而不是"××大学教育基金会",基金会的日常工作也与大学的发展战略相结合。

美国的社会捐赠风气浓厚,校友捐赠比较成熟。大学开展筹资,从某种程度上来讲,也是为校友或其他个人和组织提供服务,满足其捐赠的需求,以客户为导向的商业理念也被应用在筹资领域。国外大学校长花很多精力为学校募资,学校的具体事务由多个副校长管理,其中发展部门就主要负责维护校友关系和培养校友捐赠的忠诚度,开展年度捐赠、大额捐赠等多种筹资活动。反观国内,捐赠的风气并不浓厚,校友捐赠热度不高,这与学校自身也有很大关系。我国大学校长的任期比美国同行短很多,校长的工作缺乏长期的连贯性,而且其工作重心不在筹资,高校对校友资源的管理不甚重视,因而筹资工作效果不佳。例如,2013年6月卸任的耶鲁大学前校长理查德·莱文在该校任职长达20年,期间为耶鲁募集了70亿美元的资金。而同一时段内,北京大学先后有五位校长,平均每位校长的任期只有四年[330];相关统计显示,1990~2013年北京大学获校友捐赠累计达12.93亿元人民币,居全国第二,2013年北京大学教育基金会的净资产总额也仅为30亿元人民币[331],这些与同期耶鲁大学的筹资业绩差距相当明显。

欧美国家非常重视大学的捐赠文化,并推出了两个针对捐赠的排行榜:"校友捐赠排行榜"关注大学获得校友捐赠的总额,"校友捐赠率排行榜"关注校友捐赠率即每年向母校捐赠的校友人数占校友总人数的百分比。后者的变化幅度较前者小得多,因而往往被作为"校友对学校的忠诚、热爱和感激,校友对母校教育成功认可"的标志。[332]美国的高等教育界对校友捐赠率也特别重视,几乎所有的大学排行榜都将此作为重要指标,所占权重从5%到25%不等。[333]美国不少名校校友捐赠率为30%~40%,普林斯顿校友捐赠率在全美排名第一,超过60%。在我国,清华大学校友捐赠率最高(2010年,30.7%),接近欧美世界一流大学水平,但我国大学的校友捐赠率平均还达不到5%。[334]中国校友会网在2011年将"校友捐赠额"纳入大学评价指标,2012年又率先将"校友捐赠率"引入中国大学排名,引导中国大学向世界一流大学看齐。[334]当然,也要认识到这一指标并非完全合理。例如,康奈尔大学通过将未毕业的校友从校友总数中剔除来优化校友捐赠率指标,并成功地提高了其世界排名[335],因而要辩证地看待校友捐赠率。

西方社会有着悠久的公民社会传统,向社会捐赠在某种意义上被看作"公民的责任",在个人主义思想主导下,西方绝大多数的捐赠是由个人而不是公司等机构进行的。相比之下,受儒家文化影响的中国更多强调集体的行动,因而捐赠主要来源于公司而不是个人。[284]我们在对我国某高校基金会的实地访谈中也了解到,部分企业家校友通常以其公司的名义捐赠,而避免以个人名义捐赠。国内公众对大额捐赠的心态不够开放,他们只关心数字本身,而很少关注这些捐赠的用途。富人担心被"逼捐",或一旦被公开后将有更多的组织向其讨要捐赠。当然,也有出于个人低调的风格而选择匿名捐赠的。

国外大学的永续型基金数量多、金额高,如哈佛大学永续型基金是由上万只小型捐赠基金组成的,而且单只基金的本金额度很大,例如,在哈佛大学设立一个捐赠教席动辄上百万美元,这在我国绝对属于大额捐赠。国内大学基金会的捐赠项目种类并不少,但常常是消耗性的,所筹资金即使不是当下就用,也会在三五年内用完,如基础设施建设。有些项目本身是永久的,如奖学金、助学金,但却需要不断地重新筹资,如果没有稳定的资金来源,则会给学校的筹资工作带来很大压力。国内大学基金会筹集的资金规模也普遍较小,大额捐赠只是极少数个例。有些学校不愿面对"讨钱"的窘境,尚未重视开发学校的捐赠项目,也怠于培育校友捐赠群体。然而,随着校友人数越来越多以及早年的杰出校友经过打拼积累了相当的个人财富,如果学校不重视搭建校友捐赠渠道,从学校长远发展来看,将造成很大一笔损失。而且,若在筹资方面不多做努力,就难以积累一定规模的资金,投资也难以达到理想的效果。

三、投资管理

基金会的资产管理应当独立于学校的财务,由专人进行组合投资管理。但我们在访谈中了解到,一些基金会的资产实际上是由学校财务统一代管的。然而,这种方式并不利于基金会的资产管理。例如,有人指出,日本高校没有将永续型基金从学校的财务账户中划分出来,因而来自财务的压力阻碍了基金投资承担更高的风险,绝大多数日本高校的投资组合都专注于固定收益资产,未进行有效的分散,这限制了其获得长期的高回报。[110]如果中国的基金会财务不能自主管理,也将面临这样的瓶颈。只有专业的投资人员专门为基金会理财,才能大大激活基金会的增值能力。

在美国,一般来说,规模超大的捐赠基金基本上不委托外部管理,规模较小的捐赠基金倾向于委托外部机构进行资产管理,有些基金先是委托外部管理,当规模达到一定数额时,会将资金收回。美国拥有众多为大学捐赠基金提供投资、咨询服务的专业资产管理公司。例如,凯门资本在1971年成立时就得到了63所大学捐赠基金委托管理的7200万美元[336],如今其为1350个机构管理256亿美元。超大规模资产的捐赠基金则成立了专门的投资公司管理自身资产,例如哈佛管理公司、斯坦福管理公司等。

我国的投资管理公司越来越多,其中不乏一些优秀的投资团队,然而目前还没有专注于为大学基金会服务的投资管理公司,没有针对大学基金而设计的投资方案,也没有与大学的风险承受能力相匹配的投资管理服务。虽然个别基金会也有建立专业理财队伍的愿望,并对基金会的专职人员进行培训,但其没有清楚认识到,投资实际上是非常专业的活动,并不是对非专业人士进行几次培训就能获得足够的知识与能力来进行投资操作的。而在学校内部建立一支专业理财队伍的成本非常高昂,是国内大学基金会当前行政管理体制难以负担的。

曾有人在《财富》杂志上发文,指责正是由于养老基金和大学捐赠基金等庞大的机构投资者所产生的巨大投资需求才促使金融市场上出现大量高杠杆的风险产品。相比国外市场过热的投资需求,我国基金投资的问题则是管制过严,对风险稍高于银行存款的投资品实际需求不足。[311]国内对基金会采用永续模式甚至有排斥情绪。尤其是出于对社会上其他的公益基金会的考虑,认为既然是做公益,就不应当"截流"来搞投资。如《社团管理研究》曾刊登时任广东省民间组织管理局副局长的文章,他认为基金会不能做"守财奴",不能让大量资金闲置不用,浪费社会资源,以致不能实现捐赠人的意愿;基金会不是投资公司,通过投资获得最大利润不是基金会投资活动的终极目标;如果基金会将捐款大量或长期用于投资,这就势必会减少用于公益事业的资金,甚至会影响正常的公益活动。[337]该文列举了广东省一家禁毒基金会,其所募捐的8900多万元中有8700万元全部用于投资,该作者认为这是本末倒置,基金会成了投资公司,并给出了基金会投资方向选择上的三点忠告:不宜做长期投资、不宜做变现困难的投资、不宜做经济实体投资。这种心态之下,自然就形成了一种排斥基金会参与金融投资的大环境。

本书认为,并不能因为某些公益组织的投资丑闻就完全否决投资在公益机构发展中的作用,而应该在辨清公益组织性质的基础之上,找到更好、更合适的运行模式。教育是恒久的事业,大学基金会也应当有长远的发展理念,永续投资模式契合了大学基金会生存发展的需要。当前我国大学基金会的资金规模有限,即使产生收益也比较微薄,难以建立成本高昂的专业投资队伍。而投资管理能力不足,又难以提高基金会的收益。这成了我国大学基金会进行专业资产管理的"死结"。为解决这一难题,本书所要提倡的恰与上文提到的作者的观点相反。根据国外大学的经验,大学基金会应当更多地进行长期投资,投资的高收益基本来源于另类资产,而这些资产中包含许多不宜变现的资产或是股权等涉及实体的投资。并不是说我国大学基金会当下就要照搬国外的模式,但应当转变理念,认识到这是未来的发展趋势,并从现在开始做一些铺垫性的准备工作,例如,资金量的积累,对捐赠者尤其是大额捐赠者的培育。

新加坡高校引进永续模式的成果非常显著。新加坡政府大力支持高校建设永续型基金。据新加坡国立大学的相关人士透露,该校的永续型基金投资组合由外部管理公司负责,2013年配置比例如下:公开交易股票35%,可交易的另类资产(对冲基金)20%,固定收益20%,实物资产(房地产、商品等)12.5%,私募股权12.5%。根据市场情况,组合会进一步调整,用来确保流动性的主权债券比例会下降到10%左右,投资将逐渐转向增值型资产。截至2015年3月31日,该校永续型捐赠的总额约为43.6亿新加坡元(按当时汇率约合30多亿美元)。[110]该校的投资组合非常接近美国同行,甚至美国的机构投资者都感受到来自亚洲同行的压力。[30]当高校基金会的投资竞争已经在全球蔓延时,我国大学基金会如果还不能认真地反思并改善自身的理财现状,将难以拥有足够稳健的财务基础,也很难在更长远的时间里与世界名校竞争。

四、基金支出

国外高校捐赠基金根据各自情况设定了较为复杂的平滑支出机制,这在我国尚不存在。我国的大学基金会绝大多数是非公募基金会,按照《基金会管理条例》的规定,其每年用于从事章程规定的公益事业支出不得低于上一年基金余额的8%。至于"公益事业"具体包括什么并无统一说法,学校基金会通常会在章程中进一步明确,如下是上海交通大学教育发展基金会的基金使用范围。

> **上海交通大学教育发展基金会的基金使用范围**
> 1. 按照捐赠者意愿定向使用。
> 2. 改善办学设施,包括建筑物、仪器设备、图书资料等。
> 3. 资助基础研究、教学研究。
> 4. 资助教师、研究生在 SCI、EI 核心检索源国外刊物上发表论文所需的版面费。
> 5. 资助教师出国深造及参加国际学术会议。
> 6. 奖励优秀学生和优秀教师,资助贫困学生。
> 7. 基金会常务理事会认为需要支持、资助的项目。

然而,笔者在我国高校基金会的工作报告中发现,基金会在其资助对象上存在"分心"的现象。比如,在清华大学教育基金会 2012 年公益支出中有 730 万元用于帮扶贫困地区发展教育事业,有社论褒扬此举,并称清华大学教育基金会是为数不多的参与校外社会公益活动的高校基金会。[249] 中国高校基金会向校外事业捐赠,这体现了一定的人道主义精神,或许能为高校赢取公信力,但笔者认为这存在误导。如下是北大教育基金会对其 2008 年抗震救灾项目的描述。此例中,面对突发自然灾害,北大基金会有些做法还是可取的,例如,成立专项基金进行筹资,但是否需要直接动用基金会的钱去救灾值得商榷。

> 2008 年,四川"5·12"汶川大地震给灾区的同胞造成了巨大的经济损失和精神创伤,也牵动着所有华夏儿女的心。北京大学教育基金会在自然灾害面前也没有忘记作为一个公益性组织所应负有的社会责任。5 月 14 日北京大学教育基金会及北京大学校友会分别汇给中国红十字会 20 万元、10 万元紧急捐款。北京大学的老朋友、新加坡邱德拔基金在得知汶川地震消息后也迅速汇来 505933.80 元善款,我基金会也立即将此捐款汇给中国红十字会。同时,北京大学教育基金会及时设立了北大校友汶川赈灾专项基金,截至 2008 年底共募集捐赠款人民币 1299639 元,美元 91.18 元,其中人民币 1299639 元已于 2009 年 1 月 21 日拨付中国教育发展基金会,并通过该基金会捐往灾区。

公众对于大学基金会的期待也存在偏差,认为它们应该多多参与社会公益活动。基金会中心网负责人在接受媒体采访时称,中国大学基金会主要关注学校发展,实际用途大抵不外乎建楼、从事科研项目、给教师学生发奖学金和助学金等,业内一直在动员它们走向规范化,多参加社会活动。这些年已经慢慢有了一些效果,它们从不关心院墙外的事,到现在也愿意尝试看看院墙外的社会。[249]笔者对此不敢苟同。大学基金会是为大学而设,应当专注大学的事业。所谓的社会公益应当由社会上相应的公益类基金会来做,不应强求高校基金会揽分外之活。高校基金会惠及社会公益是或然之事而非必然。公众把高校基金会当成一般的公益组织,期待其对社会多做回报,这难免造成高校基金会的作秀和负担。如果获捐项目跟学校的教学、研究等挂钩,能用上高校独特的资源,对高校本身也有一定益处,则可行之,例如,北京大学教育基金会在其2013年度工作报告中提道:"开展社会公益项目服务社会、引领公益是大学社会职能具体体现之一。基金会设立专项,支持北大师生积极参与扶贫、支教、救灾等各类公益活动。例如,与嘉里集团郭氏基金会一起开展脱贫模式青年实践及学术调研项目。2011年起,北大先后组织师生100余人次奔赴湖南省保靖县、云南省墨江县、内蒙古察右中旗等基地的脱贫试点村开展调研,实地考察脱贫建设项目,具体分析现状和成因,针对下一步脱贫工作提出优化建议。"[331]但如果纯粹为了体现人道主义精神而勉强为之,则不仅造成分心,还会流失基金会的宝贵资金。试想,如果高校基金会为图热心公益的虚名而给外界捐钱,那么高校自身发展的迫切需求又如何满足呢?公众似乎只期待看到救急救灾这类及时、可见的善举,却没有以长远的眼光和包容的态度来看待大学基金会看似只顾自己利益的"自私"行为。本书认为,大学基金会专注于大学本身发展相关的事,可以有效提高大学的水准,保障大学的办学质量,为社会输送更多更好的人才,这些都会给社会带来极大的福利。

已被废止的《基金会管理办法》(1998)曾规定:"基金会工作人员的工作和办公费用,在基金利息等收入中开支。"《中华人民共和国公益事业捐赠法》(1999)第二十三条也有相似规定:"公益性社会团体应当厉行节约,降低管理成本,工作人员的工资和办公费用从利息等收入中按照国家规定的标准开支。"然而,如果基金会的利息收入等没有达到一定额度,就很难支付工作人员的薪酬。《基金会管理条例》(2004)删除了原办法中的规定,改为"基金会工作人员工资福利和行政办公支出不得超过当年总支出的10%"。但实际上,基金会仍然很难以利息收入来应对薪酬开支。有报道显示,一些高校基金会的全职工作人员有较高薪酬,但是这些收入来自事业单位,所以其报表上的人员成本是零。[338]我们在实地调研中也了解到,工作人员的薪酬由学校支付,并不从基金会的账户中支取。

事实上,同其他非营利机构一样,大学基金会的日常运营也是存在人力和物力成本的。虽然志愿服务在一定程度上拉低了公益成本,但这不意味着完全消除人力成本。承认并允许从公益组织的收入中列支行政及筹资成本,几乎是所有国家的通行做法。大多数国家法律只要求其成本合理,而未对行政和筹资成本进行刚性限定,只有一些第三方组织通过行业标准提倡公益慈善组织将行政和筹款成本控制在35%以内。[338] 然而,基金会工作人员的薪酬并不算高,与国外大学捐赠基金投资人员动辄几百万美元的年薪相去甚远,激励效果也远远不及国外同行。一方面,我国公众存在"公益零成本"的偏见;另一方面,基金会的投资业绩平平,所获收益的确无法在满足资助项目之外再应付基金会自身的运营开支。

五、信息公开

在我国,信息公开已有相关的政策要求。2008年颁布的《中华人民共和国政府信息公开条例》要求政府部门依法公开信息,其中第37条规定,该条例同样适用于"教育等与人民群众利益密切相关的公共单位"。2010年教育部颁布的《高等学校信息公开办法》要求:"高等学校在开展办学活动和提供社会公共服务过程中产生、制作、获取的以一定形式记录、保存的信息,应当按照有关法规政策和本办法的规定公开",并对高等学校信息公开的内容、途径和要求、监督和保障做出了具体规定。

我国大学基金会基本上都拥有自己的官网,即在学校官网之下的子网站。这些网站通常包含如下相对固定的内容:基金会的基本信息(成立、宗旨、组织结构、章程、管理办法、联系方式等);筹资项目的介绍;捐赠方式的说明。另外还有一些实时更新的内容,包括学校签署捐赠协议的新闻稿;捐赠的使用情况,如奖学金申请通知和发放的公告、奖学金获得者介绍等。至于年度工作报告,鲜有学校给出详细而全面的历年档案,有些学校公示了简报,有些只有零散的文书,有些学校基金会官网上甚至没有任何财务信息。总之,学校基金会官网对信息的披露并无统一规范,基本上是根据自身的需要公开部分信息。

目前,我国还没有统一的机构管理和披露大学基金会的相关信息,因而,要了解中国大学教育基金会的整体运行现状难度不小。由国家民间组织管理局主办的中国社会组织网下设基金会子站(http://jjh.chinanpo.gov.cn/index.html),可以查询我国基金会的基本信息、章程、年度工作报告、财务报告以及公益活动等内容。基金会中心网数据中心(http://data.foundationcenter.org.cn/findex.html)收录了一些大学基金会的基本信息、财务数据、网站链接等,同时还可以利用该网站对比查看五所(含)以内大学的数据,以图表形式更直观地呈现对比结果。然而,笔者在利用上述两个网站检索大学基金会信息的过程中发现诸多问题。例如,年度报表缺失、不完整或重复,内容有误,信息更新不及时等,这些都不利于全面而准确地了解大学基金会的情况,也会给相关研究造成一定的困难。

此外,就民政部统一编制的年度报告而言,其设计也并不完善。各大学基金会的财务会计处理方式不尽相同,统制的报告并未对统计口径、统计科目进行详细说明,这不利于对该群体的数据进行统计和比较,受托代理资产、投资收益、公益事业支出等概念也有待更明确的定义。部分内容涉及机密信息,学校不便披露,报告在此方面也当考虑学校的隐私权。上述诸多问题,大部分是可以克服的。如果相关部门严格跟踪监管,让高校基金会的信息披露更加透明,将有助于建立高校基金会的公信力,也会有利于高校基金会捐赠项目品牌的建立。

第二节　外部因素

我国针对公益捐赠的税收优惠措施只有少数以法律形式规定,其余则散见于财政部、国家税务总局等下发的通知、规定和办法中。[339]至于大学基金会的捐赠,就更没有针对性的法规政策,而是挂靠在别的条例之下。如表11-1所示,现行的与我国高校基金会税收优惠相关的规章有10多个,发布机构包括全国人民代表大会及其常务委员会、国务院、财政部、国家税务总局、民政部,涉及不同法律效力层次,包括法律、行政法规、部门规章和规范性文件。这些规章在名称上存在交叉和重叠,所涉及的税收优惠的内容杂乱,容易造成法律适用的困惑。有学者总结,这些规章大多就事论事,对实践中出现的涉及基金会税收优惠的具体问题进行应景式的回应,缺乏一种整体思路。[340]

表11-1　我国与高校基金会税收优惠相关的法规政策

名称	生效时间	发布机构
公益事业捐赠法	1999	全国人民代表大会常务委员会
基金会管理条例	2004	国务院
企业所得税法	2008	全国人民代表大会

续表

名称	生效时间	发布机构
企业所得税法实施条例	2008	国务院
关于公益性捐赠税前扣除有关问题的通知	2008	财政部、国家税务总局、民政部
基金会公益性捐赠税前扣除资格审核工作实施方案	2009	民政部
社会团体公益性捐赠税前扣除资格认定工作指引	2009	民政部
基金会申请公益性捐赠税前扣除资格须知	2009	民政部
关于非营利组织企业所得税免税收入问题的通知	2009	财政部、国家税务部局
中华人民共和国增值税暂行条例	2009	国务院
关于公益性捐赠税前扣除有关问题的补充通知	2010	财政部、国家税务总局、民政部
全国性社会团体公益性捐赠税前扣除资格初审暂行办法	2011	民政部
个人所得税法	2011	全国人民代表大会常务委员会
个人所得税法实施条例	2011	国务院
关于非营利组织免税资格认定管理有关问题的通知	2014	财政部、国家税务总局

资料来源：汪莉,彭婷婷. 基金会税收优惠的理论基础、制度实践与反思[J]. 安徽工业大学学报（社会科学版），2014（05）：22.

在我国，管理基金会享受税收优惠事宜的主管机关并不统一。认定免税资格的国家机关为省级财政、税务部门（《免税资格通知》第2条第2款），而认定税前扣除资格的国家机关为财政部、国家税务总局、民政部或者省级财政、税务、民政部门（《税前扣除通知》第6条）。新设立的基金会在当年即可申请取得免税资格（《免税资格通知》第1条第8项），但税前扣除资格却不能立即申请，而要在基金会成立3年之后才能申请（《税前扣除通知》第4条第1款第2项）。这就造成了早期的捐赠人无法获得税前扣除的窘境,打消了捐赠人的积极性。[341]即便基金会提出了资格申请,到最终获取资格之间也要经历烦琐的程序,耗费很长时间。[342]在退税申请时,国外发达国家的体系成熟,手续相对简单,如美国实行个人申报制,小额的捐赠不用申请就可享受退税。[320]而在中国现有的经济环境和诚信体系之下还没有健全的退税体制,申请免税手续也相对复杂。

在美国以及大多数欧洲国家,正式授予免税资格的决定都具有永久效力,而我国的立法并未赋予免税资格以长期的效力。[341]《免税资格通知》第4条第1款规定："非营利组织免税资格的有效期为五年。非营利组织应在期满前三个月内提出复审申请,不提出复审申请或复审不合格的,其享受免税优惠的资格到期自动失效。"几乎所有欧美国家的税务机关都会通过跟进审查公益组织的税务状况以对其进行监督。例如,美国的相关免税组织必须每年向美国国税局提交信息报告并附加第 990 号表(包含财务、人事等信息)或其变异表[343];欧洲国家的公益组织必须向税务机关提交年度纳税申报表(无论是否获得免税资格)和／或税收优惠申请表(自愿提交)。[344] 我国的法规政策只要求基金会在申请免税资格或税前扣除资格时,必须报送相关材料,之后则向登记管理机关报送年度工作报告,却没有要求基金会在取得相应资格后,继续向原先负责审核的财政、税务部门更新其资格的使用情况。[341]

一、捐赠优惠

针对捐赠的优惠主要涉及税前捐赠扣除资格。大部分国家都制定了鼓励捐赠的税收优惠措施。在美国,公司捐赠给公益组织的现金在当年应税所得 5% 以下的,可以在税前扣除;个人捐赠给公益组织的现金在当年应税所得 50% 以下的,可以在税前扣除;捐赠人向基金会捐赠可以免缴遗产税。在德国和法国,纳税人向公益组织捐赠时,个人纳税人可扣除一定比例的税金。在澳大利亚和新加坡,个人和公司向公益事业团体捐赠,可以在税前全额扣除。在菲律宾,个人或公司捐赠给某些"特定受捐者"时,也可以在税前全额扣除。[345]

我国企业捐赠在第三次分配①中占有很大比重,起着支柱和主导作用。企业向大学教育基金会捐赠,除了热心教育以外,还因为大学教育基金会一般是具有免税资格的公益机构。[346] 然而我国对企业和个人捐赠的鼓励都不充分。2008 年通过的新企业所得税法将企业捐赠的税收优惠额度由 3% 提高到 12%,但是个人捐赠的优惠额度还停留在 30%,远远低于美国的 50%,这影响了个人向高校进行捐赠的积极性。在美国,提供捐赠的公司或团体可以要求对其任意一年不超过 10% 的应税收入进行税收减免,超过最高减税捐赠额的部分可留转到今后五年内继续予以扣除。而我国的捐赠税收抵扣只能在当年扣除,超出部分不能结转到以后年份继续抵扣,这也就是说当年捐赠超出部分是要缴税的。例如,国内有些企业的大额捐赠往往超出了其应纳税所得额的 12%,超额部分不能递延抵扣的硬性规定显然会打击这些企业的捐赠积极性。[339]

股权捐赠是指捐赠人将其合法持有的公司股权无偿转让给他人的行为。这

---

① 初次分配由市场按照效率原则进行;再分配是由政府按照公平和效率的原则进行;第三次分配是在道德力量的推动下,通过社会捐赠进行。

种方式在国内罕见，不是因为没有企业或个人愿意捐赠股权，而是我国的法律对股权捐赠的约束太多，导致实际操作中障碍重重。对于有限责任公司股权而言，《中华人民共和国公司法》（简称《公司法》）规定，股权的外部转让需要征得超过半数其他股东的同意，并且其他股东有优先购买权。对于股份有限公司股权而言，股东转让股权无须经其他股东同意，其他股东也没有优先购买权，但《公司法》列出了诸多转让时间和比例的限制。根据2003年发布的《财政部关于加强企业对外捐赠财务管理的通知》，国有企业持有的股权不得用于对外捐赠，因而不在股权捐赠范围之内。从基金会自身来说，其是否具有作为公司股东的主体资格问题也不明朗。目前各地对于慈善机构能否登记为公司股东，相关工商行政管理机构的政策不同。实践中，部分省、市、地区的工商行政管理机构并不允许基金会作为公司股东进行股权变更登记。这种登记之碍使得股权捐赠无法实现。[347]

2008年底发布的《关于公益性捐赠税前扣除有关问题的通知》首次将税前捐赠扣除资格的取得和取消与基金会年检结论及评估等级挂钩。[345]《财政部、国家税务总局关于非营利组织免税资格认定管理有关问题的通知》也涉及"年检合格"的标准问题。由于行政随意性有可能给政府部门提供"寻租"空间，因而对于"年检合格"和"社会组织评估等级3A以上"的标准有待进一步明确。[342]

二、投资优惠

针对投资的优惠主要涉及免税资格。免税政策对于国外捐赠基金的资金增值有着极为重要的作用。新近研究表明，如果永续型基金的投资收益是应税项目，那么耶鲁基金的资产配置会发生很大变化。当一个机构不享受免税优惠时，其在设计资产配置时要同时考虑风险和税收，且在纳税的条件下，不同资产的相关性也显得更加重要。[348]实际上，很多采取主动管理策略或投资主动管理型基金的机构大多数是享有免税资格的，管理着260亿美元的机构投资公司AJO Partners的创始人泰德·阿伦森（Ted Aronson）表示，其客户全都是不用纳税的，纳税会导致主动管理的方式面临难以逾越的障碍，更何况，即使在免税优惠条件下，主动管理的成本也已经非常高昂了。[349]

根据《企业所得税法》《企业所得税法实施条例》和《关于非营利组织企业所得税免税收入问题的通知》的相关规定，除非国务院财政、税务主管部门另有规定，包括基金会在内的非营利组织的投资经营所得全部不属于免税范围。而到目前为止，国务院财政、税务主管部门也没有出台另行规定。

美国对于基金会从事投资经营行为的税法规范有明确的法律依据。美国《国内税收法典》511～514条款将基金会的投资经营行为分为两类:一类是相关的经营行为(related business);一类是非相关的经营行为(unrelated business)。区分的标准为,基金会所从事的经营行为是否与基金会宗旨密切相关。免税的标准为,对于从事相关的投资经营行为所获得的收益予以免税,对于从事不相关的投资经营行为则需要缴纳税收(unrelated business income tax)。[350]美国的这一做法既有利于解决基金会服务公益的目的,又能够解决基金会在从事投资经营时可能与其他市场主体之间形成的不公平竞争行为,因此值得借鉴。[342]

我们对凯门资本亚太区负责人进行了访谈。谈及国内大学基金会时,该负责人表示,税收是国内基金会发展的很大障碍。在国内,捐赠的免税政策不理想,捐赠得不到很好的鼓励,高校基金会的规模难以有突破性增长。短期内,学校领导不会对基金会放权,因此基金会很难将业务推向市场化,基金会资金开放给外部管理人的进程会十分缓慢。该负责人同时强调了捐赠人意愿的重要性,如果大额捐赠人对学校使用资金提出要求,学校可能会重视对资金的运作。比如,捐赠人要求这笔钱用来投资,收益一部分留存一部分花费,甚至明确表示资金可以委托外部机构投资。

三、交流平台

我国高校基金会的对话平台建设不足,缺乏经常性的交流与学习。有研究者指出:"从2006年起,北京大学、清华大学、南京大学、浙江大学、上海交通大学等十多所大学协商决定,联合召开年度筹资与发展工作研讨会,共同探讨大学基金会的资质框架和管理体制、筹资形式和策略、筹资渠道及基金会与校友会的关系等共同关心的问题。"[124]然而笔者在访谈中了解到,实际上并没有这样的"年会"存在。我们实地调研的某所高校基金会的工作人员表示,召开这样的会议其实是很困难的。每个学校基金会所处的发展阶段不同,工作内容差异大,交流话题并不十分吻合。有些学校的基金会发展处在非常初期的阶段,并不关注投资问题,有些基金会则在积极考虑优化投资结构。

而在美国存在很多大型的非营利性高校联盟组织。教育促进与支持委员会(Council for Advancement and Support of Education, CASE)成立于1974年,由美国校友协会(American Alumni Council)和美国大学公共关系协会(American College Public Relations Association)合并而成。CASE是一个国际性的教育机构组织,为61个国家和地区将近3400所大学及相关组织提供服务,我国的中欧国际工商学院也是该组织的注册成员。CASE关注的领域包括校友关系、发展/筹资与市场营销等。CASE 目前在中国也比较活跃,组织针对筹资人员的培训,开设市场营销课程等。成立于 1962 年的 NACUBO 也是一个会员国际组织,已注册的大学等高等教育服务机构有 2500 多个,截至 2012 年 6 月,其成员机构的永续型基金总规模已经超过 4000 亿美元。[192]NACUBO 于每年 7 月份在北美召开年会,汇聚全美高等教育行业的众多事务官和财务官(Chief business and financial officers)共同商讨大学管理中的方方面面,其中就包括永续型基金的投资管理。

小　结

我国大学基金会与国外一流大学捐赠基金存在不小的差距,这背后有诸多的内、外因素影响。我国大学基金会发展的时间较短,并无统一的制度和规范,无论是政府还是高校自身都在不断地探索。总体来说,税收政策对基金会的发展有着非常大的影响,无论是对捐赠的免税还是对基金会投资收益的免税都将极大地促进基金会事业的繁荣。虽然顶尖名校的基金会积累了高额的资金,但我国大多数高校基金会的资金都非常有限,这也就限制了基金会发挥其对高校的资助效力。

第十二章

中国大学基金会发展的政策建议

第一节 政府层面
第二节 高校层面
第三节 市场层面
第四节 公众层面
小　结

第十二章 中国大学基金会发展的政策建议

基于上一章总结出的中国大学基金会发展中存在的问题,本章将从政府、高校、市场以及公众这四个层面逐一提出可行的政策建议。其中,政府的工作可以从法规政策和监管评估两个部分开展;高校则需要加强筹资、投资以及信息公开与交流等工作;金融产品、投资公司和金融人才透过市场这一层面深刻地影响着基金会的发展;而公众作为大学基金会的参与者和监督者,也对基金会的健康发展有着重要推动作用。本章意在通过较为全面的维度,从宏观层面把握改进方向,并结合发展中的具体障碍为我国大学基金会的发展建言献策。

第一节 政府层面

一、法规政策

(一)建立统一的大学基金会管理法规体系

自1981年我国第一家基金会成立以来,基金会已经发展了近半个世纪。在过去的45年间,有关大学基金会的直接或间接的法律、条例出台了不少,但没有形成一个完整的体系。大学基金会属于基金会,相关性较高的法规是2004年实施的《基金会管理条例》,该条例能够规范其设立、架构等,支持大学基金会以合法的机构形式存在,同其他基金会一样履行公益使命。但大学基金会依托于大学,服务于高等教育,因而政府还需要根据大学的特点出台针对性的政策,进一步指导大学基金会的具体运作。目前来看,已出台的有关高校(包括基金会)财务、税收等的规章制度并不少,但存在一些问题,如颁布机构不一、内容交叉重叠等。建议政府相关部门对现行的众多规章进行梳理,去重补漏,尽量形成一套完整的思路,让政策本身具有一致性,从而更有利于高校基金会基层工作的开展。当高校基金会群体成熟起来时,也可考虑出台专门针对高校基金会的法律,以有效引导和规范我国高校基金会的发展。

(二)加大对大学基金会筹资和投资的税收优惠力度

税收负担重不仅是大学基金会面临的很大难题,也是制约着众多基金会发展的瓶颈。虽然向基金会捐赠的企业和个人拥有一定额度的税收抵扣,但我国基金会在税收优惠方面的支持力度仍是不够的。捐赠者在出资设立基金会时需要缴纳不菲的税收,这意味着捐款无法全额归入基金会,越是大额捐赠,因缴纳税收而损失的资金就越多,这严重打击了很多企业家或组织的捐赠积极性。已成立的基金会进行投资理财时,所获的投资收益也要依法纳税,这又给收入来源比较单一的基金会带来了财务压力。如果对基金会的捐赠和投资收益均实行免税,国家确实会损失一大笔税收,但如果从扶持基金会这类非营利机构的角度来看,政府减免这部分税收就是很好的帮扶措施,也减少了政府在征税后再从其他方面为基金会提供资金支持的压力。随着我国富裕阶层的壮大,出资设立基金会的需求也会增多,国外的经验已经很好地说明了免税政策对基金会等非营利组织的巨大推动作用。至于具体的免税细节,则需要经济、法律等领域的专业人士进一步探讨验证。

(三)规范大学基金会的投资行为

我国政府针对社会保障基金、基本养老金等机构投资者都已出台了相应的投资管理办法,而我国大学基金会仍处于成长的初期,暂无具体的投资管理办法。相关规定主要是给出了基金保值增值的原则,针对基金会具体投资方向和投资比例的限制很少,其中,2014年《教育部、财政部、民政部关于加强中央部门所属高校教育基金会财务管理的若干意见》明确指出了"基金会的资金不得投向期货、期权等衍生金融工具"。在风险问责方面,《基金会管理条例》也只是指明了决策不当的理事应当承担相应的赔偿责任,并未具体到整个投资体系的风险控制。当大学基金会逐渐意识到并开始参与资本市场投资时,政府需要对这一机构群体进行规范。而就资产类别来说,可以参照社保基金和养老金等,适度放宽投资渠道,改善过于保守的投资方式所带来的收益局限。

二、监管评估

(一)通过官方的、一致的信息整合来加强对大学基金会的监管

我国的基金会接受登记管理机关和主管单位的双重监管。登记管理机关的主要监督方式是对基金会进行年检,2006年出台的《基金会年度检查办法》已对此做出了详细规定。主管单位主要监督基金会在法律范围内开展公益活动,对年检进行初审,并配合登记管理机关及执法部门查处基金会的违法行为。然而

在实际的执行中,监管工作并未达到很好的效果。这一方面是基金会自身管理不到位;另一方面,也是因为监管体系本身不够完善,尤其是在基础性的工作上。例如,民政部为基金会编制的年度工作报告有待进一步完善,建议重新检验所列条目是否合理和必要以定取舍,并对相关统计口径和科目做出说明;信息披露不统一、不全面,建议对现有的中国社会组织网下设基金会子站的零散信息进行整合与修正,或者结合社会力量(如基金会中心网)来加强信息整合。如此,不仅会使得监管更加便捷透明,也有利于相关评估工作的开展。

(二)统一大学基金会的评估标准

我国民政部每年都会对包括基金会在内的全国性社会组织进行评估。民政部于2011年修订的《基金会评估指标》设有四个级别的指标,涵盖了基金会管理中方方面面的信息,如果上文所提的信息整合工作到位的话,评估工作就有了便捷可靠的信息来源。民政部最早从2007年底开展基金会的评估工作,但这只针对在民政部注册的全国性基金会,而同为基金会注册单位的各省级民政厅、直辖市民政局也编制了自己的评估指标来对本地区登记的基金会进行评估。这就导致在全国范围内基金会的评估标准不统一,难以互相比较。不同级别的登记管理机关是否需要统一评估标准值得商榷。而从评估的作用来讲,有大学基金会相关人士质疑等级评估是否起到相应的监督作用或是提高了基金会的管理能力,这也有待相关部门进一步跟进验证。

第二节 高校层面

筹资与投资是两个不同的职能,工作内容不同,对工作人员的素质要求也不同。高校应当认识到二者的区别,并加以区分。鉴于我国大学基金会的发展差异较大,笔者认为需要根据高校的具体情况来确定基金会发展工作的重点。对于已具备一定资金规模(如一亿元以上)的高校基金会来说,在挖掘新的捐赠的基础上,有必要对现有资金进行更合理化的配置;对于资金量相对较小(一亿元以下)的高校基金会来说,可以尝试少量的投资活动,但集中精力筹资以扩大资金积蓄将是其工作的重中之重,尤其是一些资金量不足千万的高校基金会。此外,大学基金会彼此之间的交流与学习将对整个群体的发展起到有力的推动作用。

一、筹资工作

(一)转变态度,认识到大学筹资的重要性

从高校领导层到基金会的基层工作人员,都需要认识并且重视基金会的资金筹集工作,同时对培育捐赠文化所需的漫长回报周期抱有正确的心态。这是一个自上而下的过程,因而高层领导人的态度和能力起着关键作用。现代管理学之父彼得·德鲁克(Peter Drucker)曾工作了 20 年之久的克莱蒙特学院至今仍能收到大量捐助的案例是很好的启发。当初该院院长意识到学院未来发展需要很大一笔资金,便亲自在当地创建了几家新企业,达到收支平衡后全盘交给一批最优秀的年轻毕业生来经营。此举实际上是建立了一个庞大的长期性捐赠团体。这些努力在前 20 年里没有开花结果,但时机成熟时,得到的就是千倍的回报。[351] 我国的高校领导者未必要照搬国外同行的创举,但应当学习他们的战略思维,不计个人业绩荣耀,切实地为学校发展做一些基础性但却很有长久价值的铺垫工作。尤其是,高校应当强化校长的筹资职责,在遴选校长时也可将筹资能力作为指标之一。

(二)建立专业的筹资团队,落实激励措施

虽然捐赠是一种慈善行为,但这不代表获取捐赠是零成本的行为。事实上,从国外高校的经验来看,学校要想取得良好的筹资业绩,就必须投入一定的人力和财力。相较于国外大学动辄上百人的筹资团队,中国大学基金会普遍不足 30 人的团队是很难做出成绩的。筹资任务繁杂,工作量大,周期长,人员配备不足难免出现力不从心的状况,因而,有必要扩大筹资人员队伍,明确分工,给予每个人适度的工作量,从而保质、保量地完成各项工作。出于道德风险考虑,工作人员的奖励不能直接与其筹资额挂钩,但可以通过年度奖金等途径给予间接奖励。有条件的学校亦可考虑高薪聘请专业筹资人士,更好地规范学校的筹资工作,提高效率。

(三)建立固定的年度捐赠项目,尝试开展大额募捐项目

年度捐赠对高校基金会资产的短期影响并不重大,但对于长期的资产增值贡献显著。对于设立校友会的学校来说,年度捐赠工作可以充分调动校友会的资源,无论是电话、邮件等问候的方式,还是校友返校日、校庆等大型活动,高校都应当逐步形成一套募捐模式,尤其是打造品牌筹资项目,如××学科奖学金基金。大额

捐赠通常依赖于高校领导对社会企业和个人(通常是企业家校友)的游说。借鉴国外经验,我国高校也可开展3～5年的大额募捐活动,不过这需要完整的前期策划,而且国外高校通常会为此类的大额募捐活动设立具体的筹款目标乃至阶段性目标。对于没有尝试过这类募捐方式的中国高校来说,这将是很大的考验:首先,难以定出合理的金额目标;其次,难以控制跨越多个年度的筹资进度。因而,除非经由专业筹资团队策划,高校尚不宜盲目尝试多年的大额募捐。本书建议,如果高校已经拥有一批富裕起来的校友群体,则可以考虑开展这样的活动。

(四)依托班级团体,培育捐赠文化

大学是文化传承、交流、变革与创造的场所,拥有众多可以从事教育捐赠研究的优秀学者,因而大学理应成为我国捐赠文化建设的主要力量。[352]确实,高校基金会作为一个将社会资本吸引到高校的平台,不仅可以形成基于校友与母校深厚精神联结的校友捐赠文化,也能够推动热衷于支持教育发展的企业与非校友个人的慈善捐赠文化。为加强基金会对捐赠文化的引领作用,大学可以充分调动在校学生作为募捐活动志愿者,让他们在校期间就受到良好捐赠氛围的熏陶;维护以班级为载体的校友群,通过小团体的联络来传播为母校捐赠的理念;在移动互联网普及之下,大学也可以通过基金会网站、公众号等平台定期向外界推送和宣传募捐项目,甚至可以借助网络支付工具优化捐赠流程,让捐赠更加便捷高效。

二、投资工作

对致力于建设世界一流大学的中国高校来说,加强基金会的投资管理工作是很有必要的。我国"985高校""211高校"凭借其影响力以及优质的校友资源、社会资源,已经通过基金会积累了相当数额的资金,而且还在不断地吸收新的捐赠。此时,就需要考虑如何更好地管理大额资金,国外大学永续型基金的投资模式就是很好的启示。

(一)转变对投资全盘否定的态度,正确认识风险

高校工作者对基金会投资的认知偏见主要有两点。其一,对投资这种行为不认可。有些人认为大学基金会是非营利组织,不应当与充斥着金钱交易的资本市场发生过多联系,以钱生钱也不符合大学的公益使命。其二,对投资风险抵触较大。有些学校虽然不反对投资,但对资本市场一概而论,认为只要有风险的产品就是危险的,是不可涉猎的。这些偏见导致了现今中国大学基金会在资产

管理上的消极态度：要么不投资，要么投资极为保守。针对这两点所要辨清的是，其一，大学基金会不以赚钱为目的并不代表没有获得收益的需求，这同其他参与投资的公益基金会非常相似。其二，收益与风险是并存的，风险的存在并不是障碍，如何更好地管理风险才是基金会适应现代化生存需要突破的难点。在中国，高校基金会对待投资的态度转变与否主要还在于高层领导人，尤其是校长和分管财务的领导。我国的高校领导者可以适当地与国外同行以及金融界的校友、友人多多交流，以了解基金会对大学财务的支持效果、非营利组织的资产管理模式等，起码对此有所了解，而不是一味地排斥。由于投资是一项需要谨慎授权的任务，高层领导心态的开放、对基层人员的鼓励和帮助将对基金会开展工作起到重要带动作用。

（二）结合内外部资源，提高投资团队专业水准

基金会的投资是不同于筹资的另一项专业化工作，管理人员不仅要熟悉金融市场和投资产品，还要对高校事业和基金会非营利组织的性质有一定认识。一方面，高校自身可以培养这样的管理人才，如安排基金会的投资人员参加校内外的培训等。这种方式的好处是，培养对象是基金会投资的一线工作者，所学与所用是相通的；不足之处在于，若非金融科班出身，短暂的集训有可能只获得一些简单的技巧，但对判断经济形势、做出投资决策等需要专业背景和实战训练的事项仍难以胜任。另一方面，高校基金会可以聘请校外专业顾问、将投资功能外包给第三方投资管理公司。该方法有效地结合了内、外部管理，由学校基金会来把控原则性的框架，由外部专业投资专家在此框架内优化资产投资收益。虽然这种方式会增加学校对资产管理的成本预算，但更高的投资收益是有可能弥补所增加的成本的，从国外经验来看，也是具有长期效用的模式。对于设立金融专业的高校来说，可以为金融专业的研究生和博士生提供在基金会实习的机会，让其了解和熟悉基金会投资管理的安排，但实际的投资操作还不宜交由学生负责。学校也可以考虑返聘已经有多年投资经验的校友来全职或兼职指导基金会的相关工作。

三、信息公开与交流

大多数高校的基金会都在官网上公开了捐赠方的信息（名称和金额），以及学校对捐赠的使用情况（主要是奖学金评定和发放等），但只有少数高校完整地公开了基金会章程以及财务信息。虽然在管理上受制于学校，但作为一个独立法人，基金会应当设有管理规范的文书，包括章程和其他管理条例，并主动定期

公开年度工作报告。更为重要的是,管理规范应当结合实际工作来制定,而不是应付式的纸上谈兵;年度工作报告要根据实际成果撰写,避免官话空话。领导层和基层工作人员在态度上都应该对此有所重视。

受到美国的 CASE、NACUBO 等大学联盟组织的启发,本书认为,我国高校也应当有意识地建立类似的统一组织,将大学的管理者汇集起来,相互交流、学习和改进。该组织也有利于促成一个权威的机构来对高校的信息进行整合与研究,充分利用大数据的优势,对我国高校基金会的发展进行科学的梳理和预测,发现问题并给出更好的指导。联盟组织的建立需要绝大多数高校的参与和支持,因而高校领导对此达成共识是前提条件。根据我国的国情,由政府呼吁、顶尖高校牵头、众高校响应是一条可行之路。

联盟组织可以每年在不同地区召开年度会议,就高等教育事业的方方面面展开讨论,包括财务规划、学生培养、教学、科研、基础设施建设、文化培育等。总会场的讨论偏向于宏观问题与热点问题,而分会场可就各类话题展开讲演和讨论,例如,大学基金会的建设与发展就可以成为分会场的一个议题,各高校基金会管理人员将有机会面对面进行思想碰撞,相互启迪。高校基金会也可以在大学联盟之下成立分会,根据需要单独召开会议。如果没有大学联盟,各高校基金会也可考虑设立单独的大学基金会联盟。不管是哪一种方式,都是为了更好地整合高校的资源,让高校基金会作为一个群体来成长,而不是单干和独自摸索。

第三节 市场层面

高等教育和市场经济有着天然的联系,一方面,现代高等教育是伴随着市场经济在西欧的出现而发展起来的,另一方面,高等教育向市场提供了人才、技术保证,推动市场经济的发展与成熟。[308] 在大学的运营管理中逐渐引入市场经济中的一些理念,是很自然的过程。高校参与市场活动的方式多样,例如,设立校办企业是借助实体为高校创收,而本书所探讨的捐赠基金则是通过资金运作让学校实现永久创收。当资本市场成熟起来,实体创收也趋于平缓时,高校会更进一步融入新的市场环境。这种转变包含了理念的升华与模式的进步。

一、投资公司

在我国,虽然高校基金会是机构投资者,但比起基金、券商、保险公司等大型机构投资者来说并没有优势。大学基金会获得的捐赠通常有特定用途,可随意支配的资金较少,然而有些高收益的项目或产品的最低投资门槛也非常高,这就限制了大学基金会可选择的投资种类。在甄选具体的产品时,如何平衡每个项目以及整个组合的收益与风险,这也是很有难度的工作。大学基金会寻求专业投资机构的支持很有必要,不仅可以拓宽可投资的种类,在选择产品上也更有保障。

国外非营利机构的资产管理比较成熟,即使哈佛、耶鲁的捐赠基金拥有顶尖的投资团队,它们依然会将庞大资金的一部分外包给在某个投资类别提供专业服务的公司。我国目前尚无专门服务于机构投资者的资产管理公司,当然就不存在专注于为高校基金等非营利组织提供资产管理服务的公司。不过,随着社会捐赠流向高等教育领域,大学基金会的资金不断增多,这一细分市场的理财需求将会日益凸显。有志于帮助高校等非营利组织更好地理财从而实现其使命的创业者可以抓住这一细分市场,创立专注于为大学基金会(或任何有理财需求的非营利机构)进行资产管理服务的公司,提供诸如投资咨询、投资外包等专业化服务。

基于本书的发现,笔者列出了中国大学基金会资产管理面临的主要问题,并由此总结出创业者拟创公司需要具备的优势,同时从管理权限的角度对拟创公司的发展路线做出了初步的预期。

(1)中国大学基金会资产管理面临的主要问题:① 学校领导层厌恶风险,禁止基金会进行积极的投资活动;② 基金会相当于学校的行政部门,在内部管理和外部投资上都受到大量制约;③ 基金会缺乏专业投资人员,投资能力弱;④ 基金规模普遍较小,投资活动没有规模效应;⑤ 目前的基金资产大多限于银行存款,部分大学投资了低风险金融产品,整体上对股权和另类投资涉足较少。

(2)拟创大学基金会资产管理公司的商业模式应具备的优势:① 专业程度高,一流的管理团队、投资团队,组合管理和产品设计更贴近客户需求;② 积少成多形成资金规模优势,投资更多产品种类,实现分散化,在保证流动性前提下配置高回报的长期资产;③ 帮助学校盘活资金,获取更高回报;④ 合理的收费,让学校和公司双赢。

(3)拟创大学基金会资产管理公司的发展路线预期:

第一阶段,仅提供咨询服务。在最初的阶段,大学对外部公司尚未能建立信任,不太可能将资金或投资决策委托给外部公司,但公司可以就投资业务向大学基金会提供专业的咨询。例如,根据大学基金会的风险偏好与收益预期,向其推荐标准化的投资产品。这个阶段可以培养客户的信任度,公司通过在产品端向产品提供商收取费用实现收入。

第二阶段,共同管理。这时双方的合作呈现市场化的特征,大学基金会将资金委托给公司,但仍对资产的配置保留决定权,公司则根据大学基金会的具体要求,代为购买投资品种,对资产进行日常管理与监控。在此阶段,公司可以对大学基金会收取按资产比例计算的资产管理费。

第三阶段,部分资产的全权委托。在良好的信任和合作的基础上,大学基金会将会逐步向公司放开资产管理权限。例如,大学基金会将其资产的一部分(按一定比例或一定额度)委托给公司,在共同商定该笔资金的整体投资策略的基础上,公司对这部分资产的具体配置拥有决策权。此时,公司对大学基金会收取的资产管理费较之前有所提高。

第四阶段,全部资产委托管理。当公司的业务非常成熟、与大学基金会的信任基础较深厚时,大学则可以将全部资产委托给公司管理。此时,公司对大学基金会收取的资产管理费也会随着服务范围和质量的提升而提高。

以上四个阶段存在递进的关系,同时,伴随合作模式的推进,所配置的投资产品类别更丰富,也会逐渐融入较高风险的投资品,投资回报也会增加。当然,这四个阶段只描述了公司与大学基金会合作的一个大致的进阶路线,并非与每个客户的合作都要经历这些阶段。

二、金融人才

引入世界顶尖大学捐赠基金管理模式并非易事,毕竟这种模式需要适应我国的金融市场和金融人才。捐赠基金的后起之秀牛津大学和剑桥大学也曾面临这样的问题,它们雇佣了许多英国本土成长成熟起来的有资历的顾问,以便基于本土的投资环境来落实捐赠基金的投资工作。而值得注意的是,无论是欧美一流大学捐赠基金还是亚洲和非洲一些崭露头角的大学捐赠基金,都有各自国家的金融人才愿意投身于捐赠基金的投资管理。这就说明,金融人才并非只服务于人们通常认为的银行、证券、保险、投行等与金融直接相关的行业,也可以服务于教育、公益等与金融间接相关的行业领域。

(一)提高我国的金融人才总量

有数据显示,截至2013年末,我国金融业人口总数约762.7万人,约占全国就业人口76977万人的1%。[353]根据领英(LinkedIn)发布的《2015年中国金融人才库报告》,我国的金融从业者主要分布在上海和北京(图12-1),大多数人也是毕业于这两所城市的顶尖综合型大学及金融专业类院校(图12-2)。在毕业生输出人数最多的15所院校中,上海占六所,北京占四所。金融人才自然会聚集于金融业发达的标杆城市,上海无疑是我国的金融中心,然而在人才方面与伦敦、纽约、东京、新加坡等金融中心城市还存在不小差距。上海市金融工作党委书记孔庆伟在"2015陆家嘴论坛"上表示,上海目前约有35万名金融从业人员,约占上海市从业人员的5%,而这一比例在国际知名金融中心城市一般为10%。[354]他同时表示,上海将争取用5年左右的时间分步推进实施"3411金才方案",预计到2020年上海的金融人才数量将达到50万名左右。金融人才队伍的壮大不仅对我国金融业发展有总体利好,也将惠及大学基金会等有理财需求的非金融机构。

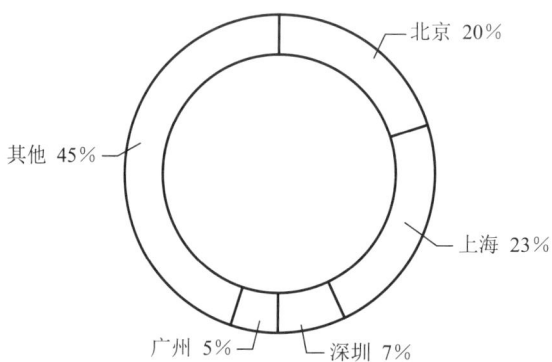

图 12-1　金融行业人才的城市分布(2015年)

资料来源:领英.2015年中国金融人才库报告[R].北京:领英,2015.

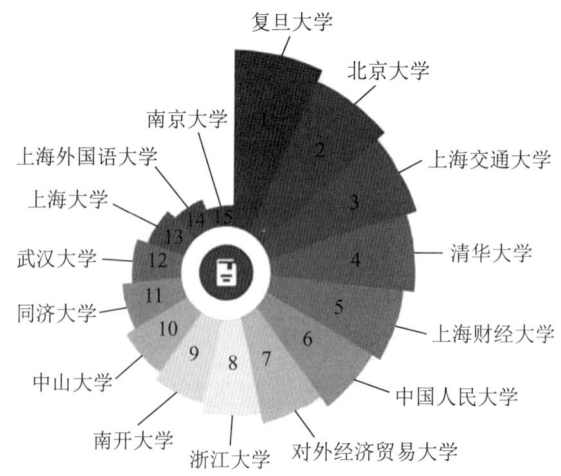

图 12-2　我国金融行业人才输出最多的前15所大学(2015年)

资料来源:领英.2015年中国金融人才库报告[R].北京:领英,2015.

（二）优化金融人才结构，更多培养和引进高端的、全面的金融人才

领英的报告显示，我国金融人才的平均工作年限为7.3年，拥有经理及以上职位的超过四成。中国人民银行前任人事司司长韩平曾指出，我国的金融人才队伍呈现"五多五少"的特点：一般性人才多，高层次人才少；操作性人才多，创新性人才少；单一行业人才多，跨行业的复合型人才少；产品营销人才多，能从事产品开发、定价和风险管理的人才少；熟悉国内金融市场和业务的人才多，熟悉国际金融业务和金融市场的人才少，特别是目前具有国际执业资格的高端金融人才短缺。[355]要改善这一情形，除了扶持本土金融人才培养和大力引进海归金融人才以及国外金融人才外，也需要建立专业的人才测评机构，通过建立科学的金融人才标准、测评体系来提升人才竞争力。[356]而在未来，市场需求的细分也将逐步引导金融人才流向更广泛的行业领域，包括公益领域。

第四节 公众层面

在中国大学基金会的发展中，公众看起来是被动、间接的群体，但事实上，公众对大学基金会的健康发展也有着重要的推动力。北京师范大学壹基金公益研究院院长王振耀曾指出，中国的公益慈善事业面临非常重要的社会功能转型，公益不只是传统意义上的小额捐赠和学雷锋做好事，而是要运用慈善组织、大额捐赠、金融投资等各种社会要素来提升中国社会。[357]大学基金会正是慈善事业社会功能的一个具体呈现。然而，公众可能只知道有大学基金会这样的组织存在，却对其职能、如何运作等情况并不了解，可能的原因之一是，大学基金会与公众的关系并不密切。这就需要公众更多地参与和监督大学基金会的运行事项。

（一）积极参与大学基金会的捐赠活动

随着大学生数量的增加，高校将拥有更多的校友资源，当这些校友及其亲属在个人财富积累达到一定程度、有能力也有意愿捐赠时，自然会寻求合适的渠道来实现个人或家族的捐赠，这包括了大额捐赠和多次的小额捐赠。基于母校的栽培之恩，母校的基金会很可能是实现他们捐赠意愿的首选平台。校友以外的其他个人和组织，如果有意愿资助高等教育发展，也可以通过资助大学的基金会来协商和落实捐赠项目。除了在捐赠方面做出直接贡献外，已经意识到永续型

基金模式对大学发展具有深远意义的一批人士，可以对此进行宣传、倡导，甚至可以通过实际案例的成果来推广这一模式。本书认为，这种理念上的渗透，可以让更多的人意识到投资对大学基金会的重要性，也将引导更多的社会捐赠流入高等教育领域，进而更大限度地发挥大学基金会对学校的支持作用，形成一个良性循环。

（二）对大学基金会进行必要的、合理的监督

公众是一个复杂的群体，其本身包含了大学基金会的捐赠者，也包含了基金会的受益者，还有众多没有直接相关利益的群体。作为捐赠者，其有权获知学校对捐赠的使用情况，这通常是捐赠协议中捐赠方的基本权利；大额捐赠者也可以对大学使用资金的方式提出更为具体的要求，例如，要求学校对捐赠留本，仅支出利息收入。作为捐赠受益者，可以监督学校对捐赠的使用是否按时、足额发放；一些分配于项目的资金，也应当适时向学校基金会等相关部门汇报使用情况。其他公众群体，对如今富人豪捐的行为应当持包容的态度，不要盲目地攻击个人，而应当将注意力更多地用于监督学校如何使用这笔财富上；在监督学校对捐赠的使用情况时，应当以提高大学的学术能力、改善教研环境等立足于学校自身发展的方面为标准，而不应当要求学校基金会将有限的资金再度捐赠给社会其他公益事项；在"郭美美事件"等风波之后，同其他基金会一样，社会舆论也将对大学基金会的整体信息披露提出更高要求，例如，要求学校公布基金会理事会成员／管理人员的信息、大学基金会的投资方向。

小　结

我国高校基金会的发展是一项非常有意义也充满挑战的事业，这需要政府、高校、市场和公众多方配合，一方面要进行规范和约束，一方面也要保留足够的发展空间。政府需要出台统一的制度规范，高校自身也需要在筹资工作中投入更多精力，尤其是高层领导。对于已有能力进行保值增值的高校基金会来说，需要结合自身的特点，尝试与专业化投资管理公司合作等方式，从而更好地发挥金融市场的作用。公众既可参与捐赠，也可进行监督，在多个方面助力高校基金会的发展。

结　语

一、主要发现

高等教育普及让高校在师资队伍、学科建设、科研发展等方面都产生了大量的资金需求。政府资助的下降也刺激了大学多渠道自筹发展资金。已经累积了众多捐赠的大学也需要良好的模式来运作这些资金。永续型基金模式符契合了高等教育事业久远发展的愿景,有利于大学更好地履行其宏大的使命。

在国外,尤其是美国,永续型基金模式在高等教育机构中较为普遍,大型基金的运作更是日趋成熟和高效。就深入参与了资本市场投资的大学永续型基金来说,规模超大的捐赠基金基本上不委托外部管理,规模较小的捐赠基金倾向于委托外部机构进行资产管理,有些基金先是委托外部管理,当规模达到一定数额时将资金收回。

目前我国绝大多数大学基金会的资产规模较小,尚不足以进行大规模的投资操作。基金会在学校的地位很弱,即使是规模较大的基金会,所产生的投资收益对学校的贡献较之政府拨款、学费等主要经费来源仍是偏弱的。学校领导层任期短变动大也致使学校对基金会的投资运作不够重视,基金会管理人员动力不足。

我国的税法对捐赠的鼓励力度不够,基金会接受捐赠以及基金会的投资收益都需要交税,这阻碍了高校基金会对社会捐赠的吸纳,无论是通过筹资还是通过投资收益留存拉动资金规模增长都比较缓慢。短期内,高校并不会对基金会放权,因此基金会很难将业务推向市场化,我国高校基金会将资金开放给外部管理人的进程会十分缓慢。

在我国,最近几年,大多数大学基金会都进行了投资运作,且偏好有固定收益的信托产品,部分大学基金会的资金仍主要采用银行协议存款的形式,资金实力比较雄厚的大学基金会进行了风险较高的投资,如股票和基金以及与私募股权相关的产品。为数不多的拥有高额资产的大学基金会出于自身资产配置的需求,可以成为 VC/PE 考虑的潜在机构投资人。

二、贡献与不足

本书系统地分析了国内外大学基金的管理状况,并结合实证数据对中国大学教育基金会的运作提出了具有实践价值的建议,丰富了我国在大学永续型管理研究这一新兴领域的科学知识体系。本书大量引入国内外大学基金管理的实证数据,尤其是在基金投资方面,通过大学的年度报表、财务报表以及专业研究机构的报告中收集整理数据,从而更加直观和真实地展示大学的资金在金融市场中的表现。为保证准确性和时效性,本书修正了现有文献中错误、不全以及过时的信息,同时尽可能补充相关的最新数据。研究团队对我国几所名校基金会进行的实地调研,也为本书增添了宝贵的信息。

本书的研究对象是大学永续型基金,但实际上,这些基金未必包含该校的全部永续的资金。有些大学的学院没有通过投资管理办或是学校的投资公司来管理基金,而是自主管理投资事宜,如某些名校的商学院。对于这些学院的投资与管理,本书并未讨论。

本书以高校作为主体来分析其资产管理,但实际上,国外非营利机构的理财已形成比较成熟的业务,有大量专注于为高校等非营利机构提供资产服务的公司。研究这类公司的发展和业务模式,探讨能够在我国发展专为大学基金会等非营利机构提供投资服务的公司,对我国大学基金会保值增值会有更多的实践性启发。

本书的内容框架较大,在政策建议中,基于前面章节的探讨,提出了改进的思路和重点,但在实际落实中,仍有很多细节的问题需要进一步研究。

参考文献

[1] HARVARD UNIVERSITY. Harvard University Financial Report Fiscal Year 2014[R]. Boston，MA：2014.

[2] NORRBY E. Nobel Prizes and Life Sciences[M]. Singapore：World Scientific Publishing，2010.

[3] ALTBACH P. The Costs and Benefits of World-class Universities[J]. International Higher Education，2015(33).

[4] 〔美〕萨尔米. 世界一流大学：挑战与途径[M]. 上海：上海交通大学出版社，2009.

[5] 王晓阳,刘宝存,李婧. 世界一流大学的定义、评价与研究——美国大学联合会常务副主席约翰•冯(John Vaugh)访谈录[J]. 比较教育研究,2010(1)：13-19.

[6] 丁学良. 什么是世界一流大学[J]. 高等教育研究,2001(03)：4-9.

[7] 燕凌,洪成文. 筹资视角下的现代大学制度建设[J]. 教育与职业,2013(5)：10-12.

[8] NILAND J. The Challenge of Building World Class Universities in the Asian Region[EB/OL]. [2014-08-20]. www.onlineopinion.com.au/view.asp?article＝997.

[9] SHANGHAI RANKING CONSULTANCY. Academic Ranking of World Universities 2011[EB/OL]. [2014-05-15]. http://www.shanghairanking.com/ARWU2011.html.

[10] TIMES HIGHER EDUCATION. World University Rankings 2011-2012[EB/OL]. [2014-05-15]. http://www.timeshighereducation.co.uk/world-university-

rankings/2011-12/world-ranking.

[11] BELLFLEUR J I. College & University Endowments:Case Studies & Tax Issues(Education in a Competitive and Globalizing World)[M]. New York:Nova Science Publishers,2011.

[12] NEWMAN D S. Nonprofit Essentials:Endowment Building[M]. Hoboken, NJ:John Wiley & Sons,2005.

[13] 陈秀峰. 当代中国大学教育基金会研究[M]. 北京:中国社会科学出版社,2010.

[14] NATIONAL UNIVERSITY OF SINGAPORE. Full Financial Statements for The Financial Year Ended 31 March 2015[R]. Singapore:National University of Singapore,2015.

[15] 〔美〕史文森. 机构投资的创新之路[M]. 张磊,杨巧智,译. 北京:中国人民大学出版社,2010.

[16] 林平. 全国405家高校基金会净资产158亿 主要用于科研助学[EB/OL].[2015-05-12]. http://news.jcrb.com/jxsw/201312/t20131225_1291371.html.

[17] 世界大学学术排名. 世界大学学术排名2014[EB/OL].[2015-04-15]. http://www.shanghairanking.cn/ARWU2014.html.

[18] 赵岩. 公司捐赠法律规制研究[D]. 泉州:华侨大学,2007.

[19] AMERICAN LAW INSTITUTE. Principles of Corporate Governance:Analysis and Recommendations[M]. Philadelphia, PA:American Law Institute Publishers,1994.

[20] 资中筠. 财富的归宿:美国现代公益基金会述评[M]. 上海:上海人民出版社,2006.

[21] 戴志敏. 大学教育基金会管理研究[M]. 杭州:浙江大学出版社,2010.

[22] 杨青. 美国大学基金会成功因素分析及启示[J]. 中国地质教育,2007,16(1):110-114.

[23] 罗立和. 康奈尔大学社会捐赠研究[D]. 长沙:湖南师范大学,2012.

[24] 陈志琴,俞光虹,周玲. 影响中美高校募捐的社会因素比较[J]. 高教探索,2005,5:39-41.

[25] 杨光富,张宏菊. 赠地学院对美国高等教育的影响[J]. 河北师范大学学报:教育科学版,2008(10):8-11.

[26] 续润华,李建强. 美国"莫雷尔法案"的颁布及其历史意义简析[J]. 河北师范大学学报:教育科学版,1998(01):55-59.

[27] 梅芳. 美国世界一流大学捐赠基金研究[D]. 厦门:厦门大学,2008.

[28] MURRAY R F. The Formative Years:A Founder Reflects[M]//Commonfund T. A Common Vision:Working in Partnership for The Benefit of All. Wilton,CT:The Commonfund,1996:10-16.

[29] POLLINGER A. Then and Now:Four Decades of Change[R]. Boston,MA:Cambridge Associates,2014.

[30] KOCHARD L E,RITTEREISER C M. Foundation and Endowment Investing:Philosophies and Strategies of Top Investors and Institutions[M]. Hoboken,NJ:John Wiley & Sons,2010.

[31] 张敏. 美国大学捐赠基金的谨慎投资者规则及其启示[J]. 教育科学,2007,23(4):78-82.

[32] NACUBO. Uniform Prudent Management Of Institutional Funds Act[EB/OL]. [2015-09-22]. http://www.nacubo.org/Business_and_Policy_Areas/Endowment_Management/UPMIFA_Resources/UPMIFA_Summary.html.

[33] ASSOCIATION OF AMERICAN UNIVERSITIES. Myths About College and University Endowments[EB/OL]. [2014-12-14]. https://www.aau.edu/WorkArea/DownloadAsset.aspx?id=7792.

[34] UK GOVERNMENT. Tax Relief When You Donate to A Charity[EB/OL]. [2016-03-02]. https://www.gov.uk/donating-to-charity/overview.

[35] 高文兴. "资助捐赠"与英国税务海关总署[N]. 公益时报,2013-03-26.

[36] HM REVENUE & CUSTOMS. Inheritance Tax Thresholds[EB/OL]. [2016-03-02]. https://www.gov.uk/government/publications/rates-and-allowances-inheritance-tax-thresholds/inheritance-tax-thresholds#inheritance-tax-thresholds-from-18-march-1986-to-5-april-2016.

[37] HM REVENUE & CUSTOMS. Inheritance Tax Reduced Rate Calculator[EB/OL]. [2016-03-02]. https://www.gov.uk/inheritance-tax-reduced-rate-calculator.

[38] 陈宝华. 英国高等教育体制变迁及其启示[J]. 高教探索,2009(04):71-73.

[39] 谷贤林,王铄. 英国高等教育捐赠主体、制度保障与回馈方式分析[J]. 比较教育研究,2011,33(10):60-65.

[40] IRELAND E, COUTINHO S, ANDERSON T. Giving to Excellence: Generating Philanthropic Support for UK Higher Education 2010-11[R]. London: NatCen Social Research, 2012.

[41] PARTNERSHIP M. Review of Philanthropy in UK Higher Education: 2012 Status Report and Challenges for the Next Decade[R]. Dundee: More Partnership, 2012.

[42] 黄福涛. 外国高等教育史[M]. 上海: 上海教育出版社, 2003.

[43] JOHNSTONE D B. Sharing the Costs of Higher Education[J]. New York: College of Examination Board, 1986.

[44] HANSMANN H. Why do Universities Have Endowments?[J]. The Journal of Legal Studies, 1990: 3-42.

[45] 李俐. 英国高校教师发展研究[D]. 重庆: 西南大学, 2013.

[46] 易红郡, 缪学超. 英国高等教育市场化趋向: 经费筹措视角[J]. 清华大学教育研究, 2012(3): 89-97.

[47] 〔美〕斯劳特, 莱斯利. 学术资本主义: 政治、政策和创业型大学[M]. 梁骁, 黎丽, 译. 北京: 北京大学出版社, 2008.

[48] 廖楚晖. 教育财政学[M]. 北京: 北京大学出版社, 2006.

[49] 金子元久, 刘文君, 钟周. 高等教育市场化: 趋势、问题与前景[J]. 清华大学教育研究, 2006, 27(03): 9-18.

[50] BROWN J R, DIMMOCK S G, WEISBENNER S. The Supply of and Demand for Charitable Donations to Higher Education[R]. Cambridge, MA: National Bureau of Economic Research, 2012.

[51] 郭健. 社会捐赠及其税收激励研究[D]. 济南: 山东大学, 2008.

[52] 樊爱琴. 美英两国高等教育社会捐赠机制对我国的借鉴与启示[D]. 西安: 陕西师范大学, 2010.

[53] 喻冰峰. 近代早期英国的教育捐赠[J]. 江西社会科学, 2012, 7: 29.

[54] 斯托撒德, 库金. 剑桥大学首次发行债券[N]. Financial Times, 2012-10-11.

[55] GUTTENPLAN D D. In Europe, Fund-Raising Lessons From Americans[N]. New York Times, 2010-09-05.

[56] HARVARD UNIVERSITY. Harvard University Financial Report Fiscal Year 2009[R]. Boston, MA: Harvard University, 2009.

[57] 〔法〕托克维尔. 论美国的民主[M]. 董果良, 译. 北京: 商务印书馆, 1988.

[58] 黄理倩．路在何方：反思我国慈善捐赠税收制度激励不足问题——以对捐赠主体的法律保护为视角［J］．法制与社会，2012（19）：67-68.

[59] CHARITIES AID FOUNDATION. World Giving Index：A Global View of Giving Trends［R］. London：Charities Aid Foundation，2014.

[60] 李韬．慈善基金会缘何兴盛于美国［J］．美国研究，2005（03）：6，132-146.

[61] 李莉．中国公益基金会治理研究：基于国家与社会关系视角［M］．北京：中国社会科学出版社，2010.

[62] 龚旭．美国私人基金会及其支持科学事业的考察［J］．自然辩证法通讯，2003（04）：45-54，111.

[63] 蒙有华．民间慈善基金会组织对美国高等教育的影响［J］．教育学报，2007（06）：85-94.

[64] 〔美〕布鲁克斯．谁会真正关心慈善［M］．王青山，译．北京：社会科学文献出版社，2008.

[65] 王幡，刘在良．捐赠与日本私立大学的经营管理［J］．世界教育信息，2008（10）：25-29.

[66] 耿同劲．高等教育经费来源的国际比较及启示［J］．现代教育科学，2010（09）：54-58.

[67] #GIVINGTUESDAY. About #GivingTuesday［EB/OL］. ［2015-03-05］. http：//www. givingtuesday. org/about/.

[68] KRUSE K. GivingTuesday：Turns 'Selfies' Into 'UNselfie' Pics［EB/OL］. ［2015-03-05］. http：//www. forbes. com/sites/kevinkruse/2013/12/03/givingtuesday-unselfie/#65189dfc7d23.

[69] 中国新闻网．美"给予星期二"人气涨 今年收4570万美元善款［EB/OL］. ［2015-03-05］. http：//www. chinanews. com/gj/2014/12-05/6848596. shtml.

[70] 〔美〕布尔斯廷．美国人：开拓历程［M］．中国对外翻译出版公司，译．北京：三联书店，1993.

[71] 顾远．英国式捐赠［N］．东方早报，2012-01-31.

[72] 〔美〕费伯，理查森．常青藤投资组合［M］．周瑜，译．上海：上海财经大学出版社，2011.

[73] 楚墨．牛津大学8年捐赠活动筹资13亿英镑［EB/OL］. ［2014-12-02］. http：//finance. sina. com. cn/stock/usstock/c/20120315/182511600294. shtml.

[74] 程术希．一流大学建设中的捐赠及其对策研究［D］．杭州：浙江大学，2005.

[75] STALEY O. Cambridge Enters U. K. Banking Business to Lift Endowment[EB/OL]. [2014-12-12]. http://www.bloomberg.com/news/articles/2013-02-15/cambridge-enters-u-k-banking-business-to-lift-endowment.

[76] 傅新. 拒把经费危机转嫁学生的剑桥让人尊重[EB/OL]. [2014-12-21]. http://edu.people.com.cn/GB/5608687.html.

[77] DOTI J L. A Vital Statistic[EB/OL]. [2014-10-10]. http://www.nacubo.org/Business_Officer_Magazine/Magazine_Archives/November_2013/A_Vital_Statistic.html.

[78] UNIVERSITY OF CAMBRIDGE. Reports and Financial Statements for the Year Ended 31 July 2013[R]. Cambridge, Eng: University of Cambridge, 2013.

[79] 王晓勇. 科学精神与诺贝尔奖[J]. 自然辩证法研究, 2001(09): 60-64.

[80] 仲伟纲, 李宏印. 走近诺贝尔奖[J]. 自然辩证法研究, 1999, 15(5): 65-69.

[81] NOBEL MEDIA AB. Nobel Prize Facts[EB/OL]. [2014-12-12]. http://www.nobelprize.org/nobel_prizes/facts/.

[82] 焦国伟, 贾玉娇. 世界最具影响力大奖:诺贝尔奖[M]. 长春:吉林人民出版社, 2009.

[83] NOBEL MEDIA AB. Prize Amount and Market Value of Invested Capital Converted Into 2013 Year's Monetary Value[R]. Stockholm: The Nobel Foundation, 2014.

[84] THE NOBEL FOUNDATION. The Nobel Foundation Annual Report 2013[R]. Stockholm: The Nobel Foundation, 2014.

[85] THE KAVLI FOUNDATION. About the Foundation[EB/OL]. [2014-09-14]. http://www.kavlifoundation.org/about-foundation.

[86] 林曾. 美国大学面对财政危机的人事对策:兼职教授与教授终身制[J]. 清华大学教育研究, 2011(6): 89-97.

[87] SULLIVAN B K, KEENAN M. Berkeley Raises $1.1 Billion to Keep Professors From Ivy League[EB/OL]. [2014-10-09]. http://www.bloomberg.com/apps/news?pid=newsarchive&sid=apfnctfiPQPk.

[88] COLLEGE OF VETERINARY MEDICINE AT MICHIGAN STATE UNIVERSITY. Endowed Chairs and Endowed Professorships[EB/OL]. [2014-10-08]. http://cvm.msu.edu/research/endowed-chairs.

[89] 张和平,沈红. 捐赠讲席:美国大学聘用顶尖学者的有效途径[J]. 中国高等教育,2013(3):78-79.

[90] KRANTZ S G. The Proof is in the Pudding:The Changing Nature of Mathematical Proof[M]. Springer Science & Business Media,2011.

[91] BRUCE F. How Sterling Professors Get That Way[J]. Yale Alumni Magazine,1999(02).

[92] DOCKENDORF J. The Sterling Professors of Yale:Evolution of a Species[N]. Yale Daily News,2011-01-21.

[93] HICKS F C. Book Review:John William Sterling[EB/OL]. [2015-10-20]. http://digitalcommons. law. yale. edu/fss_papers/4712.

[94] ORLEANS V. University Endowments Benefit Students and Programs[EB/OL]. [2015-10-20]. http://calstate. fullerton. edu/inside/2010/Endowments-Benefit-Students-Programs. asp.

[95] ALEJANDRO J,STUEBS M. Using Endowed Scholarships to Finance Higher Education[EB/OL]. [2014-10-20]. http://www. nacubo. org/Business_Officer_Magazine/Business_Officer_Plus/Bonus_Material/Using_Endowed_Scholarships_to_Finance_Higher_Education. html.

[96] ASSOCIATION OF AMERICAN UNIVERSITIES. Uses of College and University Endowments[EB/OL]. [2015-05-24]. https://www. aau. edu/WorkArea/DownloadAsset. aspx?id = 7794.

[97] YALE INVESTMENTS OFFICE. The Yale Endowment 2013[R]. New Haven,CT:Yale Investments Office,2014.

[98] P. Z. Legacy:Cecil Rhodes,the Rhodes Trust and Rhodes Scholarships[M]. New Haven,CT:Yale University Press,2008.

[99] THE RHODES SCHOARSHIPS. About the Rhodes Scholarships[EB/OL]. [2014-12-02]. http://www. rhodeshouse. ox. ac. uk/rhodesscholarship.

[100] KENNY A. The History of the Rhodes Trust:1902-1999[M]. Oxford:Oxford University Press,2001.

[101] THE RHODES TRUST. The Rhodes Trust Governance Protocols[R]. Oxford:Rhodes Trust,2012.

[102] THE RHODES TRUST. The Impact of Philanthropy—the Rhodes Trust Donor Report 2011-2012[R]. Oxford:Rhodes Trust,2012.

[103] THE RHODES TRUST. Annual Report and Financial Statements for the Year Ended 30 June 2010,2011,2012[R]. Oxford:Rhodes Trust,2010,2011,2012.

[104] LORIN J F. Would-Be Rhodes Scholars Make Do as Gates Scholars[N]. Bloomberg,2008-05-01.

[105] 胡娟,张伟. 哈佛大学资金来源,筹资模式及其启示 [J]. 高等教育研究,2008(5):104-109.

[106] 邓娅. 校友工作体制与大学筹资能力——国际比较的视野[J]. 北京大学教育评论,2012(10):139-150.

[107] 谢秋葵. 基金会:美国高等教育发展的重要推动力[J]. 高等教育研究,2005(3):92-97.

[108] ALTBACH P G, SALMI J. The Road to Academic Excellence:The Making of World-Class Research Universities[M]. Washington,DC:The World Bank,2008.

[109] GLOBAL ARC. A Changing Landscape:Endowments in Asia are Rising in Prominence and Becoming More Institutionalised[J]. Global ARC,2012:40-41.

[110] APPELL D. Singapore's Approach to Endowments Rare in Region[EB/OL]. [2015-12-10]. http://www.pionline.com/article/20130218/PRINT/302189992/singapores-approach-to-endowments-rare-in-region.

[111] YALE-NUS COLLEGE. Creating a New Community of Learning[R]. Singapore:Yale-NUS College,2015.

[112] EE C I. 13 August 2014:Mr Zhang Lei Joins the Yale-NUS Governing Board[EB/OL]. [2015-10-15]. http://www.yale-nus.edu.sg/newsroom/13-august-2014-mr-zhang-lei-joins-the-yale-nus-governing-board/.

[113] QS. QS World University Rankings 2015/16[EB/OL]. [2015-10-15]. http://www.topuniversities.com/university-rankings/world-university-rankings/2015#sorting = rank + region = + country = 113 + faculty = + stars = false + search = .

[114] 佚名. 马大、理大、工大、国大、博大5大学拥行政自主权[EB/OL]. [2015-10-10]. http://www.nanyang.com/node/416665.

[115] UNIVERSITY OF MALAYA. UM Strategic Plan 2011-2015[R]. Kuala

Lumpur: University of Malaya, 2010.

[116] SALMI J. The Challenge of Establishing World-Class Universities[M]. Washington, DC: The World Bank, 2008.

[117] BANJO A. The Vice-Chancellor[EB/OL]. [2012-10-15]. http://ui.edu.ng/vicechacellor.

[118] UNIVERSITY OF CAPE TOWN. Annual Report for the Year Ended 31 December 2014[R]. Cape Town: University of Cape Town, 2015.

[119] BROWN K C, TIU C I, GARLAPPI L. The Troves of Academe: Asset Allocation, Risk Budgeting, and the Investment Performance of University Endowment Funds[J]. McCombs Research Paper Series No. FIN-03-07, 2007.

[120] 张伟. 美国大学捐赠基金管理实践及经验研究[J]. 中国人民大学教育学刊, 2011(04): 67-80.

[121] 张华峰, 黄海涛. 捐赠资产的有效增值——哈佛管理公司的管理、投资及其启示[J]. 山东高等教育, 2014(07): 81-86.

[122] MCDONALD M, STREIB L. Harvard Leads in Endowment Manager Pay as Returns Trail Peers[EB/OL]. [2015-02-25]. http://www.bloomberg.com/news/2014-07-18/harvard-leads-in-endowment-manager-pay-as-returns-trail-peers.html.

[123] MENDILLO J L. Harvard Management Company Update[EB/OL]. [2015-01-05]. http://hmc40.com/media/2014/06/Alumni-Letter-Compensation-May-2010-1.pdf.

[124] 李洁. 大学社会捐赠运行机制研究[M]. 武汉: 华中师范大学出版社, 2012.

[125] GRISWOLD J. What Should We Know About Investments and Endowments?[EB/OL]. [2015-03-05]. http://agb.org/trusteeship/2013/1/what-should-we-know-about-investments-and-endowments.

[126] CASEY Q A. The New Gatekeepers: Winning Business Models for Investments Outsourcing[R]. Darien, CT: Casey, Quirk & Associates, 2008.

[127] UNCMC. Organization[EB/OL]. [2015-09-22]. http://www.uncmc.unc.edu/Organization.aspx.

[128] GEORGE E P, PELOQUIN-DODD M. Outsourcing—A Road Becoming More

Frequently Traveled[J]. The NMS Management 2012.

[129] CORKERY M. Notre Dame Endowment Recruits Investment Staff from Among Alumni[N]. The Wall Street Journal,2013-12-26.

[130] CHASE J. One-on-One:Scott Malpass[EB/OL]. [2015-05-05]. https://investment.nd.edu/assets/156594/2014prea_interview_with_scott.pdf.

[131] 周艾琳.校友联名上书指哈佛捐赠基金公司薪酬过高[N].第一财经日报,2014-09-23.

[132] 陈爱民.美国高校捐赠基金管理研究[J].清华大学教育研究,2015(01):64-74.

[133] COUNCIL FOR AID TO EDUCATION. Colleges and Universities Raise $37.45 Billion in 2014[R]. New York:Council for Aid to Education,2015.

[134] LORIN J. Harvard Beats Stanford, Raising Record $1.16 Billion in a Year [N]. BloombergBusiness,2015-01-28.

[135] 勃登斯基.年度捐赠的革新——十项已取得成效的尝试[M].丁力,译.上海:复旦大学出版社,2013.

[136] 邢博,张伟.耶鲁大学筹款运动考察研究[J].世界教育信息,2008(12):62-65.

[137] 杨晓红.2014年中国大额捐赠80%流向海外[EB/OL].[2015-04-24]. http://economy.caijing.com.cn/20150206/3817541.shtml.

[138] YALE UNIVERSITY OFFICE OF DEVELOPMENT. Yale Tomorrow Campaign Final Report[R]. New Haven,CT: Yale University,2011.

[139] YALE UNIVERSITY. Campaign Formally Launched at 'Yale Tomorrow' Celebration[EB/OL]. [2015-04-27]. http://giving.yale.edu/news/campaign-launch.

[140] 〔美〕赫钦斯.美国高等教育[M].汪利兵,译.杭州:浙江教育出版社,2001.

[141] 代蕊华.筹资者:大学校长新角色[J].高等教育研究,2000(03):62-64.

[142] 赵刚.美国大学校长面临的问题与解决办法[J].外国教育研究,1988(01):55-57.

[143] HODSON J B. Leading the Way: The Role of Presidents and Academic Deans in Fundraising[J]. New Directions for Higher Education,2010(149):39-49.

[144] 燕凌,洪成文.MIT的募捐之道及其启示[J].高等教育研究,2011(04):

103-108.

[145] 田培源,王建妮. 美国高校捐赠与基金会的运作及管理[J]. 北京城市学院学报,2008(01):14-19.

[146] 马万华. 从伯克利到北大清华——中美公立研究型大学建设与运行[M]. 北京:教育科学出版社,2004:93.

[147] 赵曙明. 美国高等教育管理研究[M]. 武汉:湖北教育出版社,1992.

[148] 曲哲. 美国大学募款之道[EB/OL].[2014-12-20]. http://hope.huanqiu.com/exclusivetopic/2013-03/3751446.html.

[149] COOK W B. Fund Raising and the College Presidency in an Era of Uncertainty: From 1975 to the Present[J]. Journal of Higher Education,1997,68(1):67-68.

[150] 王溪. 欧美大学的筹资之道[N]. 南方周末,2007-04-12(C17).

[151] 陈艳. 国外高校筹资的主要方式与启示[J]. 江西科技师范学院学报,2004(04):1-4,16.

[152] 姚加惠. 浅析大学校长的"首屈一指"作用——哈佛大学发展的启示[J]. 扬州大学学报:高教研究版,2008(03):11-14.

[153] 许诤. 美国著名大学筹款运动的考察[J]. 北京大学教育评论,2005(S1):74-83,87.

[154] HARVARD GAZETTE. Q & A on Harvard's Changing Corporation[N]. Harvard Gazette,2010-12-06.

[155] 庄丽君. 哈佛大学治理改革两周年——哈佛大学校长及资深董事访谈录[J]. 世界教育信息,2013(01):32-35.

[156] 张美凤,吴晨. 中国高校校友工作理论与实践:中国高等教育学会校友工作研究分会成立10周年论文集[M]. 杭州:浙江大学出版社,2013.

[157] 中国校友会网. 2015中国大学校友捐赠排行榜出炉,北京大学突破20亿雄霸榜首[EB/OL].[2015-04-17]. http://www.cuaa.net/cur/2015/04.

[158] BELKIN D. Harvard Gets Largest-Ever Donation[N]. The Wall Street Journal,2014-09-08.

[159] 张伟. 美国大学募款制度及其对大学治理结构的建构[J]. 高等教育研究,2012(12):96-103.

[160] CAHILL D T. Understanding and Influencing Fund Raising Leadership[D]. Philadelphia,PA:University of Pennsylvania,2003.

[161] 赵桢. 哈佛大学基金会,治理结构,职能及其借鉴[J]. 中国证券期货, 2011,5:212-213.

[162] HARVARD UNIVERSITY. Harvard at a Glance[EB/OL]. [2015-05-20]. http://www.harvard.edu/about-harvard/harvard-glance.

[163] 李萍. 斯坦福大学筹款工作的成功经验及其启示[J]. 国际人才交流, 2008(08):52-54.

[164] 陈凡. 牛津为什么从来不搞校庆[N]. 新京报,2012-10-27.

[165] UNIVERSITY OF CAMBRIDGE. Seven Facts About the 800th Anniversary Campaign[EB/OL]. [2015-05-08]. https://www.philanthropy.cam.ac.uk/about-the-800th-anniversary-campaign.

[166] UNIVERSITY OF CAMBRIDGE. The Cambridge 800th Anniversary Campaign Report 2010-2011[R]. Cambridge, Eng: University of Cambridge, 2012.

[167] UNIVERSITY OF CAMBRIDGE. A Gift to Cambridge Changes Lives—Report to Donors to Collegiate Cambridge 2012-2013[R]. Cambridge, Eng: University of Cambridge, 2014.

[168] 郭力. 中国高校基金会运作取向——借鉴澳大利亚"教育投资基金"的设置与运作[J]. 北京理工大学学报(社会科学版),2014(02):155-160.

[169] 王翔. 百万理财计划:"有产一族"的十堂财富管理课[M]. 北京:中信出版社,2010.

[170] ROGERS F. Sources of Endowment Growth at College and Universities[R]. Wilton, CT: Commonfund Institution, 2005.

[171] OUEM. The Oxford Funds Report 2013[R]. Oxford: OUem, 2014.

[172] BLACKMAN A. Time to Invest in Emerging-Markets Stock Funds?[N]. The Wall Street Journal, 2014-08-03.

[173] BBC MONEY. Investing Your Money Basics[EB/OL]. [2014-12-20]. http://money.cnn.com/magazines/moneymag/money101/lesson4/.

[174] KARMIN C. Ivy League Endowments Finally 'Dumb'[N]. The Wall Street Journal, 2009-06-30.

[175] BARY A. The Big Squeeze[EB/OL]. [2014-10-20]. http://online.barrons.com/articles/SB124605595751363385?tesla=y.

[176] KEATING T J. The Yale Endowment Model of Investing is Not Dead[J]. Investments and Wealth Monitor, 2010:6-10.

[177] MIAO D. World's Most Profitable Yale Endowment Allocates 30. 0% to PE Assets[EB/OL]. [2015-08-25]. http://en. pedaily. cn/Item. aspx?id = 219848.

[178] CHIEF INVESTMENT OFFICER. UVIMCO Chief on What Makes a Great CIO[EB/OL]. [2015-05-29]. http://www. ai-cio. com/channel/NEWSMAKERS/UVIMCO_Chief_on_What_Makes_a_Great_CIO. html.

[179] TUTTLE M. How Harvard and Yale Beat the Market: What Individual Investors Can Learn From University Endowments to Help Them Prosper in an Uncertain Market[M]. Hoboken, NJ: John Wiley & Sons, 2009.

[180] JOURNAL OF INDEXES. Of Commodities and Correlations[EB/OL]. [2015-04-28]. http://www. etf. com/publications/journalofindexes/joi-articles/19085-of-commodities-and-correlations. html?fullart = 1 & start = 6.

[181] GREENWICH ASSOCIATES. Real Assets: An Increasingly Central Role in Institutional Portfolios[R]. Stamford, CT: Greenwich Associates, 2014.

[182] KAPLAN S N, STR MBERG P. Leveraged Buyouts and Private Equity[R]. Cambridge, MA: National Bureau of Economic Research, 2008.

[183] LERNER J, SCHOAR A, WONGSUNWAI W. Smart Institutions, Foolish Choices: The Limited Partner Performance Puzzle[J]. The Journal of Finance, 2007, 62(2): 731-764.

[184] DENMARK F. Why Notre Dame's Scott Malpass is Still Smiling[EB/OL]. [2015-04-28]. http://www. institutionalinvestor. com/article/3391234/investors-endowments-and-foundations/why-notre-dames-scott-malpass-is-still-smiling. html#. VFrbaPnP3As.

[185] IBBOTSON R G, KAPLAN P D. Does Asset Allocation Policy Explain 40, 90, or 100 Percent of Performance?[J]. Financial Analysts Journal, 2000, 56(1): 26-33.

[186] BENZ C. Income vs. Total Return Strategies: Why Take Sides?[EB/OL]. [2014-12-20]. http://www. morningstar. co. uk/uk/news/69233/income-vs-total-return-strategies-why-take-sides. aspx.

[187] POLLOCK M A. 'Lncome' isn't Everything: Most People Should Invest for Total Return[N]. The Wall Street Journal, 2012-12-02.

[188] OUEM. The Oxford Funds Report 2013[R]. Oxford: OUem, 2013.

[189] ADVISORY COMMITTEE ON ENDOWMENT MANAGEMENT. Managing Educational Endowments: Report to the Ford Foundation[R]. New York: Ford Foundation, 1972.

[190] DARDENMBA. UVIC 2013: Endowment Panel Moderated by Larry Kochard [EB/OL]. [2014-12-03]. http://www.youtube.com/watch?v=8xdlwWAk2q8.

[191] PERRY S F, WATSON A. The Endowment Model: Striking the Balance Between Simple & Complex[R]. Boston, MA: NEPC, 2014.

[192] CEJNEK G, FRANZ R, RANDL O, STOUGHTON N. A Survey of University Endowment Management Research[J]. Journal of Investment Management, 2014, 12(3): 90-117.

[193] MARTIN T W. Universities Look to Yale for Investment Managers[N]. The Wall Street Journal, 2015-04-29.

[194] BUTTRICK B. Just Another "FOMO" Market: Avoiding Behavioral Pitfalls[R]. Boston, MA: Cambridge Associates, 2014.

[195] WALLICK D W, WIMMER B R, SCHLANGER T. Assessing Endowment Performance: The Enduring Role of Low-cost Investing[R]. Valley Forge, PA: The Vanguard Group, 2012.

[196] 佚名. 2011年全球股市整体下行[EB/OL]. [2014-12-20]. http://finance.ifeng.com/roll/20111230/5375439.shtml.

[197] GRISWOLD J S, KUHNEL K, JARVIS W F, REDD K E, JORDAN L. Educational Endowments Earned Investment Returns Averaging －0.3% in FY2012, Down Sharply from 19.2% in FY2011[R]. New York: NACUBO, 2013.

[198] YALE INVESTMENTS OFFICE. Investment Philosophy[EB/OL]. [2014-12-12]. http://investments.yale.edu/index.php/2011-09-22-18-13-43/philosophy.

[199] 上海陆家嘴并购联盟. 耶鲁基金: 机构投资者的典范[EB/OL]. [2014-12-20]. http://www.investbank.com.cn/Information/Detail.aspx?id=50436#rd&sukey=0e36454da5dd5a80346a00042977a2282ab45d6c59e72f34893bfc4f9be15fdb0d9abb774cb2397acde1086a147598e2.

[200] OUEM. The Oxford Funds Report 2012[R]. Oxford: OUem, 2013.

[201] 沈建缘. 年报亏损 盖茨基金善款仍投疫苗[EB/OL]. [2015-03-20]. http://www.eeo.com.cn/2010/0915/180819.shtml.

[202] 徐丽梅. 开放式证券投资基金稳健投资管理研究[D]. 上海:同济大学,2007.

[203] 〔英〕霍普金. 风险管理:理解,评估和实施有效的风险管理[M]. 蔡荣右,译. 中国铁道出版社,2013.

[204] SWENSEN D F. Pioneering Portfolio Management: An Unconventional Approach to Institutional Investment[M]. New York: Free Press, 2009.

[205] CREDIT SUISSE. Credit Suisse Global Investment Returns Year Book 2012[R]. Zurich: Credit Suisse, 2012.

[206] LOGUE A C. Endowments 2010: Risk Management, Liquidity, Stewardship[J]. University Business, 2010.

[207] SHEIKH A Z, SUN J. Defending the "Endowment Model": Quantifying Liquidity Risk in a Post-Credit Crisis World[J]. Journal of Alternative Investments, 2012, 14(4): 9-24.

[208] THE COMMON FUND. Principles and Objectives: The Common Fund Perspective[R]. Wilton, CT: The Common Fund, 1996.

[209] TELLUS INSTITUTE. Educational Endowments and the Financial Crisis: Social Costs and Systemic Risks in the Shadow Banking System[R]. Boston, MA: Tellus Institute, 05-27, 2010.

[210] DIMMOCK S G. Background Risk and University Endowment Funds[J]. Review of Economics and Statistics, 2012, 94(3): 789-799.

[211] BLANCHETT D. Donation Risk and Optimal Endowment Portfolio Allocations[J]. Journal of Portfolio Management, 2014, 41(1): 109-120.

[212] LITVACK J M, MALKIEL B G, QUANDT R E. A Plan for the Definition of Endowment Income[J]. The American Economic Review, 1974, 64(2): 433-437.

[213] TOBIN J. What is Permanent Endowment Income?[J]. The American Economic Review, 1974: 427-432.

[214] BLACK F. The Investment Policy Spectrum: Lndividuals, Endowment Funds and Pension Funds[J]. Financial Analysts Journal, 1976, 32(1): 23-31.

[215] MERTON R C. Optimal Investment Strategies for University Endowment

Funds[M]// Studies of Supply and Demand in Higher Education. University of Chicago Press, 1993: 211-242.

[216] 〔美〕格林诺德,卡恩. 主动投资组合管理:创造高收益并控制风险的量化投资方法 [M]. 李腾,杨柯敏,译. 北京:机械工业出版社,2014.

[217] VAILLANCOURT J R. Reducing Liquidity Risk in Plan Management[R]. Boston, MA: Putnam Investments, 2012.

[218] CAMBRIDGE ASSOCIATES. From Asset Allocation to Risk Allocation: The Risk Allocation Framework[R]. Boston, MA: Cambridge Associates, 2013.

[219] BELMONT D. Redefining the Risk Waterfall: An Asset/Liability Approach to Endowment Risk Management[EB/OL]. [2016-01-22]. https://www.commonfund.org/2015/08/17/redefining-the-risk-waterfall/.

[220] THE COMMONWEALTH FUND. Rethinking the Management of Foundation Endowments[R]. Washington, DC: The Commonwealth Fund, 2009.

[221] MENDILLO J L. Message from the CEO[R]. Boston, MA: Harvard Management Company, 2014.

[222] SAA L. 投资者信息披露的趋势 [EB/OL]. [2015-03-17]. http://www.bsr.org/cn/our-insights/sustainable-investment-china-article/trends-in-investor-disclosure-prac.

[223] ONINK T. As College Endowments Gain 15.5%, Harvard Tops List of 25 Biggest Endowment Funds[EB/OL]. [2015-03-25]. http://www.forbes.com/sites/troyonink/2015/01/29/as-college-endowments-gain-15-5-harvard-tops-list-of-25-biggest-endowment-funds/#2fe1104743d0.

[224] 中国新闻网. 剑桥大学荣膺英国最富有大学 牛津大学位居第二 [EB/OL]. [2015-05-05]. http://www.chinanews.com/gj/2010/09-17/2538851.shtml.

[225] KELLEHER E. Private Equity Funds Fail to Make the Grade for Yale Endowment[N]. Financial Times, 2013-10-27.

[226] YUSKO M. Mark Yusko: The 'Endowment Model' isn't Broken[EB/OL]. [2014-10-19]. http://www.opalesque.tv/hedge-fund-videos/Mark_W_Yusko/1.

[227] 王洪才. 金融危机对美国高等教育的影响及思考[J]. 复旦教育论坛, 2009, 7: 5-9.

[228] 新华网. 美大学捐赠基金收益跌至"大萧条"以来最低[EB/OL]. [2014-05-25]. http://education.news.cn/2010-01/30/content_12905149.htm.

[229] 中华人民共和国国家统计局. 中国统计年鉴2010[M]. 北京:中国统计出版社, 2011.

[230] 教育部财务司, 国家统计局社科司. 中国教育经费统计年鉴2009[M]. 北京:中国统计出版社, 2009.

[231] BUREAU OF ECONOMIC ANALYSIS. National Income and Product Accounts[R]. Washington, DC: Department of Commerce, 2009.

[232] HERBST M. Unemployed Lose with Hour and Wage Cuts[N]. Business Week, 2009-07-10.

[233] 李洁. 大学捐赠基金运作问题研究[D]. 武汉:华中科技大学, 2010.

[234] REBECCA KNIGHT. US Higher Education Institutions See Dwindling Coffers[N]. Financial Times, 2008-09-22.

[235] NAICU. Findings from the Survey on the Impact of the Economic Conditions on Independent Colleges and Universities[R]. Washington, DC: NAICU, 2009.

[236] MEHRLING P, GOLDSTEIN P, SEDLACEK V O. Endowment Spending: Goals, Rates, and Rules[C]// Forum for the Future of Higher Education. 2005.

[237] LORD M, THRONEBURG W. Smoothe Spending[J]. Business Officer Magazine, 2007.

[238] LOGUE A C. Endowments: New Questions in the New Normal[J]. University Business, 2012.

[239] SEDLACEK V O, JARVIS W F. Endowment Spending: Building a Stronger Policy Framework[J]. Commonfund White Paper, 2010.

[240] ACHARYA S, DIMSON E. Endowment Asset Management: Investment Strategies in Oxford and Cambridge[M]. Oxford: Oxford University Press, 2007.

[241] THE BAM ALLIANCE. Endowment Spending Policies[EB/OL] [2015-05-24]. http://buckinghamadvisor.com/endowment-spending-policies/.

[242] BERNSTEIN GLOBAL WEALTH MANAGEMENT. Sustainable Spending for Endowments and Public Foundations: Achieving Better Long-Term Results[R]. New York: AllianceBernstein, 2011.

[243] CAMBRIDGE ASSOCIATES. Annual Analysis of College and University

Investment Pool Returns: 2012-13[R]. Boston, MA: Cambridge Associates, 2013.

[244] MEHRLING P. Endowment Spending Policy: An Economist's Perspective[C]// Futures Forum 2004, Forum for the Future of Higher Education. 2004.

[245] CALLAN ASSOCIATES. Endowment Spending Policies Since the Passage of UPMIFA[R]. San Francisco, CA: Callan Investments Institute Research, 2010.

[246] BROWN K, TIU C. The Interaction of Spending Policies, Asset Allocation Strategies, and Investment Performance at University Endowment Funds[R]. Cambridge, MA: National Bureau of Economic Research, 2013.

[247] STANFORD UNIVERSITY. Stanford's Endowment: Frequently Asked Questions[R]. Stanford, CA: Stanford University, 2013.

[248] 钟欣. 民政部解读《基金会管理条例》：非公募基金会是重要类型[N]. 中国青年报, 2004-03-30.

[249] 周执, 刘素楠, 邢晓雯. 高校基金会为何被抛弃？[N]. 南方都市报, 2014-09-24.

[250] 张学军. 非公募基金会"原始基金"研究[J]. 政法论坛, 2014(03): 69-76.

[251] 杨团. 慈善蓝皮书：中国慈善发展报告（2015）[M]. 北京：社会科学文献出版社, 2015.

[252] 基金会中心网. 晒晒那些在市县级注册的基金会[EB/OL]. [2015-10-10]. http://news.foundationcenter.org.cn/html/2014-12/88620_1.html.

[253] 《基金会内部治理与公信力建设》编委会. 基金会内部治理与公信力建设[M]. 北京：中国社会出版社, 2010.

[254] 基金会中心网. 基金会的税收优惠[EB/OL]. [2015-05-02]. http://news.foundationcenter.org.cn/html/2014-12/88495_1.html.

[255] 张明敏. 公益性捐赠税前扣除资格还需确认吗？[N]. 公益时报, 2015-05-19.

[256] 王辉. 最大非公募基金会降注册资金[N]. 京华时报, 2013-11-18.

[257] 刘京. 中国慈善捐赠发展蓝皮书（2013）[M]. 北京：中国社会出版社, 2014.

[258] 厦门大学. 高等教育第三方评估报告[R]. 北京：教育部, 2015.

[259] 夏红卫,程瑛.剑桥校长剖析剑桥奇迹[J].科技文萃,2002(7):97-101.

[260] 李立国.中国高等教育大众化发展模式的转变[J].清华大学教育研究,2014(01):17-27.

[261] 李志刚,杨洪超,晁霞,崔鹏飞,谢伟.聚焦地方高校债务[N].中国财经报,2014-05-24.

[262] 汪阳,梁明,李栋樑,曹鸿,陈镝.高等学校教育基金会发展方向研究[J].技术与创新管理,2013(05):484-486.

[263] 张婷.应否支持企业家捐款助学海外?[N].经济导报,2014-10-31.

[264] 刘春生,王任达.发展大学教育基金会,促进大学教育捐赠[J].北京科技大学学报(社会科学版),2005(04):12-15.

[265] 凤凰网公益.405家高校基金会净资产规模占非公募基金会45.8%[EB/OL].[2015-09-01].http://gongyi.ifeng.com/news/detail_2013_12/24/32423080_0.shtml.

[266] 基金会中心网.高校基金会超500家 净资产达252亿[EB/OL].[2016-03-05].http://mp.weixin.qq.com/s?_biz = MjM5MzgzNTY3MQ = &mid = 405360128 & idx = 1 & sn = 62172f4a9ed6b67bf1c98416b9f8aba4#rd.

[267] 储祖旺.市场化过程中的高校筹资机制[J].高等教育研究,2007(02):55-60.

[268] 中国经济网.2014年中国GDP突破10万亿美元 稳居世界第二[EB/OL].[2015-10-14].http://legal.gmw.cn/2015-01/21/content_14597087.htm.

[269] 徐宇珊.论基金会——中国基金会转型研究[M].北京:中国社会出版社,2010.

[270] 基金会中心网.中国最"任性"基金会排行榜[EB/OL].[2015-06-11].http://news.foundationcenter.org.cn/html/2014-12/88856_1.html.

[271] 基金会中心网,明善道(北京)管理顾问有限公司.中国企业基金会发展研究报告2011[R].北京:基金会中心网,2012.

[272] 基金会中心网.企业基金会知多少[EB/OL].[2015-06-11].http://news.foundationcenter.org.cn/html/2015-05/91474.html.

[273] 李未.完善教育基金会制度 拓宽高等教育社会筹资渠道[J].中国高等教育,2004(02):19-21.

[274] 基金会中心. 中小学基金会开学啦![EB/OL].[2015-10-20]. http://news. foundationcenter. org. cn/html/2015-03/90539. html.

[275] 吴黎华,李唐宁. 负利率侵蚀社保基金超百亿[N]. 经济参考报,2014-07-01.

[276] 中新网. 2014年城镇职工养老保险基金累计结余3.18万亿元[EB/OL].[2015-12-12]. http://www. chinanews. com/gn/2015/06-30/7374348. shtml.

[277] 国务院. 国务院关于印发基本养老保险基金投资管理办法的通知[EB/OL].[2015-12-12]. http://www. gov. cn/zhengce/content/2015-08/23/content_10115. htm.

[278] LETTS C W, RYAN W, GROSSMAN A. Virtuous Capital: What Foundations Can Learn From Venture Capitalists[J]. Harvard Business Review, 1997, 75(2): 36-44.

[279] 张木兰. 敦和基金会:年投资收益1亿元[N]. 公益时报,2015-03-31.

[280] 朱逸. 敦和:开启资本与公益和谐共舞新篇章[EB/OL].[2015-06-12]. http://www. yicai. com/news/2015/05/4615923. html.

[281] 朱臻,孙颖颖,张琳. 高校资金结构特征及其优化——以教育部直属高校为例[J]. 财务与金融,2015(02):35-40.

[282] 王卫平. 论中国古代慈善事业的思想基础[J]. 江苏社会科学,1999(02):116-121.

[283] 郭霞. 捐赠文化缺失的社会环境创生[J]. 山东师范大学学报(人文社会科学版),2009(03):120-125.

[284] 曹洪彬. 我国捐赠的公共经济学分析[D]. 厦门:厦门大学,2006.

[285] 王子今,刘悦斌,常宗虎. 中国社会福利史[M]. 北京:中国社会出版社,2002:222-225

[286] 宋传文. 我国捐赠文化的缺失及成因研究[J]. 山东师范大学学报(人文社会科学版),2010(04):141-145.

[287] 周秋光,曾桂林. 中国慈善简史[M]. 北京:人民出版社出版,2006.

[288] 黄剑波. 福利慈善、社会资本与社会发展——论宗教在当代中国社会中的参与需要和可能[J]. 广西民族研究,2005(04):33-40.

[289] 孙月沐. 为慈善正名[N]. 人民日报,1994-02-24.

[290] 中华慈善总会. 中华慈善总会[EB/OL].[2015-06-24]. http://www.

chinacharityfederation. org/WebSite/GroupList/48.

[291] 中华慈善总会. 曲淑辉在中华慈善总会第四次会员代表大会上的讲话［EB/OL］.［2015-03-02］. http://www. mca. gov. cn/article/zwgk/ldjh/201304/20130400438373. shtml.

[292] 刘坤. 英国慈善法律制度对我国慈善立法的启示［J］. 社团管理研究, 2011（2）: 56-59.

[293] 刘京. 中国慈善捐赠发展蓝皮书（2003—2007）［M］. 北京:中国社会出版社, 2008.

[294] 邸耀敏. 中国社会捐赠的规制研究［M］. 北京:海洋出版社, 2012.

[295] 宋兰旗. 文化制度对高校筹资制度影响的经济学分析［J］. 长春大学学报, 2011（01）: 25-27.

[296] 李鑫. 中欧商学院葛俊:提高捐助比例对高校意义重大［EB/OL］.［2015-05-22］. http://finance. qq. com/a/20120629/005741. htm.

[297] 马伊里, 杨团. 公司与社会公益［M］. 北京:华夏出版社, 2002.

[298] 杨团, 葛道顺. 公司与社会公益［M］. 北京:社会科学文献出版社, 2003.

[299] 张保庆. 中国教育发展基金会——一个正在健康持续发展中的基金会［N］. 中国青年报, 2011-05-11（06）.

[300] 新华社. 中华人民共和国慈善法（主席令第四十三号）［EB/OL］.［2016-03-20］. http://www. gov. cn/zhengce/2016-03-19/content_5055467. htm.

[301] 杨维东, 朱丽军. 大学捐赠基金筹资模式的转变——基于长尾理论的分析［J］. 教育与经济, 2015（03）: 3-8.

[302] 柯国庆, 叶诸榕. 基金会和大学发展［J］. 研究与发展管理, 2003（02）: 99-101, 115.

[303] 储祖旺. 我国高校筹资多元化的目标及其现状分析［J］. 教育与经济, 2007（01）: 50-55.

[304] 邓晖. 专家谈教育部选拔高校校长:可关注其筹资能力［N］. 光明日报, 2012-12-07.

[305] 艾瑞深中国校友会网. 2015中国大学校友捐赠排行榜出炉,北京大学突破20亿雄霸榜首［R］. 深圳:深圳艾瑞深信息咨询有限公司, 2015.

[306] 刘志坚. 高校校友会与基金会的伙伴关系模式探析［J］. 重庆交通大学学报（社会科学版）, 2012（05）: 110-112.

[307] 刑博, 张伟. 积极开展年度捐赠,搭建校友联络桥梁［C］// 中国高等教育

[308] 杨周復,施建军,蒋绍忠,徐孝民,戴志敏. 高等院校资金运作与风险防范研究[M]. 杭州:浙江大学出版社,2004.

[309] 徐建伟."二十一世纪资本市场与高校投资理财论坛"在浙江大学召开[J]. 事业财会,2001(04):6.

[310] 石头. 中美高校的捐款制度和运营机制[EB/OL].[2014-12-12]. http://world.huanqiu.com/exclusive/2014-07/5083930.html.

[311] 马广志. 对话公益行业资深专家姚晓迅:做公益不能"不食人间烟火"[EB/OL].[2015-05-12]. http://sdg.shanda960.com/article/3219.

[312] 范璟. 清华5亿出手农行IPO高校基金会投资清单揭秘[N]. 21世纪经济报道,2010-07-15.

[313] 清华大学教育基金会. 清华大学教育基金会2013年度工作报告书[R]. 北京:清华大学教育基金会,2015.

[314] 屈萌. 高校教育基金会资金运作与管理研究[D]. 北京:北京理工大学,2015.

[315] 北京理工大学教育基金会. 北京理工大学教育基金会2013年度工作报告[R]. 北京:北京理工大学教育基金会,2015.

[316] 张木兰. 基金会投资:风险和收益的较量[N]. 公益时报,2012-03-20.

[317] 刘忠祥. 基金会保值增值问题研究[J]. 社团管理研究,2011(07):15-18.

[318] 上海财经大学教育发展基金会. 校基金会成功召开投资咨询与风险控制委员会第一次会议[EB/OL].[2015-09-12]. http://fund.shufe.edu.cn/shyw/ee075e88-5238-3737-1719-6ec899bc00de.shtml.

[319] 高海翔,徐临溪. 上海财经大学教育发展基金会举行第一届投资决策委员会第一次会议[EB/OL].[2015-09-16]. http://sj.shufe.edu.cn/structure/xwzz/cdkx_con_175924_1.htm.

[320] 韩晓蓉. 复旦教育发展基金会秘书长:学校曾拒绝1亿美元捐赠[EB/OL].[2015-09-12]. http://www.thepaper.cn/newsDetail_forward_1312788.

[321] 秦文. 复旦将哲学系所获捐款转给法学院被指学科歧视[N]. 新京报,2005-10-27.

[322] 佘宗明."真维斯楼"到底哪里不对劲?[N]. 山西晚报,2011-05-25.

[323] 张杰. 加快青年教师队伍建设创建世界一流大学——关于青年教师队伍建设的思考与实践[N]. 科学时报,2011-04-26.

[324] 马和民. 新编教育社会学[M]. 上海：华东师范大学出版社，2003.

[325] 科维理天文与天体物理研究所. 美国科维理基金会常务副主席Miyoung Chun一行访问科维理天文与天体物理研究所[EB/OL].[2014-09-27]. http://pkunews.pku.edu.cn/xwzh/2014-04/20/content_282391.htm.

[326] SCHWARZMAN SCHOLARS. 提升全球领导力的教育精品[J]，2013.

[327] 喻恺，岳启. 解读永续型大学奖学金——以罗兹奖学金为例[J]. 高等教育研究，2013（8）：23-28.

[328] 北京大学教育基金会. 北京大学讲席教授基金[EB/OL].[2015-02-22]. http://www.pkuef.org/pkuef/newdetail.php?id=1026.

[329] 清华大学教育基金会. 讲席教授基金[EB/OL].[2015-09-12]. http://www.tuef.tsinghua.edu.cn/info/szjc/1112.

[330] 卢晓东. 大学校长任期太短是个大问题[N]. 中国科学报，2013-08-01.

[331] 北京大学教育基金会. 北京大学教育基金会2013年度工作报告[R]. 北京：北京大学教育基金会，2014.

[332] 叶雷. 设一个中国大学"校友捐赠率排行榜"如何？[N]. 黑龙江晨报，2010-01-25.

[333] 中国校友会网. 中国教育报、新民晚报：校友捐赠率更能体现认可度[EB/OL].[2015-10-10]. http://www.cuaa.net/paihang/news/news_95643.html.

[334] 中国校友会网大学研究团队. 2012中国大学评价研究报告[R]. 广东深圳：艾瑞深研究院，2012.

[335] MONKS J, EHRENBERG R G. U.S. News & World Report's College Rankings: Why They Do Matter[J]. Change: The Magazine of Higher Learning, 1999（6），42-51.

[336] KEANE G F. A Brief History: A Dream Fulfilled[M]//. Commonfund T. A Common Vision: Working in Partnership for The Benefit of All. Wilton, CT: The Commonfund, 1996: 20-38.

[337] 王世国. 浅谈基金会投资的前提条件和投资方向[J]. 社团管理研究，2011（08）：25-26.

[338] 程芬. "公益零成本"是个伪命题[N]. 中国青年报，2015-10-28.

[339] 张善飞. 高校基金会发展的助推器[J]. 科技管理研究，2008（02）：110-112.

[340] 冯辉.我国基金会的法律监管机制研究[J].政治与法律,2013(10):32-43.

[341] 张学军.基金会享受税收优惠的体制重建研究[J].当代法学,2015(04):45-59.

[342] 汪莉,彭婷婷.基金会税收优惠的理论基础、制度实践与反思[J].安徽工业大学学报(社会科学版),2014(05):21-23.

[343] HOPT K J, VON HIPPEL T. Comparative Corporate Governance of Non-profit Organizations[M]. Cambridge, Eng: Cambridge University Press, 2010.

[344] MOORE D, HADZI-MICEVA K, BULLAIN N, MALIK N, DUNN A, TRAVIGLINI C, SALOLE G, KILBY P. A Comparative Overview of Public Benefit Status in Europe[J]. The International Journal of Not-for-Profit Law, 2008, 11(1).

[345] 郑苏晋,王汀汀.基金会适用税收政策研究[J].税务研究,2007(06):15-19.

[346] 许杨.慈善捐赠税收优惠制度对大学教育基金会发展的影响研究[D].上海:上海交通大学,2012.

[347] 王慧.从法律角度看股权捐赠之困[EB/OL].[2015-12-20]. http://dy.qq.com/article.htm?id=20151009A006BN00.

[348] GEDDES P, GOLDBERG L R, BIANCHI S W. What Would Yale Do If It Were Taxable?[J]. Financial Analysts Journal, 2015, 71(4): 10-23.

[349] SWEDROE L. Taxing The Yale Model[EB/OL]. [2015-10-10]. http://www.etf.com/sections/index-investor-corner/swedroe-taxing-yale-model?nopaging=1.

[350] 吴忠泽.发达国家非政府组织管理制度[M].北京:时事出版社,2001.

[351] 德鲁克.非营利组织的管理[M].吴振阳,译.北京:机械工业出版社,2009.

[352] 张宇峰.大学应当引领我国的捐赠文化[J].江苏高教,2007(01):65-66,69.

[353] 人大重阳.金融圈有多大[EB/OL].[2015-12-12]. http://www.xcf.cn/zjth/xwbd/201407/t20140715_612548.htm.

[354] 姜微,王涛.上海推进"3411金才方案",5年后金融人才将达50万[EB/OL].[2015-12-12]. http://news.xinhuanet.com/local/2015-06/28/c_1115745205.

htm.

[355] 韩平.进一步加快我国金融人才队伍建设[J].中国金融,2009(05):69-71.

[356] 李思.中国高端金融人才需求不断加大 外"引"内"增"填补缺口[N].上海金融报,2012-07-18.

[357] 中美社会影响力投资的新趋势[N].21世纪经济报道,2012-04-17(24).

附　录

基金会管理条例

中华人民共和国国务院令

第 400 号

《基金会管理条例》已经 2004 年 2 月 11 日国务院第 39 次常务会议通过,现予公布,自 2004 年 6 月 1 日起施行。

总理 温家宝
二〇〇四年三月八日

基金会管理条例

第一章　总　则

第一条　为了规范基金会的组织和活动,维护基金会、捐赠人和受益人的合法权益,促进社会力量参与公益事业,制定本条例。

第二条　本条例所称基金会,是指利用自然人、法人或者其他组织捐赠的财产,以从事公益事业为目的,按照本条例的规定成立的非营利性法人。

第三条　基金会分为面向公众募捐的基金会(以下简称公募基金会)和不得

面向公众募捐的基金会(以下简称非公募基金会)。公募基金会按照募捐的地域范围,分为全国性公募基金会和地方性公募基金会。

第四条 基金会必须遵守宪法、法律、法规、规章和国家政策,不得危害国家安全、统一和民族团结,不得违背社会公德。

第五条 基金会依照章程从事公益活动,应当遵循公开、透明的原则。

第六条 国务院民政部门和省、自治区、直辖市人民政府民政部门是基金会的登记管理机关。

国务院民政部门负责下列基金会、基金会代表机构的登记管理工作:

(一)全国性公募基金会;

(二)拟由非内地居民担任法定代表人的基金会;

(三)原始基金超过2000万元,发起人向国务院民政部门提出设立申请的非公募基金会;

(四)境外基金会在中国内地设立的代表机构。

省、自治区、直辖市人民政府民政部门负责本行政区域内地方性公募基金会和不属于前款规定情况的非公募基金会的登记管理工作。

第七条 国务院有关部门或者国务院授权的组织,是国务院民政部门登记的基金会、境外基金会代表机构的业务主管单位。

省、自治区、直辖市人民政府有关部门或者省、自治区、直辖市人民政府授权的组织,是省、自治区、直辖市人民政府民政部门登记的基金会的业务主管单位。

第二章 设立、变更和注销

第八条 设立基金会,应当具备下列条件:

(一)为特定的公益目的而设立;

(二)全国性公募基金会的原始基金不低于800万元人民币,地方性公募基金会的原始基金不低于400万元人民币,非公募基金会的原始基金不低于200万元人民币;原始基金必须为到账货币资金;

(三)有规范的名称、章程、组织机构以及与其开展活动相适应的专职工作人员;

(四)有固定的住所;

(五)能够独立承担民事责任。

第九条 申请设立基金会,申请人应当向登记管理机关提交下列文件:

(一)申请书;

（二）章程草案；

（三）验资证明和住所证明；

（四）理事名单、身份证明以及拟任理事长、副理事长、秘书长简历；

（五）业务主管单位同意设立的文件。

第十条 基金会章程必须明确基金会的公益性质，不得规定使特定自然人、法人或者其他组织受益的内容。

基金会章程应当载明下列事项：

（一）名称及住所；

（二）设立宗旨和公益活动的业务范围；

（三）原始基金数额；

（四）理事会的组成、职权和议事规则，理事的资格、产生程序和任期；

（五）法定代表人的职责；

（六）监事的职责、资格、产生程序和任期；

（七）财务会计报告的编制、审定制度；

（八）财产的管理、使用制度；

（九）基金会的终止条件、程序和终止后财产的处理。

第十一条 登记管理机关应当自收到本条例第九条所列全部有效文件之日起60日内，作出准予或者不予登记的决定。准予登记的，发给《基金会法人登记证书》；不予登记的，应当书面说明理由。

基金会设立登记的事项包括：名称、住所、类型、宗旨、公益活动的业务范围、原始基金数额和法定代表人。

第十二条 基金会拟设立分支机构、代表机构的，应当向原登记管理机关提出登记申请，并提交拟设机构的名称、住所和负责人等情况的文件。

登记管理机关应当自收到前款所列全部有效文件之日起60日内作出准予或者不予登记的决定。准予登记的，发给《基金会分支（代表）机构登记证书》；不予登记的，应当书面说明理由。

基金会分支机构、基金会代表机构设立登记的事项包括：名称、住所、公益活动的业务范围和负责人。

基金会分支机构、基金会代表机构依据基金会的授权开展活动，不具有法人资格。

第十三条 境外基金会在中国内地设立代表机构，应当经有关业务主管单位同意后，向登记管理机关提交下列文件：

（一）申请书；
（二）基金会在境外依法登记成立的证明和基金会章程；
（三）拟设代表机构负责人身份证明及简历；
（四）住所证明；
（五）业务主管单位同意在中国内地设立代表机构的文件。

登记管理机关应当自收到前款所列全部有效文件之日起60日内，作出准予或者不予登记的决定。准予登记的，发给《境外基金会代表机构登记证书》；不予登记的，应当书面说明理由。

境外基金会代表机构设立登记的事项包括：名称、住所、公益活动的业务范围和负责人。

境外基金会代表机构应当从事符合中国公益事业性质的公益活动。境外基金会对其在中国内地代表机构的民事行为，依照中国法律承担民事责任。

第十四条 基金会、境外基金会代表机构依照本条例登记后，应当依法办理税务登记。

基金会、境外基金会代表机构，凭登记证书依法申请组织机构代码、刻制印章、开立银行账户。

基金会、境外基金会代表机构应当将组织机构代码、印章式样、银行账号以及税务登记证件复印件报登记管理机关备案。

第十五条 基金会、基金会分支机构、基金会代表机构和境外基金会代表机构的登记事项需要变更的，应当向登记管理机关申请变更登记。

基金会修改章程，应当征得其业务主管单位的同意，并报登记管理机关核准。

第十六条 基金会、境外基金会代表机构有下列情形之一的，应当向登记管理机关申请注销登记：
（一）按照章程规定终止的；
（二）无法按照章程规定的宗旨继续从事公益活动的；
（三）由于其他原因终止的。

第十七条 基金会撤销其分支机构、代表机构的，应当向登记管理机关办理分支机构、代表机构的注销登记。

基金会注销的，其分支机构、代表机构同时注销。

第十八条 基金会在办理注销登记前，应当在登记管理机关、业务主管单位的指导下成立清算组织，完成清算工作。

基金会应当自清算结束之日起15日内向登记管理机关办理注销登记；在清

算期间不得开展清算以外的活动。

第十九条 基金会、基金会分支机构、基金会代表机构以及境外基金会代表机构的设立、变更、注销登记,由登记管理机关向社会公告。

第三章　组织机构

第二十条 基金会设理事会,理事为5人至25人,理事任期由章程规定,但每届任期不得超过5年。理事任期届满,连选可以连任。

用私人财产设立的非公募基金会,相互间有近亲属关系的基金会理事,总数不得超过理事总人数的三分之一;其他基金会,具有近亲属关系的不得同时在理事会任职。

在基金会领取报酬的理事不得超过理事总人数的三分之一。

理事会设理事长、副理事长和秘书长,从理事中选举产生,理事长是基金会的法定代表人。

第二十一条 理事会是基金会的决策机构,依法行使章程规定的职权。

理事会每年至少召开2次会议。理事会会议须有三分之二以上理事出席方能召开;理事会决议须经出席理事过半数通过方为有效。

下列重要事项的决议,须经出席理事表决,三分之二以上通过方为有效:

(一)章程的修改;

(二)选举或者罢免理事长、副理事长、秘书长;

(三)章程规定的重大募捐、投资活动;

(四)基金会的分立、合并。

理事会会议应当制作会议记录,并由出席理事审阅、签名。

第二十二条 基金会设监事。监事任期与理事任期相同。理事、理事的近亲属和基金会财会人员不得兼任监事。

监事依照章程规定的程序检查基金会财务和会计资料,监督理事会遵守法律和章程的情况。

监事列席理事会会议,有权向理事会提出质询和建议,并应当向登记管理机关、业务主管单位以及税务、会计主管部门反映情况。

第二十三条 基金会理事长、副理事长和秘书长不得由现职国家工作人员兼任。基金会的法定代表人,不得同时担任其他组织的法定代表人。公募基金会和原始基金来自中国内地的非公募基金会的法定代表人,应当由内地居民担任。

因犯罪被判处管制、拘役或者有期徒刑,刑期执行完毕之日起未逾5年的,因犯罪被判处剥夺政治权利正在执行期间或者曾经被判处剥夺政治权利的,以及曾在因违法被撤销登记的基金会担任理事长、副理事长或者秘书长,且对该基金会的违法行为负有个人责任,自该基金会被撤销之日起未逾 5 年的,不得担任基金会的理事长、副理事长或者秘书长。

基金会理事遇有个人利益与基金会利益关联时,不得参与相关事宜的决策;基金会理事、监事及其近亲属不得与其所在的基金会有任何交易行为。

监事和未在基金会担任专职工作的理事不得从基金会获取报酬。

第二十四条 担任基金会理事长、副理事长或者秘书长的香港居民、澳门居民、台湾居民、外国人以及境外基金会代表机构的负责人,每年在中国内地居留时间不得少于 3 个月。

第四章 财产的管理和使用

第二十五条 基金会组织募捐、接受捐赠,应当符合章程规定的宗旨和公益活动的业务范围。境外基金会代表机构不得在中国境内组织募捐、接受捐赠。

公募基金会组织募捐,应当向社会公布募得资金后拟开展的公益活动和资金的详细使用计划。

第二十六条 基金会及其捐赠人、受益人依照法律、行政法规的规定享受税收优惠。

第二十七条 基金会的财产及其他收入受法律保护,任何单位和个人不得私分、侵占、挪用。

基金会应当根据章程规定的宗旨和公益活动的业务范围使用其财产;捐赠协议明确了具体使用方式的捐赠,根据捐赠协议的约定使用。

接受捐赠的物资无法用于符合其宗旨的用途时,基金会可以依法拍卖或者变卖,所得收入用于捐赠目的。

第二十八条 基金会应当按照合法、安全、有效的原则实现基金的保值、增值。

第二十九条 公募基金会每年用于从事章程规定的公益事业支出,不得低于上一年总收入的 70%;非公募基金会每年用于从事章程规定的公益事业支出,不得低于上一年基金余额的 8%。

基金会工作人员工资福利和行政办公支出不得超过当年总支出的 10%。

第三十条 基金会开展公益资助项目,应当向社会公布所开展的公益资助项目种类以及申请、评审程序。

第三十一条 基金会可以与受助人签订协议,约定资助方式、资助数额以及资金用途和使用方式。

基金会有权对资助的使用情况进行监督。受助人未按协议约定使用资助或者有其他违反协议情形的,基金会有权解除资助协议。

第三十二条 基金会应当执行国家统一的会计制度,依法进行会计核算、建立健全内部会计监督制度。

第三十三条 基金会注销后的剩余财产应当按照章程的规定用于公益目的;无法按照章程规定处理的,由登记管理机关组织捐赠给与该基金会性质、宗旨相同的社会公益组织,并向社会公告。

第五章 监督管理

第三十四条 基金会登记管理机关履行下列监督管理职责:

(一)对基金会、境外基金会代表机构实施年度检查;

(二)对基金会、境外基金会代表机构依照本条例及其章程开展活动的情况进行日常监督管理;

(三)对基金会、境外基金会代表机构违反本条例的行为依法进行处罚。

第三十五条 基金会业务主管单位履行下列监督管理职责:

(一)指导、监督基金会、境外基金会代表机构依据法律和章程开展公益活动;

(二)负责基金会、境外基金会代表机构年度检查的初审;

(三)配合登记管理机关、其他执法部门查处基金会、境外基金会代表机构的违法行为。

第三十六条 基金会、境外基金会代表机构应当于每年3月31日前向登记管理机关报送上一年度工作报告,接受年度检查。年度工作报告在报送登记管理机关前应当经业务主管单位审查同意。

年度工作报告应当包括:财务会计报告、注册会计师审计报告,开展募捐、接受捐赠、提供资助等活动的情况以及人员和机构的变动情况等。

第三十七条 基金会应当接受税务、会计主管部门依法实施的税务监督和会计监督。

基金会在换届和更换法定代表人之前,应当进行财务审计。

第三十八条 基金会、境外基金会代表机构应当在通过登记管理机关的年度检查后,将年度工作报告在登记管理机关指定的媒体上公布,接受社会公众的查询、监督。

第三十九条 捐赠人有权向基金会查询捐赠财产的使用、管理情况,并提出意见和建议。对于捐赠人的查询,基金会应当及时如实答复。

基金会违反捐赠协议使用捐赠财产的,捐赠人有权要求基金会遵守捐赠协议或者向人民法院申请撤销捐赠行为、解除捐赠协议。

第六章 法律责任

第四十条 未经登记或者被撤销登记后以基金会、基金会分支机构、基金会代表机构或者境外基金会代表机构名义开展活动的,由登记管理机关予以取缔,没收非法财产并向社会公告。

第四十一条 基金会、基金会分支机构、基金会代表机构或者境外基金会代表机构有下列情形之一的,登记管理机关应当撤销登记:

(一)在申请登记时弄虚作假骗取登记的,或者自取得登记证书之日起12个月内未按章程规定开展活动的;

(二)符合注销条件,不按照本条例的规定办理注销登记仍继续开展活动的。

第四十二条 基金会、基金会分支机构、基金会代表机构或者境外基金会代表机构有下列情形之一的,由登记管理机关给予警告、责令停止活动;情节严重的,可以撤销登记:

(一)未按照章程规定的宗旨和公益活动的业务范围进行活动的;

(二)在填制会计凭证、登记会计账簿、编制财务会计报告中弄虚作假的;

(三)不按照规定办理变更登记的;

(四)未按照本条例的规定完成公益事业支出额度的;

(五)未按照本条例的规定接受年度检查,或者年度检查不合格的;

(六)不履行信息公布义务或者公布虚假信息的。

基金会、境外基金会代表机构有前款所列行为的,登记管理机关应当提请税务机关责令补交违法行为存续期间所享受的税收减免。

第四十三条 基金会理事会违反本条例和章程规定决策不当,致使基金会遭受财产损失的,参与决策的理事应当承担相应的赔偿责任。

基金会理事、监事以及专职工作人员私分、侵占、挪用基金会财产的,应当退还非法占用的财产;构成犯罪的,依法追究刑事责任。

第四十四条 基金会、境外基金会代表机构被责令停止活动的,由登记管理机关封存其登记证书、印章和财务凭证。

第四十五条 登记管理机关、业务主管单位工作人员滥用职权、玩忽职守、徇私舞弊,构成犯罪的,依法追究刑事责任;尚不构成犯罪的,依法给予行政处分或者纪律处分。

第七章　附　则

第四十六条　本条例所称境外基金会,是指在外国以及中华人民共和国香港特别行政区、澳门特别行政区和台湾地区合法成立的基金会。

第四十七条　基金会设立申请书、基金会年度工作报告的格式以及基金会章程范本,由国务院民政部门制订。

第四十八条　本条例自2004年6月1日起施行,1988年9月27日国务院发布的《基金会管理办法》同时废止。

本条例施行前已经设立的基金会、境外基金会代表机构,应当自本条例施行之日起6个月内,按照本条例的规定申请换发登记证书。

基金会年度检查办法

中华人民共和国民政部令

第 30 号

《基金会年度检查办法》已经 2005 年 12 月 27 日第六次部务会议通过，现予公布，自公布之日起施行。

部长：李学举

二〇〇六年一月十二日

基金会年度检查办法

第一条　为加强对基金会和境外基金会代表机构的管理，促进公益事业发展，根据《基金会管理条例》（以下简称《条例》）第三十四条第一项、第三十六条的规定，制定本办法。

第二条　基金会年度检查，是指基金会登记管理机关依法按年度对基金会、境外基金会代表机构遵守法律、法规、规章和章程开展活动的情况实施监督管理的制度。

第三条　基金会、境外基金会代表机构应当于每年 3 月 31 日前向登记管理机关报送经业务主管单位审查同意的上一年度的年度工作报告，接受登记管理机关检查。

第四条　年度工作报告的内容应当包括：财务会计报告、注册会计师审计报告，开展募捐、接受捐赠、提供资助等活动的情况以及人员和机构的变动情况等。

财务会计报告应当符合《民间非营利组织会计制度》规定的内容和要求；注册会计师审计报告，应当有注册会计师事务所统一受理并与被审计的基金会、境外基金会代表机构签订委托合同的证明；开展募捐、接受捐赠、提供资助等活动情况应当有基金会履行信息公布义务的情况；人员和机构变动情况应当有按照规定办理变更登记情况以及基金会换届的会议纪要和更换法定代表人之前进行财务审计的情况等。

第五条　年度检查过程中,登记管理机关可以要求基金会、境外基金会代表机构或者有关人员就年度工作报告中涉及的有关问题进行补充说明,必要时可以进行实地检查。

第六条　经登记管理机关审查,基金会、境外基金会代表机构在上一年度遵守法律、法规、规章和章程的情况良好,没有违法违规情形的,认定为年检合格。

第七条　基金会、境外基金会代表机构有下列情形之一的,登记管理机关应当视情节轻重分别作出年检基本合格、年检不合格的结论:

（一）违反《条例》第三十九条第二款规定,不按照捐赠协议使用捐赠财产的;

（二）违反《条例》第四十条规定,擅自设立基金会分支机构、代表机构的;

（三）具有《条例》第四十二条规定的应当给予行政处罚的情形之一的;

（四）违反《条例》第四十三条第二款规定,基金会理事、监事及专职工作人员私分、侵占、挪用基金会财产的;

（五）违反《条例》关于基金会组织机构管理方面有关规定的。

登记管理机关作出基本合格或者不合格年检结论后,应当责令该基金会或者境外基金会代表机构限期整改,并视情况依据《条例》有关规定给予行政处罚。

第八条　年度检查不合格的基金会、境外基金会代表机构在整改期间,登记管理机关不准予变更名称或者业务范围,不准予设立分支机构或者代表机构。登记管理机关应当提请税务机关责令补交违法行为存续期间所享受的税收减免。

第九条　通过年度检查发现基金会、基金会分支机构、基金会代表机构或者境外基金会代表机构有《条例》第四十一条规定的情形之一的,登记管理机关应当依法撤销登记。

第十条　基金会、境外基金会代表机构无正当理由不参加年检的,由登记管理机关责令停止活动,并向社会公告。

第十一条　基金会、境外基金会代表机构连续两年不接受年检的,由登记管理机关依法撤销登记。

第十二条　完成年度检查后,登记管理机关应当向社会公告年度检查结果,并向业务主管单位通报。

基金会、境外基金会代表机构应当在通过登记管理机关的年度检查后,将年度工作报告在登记管理机关指定的媒体上公布,接受社会公众的查询、监督。

第十三条　年度工作报告的格式文本由国务院民政部门制定。

第十四条　本办法自公布之日起施行。

基金会信息公布办法

中华人民共和国民政部令

第 31 号

《基金会信息公布办法》已经 2005 年 12 月 27 日第六次部务会议通过,现予公布,自公布之日起施行。

部长　李学举

二〇〇六年一月十二日

基金会信息公布办法

第一条　为了规范基金会、境外基金会代表机构信息公布活动,保护捐赠人及相关当事人的合法权益,促进公益事业发展,根据《基金会管理条例》(以下简称《条例》)的有关规定,制定本办法。

第二条　本办法所称信息公布,是指基金会、境外基金会代表机构按照《条例》和本办法的规定,将其内部信息和业务活动信息通过媒体向社会公布的活动。

基金会、境外基金会代表机构是信息公布义务人。

第三条　信息公布义务人公布的信息资料应当真实、准确、完整,不得有虚假记载、误导性陈述或者重大遗漏。

信息公布义务人应当保证捐赠人和社会公众能够快捷、方便地查阅或者复制公布的信息资料。

第四条　信息公布义务人应当向社会公布的信息包括:

(一)基金会、境外基金会代表机构的年度工作报告;

(二)公募基金会组织募捐活动的信息;

(三)基金会开展公益资助项目的信息。

基金会、境外基金会代表机构在遵守本办法规定的基础上可以自行决定公布更多的信息。

第五条　信息公布义务人应当在每年 3 月 31 日前,向登记管理机关报送上一年度的年度工作报告。登记管理机关审查通过后30日内，信息公布义务人按照统一的格式要求，在登记管理机关指定的媒体上公布年度工作报告的全文和摘要。

信息公布义务人的财务会计报告未经审计不得对外公布。

第六条 公募基金会组织募捐活动，应当公布募得资金后拟开展的公益活动和资金的详细使用计划。在募捐活动持续期间内，应当及时公布募捐活动所取得的收入和用于开展公益活动的成本支出情况。募捐活动结束后，应当公布募捐活动取得的总收入及其使用情况。

第七条 基金会开展公益资助项目，应当公布所开展的公益项目种类以及申请、评审程序。评审结束后，应当公布评审结果并通知申请人。公益资助项目完成后，应当公布有关的资金使用情况。事后对项目进行评估的，应当同时公布评估结果。

第八条 对于公共媒体上出现的对信息公布义务人造成或者可能造成不利影响的消息，信息公布义务人应当公开说明或者澄清。

第九条 除年度工作报告外，信息公布义务人公布信息时，可以选择报刊、广播、电视或者互联网作为公布信息的媒体。

第十条 信息公布所使用的媒体应当能够覆盖信息公布义务人的活动地域。公布的信息内容中应当注明信息公布义务人的基本情况和联系、咨询方式。

第十一条 信息公布义务人应当建立健全信息公布活动的内部管理制度，并指定专人负责处理信息公布活动的有关事务。对于已经公布的信息，应当制作信息公布档案，妥善保管。

第十二条 信息公布义务人公布有关活动或者项目的信息，应当持续至活动结束或者项目完成。

信息一经公布，信息公布义务人不得任意修改，确需修改的，应当严格履行内部管理制度的程序在修改后重新公布，并说明理由，声明原信息作废。

第十三条 信息公布义务人应当将信息公布活动的情况如实反映在年度工作报告中，接受登记管理机关监督检查。

第十四条 登记管理机关依法对信息公布活动进行监督管理，建立信息公布义务人诚信记录。

信息公布义务人不履行信息公布义务或者公布虚假信息的，由登记管理机关责令改正，并依据《条例》第四十二条规定给予行政处罚。

第十五条 年度工作报告的信息公布格式文本，由国务院民政部门制定。

第十六条 本办法自公布之日起施行。

教育部 财政部 民政部关于加强中央部门所属高校教育基金会财务管理的若干意见

教财〔2014〕3号

有关部门(单位)教育司(局),各中央部门所属高校,各中央部门所属高校教育发展基金会:

为加强中央部门所属高等学校(以下简称学校)教育基金会(以下简称基金会)财务管理,规范财务行为,维护捐赠人、受益人和基金会的合法权益,进一步促进基金会健康发展,根据《公益事业捐赠法》《高等教育法》《基金会管理条例》及国家其他有关法规政策,现就加强基金会财务管理提出以下意见。

一、完善治理结构,保障内控体系健全有效

1. 基金会作为学校多元化筹资体系的重要组成部分和接受社会公益捐赠的窗口,围绕学校办学目标开展活动,通过筹资、投资等方式为学校办学活动提供经费等支持。

2. 学校应当支持基金会的运行和发展,促进基金会的能力建设。

3. 基金会资金的募集、管理和使用计划、基金会财务收支预算、决算等重大事项,应当经理事会讨论决定。

4. 基金会财务工作在基金会理事会领导下开展,并接受业务主管单位和学校财务部门的业务指导和监督。

5. 基金会应当建立健全内部控制体系,严格执行不相容职务的分离制度,严格贯彻决策、执行和监督相分离制度,有效控制各类风险。

6. 基金会应当配备具有专业资格的专职财会人员。财会人员数量应当满足不相容职务分离的要求。会计岗位、出纳岗位和投资岗位的人员不得相互兼任。

7. 基金会应当将所有分支机构、代表机构、专项基金以及各项业务活动纳入统一管理。分支机构的运行情况和财务状况应当在基金会年报中反映和说明。

8. 基金会应当支持监事依照章程规定的程序检查财务和会计资料,列席理事会会议,向理事会提出质询和建议,并向登记管理机关、业务主管单位以及税务、会计主管部门反映情况。

二、加强财务管理,规范会计核算工作

9. 基金会执行《民间非营利组织会计制度》,依法进行会计核算,建立健全内部会计监督制度,保证会计资料合法、真实、准确、完整。

10. 基金会应当开设独立、合法的银行账户。

11. 基金会获得的各类收入应当及时足额地纳入账户核算,不得长期挂账,不得"坐收坐支",更不得形成"账外资金"和"小金库"。

12. 基金会收到捐赠后应当据实开具捐赠票据。捐赠人不需要捐赠票据的,或者匿名捐赠的,也应开具捐赠票据,由基金会留存备查。

13. 基金会接受现金捐赠,收款人和开票人应当由两人以上分别承担,所收取的现金应及时入账。

14. 基金会接受非现金捐赠,应当在实际收到并确认公允价值后开具捐赠票据。受赠财产未经基金会验收确认,由捐赠人直接转移给受助人或者其他第三方的,不得作为基金会的捐赠收入,不得开具捐赠票据。

15. 基金会接受非现金捐赠时,在捐赠人提供了发票、报关单或其他凭据的情况下,应当以相关凭据作为确认入账价值的依据;在捐赠方不能提供凭据的情况下,应以其他确认捐赠财产的证明,作为确认入账价值的依据。

16. 基金会接受捐赠的固定资产、股权、无形资产、文物文化资产,没有发票、报关单或其他凭据作为入账依据的,应当以具有合法资质的第三方机构的评估作为确认入账价值的依据。无法评估或经评估无法确认价格的,基金会不得计入捐赠收入,不得开具捐赠票据,应当另外造册登记。

三、加强筹资过程管理,促进筹资专业化

17. 基金会接受捐赠,必须与捐赠人明确权利义务,订立书面捐赠协议。

18. 基金会接受捐赠应确保公益性。附加对捐赠人构成利益回报条件的赠与和不符合公益性质的赠与,不应确认为公益捐赠,不得开具捐赠票据。

19. 基金会应当严格区分交换交易收入和捐赠收入。通过出售物资、提供服务、授权使用或转让资产包括无形资产等交换交易取得的收入,应当记入商品销售收入、提供服务收入等,不得计入捐赠收入,不得开具公益事业捐赠票据。对于协议或合同中载明知识产权归捐赠人或除学校外第三方的研究类合同,不应确认为捐赠合同,收入不得确认为捐赠收入。

20. 基金会接受捐赠过程中,如果涉及学校建筑、设施、场所的冠名事项以及学校内部机构冠名事项,应当征得学校同意。

21. 基金会不得将本组织的名称、公益项目品牌等用于非公益目的。

22. 基金会不得直接宣传、促销、销售企业的产品和品牌。

23. 基金会可以筹资设立支持附属学校和附属单位发展的基金,但不得收取与入学挂钩的赞助费、捐赠款,不得以接受捐赠的名义乱收费。

24. 基金会应当加强对筹资过程的管理和监督,推动筹资活动的专业化。

四、规范投资行为,防范和控制财务风险

25. 基金会应当加强资产管理,配备资产管理人员,建立定期盘点制度,对非现金资产应该进行登记和管理,做到账实相符、账表相符。

26. 基金会资产保值增值应当遵循合法、安全、有效的原则,建立投资责任体系和追踪问责机制,明确投资止损原则,通过有效的过程管理控制投资风险。

27. 基金会可用于保值增值的资产限于非限定性资产和在保值增值期间暂不需要拨付的限定性资产。捐赠人对于其捐赠款投资有限制性意见的,基金会不能违背捐赠人意愿开展投资活动。基金会应保持资金的流动性,投资活动不得影响公益支出的实现。

28. 基金会投资决策与执行应当分离。建立规范的投资决策议事规则,投资计划必须经过理事会决策同意方可执行。理事会授权投资委员会开展投资活动的,投资计划也必须报理事会决策,投资结果必须向理事会汇报,投资责任仍由理事会承担。每一项投资决策都必须经过表决,决策记录应载明投资事项、提请投资人的意见和签名、参与表决人的意见和签名,表决结果存书面档案。

29. 基金会进行委托投资的,应当委托银行或者其他金融机构进行。

30. 基金会的资金不得投向期货、期权等衍生金融工具,不得提供任何形式的经济担保或财产担保。

31. 基金会投资收益必须全部足额纳入统一账户进行管理,并确保用于符合公益宗旨的方向。

五、合理使用捐赠资金,促进教育事业发展

32. 基金会应当将接受的捐赠财产用于资助符合其宗旨和业务范围的活动和事业。基金会与捐赠人订立了捐赠协议的,应当按照协议约定使用。如需改变用途,应当征得捐赠人书面同意。

33. 捐赠协议和募捐公告中约定可从捐赠收入中列支工作人员工资福利和行政办公支出的,按照约定列支;没有约定的,不得列支。基金会工作人员工资福利和行政办公支出应当符合《基金会管理条例》要求,累计不得超过当年总支出的10%。

34. 基金会用于公益事业的支出应当按照有关规定使用。公募基金会每年用于从事章程规定的公益事业支出,不得低于上一年总收入的70%;非公募基金会每年用于从事章程规定的公益事业支出,不得低于上一年基金余额的8%。基金会工作人员在学校有薪金收入的,不得再从基金会取得收入。

35. 基金会资助学校的项目,在使用时可转至学校进行财务明细核算。学校对于基金会转来的资助项目,应当准确完整及时地提供经费使用情况。

36. 基金会在使用经费时,应当主要通过银行进行支付,减少现金的使用。

37. 基金会不得向个人、企业直接提供与公益活动无关的借款,不得资助以盈利为目的活动。

六、健全信息公开制度,自觉接受社会监督

38. 基金会应当建立定期财务报告制度,准确、完整、及时地反映基金会财务状况、业务活动和现金流量情况。

39. 基金会应当按照登记管理机关、业务主管单位的要求进行审计,并自觉接受税务、会计等主管部门的监督。

40. 基金会应当于每年3月31日前向登记管理机关报送上一年度工作报告,接受年度检查,同时抄报业务主管单位;通过登记管理机关年度检查后,要将年度工作报告在登记管理机关指定的媒体及基金会网站上公布。

41. 基金会的信息公布工作,应当符合《基金会信息公布办法》《关于规范基金会行为的若干规定(试行)》的要求。

42. 捐赠人有权查询捐赠财产的使用、管理情况。对于捐赠人的查询,基金会应及时如实答复。

43. 学校应当协助基金会就审计中发现的问题进行整改,促进工作的规范化。

教育部　财政部　民政部
2014 年 9 月 18 日